Alfred Katzenstein

Psychotherapie

Alfred Katzenstein

Psychotherapie

Wege zur Veränderung von Einstellung und Verhalten

ausgewählt und herausgegeben
von
Elfriede Kriegel, Irmgard Gaefke und Ellen Sitte

2., überarbeitete und erweiterte Auflage

Akademie-Verlag Berlin 1988

ISBN 3-05-500179-6

Erschienen im Akademie-Verlag Berlin, DDR-1086 Berlin, Leipziger Straße 3—4

Lizenznummer: 202 · 100/486/87
Printed in the German Democratic Republic
Gesamtherstellung: VEB Druckhaus „Maxim Gorki", 7400 Altenburg
Lektor: Christiane Grunow
Schutzumschlag- und Einbandgestaltung: Ingo Scheffler
LSV 2185
Bestellnummer: 763 727 9 (6589)
05800

Geleitwort

Das vorliegende Buch über „Psychotherapie — Wege zur Veränderung von Einstellung und Verhalten" haben die Mitarbeiter von Prof. Dr. phil. habil. Alfred Katzenstein anläßlich seines 65. Geburtstages aus seinen Schriften zusammengestellt. Es handelt sich also um Memorialien seiner wesentlichen Wissenschaftsetappen.

Alfred Katzenstein studierte während seiner Emigration in den USA nach Beendigung des zweiten Weltkrieges an der New Yorker Universität und erhielt seine klinische Weiterbildung an der Menninger-Klinik in Topeka (Kansas).

Schon seine Promotionsarbeit befaßte sich mit dem Effekt verschiedener psychotherapeutischer Methoden, wie der orthodox-psychoanalytisch individuellen- und der analytischen Gruppen-Psychotherapie. 1954 zurückgekehrt, arbeitete Alfred Katzenstein zunächst im Bezirkskrankenhaus Brandenburg in der DDR und ab 1958 im damaligen Institut für kortiko-viszerale Pathologie und Therapie der Akademie der Wissenschaften der DDR, das die Basis für das heutige Zentralinstitut für Herz- und Kreislauf-Regulationsforschung bildete. Hier entfaltete er seine eigentliche wissenschaftliche Tätigkeit, deren Hauptgegenstand verschiedene Test- und Therapieverfahren besonders bei der essentiellen arteriellen Hypertonie waren, die von uns als zerebro-viszerale Regulationsstörung aufgefaßt wurde.

Von den in der vorliegenden Monographie enthaltenen Arbeiten sei in diesem Kontext auf einige Publikationen hingewiesen, die für die Ansichten des Autors besonders charakteristisch sind, wie die aktive Rolle psychonervaler Regulationen bei der Optimierung der Umweltgestaltung und die Untersuchung psychosozialer Faktoren bei der Entstehung der essentiellen Hypertonie, ferner die psychologische Analyse von Rorschach-Untersuchungen im normalen und psychopathologischen Bereich. Für den Psychotherapeuten und den Internisten bzw. Kardiologen sind auch seine zusammenfassenden Schriften zum Stand der Hypnosetherapie, weiterhin psychologische Probleme bei Patienten mit Herz-Kreislauf-Erkrankungen und Möglichkeiten ihrer Rehabilitation von Interesse.

Daß international durchaus noch keine einheitlichen Meinungen über die klinische Psychodiagnostik und Psychotherapie bestehen, ja allzuoft rein spekulative Theorien über diese Verfahren wissenschaftlich-seriös fundierte Positionen erschweren oder gar verhindern, zeigt auch das Kapitel „Methodische Kontroversen" einschließlich der vom Verfasser angestrebten Erfolgsmessungen.

Nicht zuletzt seien die Bemühungen von Alfred Katzenstein erwähnt, die das letzte Kapitel dieser Schrift beinhalten und den Weg zu einer „soziodynamischen Psychotherapie“, wie ihn der Verfasser sieht, beschreiben. Hier werden u. a. Probleme einer „ausgewogenen soziologisch-psychologischen und biologischen Auffassung im sozialistischen Gesundheitswesen“ diskutiert.

Die Herausgeber haben mit der gesammelten Wiedergabe einiger wesentlicher Publikationen von Alfred Katzenstein und seinen Mitarbeitern eine gelungene Übersicht seines Schaffens anläßlich seines 65. Geburtstages ermöglicht.

Dem Jubilar, der mein langjähriger Mitarbeiter war, seien an dieser Stelle noch weitere Erfolge in seiner wissenschaftlichen Arbeit gewünscht.

Rudolf Baumann
Ordentliches Mitglied der Akademie
der Wissenschaften der DDR

Berlin, November 1979

Vorwort zur 1. Auflage

Nach zwei Jahrzehnten enger harmonischer, der fachlichen Arbeit wie der eigenen Entwicklung dienenden Zusammenarbeit mit Prof. Dr. phil. habil. Alfred KATZENSTEIN wuchs mit dem Gefühl des Dankes für seine Anregungen, Ideen und Initiativen das Bedürfnis bei uns, ihm zu seinem 65. Geburtstag eine besondere Freude zu machen.

So entstand der Plan, einige seiner Arbeiten und gemeinsame Publikationen zusammenzustellen. Bei der Sichtung der vielen Veröffentlichungen waren wir überrascht von der Aktualität der darin enthaltenen Gedanken. Obwohl teilweise schon vor Jahren geschrieben, sind sie in der fachlichen Auseinandersetzung der Gegenwart durchaus von Bedeutung. Das veranlaßte uns, über unsere anfängliche Idee hinaus, unseren psychotherapeutisch arbeitenden Kollegen diese Auswahl zugänglich zu machen, in der Gewißheit, ihnen Anregungen für die praktische Arbeit und bedeutsame Hinweise für die Klärung fachlich-theoretischer Probleme zu geben.

Aus der Fülle der Arbeiten diejenigen auszuwählen, die nicht mehr in diesen Band aufgenommen werden konnten, fiel uns außerordentlich schwer. Handelte es sich doch nicht nur um Theorien sowie Untersuchungsergebnisse, deren statistische Validierung den Anforderungen wissenschaftlicher Genauigkeit entspricht, sondern zugleich um Handlungsentwürfe, die wir selbst in vielen Begegnungen mit Patienten erprobt und daher als praktisch durchführbar erlebt haben.

In der vorliegenden thematisch geordneten Auswahl von Beiträgen kommt die Grundhaltung des Autors zu seinen Mitmenschen, die auf der marxistisch-leninistischen Weltanschauung beruht, zum Ausdruck. Aus dieser Einstellung ergibt sich auch sein auf Respekt, Einfühlung und Verständnis beruhendes Engagement als klinischer Psychologe und Psychotherapeut. Es kommt ihm darauf an, den Patienten zu befähigen, selbst mitzuwirken, wieder aktiv in das gesellschaftliche Leben einbezogen und harmonisch in Familie und Beruf integriert zu werden.

Wesentlich ist ihm in diesem Zusammenhang die Orientierung auf die dynamische Potenz gesellschaftlicher Einflüsse und die Bedeutung, die diese sowohl für den Erkrankungs- als auch für den Gesundungsprozeß sowie die Rehabilitation haben.

In einigen seiner Arbeiten zeigt sich ein Bezug zur Tätigkeit seiner Frau, Dr. U. P. KATZENSTEIN, die intensiv bei der Rehabilitation Geschädigter engagiert ist.

Aufgeschlossen für neue Entwicklungen in der klinischen Psychologie und

Psychotherapie, die er in der Fachliteratur ständig verfolgte und nach kritischer Prüfung in sein Behandlungsrepertoire einbezog, behielt er seine Grundauffassung eines von der soziodynamischen Persönlichkeitstheorie ausgehenden psychotherapeutischen Ansatzes bei. Seine Erfahrungen aus der Arbeit mit Patienten verdichtete er zu neuen Thesen und Schlußfolgerungen für die klinische Praxis.

Die Ausstrahlung seiner Persönlichkeit und seines von einer zutiefst humanistischen Haltung getragenen fachlichen Werdegangs ist zweifellos eng mit seiner wechselvollen Lebensgeschichte verknüpft: Schon als Jugendlicher setzte er sich mit den geistigen Strömungen seiner Zeit auseinander und erlebte als Sohn einer jüdisch-bürgerlichen Familie unmittelbar die haßerfüllten Angriffe faschistisch verhetzter junger Menschen. Die für Deutschland tragische Entwicklung der dreißiger Jahre führte ihn in die Emigration und von dort konsequenterweise als freiwilligen Kämpfer in die Reihen der Internationalen Brigaden nach Spanien. Hier lernte er, 22jährig erstmalig im Fronteinsatz, die Schrecken des Krieges kennen. Dabei war es vielleicht charakteristisch für ihn, daß er sowohl an der Front als auch später in den zweieinhalb Jahren, in denen er in französischen Konzentrationslagern interniert war, sich ebenso zu den Idealen des humanistischen Bürgertums wie zu den wegweisenden Erkenntnissen des Marxismus bekannte. Das geht aus seinen Briefen und auch aus den Erinnerungen seiner damaligen Kameraden deutlich hervor. So schrieb z. B. der frühere Bergarbeiter Albert Kühn, sein ehemaliger Kompanieführer:

„Alfred Katzenstein war mein Melder, Dolmetscher, Schriftführer und Stellvertreter in einer Person. Alfred war ein prima Kumpel und glühender Kämpfer gegen den Faschismus. Obwohl er ein typischer Intellektueller war, wollte er nie wahrhaben, daß es einen Unterschied zwischen ihm und einem einfachen Arbeiter gab. Er war auch ein ziemlich tollkühner Bursche; manchmal hielt ich mir die Augen zu, wenn er durch das faschistische Feuer rannte, um einen Auftrag auszuführen". (Spanien-Erinnerungen von Interbrigadisten aus der BRD, Verlag Marxistische Blätter Frankfurt/M., 1976).

Die Gemeinschaft der Interbrigadisten übte in den spanischen Frontlinien und unter den Bedingungen der Haft in den Konzentrationslagern einen tiefgehenden Einfluß auf ihn aus.

Als es ihm nach langjähriger Internierung schließlich gelang, in die Vereinigten Staaten von Amerika zu emigrieren, erforderte dies von ihm eine völlige Umstellung. Auch in den USA war er von Anfang an politisch tätig und lernte dabei seine Frau kennen. Die Einberufung in die Armee der USA brachte eine erneute Veränderung seiner Lebensbedingungen mit sich. Als Angehöriger der 9. Infanteriedivision kam er wieder nach Deutschland. Tief beeindruckend war für ihn der Kontakt mit zahlreichen Kriegsgefangenen und Zivilisten, insbesondere aber mit den überlebenden Antifaschisten. Neben den siegreichen Offensiven der alliierten Armeen erlebte er auch die Gegenschläge der Faschisten. So wurden er und seine amerikanischen Kameraden durch die Ardennen-Offensive bei Monschau und Eupen eingekesselt und kurze Zeit später auf dem vorgeschobenen Remagen-Brückenkopf wiederum abgeschnitten.

Nach Beendigung des Krieges fand er die Möglichkeit, an der New Yorker

Universität zu studieren. Im Anschluß an das Studium erhielt er eine Aspirantur an der Kansas-Universität mit gleichzeitiger klinisch-psychologischer Spezialisierung an der berühmten Menninger Foundation. Er promovierte 1952 und begann seine Tätigkeit als klinischer Psychologe in einem staatlichen Bezirkskrankenhaus für ehemalige Soldaten in Canandaigua, New York. Von dort kehrte er 1954 mit seiner Frau und den beiden Töchtern in die deutsche Heimat zurück, um auf seinem Fachgebiet in der DDR zu arbeiten.

Es würde den Rahmen eines Vorwortes sprengen, wenn wir hier über seine Arbeit im Bezirkskrankenhaus für Psychiatrie und Neurologie Brandenburg (1954—1958) und im Zentralinstitut für Herz-Kreislauf-Regulationsforschung der Akademie der Wissenschaften der DDR (seit 1958) ausführlich berichten wollten. Einen Einblick in sein Wirken während dieser Zeit wird der Leser auf den Seiten dieses Buches finden.

Dafür, daß wir diesen Band in der vorliegenden Form unserem Freund Alfred Katzenstein zu seinem Ehrentage am 16. Mai 1980 überreichen können, danken wir dem Direktor des Zentralinstituts für Herz-Kreislauf-Regulationsforschung der Akademie der Wissenschaften der DDR, MR Prof. Dr. sc. med. H. Heine, und dem Verlagsdirektor des Akademie-Verlages, NPT Prof. Dr. phil. L. Berthold.

Berlin, November 1979

Elfriede Kriegel
Irmgard Gaefke
Ellen Sitte

Vorwort zur 2. Auflage

Lieber Leser!
Als mich der Akademie-Verlag vor einem Jahr aufforderte, die von meinen Freunden und Mitarbeitern anläßlich meines 65. Geburtstages herausgegebene Zusammenstellung früherer Publikationen durchzusehen und für eine neue Auflage zu aktualisieren, kam ich diesem Anliegen gerne nach, da die erste Auflage ein so günstiges Echo auch im Ausland gefunden und zur Erweiterung bzw. Festigung fachlicher Kontakte beigetragen hatte.

In der vorliegenden Auflage habe ich einige ältere Arbeiten zusammengezogen oder durch neuere ersetzt, andere z. T. beträchtlich überarbeitet. Mir, dem jetzt über Siebzigjährigen, liegt besonders daran, von den jüngeren Kollegen verstanden zu werden. Um das zu erreichen ist es wichtig, wie ich aus Unterhaltungen und Vorträgen vor jungen Wissenschaftlern und Ärzten weiß, Ihnen auch einen Einblick in persönliche Motive und Emotionen meines Einsatzes sowie in einige bedeutsame Erlebnisse zu gewähren. Daher habe ich den etwas ungewöhnlichen Weg gewählt, diesem Band eine kurz gefaßte Übersicht meiner persönlichen Entwicklung, fachlichen Erfahrungen und Konflikte als Psychologe und Psychotherapeut anzufügen, in der Hoffnung, daß dieser persönliche Rechenschaftsbericht vielleicht dazu angetan ist, einigen Kollegen meine Einstellung und Haltung besser verständlich zu machen und darüber hinaus manche Auseinandersetzungen und Probleme einer nun schon der Vergangenheit angehörenden Entwicklungsstufe der klinischen Psychologie und Psychotherapie in der DDR zu verdeutlichen.

Ganz herzlich möchte ich mich auch an dieser Stelle bei meinen Freunden und Mitarbeitern, den Fachpsychologen der Medizin, Dr. Elfriede Kriegel, Dr. Irmgard Gaefke und Dr. Ellen Sitte sowie bei der fleißigen Sekretärin Frau Ilse Wall bedanken. Meiner Frau, die mir nicht nur mit Rat und Kritik beistand, sondern mir durch selbstverständliches Einspringen beste Arbeitsmöglichkeiten verschaffte, gebührt besonderer Dank.

Berlin, März 1986

A. Katzenstein

Inhalt

1. Zur Dynamik bewußter Adaptation an die gesellschaftliche Umwelt

1.1. Zur Rolle der psychonervalen Regulation bei der Optimierung der Umweltgestaltung

Die Untersuchung zentralnervöser Regulationsprozesse konzentrierte unsere Arbeit auf ein bedeutsames Problem, das weit über den Rahmen der spezifisch medizinischen Fragestellung hinaus eine Rolle spielt. Wurde doch damit das Organ in den Mittelpunkt unserer Untersuchungen gerückt, das sowohl den Ablauf innerorganismischer Prozesse als auch die gesamte Interaktion des Menschen mit seiner Umwelt reguliert. Zentralnervöse Prozesse regeln insbesonders folgende wichtige Entwicklungs- und Funktionsbereiche:

1. Die Integration der Tätigkeit aller Organe zu einem einheitlich reagierenden Organismus und Schaffung optimaler innerer Milieu-Bedingungen (Homöostase). Befriedigung der vitalen Bedürfnisse des Individuums entsprechend den Gegebenheiten der Umwelt (Nahrungsaufnahme, Gefahrenvermeidung und Abwehr, Regulierung des Energiehaushaltes und Abstimmung von Aktivität und Entspannung). Diese Vorgänge, die wir schon bei den niederen Tierarten antreffen, werden weitgehend hormonal-biochemisch-subkortikal gesteuert. Sie sind charakterisiert durch Schnelligkeit, hochgradige Stereotypie und Inflexibilität, wie wir sie z. B. bei der Gefährdung des Organismus in der sogenannten Notfall-Reaktion vorfinden, d. h. in der blitzschnellen Bereitstellung aller Energiereserven und dem Übergang zu Flucht, Angriff oder Totstellreaktion. Alle diese Vorgänge verlaufen unbewußt. Bei höheren Säugetieren kann der Vorgang durch nachträgliche Reflektion (Epiphänomen) bewußt und gespeichert, d. h. erinnert werden.
2. Die Entwicklung der Lernfähigkeit. Sinnesreize, die vor einer Gefahr bzw. Nahrungsaufnahme wahrgenommen werden, bzw. Umweltkonstellationen, die diese Sinnesreize auslösen, wirken nach ein- oder mehrmaligem Vorkommen als Signale und lösen im Wiederholungsfall rechtzeitig die entsprechende Reaktion aus. Dabei kommt es evtl. zu Modifikationen der stereotypen Primitivreaktion insbesondere zur Anpassung an Umweltveränderungen. Hier finden wir Bewußtseinsprozesse in statu nascendi.
3. Die Potenzierung der Möglichkeiten des einzelnen Lebewesens durch Entwicklung primitiver Formen der Kooperation, Kommunikation und hierarchischer Gruppenbeziehungen (Rangordnung). Bei niederen Tierarten werden diese Funktionen vielfach biochemisch und durch genetische Disposition geregelt, bei den Säugetieren beginnen kortikale Strukturen eine zunehmend wichtigere Rolle auch in diesem Bereich zu spielen.
4. Auf der Grundlage der primitiven Kooperation entwickelt sich beim homo sapiens kooperative Arbeit, erste Herstellung von Werkzeugen und Verständigung durch artikulierte Sprachsignale, die das Denken und Zu-

sammenwirken in größeren Verbänden möglich machen und so die Vorbedingungen zur Entwicklung der Gesellschaft mit ihren ungleich höheren Potenzen zur Beherrschung der Natur und deren Anpassung an die Bedürfnisse des Menschen schaffen. Bewußtseinsprozesse beginnen zunehmend stärker in den Vordergrund zu treten.

Trotz des qualitativ unterschiedlichen Charakters dieser Umweltbeziehungen handelt es sich doch im Wesentlichen um eine mehr oder weniger passive Anpassung des Organismus an Umweltbedingungen. Erst mit der Höherentwicklung der Gesellschaft, die sozusagen die zentralnervalen Regulationsmechanismen vieler Menschen zusammenkoppelt und dadurch einen weiteren qualitativen Sprung vollzieht, gelingt es dem Menschen, die Natur in größerem Maßstab aktiv zu verändern. Dabei geht der Anstoß für die aktive Veränderung bis in die Gegenwart noch primär von konkreten, zunehmend stärker gesellschaftlich bedingten, Störfaktoren und Schwierigkeiten aus. Es zeichnet sich jedoch in der sozialistischen Gesellschaft bereits die Tendenz ab, auch diesen Anstoß prognostisch zu antizipieren und damit einen weiteren qualitativen Umschlag zu bewirken.

Da der Keim der gesellschaftlichen Entwicklung seit dem Ende der Urgemeinschaft in ihrem Klassencharakter, d. h. in den durch Klassenkampf hervorgerufenen Widersprüchen, lag, veränderte sich auch die Bedürfnisstruktur des Menschen in der Gesellschaft. War die Umweltbeziehung des Menschen vorher in der Hauptsache geprägt von den beiden Polen: Bedürfnisbefriedigung und Gefahrenabwehr, so treten sukzessiv zwei weitere Grundmotive stärker in den Vordergrund: das Bedürfnis nach sozialer Zugehörigkeit, Kooperation und gesellschaftlicher Integration einerseits und die Klassenauseinandersetzung, der Kampf zwischen Privilegierten und Rechtlosen andererseits. Der homo sapiens hat sich zum zoon politikon gewandelt.

Die Widersprüche in der menschlichen Gesellschaft haben zweifellos in unerhörtem Maße als Motor der Entwicklung gewirkt und dazu geführt, daß der Mensch (in erster Linie natürlich der Privilegierte) immer größere Freiheiten gewann.

Die gesellschaftlichen Verhältnisse — ursprünglich entstanden dank der Entwicklung der Produktivkräfte und der damit verbundenen zentralnervös bedingten sprachlichen Kommunikation und dem Denken — wirkten nun ihrerseits zurück auf die zentralnervöse Regulation, indem sie die passiv-reizabhängigen bedingten Impulse nach und nach unter bewußte Kontrolle brachten, die aktiv-abstrahierende Antizipation förderten und so die Grundlage für die Entwicklung von Wissenschaft, Kultur und nuancierten Gefühlen legten.

Die aktive Beeinflussung, ja, Beherrschung der Umwelt durch die Gesellschaft, vollzog sich so umfassend, daß heute sogar die Befriedigung der vitalsten biologischen Bedürfnisse in weit stärkerem Maße von sozio-ökonomischen als von natürlichen Umweltbedingungen abhängt.

Dadurch gelangte aber auch verstärkt die Gegensätzlichkeit der gesellschaftlichen Umwelt im menschlichen Nervensystem zur Widerspiegelung. Infolge der jahrtausendelangen Konditionierung des Menschen an die Bedingungen der Klassengesellschaft, in der Verlust der sozialen Stellung ebenso sicher zum

Untergang führen kann, wie ein physischer Angriff, wurde die Angst vor Versagen bei gesellschaftlichen Anforderungen, die Angst vor Isolation und anderen sozialen Sanktionen ebenso zum Signal für die primitive Notfallreaktion, wie die direkte physische Bedrohung.

In unserer Gegenwart ist aber oft die impulsiv-primitive Notfallreaktion fehl am Platze. Weder im begrenzten Kreis des persönlichen Lebens, etwa bei schwierigen Prüfungen, noch im Straßenverkehr oder anderen Risiken, die Gesundheit und soziale Stellung bedrohen, noch bei der Durchführung größerer gesellschaftlicher Aufträge, Leitungstätigkeit und Menschenführung, erweisen sich derartige für Kampf oder Flucht bereitgestellte Emotionen und zusätzliche Energiereserven als Hilfe. Im Gegenteil, die vegetativ aufpeitschende organismisch-emotionale Reaktion behindert eher noch den Ablauf der Denkvorgänge. Darüber hinaus führen häufig abortive Energiebereitstellungen, wie zahlreiche Untersuchungen nachwiesen, zu Belastungen und funktionellen Störungen der viscera und der kortikalen Informationsverarbeitung und schließlich zu zerebro-viszeralen oder psycho-somatischen Erkrankungen, wie Hypertonus, Ulcus usw.

Die inneren Widersprüche der menschlichen Gesellschaft — die, wie wir sahen, im Ergebnis der Höherentwicklung und immer perfekterer Koordination psychonervaler Mechanismen entstand — hat der Menschheit als Ganzes Möglichkeiten zu immer besserer Beherrschung der Natur, d. h. zu mehr Freiheit gegeben. Da sich diese Entwicklung jedoch in Klassengegensätzen vollzog, waren die unteren Klassen (Sklaven, Leibeigene, Untertanen, Bauern und Arbeiter usw.) kaum an diesen Vorteilen beteiligt, im Gegenteil, sie mußten den Fortschritt immer aufs neue mit Ausbeutung, Tod und Elend bezahlen.

Wir leben in einem sozialistischen Staat, in dem diese antagonistischen Grundwidersprüche der gesellschaftlichen Entwicklung überwunden sind. Zweifellos wurden dadurch wesentliche Schwierigkeiten beseitigt, so daß man sagen kann, eine entscheidende Etappe der Optimierung der Mensch-Umwelt-Beziehung ist abgeschlossen. Aber auch in unserer gesellschaftlichen Umwelt gibt es Spannungen und Schwierigkeiten, die teils auf die Nachwirkung der früheren Klassengegensätze, teils auf die nach wie vor bestehenden antagonistischen Widersprüche mit den kapitalistischen Ländern und schließlich auf die neue Entwicklungsdynamik unseres Aufbaus zurückzuführen sind.

Untersuchungen, die wir bei 500 Patienten durchführten, zeigten, daß bei vielen eine Sensitisierung vorliegt, auf Grund derer sie selbst relativ harmlose soziale Spannungen und Aufregungen mit der sterotypen Notfallreaktion beantworten als wäre ihre Existenz bedroht. Dabei handelt es sich um Einstellungen, die auf der Grundlage früherer Erlebnisse entstanden sind. Es gibt eindeutige experimentelle und klinische Beweise dafür, daß eine Serie traumatischer Erfahrungen und Versagenserlebnisse zur Ausprägung negativ-pessimistischer Antizipationstendenzen führt, die die Initiative lähmt, das Selbstvertrauen untergräbt und durch erhöhten Zweifel und Perfektionismus das Handeln blockiert. Dadurch werden Mißerfolgserlebnisse direkt gefördert und die bereits bestehende negative Einstellung verstärkt. Leicht wird so ein Selbstverstärkungskreis in Gang gebracht, der zu permanenter Alarmbereitschaft des Organismus, Gesundheitsgefährdung und subjektivem Leiden führt.

Natürlich kann es sich nicht darum handeln, die Notfallreaktion überhaupt zu löschen. Ein solches Unterfangen, selbst wenn es gelänge, wäre gefährlich, weil dieser angeborene Reflex bei physischer Gefahr lebenswichtig sein kann. Vielmehr kommt es darauf an zu lernen, den auslösenden Reiz besser zu differenzieren: Bei direkter physischer Gefahr für den Organismus ist die Bereitstellung zur Kampf- und Fluchtreaktion adäquat, bei beruflichen Konflikten oder vermeintlicher Gefährdung der Stellung in der Gesellschaft ist diese Reaktion jedoch störend und inadäquat.

Wenn bei manchen Personen Schwierigkeiten im Beruf und persönlichen Leben in so hohem Maße Anlaß für psychische Spannungen werden, Angstreaktionen vor Versagen und Statusverlust begünstigen und überkompensatorisches Verhalten mit allen Konsequenzen für Gesundheit und Arbeitskraft fördern, stehen wir vor einem Problem, dessen Lösung sowohl für den einzelnen wie für die Gesellschaft hohe humanistische und ökonomische Bedeutung annimmt. Es kommt deshalb darauf an, die auslösenden Zusammenhänge genau zu erkennen und in enger Zusammenarbeit von Ärzten und Psychologen adäquate Lösungswege auszuarbeiten.

In der Industrie und dem Schulsystem unseres Landes werden bereits gegenwärtig viele psychohygienisch-prophylaktische Maßnahmen verwirklicht, die dem humanistischen Anliegen unserer sozialistischen Gemeinschaft entsprechen. Das sind komplexe Umkonditionierungsmethoden, deren volle Wirkung erst in Zukunft zum Tragen kommen wird. Unmittelbar jetzt schon ist es jedoch notwendig, bei den bereits Erkrankten eine entsprechende therapeutische Umkonditionierung anzubahnen. Vertiefung unserer Erkenntnisse über das Wesen zentralnervöser Regulationen und Verbesserung diesbezüglicher psycho-prophylaktischer Maßnahmen und therapeutischer Methoden gewinnen in der jetzigen Entwicklungsphase erhöhte Bedeutung, da nach der Erkennung und Beherrschung vieler biologischer Krankheitsfaktoren (Infektionen, Mangel an lebenswichtigen Substanzen usw.) gesellschaftsbedingte Störungen der zentralnervösen Regulation, wie psychosomatische Erkrankungen und neurotische Entwicklungen, stärker in den Vordergrund treten.

Wie im Vorhergehenden für die Menschheitsentwicklung als Ganzes gezeigt wurde, vollzieht sich die progressive Optimierung der menschlichen Umweltbeziehung im Übergang von der weitgehend unbewußten reizabhängigen, defensiven Reaktivität zur bewußten, antizipierenden, schöpferischen Veränderung der Umwelt. Dieser Prozeß, untrennbar mit der Entwicklung der Gesellschaft verbunden, beruht letztlich auf der großartigen Leistungsfähigkeit des menschlichen Zentralnervensystems.

Analog kommt es auch bei dem einzelnen Menschen darauf an, zur Gesunderhaltung von Geist und Körper befriedigende Umweltbeziehungen aufzubauen und den Übergang vom passiv reizabhängigen Reagieren zum bewußten schöpferischen Handeln in und mit der Gemeinschaft zu vollziehen. Wird dieser Prozeß infolge zu hoher Dauerbelastung oder akuter Konflikte und Störeinflüsse beeinträchtigt, kommt es möglicherweise zu Fehlentwicklungen in den Gemeinschaftsbeziehungen bzw. zu Stagnation oder Regression auf das für den erwachsenen Menschen in unserer Gesellschaft inadäquate Niveau des passiv reizabhängigen Reagierens, so wird der Nährboden gelegt für die Entwicklung funktioneller Erkrankungen.

1.2. Bewußte und unbewußte Vorgänge im menschlichen Verhalten

Das Problem des Unbewußten hat seit urdenklichen Zeiten die Menschheit beschäftigt. Was geschieht mit unserer Seele, wenn wir einschlafen? fragten Philosophen der Antike. In neuerer Zeit sehen sich Forscher auf dem Gebiet der Medizin mit irrationalen und unbewußten Verhaltens-Motiven ihrer Patienten konfrontiert und bemühen sich, dieses Problemgebiet zu begreifen.

Siegmund FREUD sah bei neurotischen Patienten häufig ungewöhnliche Verhaltensweisen. In dem Bemühen, eine Erklärung für ihre unverständlichen und oft scheinbar sinnlosen Reaktionen zu finden, stellte er fest, daß diese fehlangepaßten Handlungen dann einen Sinn zu bekommen schienen, wenn man sie als Ausdruck verbotener Bedürfnisse interpretierte, deren sich die Patienten selbst nicht bewußt waren. FREUDS Hypothese, derzufolge das Verhalten von Neurotikern und Normalen nur teilweise durch bewußte, zum größeren Teil jedoch durch unbewußte Bedürfnisse motiviert sei, erhielt Unterstützung durch seine Beobachtungen sogenannter „pathologischer Phänomene des täglichen Lebens". Darunter verstand er solche scheinbar zufälligen Fehlleistungen wie Vergessen, Fehlhören, Versprechen usw. Seine sorgfältigen analytischen Betrachtungen, Trauminterpretationen und Introspektionen schienen seine Hypothese zu bestätigen. Als es ihm nicht gelang, seine Theorie mit den damals bekannten neurophysiologischen Erkenntnissen zu begründen, kam er zu der Überzeugung, daß die Physiologie noch nicht weit genug fortgeschritten war, um die Lösung dieser Aufgabe zu ermöglichen und überließ mit Bedauern die Klärung dieser Zusammenhänge zukünftigen Generationen. Die Psychologen, die zu jener Zeit überhaupt erstmalig experimentelle Untersuchungen durchführten, waren ebenfalls nicht in der Lage, sich mit komplizierten neurotischen Phänomenen zu befassen. So gab es zunächst keine andere plausible Interpretation für die beobachteten Verhaltensweisen.

In dem Bemühen, seine Erkenntnisse theoretisch zu untermauern, postulierte FREUD einen absoluten Gegensatz zwischen bewußten und unbewußten Vorgängen. Beide sind demnach ein Antagonistenpaar zur Erfüllung der Bedürfnisse des Individuums. Bewußtsein oder bewußte Adaptation nutzt, entsprechend seiner Annahme, eine realistische Einschätzung der Umweltforderungen zur bestmöglichen Realisierung solcher individuellen Bedürfnisse, die angesichts der jeweils bestehenden Gebräuche und geschriebenen und ungeschriebenen Verbote gefahrlos befriedigt werden können. Das Unbewußte aber habe die Tendenz, die Befriedigung unerlaubter verpönter Bedürfnisse zu erreichen. Deren Befriedigung müsse durch das Unbewußte unter Umgehung des Bewußtseins erreicht werden. Dadurch werde das Unbewußte zu einem bedeutenden Faktor der psychologischen Dynamik menschlicher Anpassung.

Seit der Zeit, in der FREUD seine Ideen entwickelte, hat die Forschung in Neurophysiologie und Psychologie bedeutende Fortschritte gemacht. Auch war es zu FREUDS Zeit für viele Wissenschaftler schwierig, den Stand der Sozialwissenschaften adäquat zu berücksichtigen. Zwar hatten MARX und ENGELS die Konzeption des Dialektischen Materialismus bereits 50 Jahre vorher entwickelt, aber aufgrund der staatlichen und gesellschaftlichen Diskriminierung war diese Entwicklung nur wenigen Wissenschaftlern der damaligen Zeit bekannt. Im Lichte der heutigen Erkenntnisse müssen manche von FREUD aufgestellten Theorien neu bewertet werden. Als besondere Schwächen der psychoanalytischen Betrachtungsweise beeindruckt:

— Daß dem Unbewußten die Fähigkeit zugesprochen wird, zu planen und das Bewußtsein zu überlisten, also eine Leistung, die sogar die bewußte Widerspiegelung und das Denken noch übertrifft, obgleich es sich bei den letzteren um die höchste Entwicklung organismischer Funktionen handelt.
— Daß von der psychopathologischen Problematik ausgegangen wird, bei der sexuelle Konflikthaftigkeit möglicherweise eine größere Rolle spielt, ohne zu berücksichtigen, daß weite Bereiche normaler menschlicher Umweltbeziehung ebenfalls durch bewußte und unbewußte zentralnervale Vorgänge reguliert werden.
— Ein absoluter Gegensatz zwischen Bewußtem und Unbewußtem ist eine Abstraktion, die zwar bürgerlich rationalistischer Logik entspricht, aber die realen Verhältnisse, wie sie insbesondere im Entwicklungsprozeß deutlich zum Ausdruck kommen, nicht berücksichtigt.

Tatsächlich zeigt ein Blick auf die Entwicklung des Bewußtseins im Tierreich (Vorstufen) und beim Menschen, wie sich aus ursprünglich wenig entwickelten unbewußt ablaufenden Anpassungsprozessen immer feiner differenzierte und differenzierende Reaktivität und schließlich die Lernfähigkeit herausbildete, die dann den Anstoß zur gesellschaftlichen Kooperation und Bewußtseinsentwicklung gab. Letztere erreichte schließlich einen so hohen Stand, daß sie diese Entwicklung selber zum Gegenstand der Untersuchung, d. h. der bewußten Analyse machen konnte.
Ein kurzer Überblick über diese Entwicklungsphasen möge das verdeutlichen:

Entwicklung des Bewußtseins

Wenn wir beobachten, was im menschlichen Organismus vorgeht, erkennen wir eine verwirrende Fülle unbewußter Vorgänge. Zahllose mikro- und makrobiologische Prozesse laufen gleichzeitig in unserem Körper ab. Die genauere Untersuchung jedes dieser vielen Einzelvorgänge enthüllt jeweils ein scheinbar völlig geschlossenes System. Aber nirgendwo innerhalb dieser perfekt funktionierenden Systeme würden wir auch mit sorgfältigsten und verfeinerten analytischen Forschungen das entdecken, was das perfekte Zusammenspiel dieser Vorgänge bewirkt oder gar das, was wir Bewußtsein nennen. Wir würden, wie es Goethe in seinem „Faust“ so treffend sagte, zwar die Teile in unserer Hand haben, aber das lebendige Band vermissen.
I. Neurophysiologische Experimente und Untersuchungen haben nachgewiesen, daß nur die intakte Gehirn-Struktur die Ganzheit, die unteilbare,

lebendige Ganzheit des Organismus gewährleistet, die alle diese inneren Prozesse integriert, aufeinander abstimmt und einheitliches harmonisches Verhalten hervorbringt, das darauf abzielt, die vitalen Bedürfnisse zu befriedigen. Damit haben wir einen ersten Baustein in der Hand, auf dem das Bewußtsein beruht.

Schon in der Entwicklung der höheren Tierarten finden wir unwillkürliche Subsystemaktivität neben absichtsvollen Verhaltensweisen. Jahrhundertelang war es den Wissenschaftlern nicht möglich, die Teil-Ganzheitsbeziehung dieser Vorgänge richtig zu begreifen. Abgesehen von unvollständigen, und daher fehlerhaften, Versuchen der „Gestalt-Schule der Psychologie" (WERTHEIMER, KOFFKA, KÖHLER usw.), der „Feldtheoretiker" (K. LEWIN), und der „Ganzheitsneurophysiologie" (K. GOLDSTEIN usw.), hat der „Dialektische Materialismus" und seine „Systemtheorie" ein Denkmodell formuliert, das es ermöglicht, die komplexe Wechselwirkung der Teile und des Ganzen richtig zu begreifen. Es ist ein wichtiges Charakteristikum dieser Auffassung, daß sie die Bedeutung der Analyse von Teilprozessen hervorhebt, aber gleichzeitig das Primat der integrativen und adaptiven Funktion des Ganzen betont. Dieser Gesichtspunkt unterstreicht die Notwendigkeit, in erster Linie die Gesetzmäßigkeit des Gesamtkontextes zu verstehen. Gerade, weil jede höhere ganzheitliche Integrationsstufe mehr ist als eine einfache Summierung ihrer Teile, übt sie einen entscheidenden Einfluß auf alle Teilprozesse aus.

II. Neben der integrativen Aktivität des Organismus und aus ihr hervorgegangen, bildet die Entwicklung des Lernens oder die sogenannte bedingtreflektorische Tätigkeit einen weiteren Grundstein für die Entwicklung des Bewußtseins. Wenn wir die Entwicklung der Adaptationsfähigkeit der einzelnen Tierarten in der phylogenetischen Reihe verfolgen, beobachten wir ein progressives Anwachsen der Lernfähigkeit, das in hohem Maße die Möglichkeiten der Anpassung an eine sich ändernde Umgebung verbessert. Von relativ unwesentlichen Komponenten der Verhaltenssteuerung beim Fisch, den Amphibien und den Vögeln entwickelt sich das Lernen zur wesentlichen Verhaltensdeterminante bei den Säugetieren, bis es schließlich den Vorrang über instinkthafte, unkonditionierte Reflexe bei manchen Haustieren und den Anthropoiden einnimmt. Dieser Entwicklungsschritt kennzeichnet eine neue Stufe, auf der die quantitative Veränderung in eine neue Qualität umschlägt. Es hat sich eine Stufe des Lernens herausgebildet, die die Vorgänge in der äußeren Welt adäquater widerspiegelt als alle vorhergehenden. Daraus ergibt sich eine wirksamere Fähigkeit zur Adaptation an veränderte Lebensumstände. Soweit sind wir, wie jeder Physiologie- oder Psychologiestudent weiß, auf bekanntem Gebiet. Weniger allgemein akzeptiert ist dagegen die Idee, daß z. B. ein Individuum, das uns als ganzheitliches System auf der einen Begriffsstufe erscheint (ein Tier, ein Mensch usw.), doch gewissermaßen Subsystem oder Teil eines größeren Komplexes eines höheren Integrationsniveaus (Herde, Rudel, Horde, Gesellschaft) sein kann, also z. B. auf dem sozialen Gruppenniveau. Dabei muß betont werden, daß eine solche „höhere" Einheit, wie der Zusammenschluß vieler Individuen in einer Stadt, einem Staat, einem Land usw. durch völlig neue gesellschaftlich-zwischenmenschliche Beziehungen gekennzeichnet wird, die sich von den organismischen Beziehungen verschiedener Organsysteme des Körpers radikal unterscheiden. Schon um die Entwicklung des Lernens zu verstehen, müssen wir eine sich verändernde Umwelt einbeziehen, die diejenigen Organismen belohnt, die fähig sind, ihre entwickelten Hirnstrukturen zu nutzen, um sich den Veränderungen anzupassen und dadurch eine bessere Chance zum Überleben zu erhalten.

III. Die Entstehung des Bewußtseins ist nur zu begreifen, wenn wir die Gesetzmäßigkeiten des Zusammenlebens mehrerer Individuen mit berücksichtigen. Höherentwickelte Säugetiere, die in Familiengruppen, in Herden oder Rudeln zusammenleben, zeigen eine Entwicklung, die über das instinktive Verhalten und einfache Lernmöglichkeiten hinausgeht. Man erkennt bei ihnen komplexe mehrseitige Wechselbeziehungen (z. B.):

— Eine Weiterentwicklung höherer zentralnervöser Strukturen, z. B. zusätzliches Wachstum der Hirnrinde mit simultaner progressiver Übernahme von Funktionen, die vorher in subkortikalen Bereichen abliefen, durch diese kortikalen Schichten (Kortikalisation),
— vermehrte und intensivierte soziale Beziehungen und hierarchische Rangstrukturen (Hackordnung),
— erweiterte Kommunikation.

Das Zusammenwirken dieser Vorgänge führt zu einer beträchtlichen Steigerung der Lernkapazität und wachsender Flexibilität der Widerspiegelungsvorgänge. Es entwickeln sich Einstellungen (attitudinal sets), solche Handlungsweisen zu bevorzugen, die sich bewährt haben, und indem sie erfolgreiches Verhalten begünstigen, tragen sie zur Ökonomie von Lernprozessen bei. Derartige psychologische Einstellungen wurden ausführlich durch D. N. Uznadze und seine Schule untersucht. Diese Forschungen konnten zeigen, daß beim Menschen psychologische Einstellungen schließlich auch subjektiv reflektiert werden können. Unter günstigen Bedingungen (Domestikation) ist es manchen Tieren möglich, diese psychischen Reflektionen sogar in Zeichensprache zu übermitteln. Es ist also gerechtfertigt, diese psychologischen Einstellungen als entstehendes Bewußtsein anzusehen.

IV. Der nächste Schritt zur Entwicklung des Bewußtseins führt über die Gruppenbildung hinaus zur höchsten Form des Zusammenlebens: der menschlichen sozialen oder gesellschaftlichen Organisation. Die quantitative und qualitative Entwicklung komplexer, aktiver, sozialer Kooperation, die sich schließlich zum Niveau des Zusammenarbeitens entwickelt, ermöglicht eine weitergehende Differenzierung zentral-nervöser Hirnstrukturen und wird begünstigt durch Veränderung anderer Organe (opponierbarer Daumen, aufrechter Gang) und Funktionen. Diese Entwicklung verstärkt das Bedürfnis für eine artikulierte Sprachkommunikation und bildet damit die Grundlage für die sich immer mehr erweiternde und exaktere bewußte Widerspiegelung der Mensch-Umwelt-Beziehungen, die das Kennzeichen des sozialen Fortschritts darstellt. Diese schöpferische Dynamik entstand infolge der günstigen Kombination eines hochorganisierten gesellschaftlichen Zusammenlebens, als Ergebnis, wie Engels feststellte, simultan ablaufender Interaktionen zwischen kooperativ Arbeitenden, höchster Differenzierung zerebraler und anderer anatomischer Strukturen und Entwicklung artikulierter Sprachkommunikationen. Gleichzeitig mit dem fortschreitenden Wachstum des Bewußtseins und seinerseits diesen Fortschritt ständig bekräftigend, ging eine wachsende Unabhängigkeit von zufälligen Konstellationen der Natur einher: Gefahrenquellen konnten vermieden oder beseitigt werden, Naturschätze gehoben, Klimabedingungen vorhergesehen und bei ungünstigen Prognosen vorgebeugt werden usw. Auch die eigene primitive Impulsivität konnte mehr und mehr kontrolliert und gehemmt werden. Dafür wurden allerdings die Dominanz-Submissionsbeziehungen von Mensch zu Mensch immer bedeutsamer. Das alles wurde in einem ständig erweiterten Erziehungsprogramm weitergegeben, das zur Entwicklung verfeinerter und nuancierter Gefühle, aber auch einer sich ständig vergrößernden Hierarchie gesellschaftlicher Abhängigkeitsbeziehungen und Bedürfnisse beitrug.

Selbst dieser skizzenartige Überblick zeigt, daß bewußte Wahrnehmung, Denken und Gedächtnis, wie wir es heute erkennen, im Grunde genommen das Ende einer sehr langen Entwicklungslinie bilden. Möglicherweise existieren bereits Spuren bewußter Wahrnehmungen schon bei Vögeln und niedrigen Säugetieren. Mit der Erweiterung der Lernfähigkeit bei den höherentwickelten Säugetieren erlangen sie größere Bedeutung. Aber nirgendwo sonst existiert das Primat bewußter Verhaltenskontrolle, das den in der Gesellschaft lebenden Menschen charakterisiert. Erst die entscheidende Erfindung der primitiven Werkzeuge, die ihrerseits die gesellschaftliche Organisation stimulierte und den gesellschaftlichen Fortschritt förderte und damit die Sprachentwicklung vorantrieb, vollbrachte diesen qualitativen Sprung. Diese Entwicklung der Herrschaft bewußter Planung über unbewußte, reflexive Impulse charakterisiert den Stand der neuen Menschlichkeit.

Psychologische Forschung (Binet, Werner, Bühler, Klix usw.) demonstrierte, daß das archaische menschliche Bewußtsein in seiner anfänglichen phylogenetischen Phase, ebenso wie in der ontogenetischen Reifung des Kindes, noch von Aberglauben und irrationalen Ängsten durchdrungen ist, kontaminiert von wunschhaftem synästhetischem Wahrnehmen und anthropomorphem, analog-bildhaftem Denken. Auch treten häufige impulsive Ausbrüche auf, wobei unbewußte Adaptationsmechanismen aufs neue die Herrschaft übernehmen. Wir wissen, daß selbst in der späteren phylogenetischen Entwicklung, sogar noch im zivilisierten Leben, während Zeiten sozialer Krisen, derartige regressive Tendenzen in den Vordergrund rücken können.

Zur Entwicklung funktioneller Charakteristiken bewußter Adaptation

Wenn wir die erwachsene Bevölkerung irgendeines Landes betrachten, finden wir eine überraschende Vielfalt individueller Unterschiede sowohl in bezug auf Art und Umfang, als auch bezüglich des Inhaltes und der Differenziertheit bewußter Reflexion. Wir treffen einerseits Menschen mit einem außerordentlich eingeengten Verständnis der Wirklichkeit, einem beinahe unartikulierten, affektbetonten Denken, und andererseits Zeitgenossen mit einer Hochachtung einflößenden Weite des bewußten Verständnisses. Sie sind in der Lage, mikroskopische Prozesse ebenso zu begreifen wie kosmische Dimensionen. Sie können die Gesetzmäßigkeiten der Entwicklung menschlicher Gesellschaften auf hohen Abstraktionsebenen ebenso erfassen, wie die komplexen Beziehungen in einer einzelnen Familie. Ja, sie sind darüber hinaus auch imstande, kritisch ihr eigenes Verhalten zu bewerten mit der Selbstkritik, die eine der neuesten Leistungen (nach SCHEERER) in der Entwicklung des Bewußtseins darstellt.

Diese außerordentliche Vielfalt, die wir bei verschiedenen Menschen antreffen, die zu ein und derselben Kultur gehören, ist das Ergebnis der Wechselwirkung zahlreicher intraorganismischer und Umwelt-Konstellationen und von den letztgenannten in erster Linie den sozioökonomischen Bedingungen. Diese bestimmen die Art der Arbeit, die wir leisten, das Leben, das wir führen, die zwischenmenschlichen Beziehungen, die uns stützen und stimulieren dadurch Handlungen oder hemmen Initiativen, sie erleichtern oder erschweren den Informationsprozeß, das Denken und das Speichern von Erkenntnissen sowie das Fällen von Entscheidungen, kurz, sie bestimmen das mehr oder weniger permanente Niveau der Bewußtheit. Die meisten dieser Umweltfaktoren bestehen lange, bevor der einzelne geboren wird. Sie sind folglich zunächst weder durch seine bewußte noch durch unbewußte Manipulation beeinflußbar, infolgedessen werden sie, wenn man sich überhaupt bewußt darüber Rechenschaft ablegt, nur zu leicht als ewig bestehend, selbstverständlich und „natürlich" angesehen. Wir müssen deshalb schlußfolgern, daß trotz seines Potentials für Bewußtsein der einzelne anfänglich wenig Einfluß darauf hat, wie es zustande kommt und sich entwickelt.

Besondere Eigenarten des Bewußtseins

Abgesehen von der individuell unterschiedlichen Ausbildung und Leistungsfähigkeit des Bewußtseins, zeigt das Niveau der Bewußtheit schon während eines relativ kurzen Zeitraumes erhebliche Schwankungen. Selbst wenn wir nur einen 24-Stunden-Ablauf betrachten, wechselt die Aufmerksamkeit von klarster Wachheit zu Traum und Schlafzuständen. Konzentration kann in einem Moment ganz auf ein bestimmtes Detail konzentriert sein, um sich im nächsten Augenblick auf ein weites Feld zu erstrecken. Bewußte Handlungen können mit äußerster Energie bis zu Ende ausgeführt werden, oder wir können in einer apathischen Passivität dahindösen. Gedächtnisspeicherung kann auf einer hohen Wirksamkeitsstufe vor sich gehen oder fast keine Spur zurücklassen, so daß Erinnerung fast perfekt funktionieren oder völlig abwesend sein kann usw. Das tatsächliche Bewußtheitsniveau erfährt so täglich ständige und darüber hinaus altersbedingte Veränderungen.

Psycho-physische Bedürfnisse verursachen einen Zustand zentraler Erregungen, die den Organismus zur Handlung motivieren, um Bedürfnisbefriedigung zu erreichen. Je nach der vitalen Bedeutung der unbefriedigten Bedürfnisse, der Dauer der Bedürfnisentsagung und des allgemeinen Gesundheitszustandes wird der Erregungszustand stärker oder schwächer sein.

Erregung enthält natürlich auch eine subjektive Komponente, die affektive Engagiertheit. Auch diese hat im Laufe der Entwicklung eine graduelle Differenzierung erfahren. Undifferenzierte Erregung differenzierte sich zunächst zu einer grob unterscheidbaren positiven (Freude, Glück, Zufriedenheit) und negativen (Angst, Wut, Kummer, Sorge) Emotion. In dem Maße, in dem es gelang, impulsive Reaktionen zu kontrollieren, entstanden daraus hochnuancierte

Gefühle. Stärke der Erregung und Gefühlston veranlassen den Organismus zur Aktion, fördern Informationsverarbeitung und Gedächtnisspeicherung und regen die Erinnerung an. Bei niedriger bis mittlerer Erregungsstärke oder emotioneller Engagiertheit (die vom individuellen Erleben abhängt) wird die bewußte Reflexion auf den Gegenstand der Bedürfnisbefriedigung konzentriert. Bei extrem hohen oder niedrigen Intensitäten der Erregung oder emotioneller Engagiertheit überflutet die Excitation bzw. Inhibition die bewußte Reflexion und desorganisiert bzw. desorientiert und blockiert sie oder lähmt sie so, daß eine Regression auf weniger bewußte, weniger differenzierte Adaptationsstufen stattfindet.

Jedoch ist extreme Erregung oder Hemmung nicht der einzige Faktor, der bewußte Planung, Wahrnehmung und Aufmerksamkeit hemmen oder ablenken kann. Verwirrende Informationen, widersprüchliche Bedürfnisse, Konflikte, sensorische oder motorische Überreizung ebenso wie Reizverarmung können diesbezüglich eine ganz ähnliche Wirkung haben. Derartige kurzfristige Veränderungen der Bewußtheit erklären, warum zum Beispiel ein Mensch mit einem allgemein hohen Bewußtseinsniveau Fehler machen kann, obwohl „er es besser wissen sollte".

Neben dem allgemeinen Bewußtseinsniveau und dem augenblicklichen Bewußtheitszustand ist es wichtig, verschiedene Funktionsweisen zu unterscheiden. Sperry, Galin und Ornstein konnten nachweisen, daß die beiden Hemisphären des menschlichen Gehirns sehr unterschiedlich funktionieren. Bei den meisten rechtshändigen Menschen funktioniert die linke Hemisphäre überwiegend digital, verbal, zeitbewußt und logisch, während bei der rechten Hemisphäre vorwiegend analoge, ganzheitliche, figurative, metaphorische und zeitlose Widerspiegelung im Vordergrund steht. Beim gesunden Menschen arbeiten beide Hemisphären zusammen und ergänzen einander, indem ihre Spezialisierungen kombiniert werden. Jede der Hemisphären übernimmt jeweils dann die Führungsrolle, wenn die Problemlösung es erfordert. So wird ein Konzert beispielsweise weitgehend durch die rechte Hemisphäre verarbeitet, während ein mathematisches Problem vorwiegend durch die linke Hemisphäre gelöst wird. Bei extremer emotioneller Erregung können die Verbindungen zwischen den Hemisphären blockiert oder funktionell unterbrochen werden. Wyke war imstande zu zeigen, daß die Formatio Reticularis in diesem Prozeß eine Führungsfunktion ausübt, die ihrerseits vom Grad der emotionellen Spannung abhängt. Unter bestimmten Umständen kann auch das Verhalten eines gesunden Menschen zeitweilig nur durch eine Hemisphäre gelenkt werden. Hoppe nennt diesen Zustand eine funktionelle Commissurotomy. Ist z. B. die linke Hemisphäre in ihrer Funktion blockiert, auch wenn es nur für kurze Zeit ist, wird jedes logischverbale Argument einfach nicht verstanden und bleibt deshalb sinnlos. In diesem Fall erscheint es besonders wichtig, figurativmetaphorische Ausdrücke zu benutzen, die der rechts-hemisphärischen Informationsverarbeitung entsprechen. Einige Psychotherapeuten, insbesondere M. Erickson, haben das bereits seit längerer Zeit empfohlen, obwohl ihnen die obengenannten neurophysiologischen Befunde damals noch nicht bekannt waren.

Bewußtseinsvorgänge brauchen Zeit. Je weniger bewußt ein Wahrnehmungsprozeß und anschließende Reaktion abläuft, um so schneller und stereotyper folgen seine verschiedenen Phasen aufeinander. Der große Vorteil unbewußter Prozesse besteht in der Geschwindigkeit, mit der sie ablaufen. Der Nachteil dieser Adaptationsweise liegt in ihrer Unfähigkeit, auf Veränderungen flexibel zu reagieren. Je bewußter umgekehrt ein Adaptationsprozeß abläuft, um so länger ist der Zeitraum (Latenz) zwischen Beginn der Wahrnehmung und Beginn der Handlung. Selbst bei der schnellsten nervalen Übertragung wird eine gewisse Zeit benötigt, um alle wesentlichen Bedingungen und Konstellationen einzuschätzen, zu bewerten und die geeignete Verhaltensvariante auszuwählen.

Ein weiterer bedeutender Nachteil des bewußten Verhaltens ist seine räumliche und zeitliche Begrenzung. Vergleichbar mit dem Lichtstrahl ist die bewußte Wahrnehmung und das Denken für eine begrenzte Zeit nur auf einen begrenzten Ausschnitt des gesamten Lebensraumes eines Menschen gerichtet. Wie die Wirkungsweise der veränderten Brennweite einer Sammellinse, kann zwar das Bewußtsein auf ein größeres, entfernteres Gebiet konzentriert werden, oder es kann sich auf detaillierte Einzelheiten eines kleinen Gebietes in der Nähe richten, es erfaßt aber immer nur ein kleines Segment des subjektiven Lebensraumes. Die dabei nach einer begrenzten Zeit in der Regel auftretende Monotonie verursacht überdies eine Verringerung der Schärfe, Wachheit und Aufmerksamkeit. Der Nachteil der Begrenztheit des bewußten Abtastens wird z. T. durch enge Kopplung mit dem Erinnerungsvermögen ausgeglichen. Abgesehen von der anfänglichen Verzögerung verläuft das Verhalten, das einmal bewußt begonnen wurde, nicht unabänderlich wie etwa unbewußtes Verhalten oder unbewußte Aktivität. Eine ständige Rückmeldung (Feedback oder Re-Afferenz) und Neueinschätzung ermöglicht entsprechende Verhaltensveränderungen. So ist also beträchtliche Verzögerung oder Verlangsamung der Aktionswahl im Vergleich zur Geschwindigkeit und Impulsivität unbewußter Reaktionen sowie räumliche und zeitliche Begrenzung charakteristisch für bewußtes Verhalten. Dafür bietet bewußtes Verhalten den großen Vorteil, nicht nur Veränderungen der Umweltbedingungen allgemein einzubeziehen, sondern auch eigene persönliche Bedürfnisse und Gefühle sowie Gefühle von anderen Menschen berücksichtigen zu können. Trotz der erwähnten Nachteile hat also die Entstehung des Bewußtseins die Qualität des Lebens enorm verbessert, denn das Bewußtsein bietet die Möglichkeit, in der Vorstellung, also im voraus, gedanklich verschiedene Verhaltensvarianten durchzuspielen. Dadurch können erwünschte und unerwünschte Folgen antizipiert und unnötige Energieverausgabung, zwischenmenschliche Konflikte und Versagenserlebnisse vermieden werden. Dem bewußt handelnden Menschen ist es möglich, kontinuierlich die eintreffenden Rückmeldungen seines Verhaltens sowie zusätzliche Informationen zu verarbeiten. Darüber hinaus erweitert er in diesem Prozeß fortlaufend sein Wissen über die Eigenschaften seiner Umwelt und vergrößert dadurch beständig seine Fähigkeit, sachdienliche Entscheidungen zu fällen.

In der bewußten Wahrnehmung und ihrer gedanklichen Verarbeitung verfügen wir über ein sehr wirkungsvolles Instrument zur Verbesserung unserer Lebensbedingungen. Seine optimale Anwendung würde erreicht werden, wenn jeweils nur das Gebiet im Brennpunkt des bewußten Erlebens läge, das für die unmittelbar folgenden Schritte wesentlich ist, denn so würde die Schwierigkeit der zeitlichen und räumlichen Begrenzungen bewußten Handelns am besten ausgenutzt. So könnte ökonomisch und optimal ein akzeptierbares Adaptationsverhalten erlernt werden, das dann zukünftig in ähnlichen Situationen, dank erworbener Einstellung, mit weniger bewußtem Engagement abläuft. Dann könnte die Konzentration der bewußten Reflektion auf die nächste Aufgabe gelenkt und ihre volle analysierende Fähigkeit zu größtem Vorteil eingesetzt werden. Tatsächlich haben wir es mit einem solchen Ablauf zu tun, wenn wir z. B. eine besondere Qualifikation, eine besondere Fertigkeit erlernen. Sobald genaue Verhaltensrichtlinien erkannt wurden, werden die einzelnen Schritte, wie psychomotorische Koordinationsschablonen, erlernt. Dann wird die Bewußtheit graduell vermindert bis die Verhaltenssequenzen fast automatisch ablaufen. Die volle Komplexität dieses Problemgebietes wird begreiflich, wenn wir erkennen, daß, abgesehen vom eigentlichen Wahrnehmungsprozeß, der Mechanismus der Ausrichtung des Wahrnehmungsfeldes eine entscheidende Rolle spielt. Es ist interessant, daß die Lenkung der Wahrnehmung, ebenso wie die Bereitstellung oder Blockierung von Gedächtnisinhalten, in beträchtlichem Maße durch subkortikale Hirnstrukturen ausgeführt werden und folglich mehr von Emotionen als von der Logik bestimmt werden. Im Laufe des Erziehungsprozesses lernen wir zwar, einige dieser Steuerungsfunktionen bewußt zu übernehmen und z. B. unsere Aufmerksamkeit gezielt auf einen gewünschten Gegenstand oder auf ein gewünschtes Problem zu lenken, unsere Wahrnehmungen auf spezifische Aspekte zu richten und bestimmte Texte und Gedichte zu erinnern. Diese Leistung ist jedoch erst neueren Ursprungs und noch unvollständig, sie wird durch äußere Einflüsse (den Anblick eines attraktiven Menschen, schönes zum Ausgehen einladendes Wetter usw.) leicht gestört, so daß die Steuerung von Wahrnehmung und Gedächtniswidergabe nach wie vor weitgehend subkortikal vermittelt wird.

Aus dem Gesagten geht hervor, daß der Mechanismus unbewußter Verhaltenssteuerung dann in hohem Maße wirkungsvoll ist, wenn es notwendig ist, schnell zu handeln, um vitale Bedürfnisse zu befriedigen oder einem Notfall Rechnung zu tragen. Die Lenkung des Verhaltens durch vorherige bewußte Entscheidung würde viel mehr Zeit erfordern. Glücklicherweise konfrontiert das Leben in der modernen Gesellschaft Menschen relativ selten mit derartigen Notfallsituationen. Häufiger sind Situationen, in denen bewußte Wahrnehmungsprozesse notwendig sind, um Schwierigkeiten in zwischenmenschlichen Beziehungen aufzuklären. Lösungen unter Berücksichtigung der Kompliziertheit solcher Konflikte hängen keineswegs primär von Geschwindigkeit und physischer Kraft ab, sondern verlangen statt dessen eine gut ausgewogene Berücksichtigung vieler wesentlicher Faktoren. Eine bewußtere Lenkung und Konzentration der Wahrnehmung, des Denkens und Erinnerns ist unter diesen Umständen zweifellos vorteilhaft.

Wir sehen also, daß unter dem Einfluß externaler und internaler Bedingungen, über die wir zunächst keine bewußte Kontrolle haben, die Fähigkeit, zu analysieren und bewußt zu handeln, sich entwickelt. Wird eine individuelle Erregungs-Toleranzschwelle überschritten, verringert sich der Einfluß bewußter Wahrnehmung und des Denkens. Außerdem kann eine Konzentration der Wahrnehmung auf einem mehr reflexiven oder einem bewußteren kortikalen

Niveau ablaufen. Angesichts der dargestellten Zusammenhänge kann die Annahme einer völligen Spaltung zwischen bewußten und unbewußten Vorgängen, wie sie so typisch für psychoanalytische Auffassungen ist, tatsächlich nur ein sehr verzerrtes und unvollständiges Bild der wirklichen dynamischen Entwicklungsbedingungen widerspiegeln.

Normales Verhalten in der Gegenwart

In den vorhergehenden Bemerkungen wurde die phylogenetische Dynamik betont, die die Entwicklung der Bewußtheit unserer primitiven Vorfahren einst in Bewegung setzte, wodurch die unbewußten Adaptationsmechanismen sukzessiv in den Hintergrund gedrängt wurden.

Das hervorragendste Charakteristikum der Ontogenese in der Gegenwart ist die Tatsache, daß die gesellschaftlichen Bedingungen, in die ein Kind hinein geboren wird, außerordentlich vielfältig sind. „Normalität" wird jedoch durch die Art bestimmt, in der wir in der Gesellschaft, in der wir leben, wirken können. Ob ein Kind in eine kapitalistische oder sozialistische Gesellschaft, in eine arabische Feudal- oder in eine afrikanische Stammesherrschaft hinein geboren wird, ist nicht von seiner Entscheidung abhängig. Auch haben wir keinerlei Einfluß auf den Rang, die Stellung unserer Eltern, noch auf die Arbeit, die sie verrichten, und dennoch bestimmen gerade diese Bedingungen in einem hohen Maße den Lebensstil, in den wir hineinwachsen, die bewußte Erkenntnis der Welt, die uns umgibt, und die Art, in der wir uns verhalten müssen, um als „normal" angesehen zu werden.

Je fortschrittlicher eine Gesellschaft ist, um so mehr wird eine allseitige Entwicklung des Bewußtseins ermutigt. Feudale, kirchliche Gesellschaften entmutigen die Entwicklung eines weiten Horizontes des Bewußtseins und fördern statt dessen die Annahme autoritativer Standpunkte. In einer derartigen unterdrückenden kulturellen Atmosphäre liegt die Betonung auf irrationalem Glauben, auf Vertrauen in transzendentale Vorherbestimmung, kurz, auf allem, was dazu dient, blinden Gehorsam und loyale Treue gegenüber den Machthabern zu fördern. Das hemmt und erstickt die natürliche Neugierde, den Untersuchungstrieb und die Entwicklung des Bewußtseins.

Im Gegensatz zur mittelalterlichen Feudalgesellschaft kann der moderne Kapitalismus nicht länger eine derartige weitgehende Unterdrückung bewußter Widerspiegelung praktizieren. Die moderne Industrie verlangt intelligente und durchweg hochqualifizierte Ingenieure und Techniker mit hohem theoretischen Begriffsvermögen. Nur diejenigen werden Erfolg haben, die mittels hervorragenden Intellekts imstande sind, die Komplexität der Wissenschaft, der Technik und der Organisation zu meistern. Es gibt dabei lediglich eine Schwierigkeit: das ganze Gebiet der sozio-ökonomischen Wissenschaft und philosophischer Entwicklungstheorien einschließlich des dialektischen und historischen Materialismus bleiben auch weiterhin tabuiert. Forschungen auf diesem Gebiete würden „das Establishment" in Gefahr bringen und müssen deshalb unterdrückt werden. Nur ganz besonders ausgesuchte und auf besondere Art „qualifizierte" Wirrköpfe werden zugelassen, d. h. gefördert und „aufgebaut", um ihre desinformierenden Auffassungen zu propagieren.

Nur eine sozialistische Gesellschaft, deren echtes Anliegen die Förderung eines ständigen Fortschritts ist, wird die ungestörte Entwicklung des Wissens und der Einsicht in die Gesetzmäßigkeiten auch der sozio-ökonomischen und philosophischen Zusammenhänge fördern, da hiervon die Erreichung ihrer schließlichen Überlegenheit abhängt. In unserer gegenwärtigen Gesellschaft wächst ein Kind selten in einer einförmigen Umgebung auf, wie sie etwa vor 40 Jahren durch amerikanische Sozialanthropologen (Margred MEAD, Ruth BENEDIKT usw.) bei isolierten Naturvölkern untersucht wurden. Diese Forscher fanden damals in verschiedenen mehr oder weniger statischen, einförmig strukturierten isolierten Bevölkerungen durchweg Gruppeneinflüsse, die völlig im Einklang mit dem dortigen gesellschaftlichen Leben der Gesamtgruppe standen. Derartige erzieherische Umweltbedingungen erwiesen sich als gute Grundlagen für die Adaptation des Heranwachsenden an die Gemeinschaft. Folglich trafen diese Autoren in den untersuchten Gesellschaften kaum auf neurotische Abweichungen.

Der gegenwärtige Übergangszustand der politischen und ökonomischen Verhältnisse in der Welt, die gezielten Suggestivmethoden, angewandt in modernen Kommunikationsmedien entgegengesetzter Gesellschaftssysteme, das wachsende Gewicht der Verstädterung usw. mit ihren multiplen Schwierigkeiten, bringen häufige Konfrontationen verschiedener ideologischer Standpunkte mit sich, sowie simultane Einwirkung oft widersprüchlicher Einflüsse. Diese Vielfalt von widerspruchsvollen Wertsystemen, Sitten und Gebräuchen erreicht das heranwachsende Kind über seine Eltern und andere Mitglieder von Primärgruppen, wie Geschwister, Lehrer, gleichaltrige Klassenkameraden usw. Vielfach wirkt die Gesamtsumme früher erzieherischer Einflüsse unharmonisch und belastend. Dann entsteht von vornherein eine Ausgangsposition für die Entwicklung des Bewußtseins, Einstellungen zum Lernen und zur intellektuellen Verarbeitung sowie u. U. auch zur physischen Leistung, die einen größeren oder kleineren unbewußten Verzerrungsfaktor einschließt.

Schon LOCKE wies bereits darauf hin, daß Kindheitseinflüsse, die von geliebten Personen ausgehen, unabhängig von ihrer Adäquatheit, von dem naiven Verstand des Kindes als Widerspiegelung ewiger Wahrheiten akzeptiert werden. Die genauen Umstände, unter denen sich diese psychologischen Einstellungen entwickelten, werden entweder überhaupt nicht bewußt wahrgenommen oder bald wieder vergessen. Die daraus resultierende psychologische Einstellung jedoch, die Lernen und Entwicklung des Bewußtseins in hohem Maße lenkt, wirkt unaufhörlich weiter. In diesem Zusammenhang sind ja die Untersuchungen und Befunde von UZNADZE, PRANGIŠVILI, CHODZAVA und anderen Mitarbeitern der georgischen psychologischen Schule von besonderer Bedeutung. In genialen experimentellen Untersuchungen gelang es ihnen nachzuweisen, daß psychologische Einstellungen nicht nur Wahrnehmung und Denken lenken und somit Handlungspräferenzen bestimmen und Verhalten beeinflussen, sondern gleichzeitig auch eine motivationale oder dynamische Funktion ausüben. CHARTISVILI wie auch BRUNNER und POSTMANN konnten dieses Phänomen in ihren Untersuchungen ebenfalls bestätigen.

Je nach Quantität und Qualität der verzerrenden Einflüsse der frühen erzieherischen Umwelt kann die sich herausbildende Einstellung mehr oder weniger adäquat die Funktion erfüllen, den einzelnen an die Lebensbedingungen der Gesellschaft zu adaptieren und ihm dadurch eine mehr oder weniger günstige Ausgangsposition zu sichern.

Doch auch der Heranwachsende ist noch einer großen Vielfalt weiterer Einflüsse ausgesetzt, die oft verwirrend und widersprüchlich sind. Aus Experimenten von Tierpsychologen (Lashley, Schneirla, Massermann u. a.) wissen wir, daß widersprechende Anweisungen und inkonsequente Belohnung des Verhaltens selbst beim gut angepaßten Säugetier eine Desorganisation adaptiver Verhaltensweisen hervorrufen und dazu führen können, daß sich maladaptive krankhafte (sogenannte Tierneurosen) Einstellungen entwickeln. So sehen wir nicht nur fixierte, stereotype Reaktionen, sondern auch ängstlich-phobisches, depressives sowie aggressives Verhalten und auch Regressionen zu früheren unreiferen Verhaltensweisen. Barker, Kounin und Wright wiesen nach, daß solche Fehladaptationen auch bei normalen Kindern bei experimenteller Frustierung usw. auftreten, sich aber, wenn die experimentellen Bedingungen normalisiert werden, von selbst wieder korrigieren.

Tatsächlich ist es eine erzieherische Notwendigkeit des Erwachsenwerdens und des erfolgreichen Lebens in der modernen Gesellschaft, daß der Heranwachsende mit graduell ansteigenden Forderungen und Sanktionen der Umwelt und vorübergehenden Enttäuschungen konfrontiert wird. Indem der einzelne sich mit diesen Problemen auseinandersetzt und eine altersentsprechende Frustrationstoleranz entwickelt, wird er mit eigenen Tendenzen zum impulsiven Ausweichen konfrontiert und erweitert somit sein bewußtes Selbstverständnis, seine Beziehungen zu anderen sowie seine Erwartungen gesellschaftlicher Anforderungen und Gebote und erhöht dabei graduell seine Belastbarkeit. Je nach Art und Vollkommenheit bzw. entsprechend dem Grad der Meisterschaft, die der einzelne in diesem Prozeß zu erreichen vermag, ist er (zumindest in einer sozialistischen Gesellschaft) in der Lage, entsprechend höherqualifizierte Arbeit, gesellschaftliche Funktionen und Prestige zu erreichen. Ja, die Gewißheit dieser Belohnung trägt ihrerseits dazu bei, Schwierigkeiten und Entbehrungen des Heranwachsens und der Qualifikation zu überwinden.

Jeder Erfolg, der aufgrund des Durchhaltens trotz vorhergehender Spannung und Frustration erreicht wird, erhöht die Frustrationstoleranz und verbessert die subjektive Widerspiegelung und bewußte Wahrnehmung der Wirklichkeit und damit insbesondere die Effektivität der gesellschaftlichen Einsatzfähigkeit. Je bewußter die eigene Lage innerhalb der sich entwickelnden gesellschaftlichen Szene wahrgenommen wird, desto größer wird der persönliche Erfolg und die persönliche Hochachtung sein, die man gewinnt. Das so gewonnene Selbstvertrauen wird die Tendenz verstärken, die bewußte Widerspiegelung noch mehr zu verbessern. Damit wird zugleich eine Regression auf mehr unbewußte impulsive Verhaltensweisen in lebenswichtigen Problemgebieten weniger wahrscheinlich. Wir können also zusammenfassend feststellen, daß es ein Zeichen des Normalseins in unserer Gesellschaft ist, eine graduell wachsende bewußte Kontrolle über unsere gesellschaftlichen Beziehungen und Aktivitäten, die der Bedürfnisbefriedigung dienen, zu erreichen. Das sich erweiternde Gebiet des Bewußtseins erhöht die soziale Adaptation, erhöht das Selbstvertrauen und vergrößert die Spannweite akzeptabler emotionaler Ausdrucksweisen. Dieses Ziel wird nicht leicht erreicht, im Gegenteil, Spannung und Frustration belasten vielfach die Fähigkeit des einzelnen.

Zusammenfassung

1. Die adaptive Beziehung des Menschen zu seiner Umwelt — sein Verhalten — wird durch das Zentralnervensystem vermittelt. Die höchstentwickelte zentralnervöse Funktion ist das Bewußtsein, — das bewußte Sein. Es entstand phylogenetisch als komplexe Reflektion der Mensch-Umweltbeziehung auf der Grundlage kooperativer Arbeit und der damit zusammenhängenden Sprachentwicklung. Indem es die Möglichkeit bietet, verschiedene Verhaltensvarianten in Gedanken durchzuspielen und eventuelle Konsequenzen zu antizipieren, verbessert es die Entscheidungsfindung und erhöht die adaptiven Potenzen des Organismus.

2. Bewußtseinsvorgänge sind u. a. charakterisiert durch unterschiedliche Grade der Bewußtheit (Vigilanz), sowie durch eine zeitliche und thematische Begrenztheit des aktuellen Bewußtseinsfeldes (Aufmerksamkeit und Konzentration). Wir können uns z. B. jeweils nur einer begrenzten Zahl von Zusammenhängen für eine begrenzte Zeit bewußt werden. Dabei hängt die Ausrichtung des jeweiligen Bewußtseinsfeldes von willentlichen und emotionellen Vorgängen ab. So können z. B. Schwierigkeiten der Bedürfnisbefriedigung und damit im Zusammenhang stehende negative Emotionen den Mangel in das Scheinwerferlicht hoher Bewußtheit rücken.

3. Diese Begrenztheit in der bewußten Erfassung von Umweltbeziehungen und relevanten Zusammenhängen unterstreicht die Notwendigkeit selektiver und ökonomischer Lenkung der Bewußtheitszuwendung.

4. Emotionelle Prozesse — ebenso wie andere komplexe neurovegetative Vorgänge — die maßgeblich an der Ausrichtung und Scharfeinstellung des Bewußtseinsfeldes beteiligt sind, werden jedoch vielfach nicht bewußt wahrgenommen. Damit stellen sie gewissermaßen ein Musterbeispiel für unbewußt im Menschen ablaufende Vorgänge dar, die das Verhalten oft entscheidend beeinflussen. Auch vermag eine überstarke Emotion beispielsweise nicht nur die Bewußtheit zu verändern (was vor Gericht u. U. zur Einräumung mildernder Umstände führt), sie kann auch bereits entwickelte adaptive Verhaltensweisen derart beeinflussen, daß der Organismus zu früheren, weniger effektiven Verhaltensweisen regrediert.

5. Ähnlich wie gut erlernte psychomotorische Koordinationen oder Fertigkeiten (wie der aufrechte Gang, Radfahren, Autofahren usw.) bei Erreichung einer gewissen Perfektion keine Bewußtseinszuwendung mehr benötigen, also automatisch ablaufen und damit die Möglichkeit schaffen, das Bewußtseinsfeld anderen wichtigen Adaptionsaufgaben zuzuwenden, so entlasten auch andere, unbewußt ablaufende Regulationsprozesse diese höchste Nerventätigkeit.

6. Neben Emotionen, erlernten Koordinationen (Fertigkeiten) und selektiver Lenkung des Bewußtseinsfeldes ist die sogenannte Einstellung oder dauerhafte Verhaltensdisposition ein weitgehend nicht bewußter zentralnervöser Vorgang, der eine wesentliche Rolle bei der Steuerung des menschlichen Verhaltens spielt. Derartige Einstellungen manifestieren sich durch die Bevorzugung von bestimmten Verhaltensweisen. In solchen Fällen laufen Reaktionen in entsprechenden Situationen immer wieder in ähnlicher Weise ab, wie sie früher als erfolgreich erlebt wurden. Die psychologische Schule von

Tiblissi (Uznadze, Beritaschwili und ihre Nachfolger) hat diese Verhaltensdispositionen ausführlich untersucht.

7. Eine Sozio-Analyse mancher unbewußter Verhaltenstendenzen, auch solcher, die Freud an seinen Patienten entdeckt zu haben glaubte (und natürlich auch mancher Verhaltensweisen von Psychotherapeuten), lassen in diesen Einstellungen und Konflikten vielfach Widerspiegelungen von Auffassungen und Widersprüchen der bürgerlichen Gesellschaft mit ihrem wachsenden Konkurrenzkampf und der damit zusammenhängenden Problematik des Generationskonflikts und der Frauenemanzipation erkennen.

8. Wie neuere Untersuchungen (z. B. der Wissenssoziologie — Pastore Ichheiser u. a.) nachzuweisen vermochten, ist es charakteristisch für die Vertreter des Status Quo der bürgerlich kapitalistischen Gesellschaft, daß sie die pathogene Wirkung der sozialen Mißstände und Konflikte u. a. auch dadurch zu negieren versuchen, daß sie die Wirkung dieser Umwelteinflüsse auf die Psyche des Menschen nicht zur Kenntnis nehmen. Wenn das auf Grund der krassen sozialen Mißstände nicht mehr möglich ist, versuchen sie sie als Ergebnis biogenetischer Disposition darzustellen. So setzen sie anstelle der wirklichen Dynamik des Unbewußten eine spekulative Pseudodynamik, die „biologische Triebe" des einzelnen, abstrakten „unterdrückenden" gesellschaftlichen Normen und Sanktionen gegenüberstellt und so vom Wesen des Klassenkampfes ablenkt.

9. Zur Dynamik der Interaktion bewußter und unbewußter Vorgänge finden wir nur einen Zugang bei Berücksichtigung der Wechselbeziehungen zwischen den Menschen und ihrer jeweiligen Umwelt:

a) Der Mensch als soziales Lebewesen muß den Erwartungen und Verhaltensnormen der Umwelt Rechnung tragen und dabei die Widersprüche und Entwicklungstendenzen berücksichtigen. Obwohl der Fortschritt der Gesellschaftswissenschaften in steigendem Maße die Möglichkeit schafft, diese Aufgabe bewußt zu lösen, ist es auch gegenwärtig für den einzelnen noch nicht möglich, alle Entscheidungen bei voller Kenntnis der Zusammenhänge zu fällen. Wichtige Verhaltensweisen werden nach wie vor durch unbewußte Einstellungen bestimmt.

b) So werden z. B. wesentliche Aspeckte der Beziehungen zu anderen, insbesondere auch Klassenstandpunkte, oft bereits in früher Kindheit erlebt und verinnerlicht. Aus derartigen Erfahrungen lernt der Heranwachsende, zumeist ohne sich dessen später noch bewußt zu sein, adaptive Verhaltensweisen. Das zeigt sich später oft in Einstellungen und Verhaltensdispositionen, die so typisch sind, daß Nahestehende sie praktisch vorhersagen können, während sie ihm selbst gar nicht bewußt sind.

c) Derartige unbewußt integrierte Erfahrungen werden unter Umständen zum Kristallisationspunkt einer ganzen Lebenshaltung. In welchem Maße aber diese unbewußten Einstellungen dazu beitragen, die Mensch-Umweltbeziehung zu optimieren und den gezielten Einsatz bewußter Verhaltensweisen für die Lösung der wesentlichsten Probleme freizustellen, das hängt weitgehend davon ab, ob die frühen Eindrücke und Erfahrungen adäquat waren, d. h. ob sie die gesellschaftlichen Widersprüche in ihren realen Entwicklungsbeziehungen widerspiegelten, und ob sie im Kopf des Heranwachsenden entsprechend verarbeitet werden konnten.

Inadäquate Erfahrungen und Eindrücke der Kindheit bewirken unter Umständen die Entstehung maladaptiver Einstellungen, die zu Konflikten und zwischenmenschlichen Spannungen prädisponieren und nicht selten zu Fehlentwicklungen, Krankheiten und Versagen führen.

1.3. Kommunikation und Ausdrucksverhalten, Bindung zwischen Individuum und Gesellschaft

Die Leistungen des Zentralnervensystems ermöglichen Wechselbeziehungen zwischen Organismus und Umwelt, ohne die eine Befriedigung der vitalen Bedürfnisse des Individuums nicht gewährleistet ist. Dabei denken wir zumeist an direkte Reaktionen auf Umweltkonstellationen, wie Ergreifen und Verzehren von Nahrung, Fliehen vor Raubfeinden, Vermeidung von Gefahren usw. Mit der Entwicklung kooperativer und hierarchischer Beziehungen bei den Säugetieren gewinnen jedoch auch Kommunikation und Ausdrucksverhalten zunehmend an Bedeutung als Verbindungsglieder, die die Kapazität mehrerer Individuen vereinen und dadurch deren Leistungsfähigkeit steigern. Diese Kopplung zentralnervöser Potenzen, die ebenfalls eine zentralnervöse Leistung verkörpert, spielt in der menschlichen Gesellschaft eine, von der Forschung bisher zu wenig beachtete, bedeutsame Rolle.

Wir verdanken SCHEFLEN die Erkenntnis, daß sprachliche ebenso wie nonverbale Kommunikation und Ausdrucksverhalten keineswegs nur Informationsübertragung oder von Gefühlsäußerungen begleitete Mitteilungen sind, sondern daß sie in bedeutendem Maße Gruppenprozesse beeinflussen und gesellschaftlich regulierende Funktionen erfüllen.

Das Zusammenwirken vieler Individuen, wie es bereits in den kooperativen Zusammenschlüssen von Wölfen (Rudeln), Antilopen, Schafen, Kühen (Herden), Anthropoiden (Familien) existiert, beruht im allgemeinen auf einer hierarchischen Rangordnung, die auf geistiger und körperlicher Überlegenheit der Ranghöheren basiert. Beim Menschen ist im Laufe der Entwicklung Besitz an Produktionsmitteln an die Stelle der physisch-psychischen Überlegenheit getreten, (Vergeblich bemühen sich die Verteidiger der Klassengesellschaft immer wieder, gegen erdrückende gegenteilige Beweise zu zeigen, daß Besitz an Produktionsmitteln mit intellektueller Überlegenheit identisch sei.)

Tatsächlich spielen bei Durchsetzung und Aufrechterhaltung jedweder Rangordnung Kommunikation und Ausdrucksbewegung eine wesentliche Rolle. Eine Analyse der psychomotorischen Signalisation ist für den Psychologen in mehrfacher Hinsicht von Bedeutung:

1. Sie gewährt einen Einblick in die vielfältig ineinandergreifenden Maschen des Systems gesellschaftlich sanktionierter Verhaltensweisen, der Hinweise, Gebote und Verbote, der offenen und versteckten Maßnahmen, die zur Aufrechterhaltung der hierarchischen Rangbeziehungen der jeweiligen Gesellschaft, des Status quo dienen.
2. Ein Vergleich der Kommunikation und Ausdrucksbewegungen in verschiedenen Kulturkreisen und Gesellschaftssystemen ist dazu angetan, spezifische nationale und kulturelle Eigenarten gesellschaftlicher Sanktionen und Methoden der Herrschaft zu enthüllen, die allzuleicht verborgen bleiben. (Ein literarisches Beispiel sehen wir in der Oper „Der Fiedler auf dem Dach".)
3. Der Vergleich individueller Kommunikation und Ausdrucksbewegungen mit den Normen des Kulturkreises gestattet einen Einblick in individuelle Formen der Adaptation, der Konformität, bzw. evtl. Aufbegehrungstendenzen, persönlichen Stil und Motivation für zwischenmenschliche Kontakt-

anbahnung, gibt also Aufschluß über wichtige oft übersehene charakterliche Eigenarten.

4. Insbesondere in hochentwickelten Gesellschaften ist nicht selten ein Auseinanderklaffen von verbaler Kommunikation und averbalem Ausdrucksverhalten zu beobachten, deren Wurzel wohl darin zu suchen sein dürfte, daß die averbalen Ausdrucksbewegungen im allgemeinen eine (phylo- wie ontogenetisch) viel ältere Errungenschaft sind als die Sprache und sich daher auch weitgehend der intellektuellen Kontrolle entziehen, so daß oft Empfindungen, die wir uns bemühen zu verheimlichen, tatsächlich „in wohlgesetzten Worten" nicht zum Ausdruck kommen, während sie das Ausdrucksverhalten nicht gleichermaßen erfolgreich zu verschleiern vermag. Gerade dieser Widerspruch ermöglicht dem geschulten Beobachter einen Einblick in die Psychodynamik, der anders kaum zu gewinnen ist.

Vor therapeutischem Training des kommunikativen Verhaltens, das insbesondere bei Kontaktstörungen eine wichtige Rolle spielen kann, legen wir Wert darauf, zunächst die Art der Störung zu analysieren, um dem Patienten zu helfen, sie gezielt zu überwinden, wobei jeder kleine Fortschritt systematisch bekräftigt wird. Dabei kann auch das Rollenspiel erfolgreich eingesetzt werden. Bei besonders schweren Kommunikationsstörungen (z. B. Schizophrenien), bei denen eine weitgehende Unterbrechung menschlicher Kontakte vorlag, war es notwendig, durch averbale kooperative Arbeit (z. B. zu zwei Personen Laken zusammenlegen, Handreichungen bei Arbeiten, die von einem nicht allein ausgeführt werden können usw.) überhaupt erst einmal Bereitschaft für Kontakte neu zu wecken. Bei unseren Untersuchungen zu kooperativen Gruppenaktivitäten beeindruckte immer wieder die starke emotionale Bindungsfähigkeit gemeinsamer Aktivitäten insbesondere von notwendigen Arbeiten und die Bedeutung der sich dabei unaufdringlich bietenden Gelegenheiten zur Stärkung des Selbstbewußtseins der Teilnehmer und zur Entwicklung gegenseitigen Respektes. Allerdings kommt es in derartigen Situationen, insbesondere bei feinfühligen, vorgeschädigten Patienten darauf an, genau zu verfolgen, daß diese Menschen nicht durch ungewollte Schaffung von „doppelten Bindungen", z. B. wenn man ihnen in Worten „ja", in Gesten dagegen „nein" signalisiert, erneut traumatisiert werden.

Dieses ganze Gebiet der Kommunikation und des Ausdrucksverhaltens, das in den Beziehungen zwischen Menschen eine so bedeutsame Rolle spielt, wird mehr und mehr als erfolgversprechender Ansatzpunkt therapeutischer Intervention ebenso wie sozialpsychologischer Analysen begriffen. Es lohnt sich, die auf diesem Gebiet bereits durchgeführten Untersuchungen (siehe Scheflen) zu lesen, um daran anknüpfend weiter in diese Problematik, in der noch so viel zu erforschen ist, vorzudringen.

2. Störungen in der harmonischen Adaptation des Menschen aus der Sicht des Psychologen

2.1. Störungen

2.1.1. Psychosoziale Faktoren bei der Entstehung des essentiellen Hypertonus

mit E. Kriegel u. I. Gaefke

Der Einfluß psychosozialer Belastungen auf Entstehung und Aufrechterhaltung der essentiellen Hypertonie gilt gegenwärtig als gesichert (Pickering, Jastrebzewa, Sudakow, Zachepitzkij). Auch unsere vor 20 Jahren gemachte Feststellung, daß es sich bei der Umweltbelastung des Hypertonikers nicht um einen krankheitsspezifischen einheitlichen Stress, sondern vielmehr um ein individuell unterschiedliches Belastungsmosaik handele, wurde inzwischen durch zahlreiche Untersucher bestätigt und gilt heute allgemein als bewiesen. Unterschiedliche Auffassungen bestehen jedoch noch bezüglich des Wirkungsmechanismus, vermittels dessen überhöhter psychosozialer Stress eine permanente Blutdruck-Auslenkung verursacht. Vielfältige methodische Schwierigkeiten erschweren die Klärung dieser für eine kausale Therapie bedeutsamen Zusammenhänge. Die mangelnde Spezifik der Belastungsfaktoren stellt, neben der Schwierigkeit einer exakten Messung der individuellen psychischen Belastung den Untersucher vor scheinbar unlösbare methodische Probleme.

Einblick in die Bedeutung einiger Belastungsmomente ermöglicht die Epidemiologie. Durch den Vergleich der Auftrittshäufigkeit in verschiedenen Berufsgruppen, verschiedenen Gesellschaftssystemen, unter unterschiedlichen klimatischen, diätetischen und geographischen Belastungen, sowie im Verlaufe begrenzter gesellschaftlicher Veränderungen und revolutionärer Umwälzungen, die vielfältige individuelle (change of life) Umstellungen mit sich bringen, gelingt es, die Wirkung dieser von der Natur bzw. durch soziale Einflüsse erzeugten kollektiven Belastungen statistisch zumindest partiell zu ermitteln und so einen Hinweis für die hypertonogene Wirksamkeit dieser Umweltfaktoren zu gewinnen (Abb.).

Epidemiologische Untersuchungen über **physische Umwelteinflüsse** erstrecken sich ja von ausgesprochen geographisch-physischen Gegebenheiten, wie Temperatur, Klima, Höhe usw., über diätetische (Salz, Fett, Proteine, Nikotin usw.) bis in den sozial-zwischenmenschlichen Bereich (Isolation, Anforderungen des Lebens in der Zivilisation, berufliche Besonderheiten usw.) Der Übersichtlichkeit halber nehmen wir eine willkürliche Gliederung der Palette dieser Faktoren vor. Dabei dürfte Klarheit darüber bestehen, daß diese Momente fast immer verschmelzen und es im Grunde genommen kaum irgendwo einen rein physischen Umweltfaktor gibt, dessen Einwirkung nicht gleichzeitig durch soziale Momente mitbedingt wird.

Die Verflechtung der Einflüsse und die daraus sich ergebende Schwierigkeit der Analyse wird deutlich, wenn man z. B. den Einfluß der Temperatur auf den Blutdruck betrachtet. Wird vielfach angenommen (Master, Stigler usw.), daß Wärme den Blutdruck erniedrigt, Kälte ihn erhöht und Schwüle (hohe (Temperatur und hoher Feuchtigkeitsgehalt der Luft) ihn erniedrigt, so wurde insbesondere bei Hypertonikern auch die entgegengesetzte Reaktion beobachtet (KAUFMANN). Eine Reihe von Untersuchungen (JOUSSET, KNIPPING, RODDIS und COOPER usw.) an Reisenden vergleichen den Blutdruck zu Beginn und Ende der Fahrt (in Europa bzw. den USA) und während des Aufenthaltes in tropischen Breiten. Dabei wird jedoch nicht genügend die größere Passivität der Seereisenden (verglichen mit ihrem Aktivitätszustand in der Heimat) berücksichtigt, ebenso wie die dabei erfolgende Veränderung des Tages- und Nachtrhythmus nicht in Betracht gezogen wird. Auch Vergleiche des Blutdrucks von Weißen, die längere Zeit in den Tropen leben, mit den Durchschnittswerten ihres Mutterlandes (STOCKS) zeigen die gleiche methodische Schwäche. Ist es doch eine bekannte Tatsache, daß insbesondere in den kolonialen und halbkolonialen Ländern die Weißen sich, zumindest noch bis in die Gegenwart, im Durchschnitt bedeutend mehr bedienen lassen und infolgedessen eine viel geringere Eigenaktivität an den Tag legen als entsprechend gelagerte sozioökonomische Vergleichsgruppen im Mutterland. Bei diesem Zusammenhang ist interessant, daß amerikanische Soldaten auf den Philippinen in ständigem Training einen nur ganz wenig unter den amerikanischen Normen liegenden Blutdruck zeigten (CHAMBERLAIN).

Schema der Organismus-Umwelt-Adaptation

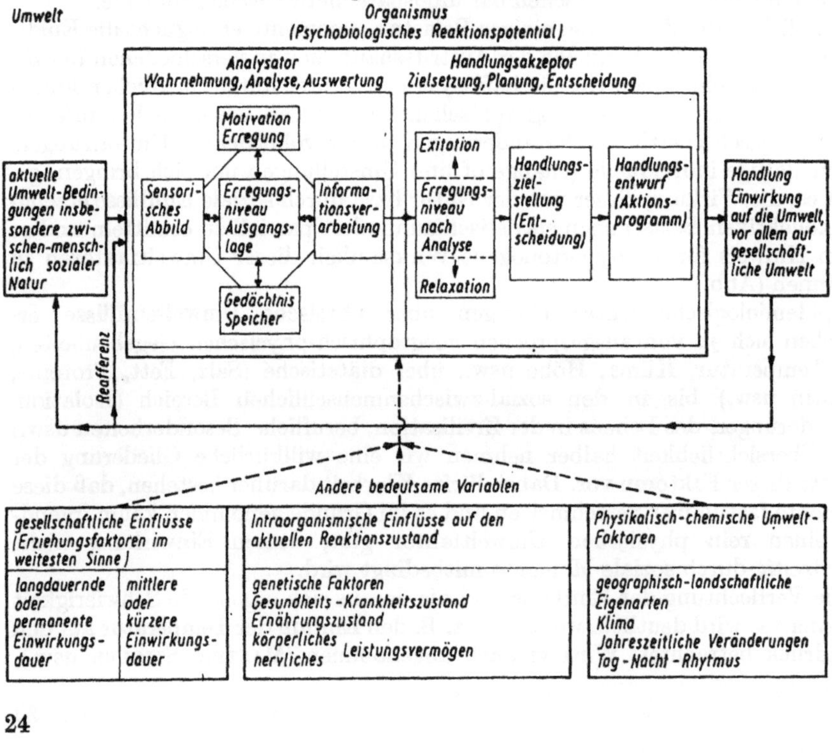

Auf Grund derartiger Untersuchungen bleibt es also zumindest nicht völlig geklärt, ob die immer wieder beobachtete Blutdrucksenkung der Weißen in den Tropen auf die höhere Lufttemperatur und Feuchtigkeit, die größere Helligkeit (LOEWY) oder auf die daraus resultierende und durch die sozialpolitische Situation (koloniale herrschende Schicht) begünstigte größere körperliche Passivität bzw. Trägheit zurückzuführen ist. Selbst die methodisch weit ausgefeiltere Untersuchung MACPHERSONS vermag diese Frage nicht völlig zu klären. Immerhin verglich er größere Gruppen von britischen Bodenmannschaften in den Tropen mit solchen auf einem subtropischen Flugplatz und beide wiederum mit Fliegern, die in der Nähe New Yorks stationiert waren. Er fand dabei signifikante Unterschiede insbesondere der systolischen Werte, die auf eine blutdrucksenkende Wirkung der tropischen bzw. subtropischen Verhältnisse hinweisen.

Auch die Untersuchungen in der Klimakammer, wie sie z. B. von WEZLER und THAUER durchgeführt wurden, erbrachten Hinweise für die blutdrucksenkende Wirkung von Wärme und Feuchtigkeit (bei Steigerung des Minutenvolumens und Senkung des peripheren Widerstandes).

STIGLER sieht die blutdrucksenkende Wirkung des tropischen Klimas als Folge der Abnahme des Vasomotorentonus und des Absackens des Blutes in die Abdominalgefäße mit sekundärer Verkleinerung des Minutenvolumens auf Grund zu geringer Speisung des Herzens. Mit dem Ansteigen der prozentualen Feuchtigkeit ergibt sich außerdem eine Verminderung des peripheren Widerstandes, wodurch die gleichzeitige Abnahme des diastolischen Druckes erklärt wird (GROSSE-BROCKHOFF).

Wenn tropisches Klima den Blutdruck senkt, so kann jedoch keineswegs vom Polarklima das Gegenteil behauptet werden, vielmehr seien z. B. nach J. STSCHERBAKOV bei der 2. Antarktis-Expedition der Sowjetunion die Blutdruckwerte in den ersten Monaten normal geblieben und später bei einigen Teilnehmern sogar gesunken.

Auch Sapin JOLONSTRE fand keine Änderung des Blutdrucks während einer Antarktis-Expedition.

O. ABS hat in fünfjähriger Tätigkeit in Spitzbergen keine Hypertonie zu sehen bekommen.

Auch ROSEN berichtet von ähnlichen Beobachtungen im Norden Finnlands, STIGLER erklärt den niedrigen Blutdruck der Weißen in Alaska auf Grund ihres „wahrscheinlich konfliktärmeren, weniger hastigen und vielleicht auch zufriedeneren Lebens".

In diesem Zusammenhang ist der Einfluß des Lichts auf den Blutdruck erwähnenswert. Die Rötung der Haut wird der Einwirkung des Lichtes auf die Hautäste des Sympathicus (BASLER) zugeschrieben. ROTHMANN beobachtete, daß Blutzuckerspiegel und Blutdruck durch Lichtbäder proportional sinken und betrachtet diese Vorgänge als Teilerscheinung einer allgemeinen Herabsetzung des Sympathicotonus infolge der Belichtung.

Im Gegensatz zur blutdrucksenkenden Wirkung des Lichtes steht die blutdrucksteigernde Wirkung des Lärms. Erwähnt sei hier die Untersuchung von BRODLEY und EICHNA, die eine systolische und diastolische Druckerhöhung von 60 mmHg auf Geräuschbelastung beobachten konnten. NITSCHKOFF wies unter Lärmbelastung eine Druckerhöhung im tierexperimentellen Versuch nach.

Alle erwähnten physikalischen Reizeinwirkungen kommen normalerweise nicht ohne emotionelle Beteiligung zustande, so ist es kaum möglich, die rein physikalische von der psychischen zu trennen. Die Wirkung der Wärme in der Klimakammer oder in der Sauna ist — selbst bei derselben Versuchsperson — durchaus unterschiedlich, je nachdem, ob das Gefühl der Freude über das Training oder das der Angst, z. B. wegen der verschlossenen Tür, vorherrscht. Ebenso ist bei gleichem Lärmpegel die Belastung unterschiedlich, je nachdem, ob der Proband sie als unvermeidbar oder als persönliche Rücksichtslosigkeit empfindet. Die zweifellos vorhandene Einwirkung physikalischer Faktoren auf den Blutdruck ist daher in der Praxis kaum „rein“ darzustellen.

Das Bostoner Symposium über „Essentielle Hypertonie“ untersuchte insbesondere den Einfluß der Höhenlage auf den Blutdruck. Während im Hochland von Pamir von sowjetischen Forschern (nach STIGLER) überwiegend Hypotonie angetroffen wurde, fand CHAMBERLAIN bei den Igoroten im Philippinen-Hochland auf 1500 m Höhe einen um 6—7 mmHg höheren Blutdruck als bei den Tiefland-Philippinos. THOMAS und SCOTT fanden in 2000 m Höhe in Afrika bei den Bakiga (Bantu) einen durchschnittlichen systolischen Blutdruck von 128,2, während die in der Ebene lebenden Bantu-Stämme nur 124 mmHg Blutdruck aufwiesen. So konnten bisher keine konstanten Beziehungen zwischen Höhenlage und Blutdruck festgestellt werden.

Ein Teil der Problematik kann anhand einer Gegenüberstellung der Blutdruckwerte der in Ruanda Urundi lebenden Batussi und Bakiga (nach HIERNANX) verdeutlicht werden.

Zwischen den Blutdruckwerten der in größerer Höhe lebenden Bakiga (128,2/73 mmHg) und denen der tiefer wohnenden Batussi (117,7/73 mmHg) bestand ein statistisch signifikanter Unterschied bezüglich des systolischen Wertes (untersucht wurden nur Männer von 30—35 Jahren). Die Bakiga sind relativ gedrungene Ackerbauern, die in einem sehr fruchtbaren wasserreichen Hochland (2000 m) wohnen und vorwiegend von vegetarischer Kost leben, wobei sie sehr gut genährt sind. Die Batussi dagegen, wohnhaft in niedrigeren Höhenlagen, sind im allgemeinen sehr groß — manche über 2 m —, asthenisch mit breiten Hüften. Als Viehzüchter ist Hauptbestandteil ihrer Nahrung Milch. Dabei essen sie sehr wenig und kalorienarm, haben eine Art Verachtung gegen das Essen und nehmen meist nur eine Mahlzeit während des ganzen Tages (abends) ein. Auch rassisch bestehen Unterschiede zwischen den stark hamitischen Batussi und den Bakiga, die zu den Bantus gehören.

Die Verquickung von zahlreichen Umwelt- und Erbfaktoren springt in die Augen und macht deutlich, wie schwierig es ist, hier zu differenzieren, welche Einflüsse die relativ höheren systolischen Werte der Bakiga gegenüber denen der Batussi verursachen. Während HIERNANX selbst der unterschiedlichen Ernährung den Hauptanteil zuspricht, dürfen aber auch die unterschiedliche Höhenlage, der Körperbau und sonstige Erbanlagen nicht vernachlässigt werden. Allgemein werden dementsprechend auch recht unterschiedliche Auffassungen bezüglich des Hochgebirgsaufenthaltes geäußert. Während z. B.

MJASNIKOW vor Höhen über 1000 m warnt, empfehlen Kurärzte in den Alpen Höhenaufenthalte als günstig. So ergibt sich aus den Untersuchungen von HAUSS und JUNGMANN und RINGENBACH, daß bei der Ankunft in den Höhenlagen zunächst eine Blutdrucksteigerung auftritt. Andererseits fanden HURTADO, HILDEBRANDT u. Mitarb. eine Senkung des Blutdrucks bei Höhenaufenthalt.

Diesbezüglich sei auch auf die neue Untersuchung von HALHUBER u. Mitarb. hingewiesen, die den Einfluß von 2000 m Höhen auf den Kreislauf der Hypertoniker untersuchten und zu der Schlußfolgerung kamen:

„Beim Übergang auf 2000 m Höhe fanden sich in etwa der Hälfte der Fälle (23 unkomplizierte essentielle Hypertoniker) Blutdruckzunahme in Ruhe und eine Erhöhung des Arterientonus, die bis zu 6 Tagen anhielten. Im weiteren Verlauf des Höhenaufenthaltes und besonders nach der Rückkehr stellte sich der Blutdruck in den meisten Fällen auf ein niedrigeres Niveau (unter dem Ausgangswert) sowohl in Ruhe als auch bei und nach Belastung ein. Die subjektiven Beschwerden besserten sich von der zweiten Höhenwoche an deutlich.“

Daß es sich auch hier selbstverständlich um den Einfluß der Veränderung der sozialen Umgebung, des Tagesablaufs, relativer Passivierung, Reizverarmung usw. handelt, die mit der Wirkung der Höhenlage vermischt sind, sei nur am Rande erwähnt.

Die Unterschiedlichkeit psychosozialer Stress-Einwirkungen zeigt sich z. B. auch in der großen Streubreite der Blutdruckanstiege mit steigendem Alter.

In einem interessanten Vergleich zahlreicher Querschnittsuntersuchungen ermittelten HENRY und CASSEL, daß bei einigen in der Welt verstreuten Bevölkerungsgruppen kein oder kaum ein Blutdruckanstieg im Alter erfolgt, z. B. in isolierten Navajo-Indianer-Siedlungen, in der arktischen Industriestadt Norels (Sowjetunion), bei den Samburu-Nomaden in Kenia, bei der indischen Bauernbevölkerung um Neu Delhi usw. Andere Bevölkerungsgruppen weisen einen mittleren Blutdruckanstieg im Alter auf und schließlich zeigen Gruppen, wie die Neger im Süden der USA, die Bauernbevölkerung von Akita (Japan), die indischen Arbeiter der Assam-Teeplantagen usw., einen extrem hohen Blutdruckanstieg.

Ernährung

Spielten schon bei der Betrachtung der physischen Umwelteinflüsse verschiedene sozialökonomische Variablen infolge ihrer engen wechselseitigen Verknüpfung eine nur schwer auszusondernde Rolle, so tritt der nicht wegzudenkende Einfluß gesellschaftlicher Umweltbedingungen noch viel stärker bei der Ernährung zutage. Nicht nur unsere Tischsitten und -gewohnheiten, Zahl und Umfang der täglichen Mahlzeiten, sondern auch die Wahl der Speisen, ihre Zubereitung sowie ihre Stellung in der individuellen Bedürfnishierarchie sind unlösbar mit spezifisch ökonomischen Gegebenheiten und gesellschaftlichen Traditionen und Erwartungen verbunden. So ist z. B. der Salzgehalt der Durchschnittsdiät keineswegs in allen Kulturkreisen gleichbleibend hoch, sondern unterliegt bedeutenden Schwankungen, die in einem gewissen Zusammenhang mit klimatischen Bedingungen, Berufsverteilung und Lebensweise der Bevölkerung, sowie dem Entwicklungsstand der Zivilisation (z. B. bezüglich der Möglichkeiten zur Konservierung von Lebensmitteln) und anderen Variablen auftreten. Dasselbe gilt auch für den Gehalt an tierischen Proteinen und Fetten. Der Salzgehalt der Nahrung schwankt bei erwachsenen Amerikanern (SCHRÖDER) zwischen 4 und 20 g pro Tag, dagegen liegt er bei den Japanern im Durchschnitt höher. Während einige Untersucher die Auffassung vertreten, daß kochsalzreiche Nahrung zu vermehrtem Auftreten der Hypertonie führe (DAHL und LOVE, ITAHARA u. Mitarb., BOCK, SINGER), sind andere (STIGLER) der Meinung, daß noch keineswegs entschieden sei, ob der Kochsalzgehalt der Nahrung beim Gesunden einen blutdrucksteigernden Einfluß habe.

Eine genauere Abhandlung dieser spezifischen Problematik muß dem Ernährungsspezialisten vorbehalten bleiben und sollte daher hier nur kurz angedeutet werden.

Psycho-soziale Einflußfaktoren

Eine Anzahl neuerer Untersuchungen bestätigten bereits das Bestehen einer engen Beziehung zwischen Veränderung individueller Lebensumstände und nachfolgenden Gesundheitsstörungen. Das belastende Moment wird in der Veränderung der Lebensgewohnheiten und dem damit zusammenhängenden Adaptationsvorgang gesehen (RUDOLF). Jede Lebensveränderung, die das Individuum zur Neuanpassung veranlaßt, bringt Veränderungen aller physiologischen Funktionen mit sich (H. G. WOLFF), dabei soll es angeblich unerheblich sein, ob es sich um veränderte Lebensgewohnheiten des Patienten oder um Veränderungen in seiner Umwelt, ob um teils sozial erwünschte oder unerwünschte handelt (HOLMES, RAHE, RUCH). Schon daraus ist ersichtlich, daß die sozial-epidemiologische Forschung in einen medizinisch-gesellschaftswissenschaftlichen Grenzbereich führt, in dem ideologisch-klassenkämpferische Gesichtspunkte stärker in den Vordergrund treten als das vielfach bei anderen naturwissenschaftlich-medizinischen Fragestellungen der Fall ist.

Wenn beispielsweise festgestellt wird, daß die essentielle Hypertonie eine der Haupttodesursachen in Japan ist, daß sie außerordentlich viel häufiger (+40%) (FROHLICH) unter der Negerbevölkerung in den großen Städten im Norden der USA vorkommt als unter den dort lebenden Weißen (+20%) und kaum unter der Negerbevölkerung West- und Zentralafrikas anzutreffen ist, von der doch die meisten Neger Nordamerikas abstammen, so zeigt sich die potentiell sozialexplosive Bedeutung solcher Erkenntnisse. Dabei wird die eindeutige Tatsache vernachlässigt, daß die Neger in den USA im Durchschnitt weit höheren Umweltbelastungen ausgesetzt sind als etwa ihre weißen Mitbürger.

HENRY stellte in einer Übersicht die Ergebnisse von 70 ökologischen Untersuchungen zur essentiellen Hypertonie, die im Laufe der letzten 50 Jahre durchgeführt wurden, zusammen und bearbeitete sie statistisch. Dabei zeigte sich, daß die Erhöhung des Blutdrucks mit steigendem Alter eine direkte Widerspiegelung der Abnahme oder Steigerung sozialer Spannungen darstellt. Das zeigte sich besonders deutlich bei Männern in leitenden Positionen (auf mittlerer hierarchischer Stufe), bei denen zumeist auch eine gewisse Bewegungsarmut sowie die Notwendigkeit der Selbstbeherrschung im Umgang mit den ihnen Unterstellten bestand.

Neben allgemeinen Umwelt-Stressfaktoren, wie sie die Epidemiologie aufdeckt, spielen bei der organismischen Adaptation des einzelnen an seine gesellschaftliche Umwelt persönlichkeitsspezifische psychosoziale Faktoren ebenso wie sozioökonomische Einflüsse eine bedeutsame und viel zu wenig berücksichtigte Rolle bei der Hypertoniegenese.

Erwähnt sei in diesem Zusammenhang ein Experiment, in dem 12 gesunde Sekretärinnen 4 Tage lang in ihrer normalen Arbeitsumgebung untersucht wurden. Dabei arbeiteten sie am 2. und 4. Tag unter den üblichen Arbeitsbedingungen für ihr festes Monatsgehalt, während sie am 1. und 3. Tag nach Arbeitsproduktivität (Arbeit pro Stunde unter Abzug von Fehlern) bezahlt wurden. Die Leistung, an den Kontrolltagen normal, stieg an den Leistungslohntagen auf 114%. Die gesteigerte Leistung ging einher mit einer 40%igen Erhöhung der durchschnittlichen Adrenalin-Sekretion und einer 27%igen Erhöhung der Noradrenalin-Sekretion. Dabei klagten die Sekretärinnen über Müdigkeit, Rückenschmerzen und Schmerzen in den Armen und Schultern (siehe auch Brud und Wadeson et al.).

Interessant ist in diesem Zusammenhang eine 12jährige Untersuchung der von italienischen Siedlern bewohnten Ortschaft Roseto, Pennsylvania/USA (1700 Einwohner). In diesem Ort lag die Herzinfarktrate mit tödlichem Ausgang **unter der Hälfte** der Rate für die USA als Ganzes. Sowohl die Nachbargemeinden des Ortes als auch die in New York und Philadelphia lebenden Angehörigen der Roseto-Bewohner entsprachen in ihrer Herzinfarktmortalität dem USA-Durchschnitt. Da die finanzielle und materielle Lage Rosetos günstig ist, also Ernährung und technische Errungenschaften dem übrigen Land entsprechen, kann der Grund nicht in den materiellen Begleiterscheinungen des zivilisierten Lebens liegen. Lediglich in bezug auf die patriarchalische Familienstruktur, soziale Kohäsion und das einheitlich-kulturelle Milieu unterscheidet sich Roseto von den übrigen untersuchten Bevölkerungsgruppen.

Wie auch aus der Roseto-Untersuchung hervorgeht, handelt es sich bei den psychosozialen Stressbedingungen, die zum Hypertonus führen können, nicht um einfaches Versagen von lebensnotwendigen Bedürfnissen. Das kommt auch in zahlreichen anderen Untersuchungen zum Ausdruck. Insbesondere zeigt es sich auch aus dem Absinken der Hypertoniehäufigkeit in Kriegszeiten und unter den Bedingungen äußersten Stress in den Konzentrationslagern.

Auch die von Coffrey gefundenen Unterschiede zwischen Benediktiner- und Trappisten-Mönchen und -Laienbrüdern, ebenso wie die von Henry und Cassel bearbeiteten Vergleiche von Bevölkerungsgruppen mit relativ geringer körperlicher Aktivität und solchen mit schwererer körperlicher Arbeit lassen erkennen, daß es sich hier um komplexe multifaktorielle Einflüsse handelt.

Unsere frühere Feststellung, daß nicht **eine** krankheitsspezifische Stress-Situation verantwortlich zu machen sei, sondern die Wechselbeziehung zwischen Persönlichkeit (der habituellen Reaktionstendenz des Patienten) und dem auf ihn einwirkenden Mosaik von Umweltbelastungen (individuell unterschiedlich wirksamen Stressfaktoren) und individuellen Kompensationsmöglichkeiten, findet Bestätigung in zahlreichen neuen Untersuchungen.

Es ist uns keine Untersuchung bekannt geworden, in der ein einzelner Faktor als verantwortlich für die Schwankungen des Blutdruckniveaus bei verschiedenen Bevölkerungsgruppen nachgewiesen werden konnte. Zahlreiche Hinweise (Sudakow) rechtfertigen die Hypothese, daß vor allem Situationen, die die gewohnte oder erwartete Befriedigung **wesentlicher** sozialer Bedürfnisse in Frage stellen, schwierige für die Zukunft bedeutsame Entscheidungen erfordern und zu inneren (psychonervalen) Konflikten führen, das Nervensystem übermäßig belasten, wobei vielfach durch die negative Beeinflussung zwischenmenschlicher Beziehungen die Gesamtsituation noch zusätzlich erschwert wird. Die hierdurch ausgelöste „Emergency“ oder auch „defense alarm“ Reaktion vor dem Hintergrund einer durch langjährige Beziehung erreichten Hemmung primärer Impulse bzw. des Ausdrucksverhaltens wird von vielen heutigen Untersuchern (Brid, Henry and Cassel) als wichtiges neurohumorales Verbindungsglied bei der Auslösung des essentiellen Hypertonus angesehen. Andere Veränderungen, die möglicherweise bei der Entwicklung der arteriellen Hypertonie eine Rolle spielen, wie Vasokonstriktion der Niere, längerdauernde Blutdrucksteigerung, erhöhte Herzleistung, verringerte Diurese, Vasokonstriktion der Haut, Vasodilatation der Muskeln usw., wurden unter emotioneller Belastung beobachtet und experimentell reproduziert (Page and McCubbin, Friedberg).

Bis vor einigen Jahren war es allerdings nicht möglich, Genaueres über den Entstehungsmechanismus der arteriellen Hypertoniekrankheit auszusagen oder auch nur mit Sicherheit festzustellen, ob die renalen Veränderungen eine primäre oder eine sekundäre Rolle bei der pathologischen Entwicklung spielen. Auf der Grundlage einer sorgfältigen Analyse neuerer Arbeiten kommen Henry und Cassel zu der Feststellung, daß gewichtige Hinweise dafür vorliegen, daß renale Faktoren im Vergleich zu den psychosozialen Einflüssen im allgemeinen nur eine zweitrangige Rolle spielen.

Auch in der bereits erwähnten Mitteilung der Weltgesundheitsorganisation heißt es:

„Es wird heute allgemein erkannt, daß die Ätiologie der kardiovaskulären Erkrankung ein starkes psychosoziales Element enthält, das mit der Lebensweise in hochentwickelten Ländern im Zusammenhang steht.“

Diese nur dem Menschen möglichen Adaptationsleistungen sind bisher in ihrer biochemischen und neurophysiologischen Entwicklung nur ungenügend erforscht. Leider gibt es gegenwärtig auch noch keinerlei adäquate Methoden, um spezifische Umweltbelastungen und Konstellationen, die den reibungslosen Ablauf dieser Funktionen stören, systematisch zu untersuchen und ihre Wirkung zu verfolgen. Bisher gelang es lediglich, den Wirkungsmechanismus einer Reihe organismischer Stressfaktoren niedrigerer Ordnung (d. h. bei Belastungen weniger hoch entwickelter zentral-nervöser Strukturen und Funktionen in Säugetieren), die dauerhafte Blutdruckauslenkungen verursachen, an analogen Modellen im Tierversuch zu erfassen (Folkow u. Rubinstein, T. Hecht u. a., H. Baumann). Derartige Forschungsansätze sind zweifellos geeignet (bei aller notwendigen Vorsicht, die bei der Übertragung von Ergebnissen tierexperimenteller Untersuchungen auf den Menschen geboten ist), die Klärung dieser wichtigen Fragestellungen zu beschleunigen. Auch am Menschen gibt es eine wachsende Zahl bedeutsamer Untersuchungen, die das Problem von einer anderen Seite her angehen.

So werden pressorische Reaktionen durch Situationen verursacht (OSTFELD u. SHEKELLE), in denen das subjektive Erleben folgende Eigenschaften aufweist:

1. Bei noch ungewissem Ausgang besteht die Möglichkeit körperlichen oder psychischen Schadens.
2. Flucht oder physischer Widerstand erscheinen inadäquat.
3. Vigilanz, bis die Situation aufgeklärt oder abgeschlossen ist, ist angezeigt.

Daß derartige Schlüsselerlebnisse zum Hypertonus führten, läßt sich allerdings oft nicht im einzelnen mehr nachweisen.

In der Literatur finden sich zahlreiche Hinweise, in denen in ähnlicher Weise die gestörte Umweltbeziehung des Hypertonikers charakterisiert wird. CONDRAU gibt den Consensus der meisten wieder, indem er feststellt, daß jeder Mensch mit Umweltbelastungen konfrontiert wird, der Hypertoniker jedoch aufgrund seiner Erfahrungen und Persönlichkeitsentwicklung die aus diesem Stress resultierende Spannung nicht im zwischenmenschlichen Bereich zum Austrag bringt (wie etwa der Neurotiker), sondern sie innerorganismisch verarbeitet. Das führe dann im System der glatten Muskulatur zum Dauerspasmus der Arteriolen und aller Organe mit glatter Muskulatur. „Diese Menschen geben dem Druck nicht nach, sie flüchten nicht vor ihm, wie etwa die vegetativ Labilen. Sie widersetzen sich (durch zielgerichtet beherrschten Einsatz), wobei sie sich durch ihre Abwehrhaltung überfordern. Als Menschen, die sich einseitig und universell der Leistung verschrieben haben ..., belasten sie Herz und Kreislauf (einseitig)."

Diese Hypothese, so einleuchtend und wahrscheinlich sie ist, kann jedoch nicht als eindeutig bewiesen angesehen werden. Solange aber der genaue Wirkungsmechanismus dauerhafter Blutdruckauslenkungen noch nicht eindeutig feststeht, kann man auch nicht von einer kausalen Therapie sprechen. Als gesichert kann jedoch angesehen werden, daß Störungen der Organismus-Umwelt-Adaptation, insbesondere auf der Grundlage akuter und chronischer psychosozialer Belastungen (wie zwischenmenschlicher Konflikte, beruflicher Überforderung, sozialer Isolierung, Deprivation und deren subjektiver Widerspiegelung) einen sich ständig verstärkenden fehlerhaften Rückkopplungsvorgang erzeugen. Da derartige Kausalketten wesentliche Komponenten der Genese hypertoner Kreislaufstörungen sein können, besteht Grund genug, sich mit der Behebung dieses pathogenen Einflusses zu befassen.

Es ist nicht nur die objektive Stärke und Dauer noxischer Reizkonstellationen, die die Art und Intensität der emotionellen Reaktion und damit der möglichen pathogenetischen Wirkung bestimmen, sondern die subjektive Widerspiegelung, wie sie auf Grund früherer individueller Erfahrungen und durch mehr oder weniger permanente Einstellungen geformt wird.

Unsere Hypothese, daß dabei dauerhafte Einstellungen oder Verhaltensschablonen als Komponenten der spezifischen innerorganismischen Belastungsverarbeitung neben relevanten Dimensionen (Stärke, Dauer, ökologische Signifikanz usw.) der externalen Stimulus-Konstellation eine wesentliche Rolle bei der Entwicklung emotioneller Reaktionen und dadurch auch bei deren viszeralen Begleiterscheinungen spielen, wird durch eine wachsende Zahl experimenteller und empirischer Befunde bestätigt.

Die Bedeutung der psychischen Einstellung für die Blutdruckregulation wurde im Tierversuch eindrucksvoll von BAUST nachgewiesen:

„Ein Schmerzreiz führt bei einem decerebrierten Tier zu einer Entladung im Sympathicus und damit zu einem Blutdruckanstieg. Dieser Effekt wird, da das Tier ja decerebriert ist, ausschließlich über den Hirnstamm vermittelt. Setzt man hingegen am wachen, intakten Tier einen Schmerzreiz, so besteht die Reflektion im kardiovaskulären System durchaus nicht immer in einem Blutdruckanstieg, je nachdem kann es zu einer Steigerung, zu einem Abfall oder zu gar keiner Veränderung des Blutdrucks kommen."

BAUST vertritt in diesem Zusammenhang die Meinung, daß hier sozusagen die „innere Einstellung" des Tieres gegenüber dem Reiz eine Rolle spiele, es sich also um Faktoren handele, „die bis heute neurophysiologisch nicht analysierbar sind."

Diese Auffassung bestätigend, wiesen WILLIAMS u. EICHELMAN nach, daß nach schockinduzierter Aggression gepaarter Ratten der Blutdruck signifikant absank, während einzeln gehaltene Ratten bei gleichen Schocks einen signifikanten Blutdruckanstieg aufwiesen.

Die von zahlreichen Untersuchern ermittelte Überempfindlichkeit der Hypertoniker gegenüber sozialen Belastungen geht einher mit charakteristischen maladaptiven Einstellungen oder fehlerhaften dynamischen Verhaltensstereotypen, die den Patienten oft selbst nicht bewußt werden. Wir nannten sie systemartige autosuggestive Fehlauffassungen, weil sie autosuggestiv immer größere Teile des Denkens systemartig durchdringen. Abgesehen von der möglichen Beteiligung hereditärer Faktoren bei der Entstehung nervaler Überempfindlichkeit spielen insbesondere bei der Herausbildung maladaptiver Verhaltensweisen (ontogenetische) Erlebnisse, Umweltkonstellationen und zwischenmenschliche Beziehungen eine wesentliche Rolle, so daß diese eng mit der Stresslabilität liierten Fehleinstellungen als vorwiegend erlerntes Verhalten zu charakterisieren sind.

So unterscheiden sich beispielsweise Hypertoniker von Normotonikern — wie wir feststellen konnten — auf dem 1%-Niveau in der Bevorzugung passiv-submissiver Reaktionsweisen im täglichen Leben, obwohl sie selber diese übermäßige Kontrolle ihrer impulsiv-aggressiven Regungen meist als inadäquat empfinden. Damit vermeiden sie nun zwar die Sanktionen und Gegenreaktionen, die eine offen aggressive Handlung nach sich ziehen würde, wodurch ihre passiv-submissive Einstellung operant bekräftigt wird. Andererseits aber wirkt die echte oder vermeintliche Kränkung, je nach Stärke und Verwundbarkeit des Selbstbewußtseins, lange Zeit nach, was wiederum konfliktreiche Zweifel und antagonistische Aktionstendenzen mobilisiert. Das passiv-submissive Verhalten wirkt aber auch bekräftigend auf den Kränkenden, der nur zu leicht dadurch ermutigt wird, wieder in ähnlicher Form vorzugehen und so den inneren Konflikt noch zu vertiefen. So werden die antagonistischen Einstellungen (eine offen submissive und eine latent aggressive) gleichzeitig bekräftigt und der Konflikt chronifiziert. Neben dieser Art der Einstellung fanden wir gehäuft eine Tendenz, negative oder ungünstige Ereignisse und Entwicklungen zu antizipieren, auch wenn dazu kein realer Anlaß vorhanden war. Die Patienten tendierten dazu, von vornherein Mißerfolge ihrer Bemühungen bzw. unangenehme oder schmerzhafte Erfahrungen auch in solchen Situationen zu erwarten, in denen normalerweise ein positiver Ausgang realiter antizipiert werden konnte. Das führt in der Regel zu verminderter Einsatzbereitschaft und erhöhter Erwartungsangst und vergrößert zudem noch die Wahrscheinlichkeit eines tatsächlichen Mißerfolges. So begünstigt diese Einstellung — ebenso wie die ersterwähnte — erhöhte Energieverausgabung, Spannungen und Mißerfolgserlebnisse. Gleichzeitig bestätigt sie gewissermaßen die negativen Erwartungen und steigert so die maladaptiven Tendenzen erhöhter Stresslabilität (Katzenstein et al.). Dabei darf jedoch nicht vergessen werden, daß in vielen Fällen Auswirkungen gesellschaftlicher Abläufe und Widersprüche, insbesondere auch frühkindliche Schädigungen, die objektiv existierende Ausgangskonstellation für persönliche Belastung bilden, die dann allerdings durch subjektive Verarbeitung und Interpretation verstärkt bzw. herabgespielt werden.

Wir beobachteten, z. B. in psychologischen Untersuchungen bei über 1000 Patienten mit zerebro-viszeralen Erkrankungen (essentieller Hochdruck, Diabetes mellitus, Ulcus usw.), daß sie häufig aus Familien kamen, die charakterisiert waren durch eine gesellschaftlich determinierte Atmosphäre bedingter Sicherheit, d. h. ein emotionelles Klima, in dem Liebe, Schutz und Sicherheit nicht als garantiert angesehen werden konnten, sondern durch eine hohe Leistung und besonders gute Erfüllung graduell mit dem Alter wachsender Umweltanforderungen beständig neu erworben werden mußten. Dieser Hintergrund bildet einen fruchtbaren Boden für die Entwicklung von Persönlichkeitseigenschaften und Einstellungen (Unsicherheit, Ehrgeiz, überhöhtes Bedürfnis nach Bestätigung und Liebe bei mangelndem Selbstvertrauen), die wir häufig bei diesen zerebro-viszeralen Erkrankungen antrafen, die aber noch ausgeprägter bei Zwangsneurotikern zu beobachten sind.

Die Erkenntnis von der Rolle gestörter Umweltbeziehungen des Hypertonikers findet bisher kaum ihren Niederschlag im therapeutischen Herangehen. In Lehrbüchern und Monographien findet sich zwar zumeist die lakonische Mitteilung, daß der Umweltbelastung bei Genese und Progredienz dieser Erkrankung eine wichtige Rolle zufalle, so daß psychische Führung und Beeinflussung des Patienten bei der Therapie nicht vernachlässigt werden dürften. Aber was man darunter versteht, wird nicht gesagt und folglich auch von den meisten in der klinischen Praxis nicht sonderlich beachtet.

Bei der Sichtung von über 150 Arbeiten über Behandlungsaspekte der essentiellen Hypertonieerkrankungen fanden wir noch vor 8 Jahren (Katzenstein u. a.) nur in 24 Fällen (d. h. in weniger als 15%) überhaupt eine Erwähnung der Notwendigkeit des psychotherapeutischen Herangehens, davon nur in 4 Fällen ein detailliertes Eingehen auf mögliches Vorgehen. Gegenwärtig gibt es immer häufiger auf Tagungen und in Veröffentlichungen zur essentiellen Hypertonie Berichte über psychotherapeutische Methoden der

Einflußnahme auf diese Erkrankung (COOPER, DORST et al., FRANK, KATZENSTEIN et al., KHRAMELASHVILI, LUTZ et al., PATEL, THOMAS, ZAITSEV).

Konsequenterweise hat unsere klinische Forschung, neben der Betonung der Bedeutung gesellschaftlicher Schwierigkeiten und Konflikte, persönlichkeitsspezifische (psychosoziale) Einflüsse hervorgehoben, z. B. die bewußte Reflektion gesellschaftlicher Erwartungen und eventueller Sanktionen, Einschätzungen eigener gesellschaftlicher Einflußsphären und Machtpositionen, Art und Weise der wichtigsten persönlichen Beziehungen im Privat- und Berufsleben. Von besonderer Bedeutung für die psychosoziale Entwicklung des Individuums bzw. für das Aufreten eventueller funktioneller Entgleisungen sind ferner solche komplexen Leistungen der höchsten Nerventätigkeit, wie perspektivisches Denken, Herausbildung individueller Präferenzen der Gefahrenkontrolle und Angstabwehr, bewußte Beobachtung und Differenzierung komplexer Abläufe sowie Aneignung wissenschaftlich-technischer und kultureller Errungenschaften und schließlich Kritik und Kontrolle des eigenen Verhaltens usw. Diese nur dem Menschen möglichen Adaptationsleistungen sind bisher in ihrer biochemischen und neurophysiologischen Entwicklung nur ungenügend erforscht.

In der Industriegesellschaft der Gegenwart gibt es trotz Verringerung der Lebensgefahr im Zivilleben doch eine Häufung von Situationen, in denen neurovegetative Notfallsreaktionen ausgelöst werden. Dabei kann vielfach die nervale, hormonelle und motorische Bereitstellung zusätzlicher Reserven nicht im wirklichen Kampf oder Flucht abreagiert werden, da die motorische Komponente durch psychonervale gegenregulatorische Einstellungskomponenten gehemmt wird. Ärger und Wut in Ehe und Beruf beispielsweise können oft nicht einfach verbal oder motorisch zum Ausdruck gebracht werden. Diese in gesellschaftlicher Hinsicht möglicherweise adaptive Selbstbeherrschung kann unter Umständen für den physiologischen Ablauf maladaptiv sein, da sie zu einer intraorganismischen Belastung führt, die z. B. im erhöhten Blutdruck ihren Niederschlag findet (KAGAN und LEVI).

Auf eine interessante Begleiterscheinung dieser Reaktionshemmung machen eine Reihe von Untersuchungen aufmerksam, die feststellen zu können meinen, daß Hypertoniker und psychosomatisch Kranke allgemein zur sogenannten „Alexithymie" (d. h. zu einer relativen Unfähigkeit, sich über diesbezügliche Gefühle und Verhaltenstendenzen Klarheit zu verschaffen und sich dazu zu äußern), neigen (BENEDETTI, BRÄUTIGAM, von RAD, SAFAR et al., STEPHANOS).

2.1.2. Psychische Faktoren bei der Genese zerebro-viszeraler Krankheitsbilder

mit E. KRIEGEL u. I. GAEFKE

In den letzten 30 Jahren wird die Aufmerksamkeit der Ärzteschaft, aber auch der Ökonomen des Gesundheitswesens, stärker auf Krankheiten gelenkt, deren Pathogenese in besonderem Maße durch psychische Einflüsse mitgeprägt wird. Insbesondere sei hier die Rede von den psychosomatischen Erkrankungen sowie den sogenannten Psychoneurosen.

Während bei den psychosomatischen Erkrankungen meist patho-physiologische Befunde vorliegen, gehen bei den Neurosen die charakteristischen subjektiven Angst-, Schuld- und Minderwertigkeitsgefühle und die daraus resultierende Leistungs- und Funktionsschwäche im sozialen Bereich nicht mit entsprechenden registrierbaren physiologischen Störungen einher.

Zahlreiche Untersucher, wie HALLIDAY, DUNBAR, WISDOM, BASTIAANS, SANDLER u. a., konnten vielfach einen Symptomwandel beobachten, bei dem Patienten mit neurotischen Beschwerden nach Abklingen dieser Störung zerebro-viszerale Krankheitsbilder entwickelten. Aber auch der umgekehrte Vorgang wird beschrieben, So beobachtete VAN DER VALK das Auftreten von Depressionen bei Hypertonikern während der Behandlung mit Serpasil, Hypochondrie und Angstneurose bei erfolgreich behandelten Asthmatikern, sowie Hypochondrie und Depression bei Ulcus ventriculi-Patienten nach Gastroektomie. Bezüglich der ersten Gruppe stellt er u. a. fest: „Normalerweise begegnet der Hypertoniker bedrohlichen Situationen durch Entfaltung einer intensiven Aktivität. Einige von ihnen erzählten uns, ‚daß sie sich während der Behandlung mit Serpasil nicht in der Lage fühlten, mit genügender Initiative einer Schwierigkeit zu begegnen, gleichgültig, ob es sich nun um finanzielle Verluste, familiäre Probleme oder berufliche Zurückstufung handle‘. Daraus habe sich dann ein Gefühl der Hoffnungslosigkeit und Sinnlosigkeit ergeben, als sei alles verloren“.

Kann ein solcher Symptomwandel als Hinweis angesehen werden, daß möglicherweise gewisse pathogenetische Gemeinsamkeiten zwischen Neurosen und zerebro-viszeralen Erkrankungen bestehen?

KELNAR erblickt in der „nicht ungewöhnlichen klinischen Erfahrung, daß ein neurotischer Patient plötzlich ausgesprochen psychosomatische Symptome zeige und umgekehrt“, einen Beweis für die Tatsache, daß es sich hier um einheitliche dynamische Vorgänge auf zwei Ebenen handle: Psychisch werde die Affektäußerung im Charakter absorbiert, d. h. den Umweltbedingungen angepaßt, während sie somatisch in den Muskelgruppen und inneren Organen, die normalerweise in der somatischen Affektentladung in Form einer Aktivität teilnehmen, zu charakteristischen Verspannungen und Funktionshemmungen führt.

Von einem anderen Gesichtspunkt ausgehend, gelangt SCHULTE zu dem Standpunkt, daß es gar keine klare Trennung zwischen neurotischen und psychosomatischen Erkrankungen gebe, ja, daß die Symptomatik der Patienten im Laufe der letzten Jahrzehnte einen zunehmenden Trend zur Somatisierung erkennen lasse. So seien an die Stelle der hysterischen Anfälle des ersten Weltkrieges im Laufe des zweiten die Magenneurosen getreten und statt der konversionshysterischen und zwangsneurotischen Zustandsbilder begegne man in verstärktem Maße Anorexien, Asthma und paroxysmalen Tachykardien.

Ohne auf diese Meinungsverschiedenheiten hier ausführlich einzugehen, kann doch als Consensus vieler auf diesem Gebiet Arbeitender festgestellt werden, daß sowohl bei den Neurosen als auch bei den psychosomatischen Erkrankungen Umwelteinflüsse und damit im Zusammenhang stehende psychische Abläufe eine wesentliche Rolle spielen. Beispielsweise dürfte es schwierig sein, eine scharfe Trennungslinie zwischen sogenannter funktioneller Dyspepsie und den Frühsymptomen des Ulcus ventriculi zu ziehen.

Bezüglich des Hypertonus hält Wood es für wahrscheinlich, daß auch einfache physiologische Blutdruckerhöhungen — wie sie z. B. durch eine besondere Persönlichkeitsentwicklung oder langandauernde emotionelle Belastung ausgelöst werden können —, wenn sie zu oft wiederholt oder über eine zu lange Zeit aufrecht erhalten werden, die Ursache sein können.

Das allgemeine psychische Charakteristikum, das alle Untersucher bei sorgfältiger Analyse sowohl bei psychosomatischen Erkrankungen als auch bei den Neurosen beobachten, ist die Fehlverarbeitung innerer Konflikte. Selbstverständlich erlebt und verarbeitet jeder Mensch Konflikte und Schwierigkeiten manchmal inadäquat. Bei unseren Patienten aber können wir vielfach den Umschlag von der sogenannten „normalen", d. h. symptomlosen zur pathogenen Konfliktverarbeitung verfolgen. Ob eine ungünstige Umweltsituation einen chronischen inneren psychisch-vegetativen Konflikt auslöst, der zur Psychoneurose führt, einen psychosomatischen Störungsprozeß in Gang setzt oder ob sie eine anders geartete Reaktion hervorruft (etwa eine auf adäquate Veränderung der Umweltbedingungen gerichtete oder aber eine asoziale egozentrische Aktion auslöst), das hängt von einer ganzen Reihe von Faktoren ab:

1. Der spezifischen Bedeutung, die die betreffende Umweltsituation auf Grund der vom Einzelnen früher gemachten Erfahrungen, Enttäuschungen, Verluste usw. sowie auf Grund evtl. Störung seiner Pläne, Erwartungen, Perspektiven für ihn persönlich hat.
2. Der Art und Weise, in der er gelernt hat, bevorzugt auf derartige Kategorien von Schwierigkeiten und Konflikten zu reagieren bzw. welche seiner Verhaltensweisen in analogen Situationen bekräftigt wurden (in anderen Worten: von seinem Charakter, seinem vorherrschenden dynamischen Stereotyp und seinen Einstellungen).
3. Seinem augenblicklichen Reaktionszustand: Krankheit, Widerstandsfähigkeit, der Gesamtheit seiner augenblicklichen zwischenmenschlichen Beziehungen, Erfolgs- oder Mißerfolgsstimmung usw.
4. Dazu gehören auch sein Entwicklungsstand und etwaige auftretende Störungen seiner körperlichen, insbesondere auch der neurophysiologischen Reifungs- und Ausbildungsprozesse usw.

Von der normalen zur pathogenen Konfliktverarbeitung

Bei den psychosomatischen Erkrankungen handelt es sich in erster Linie um Störungen bei der Wiederherstellung des homöostatischen Gleichgewichtes, Störungen, die sich in Hypo- oder Hyperaktivität vegetativ-nervaler bzw. endokriner Strukturen äußern. Derartige Hypo- oder Hyperaktivität ist zunächst eine durchaus im Bereich der Norm liegende adäquate Reaktionsweise, sofern sie im Zusammenhang mit einer akuten Belastung auftritt, vorausgesetzt natürlich, daß sie nach Aufhören der Belastung wieder abklingt.

So erwähnt beispielsweise Schultz Untersuchungen, wonach am Tage der mathematischen Klausur nicht selten gesunde Abiturienten systolische Blutdruckwerte von 160—180 mmHg und am nächsten Tag wieder 120 mmHg haben. Ferner berichtet Schultz, daß in der Zentralstelle (BRD) für Fliegertauglichkeitsuntersuchungen Prüflinge abgewiesen wurden, die bei der Erstprüfung 160 mmHg und mehr Blutdruck hatten, bis sich später ergab, daß es sich oft um besonders energisch-aktive, sehr geeignete Kandidaten handelte, „die sich so ‚zusammennahmen', daß die Spannung auf den Blutdruck übersprang", die sich später aber oft besonders gut bewährten.

So kann also in bestimmten Situationen sowohl ein überhöhter oder erniedrigter Blutdruck als auch eine Über- bzw. Unterfunktion der Hypophyse, der Schilddrüse, des Pankreas, auch speziell des Inselapparates, ebenso wie über oder unter der Norm liegende Magen- und Darmmotilität, Lungen-, Herztätigkeit usw. als durchaus physiologisch angesehen werden. Pathologisch wird die anormale Organfunktion erst dann, wenn sie nach Aufhören der Belastung nicht wieder in den Normalzustand zurückschwingt. Für diesen Fall werden in der Hauptsache zwei hypothetische Kausalreihen postuliert:

1. sieht eine Reihe ärztlicher Untersucher die Ursache der anormalen Fixation primär in lokalen organischen Schäden, d. h. z. B. in erblicher oder früh erworbener Organminderwertigkeit, Erschöpfung endokriner Strukturen, subkortikaler z. B. hypothalamischer Läsionen usw.
2. Eine ständig wachsende Zahl von Forschern sieht in dieser pathologischen Fixation den adäquaten physiologischen Niederschlag des chronischen psychischen Konfliktes. Daß ein derartiger Konflikt als schwere physiologische Dauerbelastung wirkt und einschneidende Veränderungen der verschiedensten Funktionsabläufe hervorrufen kann, ist klinisch bekannt (BAUMANN, WOOD) und wurde darüber hinaus in zahlreichen Experimenten so eindeutig nachgewiesen, daß die Möglichkeit einer derartigen Pathogenese zerebro-viszeraler Erkrankungen durchaus als gegeben gelten darf.

Abgesehen davon schließen sich die erwähnten Hypothesen keineswegs gegenseitig aus, so daß auch eine Kombination beider pathogenetischer Faktoren möglich, ja in zahlreichen Fällen nachgewiesen ist.

So vertritt v. KRESS den Standpunkt, daß eine zur Hypertonie disponierende Grundreaktion vererbbar sei, aber erst die Umwelteinflüsse die Krankheit manifest werden lassen.

PFLANZ u. UEXKÜLL bringen eine Reihe interessanter Hinweise dafür, daß beim Krankheitsbild der Hypertonie psychologische Momente gleiche Bedeutung haben wie somatische.

Einer eingehenden Untersuchung und Bewertung der wesentlichen psychopathogenetischen Faktoren stellen sich jedoch zahlreiche Schwierigkeiten entgegen: Nicht nur ist es in vielen Fällen nicht möglich, etwas über die prämorbide Funktionstüchtigkeit bzw. Intaktheit organischer Strukturen (Inselzellen, Vasopressoren-Zentren, hypothalamischer Gebiete usw.) auszusagen, auch die Eruierung psychischer Konflikte stößt vielfach auf unerwartete Hindernisse. Wenn auch psychoanalytische Feststellungen, daß es zur Aufdeckung derartiger innerer Konflikte oft monate-, ja jahrelanger Untersuchungen bedarf, als extrem anzusehen sind, so kann doch nicht bezweifelt werden, daß gerade psychische Konflikte, soweit sie überhaupt bewußt werden, in vielen Fällen ängstlich gehütetes Geheimnis sind.

So ist es vielleicht zu erklären, daß diejenigen, die auf die psychologische Analyse sehr viel Zeit verwenden, bei ihren naturgemäß weniger zahlreichen

Patienten die (psychosomatische) Erkrankung oft fast vollständig auf psychische Konflikte zurückführen, während umgekehrt diejenigen Untersucher, die in der mehr somatisch orientierten Atmosphäre arbeiten, nur einen relativ geringfügigen Prozentsatz von psychischen Traumen beobachten.

Neben den erwähnten Gemeinsamkeiten von zerebro-viszeralen und neurotischen Störungen ist es jedoch wichtig, auch die Unterschiede zu erwähnen. So stellt WOLFF fest, daß je nach Einstellung der Eltern schon in früher Kindheit eine Bevorzugung emotionellen psychischen Ausdrucksverhaltens bzw. eine stärkere Zuwendung zu körperlichen Begleiterscheinungen und Krankheitssymptomen gebahnt wird. HAMBLING fand, daß Entzug lebensnotwendiger Wärme und Liebe in der Kindheit bzw. Zwang und Unterwerfung wie Erregungsreize wirken, die biologische Reaktionen (Kampf oder Flucht) auslösen, die naturgemäß auch bei Bedrohung lebensnotwendiger Bedürfnisbefriedigung wieder auftreten. Die soziale Unzulässigkeit dieser natürlichen Reaktionen und die Wirkung der spezifischen Methoden, durch die sie bedingt-reflektorisch gezügelt werden, bilden oft den dynamischen Kern einer psychosomatischen Erkrankung.

Ferner beobachtete HAMBLING, daß subjektiv bei den Psychoneurosen die Vermeidung der traumatischen Konfliktsituation im Vordergrund steht, während bei den psychosomatischen Krankheiten das Krankheitsgeschehen mit seinen möglichen Gefahren für das Leben des Patienten psychisch an erster Stelle steht und die daraus sich ergebende Beeinflussung und Kontrolle zwischenmenschlicher Beziehungen nur indirekt (als sogenannter sekundärer Gewinn) erlebt wird. Eine Illustration wäre etwa das Verhalten einer alleinstehenden Mutter in Anbetracht der sich entwickelnden Unabhängigkeit ihres einzigen Kindes. Bei einer psychoneurotischen, z. B. einer hysterischen Reaktion zeigt sich die Angst vor dem Alleingelassenwerden direkt. Bei der zerebroviszeralen Erkrankung, z. B. bei Asthma, dagegen scheint zunächst nur die unmittelbare Bedrohung des Lebens der Patientin wesentlich zu sein, während die dadurch erzielte Fesselung des Kindes („eine so schwerkranke Mutter kann ich unmöglich verlassen") sozusagen als Nebenprodukt dabei abfällt und dementsprechend auch bei der Patientin selbst weniger Angst- und Schuldgefühle auslöst.

Bei Erhebungen an über 1000 Hypertonikern fanden wir in allen Fällen ein Mosaik von kausalgenetischen Reiz- und Auslösekonstellationen. Dabei waren zerebro-vegetative und subjektiv-psychische Komponenten unlösbar verquickt.

Beispielsweise stellten wir fest, daß einige Patientinnen, bei denen die Krankheit während der Schwangerschaft erstmalig auftrat, schon vorher eine sehr problematische Ehe aufrecht erhalten hatten. Während der Schwangerschaft hatten sie die Empfindung, daß sie durch das Kind nun zwangsläufig und für immer an ihren Mann gefesselt wären. Dieses Gefühl des aussichtslosen und wehrlosen Gefangenseins habe sich dann in steigender Abneigung niedergeschlagen und so zu einem sich ständig vertiefenden Konflikt geführt. Natürlich ist es unmöglich zu sagen, ob hier die hormonelle Labilität oder der schwerwiegende psychische Konflikt bei dem zweifellos wesentlichen Zusammenwirken beider Momente die ausschlaggebende Rolle gespielt hat.

Ein ähnliches Zusammenwirken von Umwelt und innerorganismischen Vorgängen fanden wir bei Patienten, bei denen die Erkrankung während der Puberät aufgetreten war. Sowohl bei Hypertonikern als auch bei Diabetikern, deren Erkrankung auf diese Zeit zurückging, hatten bereits vorher schwerste Milieuschäden bestanden, die sowohl zu nervlichen Überlastungen als auch zu charakterlichen Fehlentwicklungen führten.

Wechselbeziehung Charakter und Umwelt

So beeindruckend in den einzelnen Fällen auch die geschilderten ungünstigen Umweltkonstellationen und psychischen Belastungen unserer Patienten sind, so wird eine sachlich wägende Betrachtung doch feststellen müssen, daß ähnliche Momente auch bei zahlreichen anderen Menschen wirksam werden, ohne in jedem Fall zu Erkrankungen zu führen. Sicherlich ist es richtig, daß man die pathogenetische Valenz psychischer Belastungsmomente nicht miteinander vergleichen kann, da es sich ja nicht nur um jeweils ganz spezifische Konstellationen handelt, sondern überdies um wirklich individuell unterschiedliche, von der persönlichen Bedeutung herrührende Belastungen. Unabhängig von der spezifischen Art des jeweiligen Belastungsmosaiks der von uns untersuchten jugendlichen essentiellen Hypertoniker konnten wir feststellen, daß sich bei ihnen auf Grund früherer Erfahrungen Verhaltensschablonen herausgebildet hatten, die Spannungen in der Organismus-Umwelt-Beziehung verstärkten, anstatt sie abzubauen und insofern maladaptiv den Hypertonus aufrecht erhielten.

Wechselbeziehung zwischen labilen bzw. neurotischen Verhaltensschablonen einerseits und Umweltbelastungen andererseits stellt sich als bedeutsamer Faktor bei der Entwicklung der von uns untersuchten zerebro-viszeralen Erkrankungen heraus. In der weitaus überwiegenden Mehrheit unserer Patienten fand sich diese Kombination.

Diese Zusammenhänge bieten einen Ansatz zur gezielten Psychotherapie der essentiellen Hypertonie-Erkrankung, in dem es einerseits darauf ankommt, das individuelle Mosaik von belastenden Einflüssen abzubauen, andererseits eine Umstellung pathogener Verhaltensschablonen herbeizuführen. Der Vollständigkeit halber sei erwähnt, daß es sich bei den vorliegenden Ausführungen um eine bewußt einseitig psychologische Betrachtungsweise handelt, die als fachspezifischer Beitrag zur abgerundeten Darstellung des Problems der essentiellen (arteriellen) Hypertonie gedacht ist.

Der Umfang des Fachwissens und die ständig steigende Zahl der Veröffentlichungen von neuen wissenschaftlichen Ergebnissen und Zusammenhängen machen es heute praktisch unmöglich, sowohl auf dem Gebiet der Inneren Klinik als auch auf dem der Physiologie und der klinischen Psychologie gleichermaßen bewandert zu sein. Demzufolge kann man immer wieder feststellen, daß Untersucher, die sich das Ziel setzen, alle drei genannten Gebiete gleichermaßen zu berücksichtigen, sich nach kurzer Zeit doch mehr oder weniger einem einzigen Gebiet ausschließlich zuwenden. Eine gangbare Lösung, die dem besonderen Charakter dieser Erkrankungen wirklich voll Rechnung trägt, dürfte daher in der Zusammenarbeit von Spezialisten der verschiedenen Fachrichtungen zu suchen sein, wie sie in der Praxis progressiv realisiert wird.

2.1.3. Einige Gedanken zur Rolle des Stress bei Herz- und Kreislaufkrankheiten

Die Stress-Reaktion als eine von vielen Selbsterhaltungsreaktionen

Die Stress-Reaktion ist nur eine von vielen Reaktionsweisen des Organismus, die der Erhaltung seiner Unversehrtheit dienen. Die Intaktheit und Weiterentwicklung des menschlichen Organismus wird durch ein besonders hochentwickeltes psychophysiologisches Sicherheitssystem gewährleistet, das aus einer Reihe von einzelnen Subsystemen besteht. Einige solcher Subsysteme sind:

- die „Immunitätsschranke“ (eine in der Haut, dem Blut, den Atmungsorganen usw. befindliche Barriere zur Abwehr von Krankheitserregern),
- die „Homöostase“ (ein Regelsystem zur Sicherung eines gleichbleibenden inneren Milieus)
- die psychischen Mechanismen zur Vermeidung körperlicher und psychischer Schädigung (Wahrnehmung und Auswertung potentieller Gefahrenquellen)
- dabei entstehende Empfindungen und Gefühle (wie Furcht, Angst usw.)
- damit unmittelbar verbundene körperliche Vorgänge (Stress-Reaktion, Anspannung, Depression usw.)
- und Verhaltensweisen wie Flucht, Angriff, Totstellreaktion usw.

Diese und viele andere Subsysteme sind so eng vermascht, daß es manchmal unmöglich ist, ihre Wirkungen auseinander zu halten. Ohne auf die verschiedenartigen Subsysteme hier näher eingehen zu können, seien jedoch speziell die Mechanismen genannt (auch hierbei handelt es sich sowohl um psychische, als auch um physiologische Adaptationsvorgänge), die einsetzen, wenn trotz aller Sicherheitsbemühungen eine Schädigung stattgefunden hat, wenn also beispielsweise eine Verwundung, eine Krankheit oder eine Vergiftung eingetreten ist. Dann tritt sozusagen eine zweite Verteidigungslinie in Tätigkeit. Sowohl bei dem generellen psychophysiologischen Sicherheitssystem als auch bei den Mechanismen der 2. Verteidigungslinie spielen neben den vielfältigsten organischen Reaktionen auch die psychischen Vorgänge eine bedeutsame Rolle. Manchmal wird sogar das gesamte psychische Potential in dieser Weise eingesetzt. Gerade diese Zusammenhänge verdienen Betonung, weil sie lange Zeit nicht erkannt wurden.

Relativ leichte Bedrohungen und Belastungen werden im Normalfall ohne weiteres von dem oben genannten Sicherheitssystem neutralisiert. Bei stärkeren Störeinflüssen werden entsprechende innerorganische Vorgänge (wie Vernichtung infektiöser Erreger, Verminderung des Wärmeverlustes durch Umverteilung des Blutes, Versetzung des Organismus in Alarmbereitschaft durch die Stressreaktionen usw.) sowie nach außen gerichtete Handlungen eingeleitet, die ebenfalls das Ziel haben, die Störung auszuschalten oder zu verringern. Erst wenn gehäufte, besonders große oder langandauernde Schwierigkeiten auftreten, wird die Grenze überschritten, bei der das Sicherheitssystem noch eine erfolgreiche Abwehr zu leisten vermag. Dann tritt die zweite Verteidigungslinie (Krankheit) in Aktion: Die unwahrscheinlich perfekt und elastisch abgestimmten körpereigenen psychischen und organismischen Anpassungsvorgänge werden verstellt und eine viel energieaufwendigere und ungünstigere Regelung pegelt sich ein. Dabei werden Herztätigkeit und Blutkreislauf oft besonders betroffen. Liegen bereits besondere (z. B. angeborene oder im Laufe des Lebens erworbene) Empfindlichkeiten oder gar Vorschädigungen bestimmter Organe vor, so kommt es naturgemäß hier unter Umständen zu ernsteren Schädigungen, die zunächst vielfach als behebbare funktionelle Störungen beginnen, sich aber später als permanente organische Schäden manifestieren.

Betrachten wir nun die Wirkungskette der Stress-Reaktion genauer:

Die Wirkungskette des Stress

1. Die auslösenden Belastungskonstellationen (Stressoren)
2. Deren subjektive Wahrnehmung und Bewertung
3. Die damit zusammenhängende gesamtorganische Reaktion
4. Rückmeldung und Interpretation dieser Reaktion und ihrer Wirkung
5. Daraus resultierende weitere (sekundäre, tertiäre usw.) gesamtorganismische Reaktionen (Erschöpfung der körperlichen Reserven und Krankheit).

Einige Worte der Erläuterung zu den einzelnen Kettengliedern:

zu 1. Stressauslösende Belastungssituationen sind vorwiegend solche Umstände, die Leben, körperliche Unversehrtheit oder gesellschaftliche Stellung (Ansehen, Beliebtheit, finanzielle Sicherheit) gefährden, oder zu gefährden scheinen. Als der Begriff „Stress" ursprünglich (durch Selye) in seiner jetzigen Bedeutung geprägt wurde, bezog er sich in der Hauptsache auf körperliche Schäden (Infarkt, Blutverlust, Hitzebelastung, schwere körperliche Arbeit usw.). Inzwischen aber hat sich der Katalog der Stressoren fast unmerklich gewandelt. Vielfach zeigt sich, daß körperliche Schäden erst infolge vorhergehender psychischer Störungen oder Spannungen auftreten. Immer häufiger werden zwischenmenschliche oder gesellschaftliche Konflikte als Grundursachen erkannt, so daß gegenwärtig vielfach der Ausdruck Stress-Situation gleichbedeutend mit psychischer Belastung gebraucht wird.

zu 2. Wahrnehmung und Bewertung einer Belastungssituation wird bei gleichem objektiven Tatbestand durch Erziehung und frühere Erfahrungen des einzelnen (Sensibilisierung) sowie durch konstitutionelle, also von Geburt an vorhandene Empfindlichkeit (Sensibilität) bestimmt.

zu 3. Unabhängig von der Vielzahl spezifischer Belastungskonstellationen ist die eigentliche Stressreaktion (Selye's „Allgemeines Anpassungssyndrom") ein relativ einheitlich programmierter Vorgang: Bei Überschreitung einer bestimmten Größenordnung emotioneller Erregung, Wut, Furcht, Angst, Traurigkeit usw., die von der subjektiven Bewertung einer Belastungssituation abhängt, werden im Zwischenhirn (im sogenannten limbischen System, dem Hypothalamus und der Hypophyse) spezifische Reaktionen in Form nervaler und sekretorischer Alarmsignale ausgelöst. Diese wirken über weitere Nervenbahnen und Drüsen mit innerer Sekretion auf alle Funktionen des Organismus und machen den Körper in kürzester Zeit sozusagen gefechtsbereit, d. h. bereiten ihn unmittelbar für Flucht oder Angriff vor.

Allerdings — und das ist für das Verständnis der Herz- und Kreislauf-Krankheiten besonders bedeutsam — werden in der modernen Gesellschaft die für Flucht oder Angriffs-Reaktionen bereitgestellten Energie-Reserven tatsächlich kaum in Anspruch genommen, da Schwierigkeiten nur relativ selten durch körperliches Kräftemessen oder physischen Kampf ausgetragen werden. Viel häufiger sind dagegen sogenannte „Zwickmühlen-Konstellationen" (Double bind), das sind Schwierigkeiten und Konflikte, bei denen zwar starke Handlungsimpulse auftreten, das impulsive Vorgehen aber durch Strafandrohung oder Angst vor etwaigen Folgen blockiert wird. Derartige Zwickmühlensituationen, in denen alle körperlichen Reserven mobilisiert werden, ohne dann tatsächlich in Anspruch genommen zu werden, verursachen eine Reihe von körperlichen und geistigen Nachwirkungen, die unter Umständen den Organismus beträchtlich belasten.

zu 4. Die unmittelbare Stressreaktion, sowie ihre eventuellen Nachwirkungen ebenso wie die Konsequenzen etwaiger ausgeführter Handlungsimpulse werden von den verschiedenen Sinnesorganen wahrgenommen und als zusätzliche Information (man nennt diese Art Rückmeldung auch Biofeedback) verarbeitet und gespeichert. So kann z. B. die Veränderung der Durchblutung als Hitzegefühl, Erröten usw., der Muskelspannung als Schmerz, der Atmung und Herztätigkeit als innere Unruhe usw. spürbar werden. Wenn der Betroffene die Zusammenhänge nicht kennt, bewertet er diese Wahrnehmungen manchmal fälschlicherweise als Krankheitssymptome und erlebt sie als Anlaß zu verstärkter Beunruhigung.

zu 5. Je nachdem, wie diese Vorgänge ablaufen und subjektiv bewertet werden, kann so die ursprüngliche Belastungssituation noch verschärft, die Stressreaktion noch vergrößert werden. (z. B. wenn ein Beleidiger, dem man mit beherrschter Zurückhaltung begegnet, statt einzulenken nur noch mehr ermutigt und unverschämter wird.) Eine derartige Eskalierung kann so weit gehen, daß es zu einer ernsteren Störung kommt. (Die Kränkung wird zur Erkrankung, wie J. H. Schultz sagte). Natürlich kann es im günstigen Fall aber auch zu einem Abklingen der Spannung kommen.

Der manchmal schwierige Weg von der praktischen Erkenntnis bis zur wissenschaftlichen Erforschung psychischer Einflüsse

Schon lange vor Entdeckung der Stress-Kette hatten viele Ärzte die schädliche Wirkung von Furcht und Angst erkannt. Schon vor 350 Jahren (im Jahre 1628) schrieb der später als Entdecker des Blutkreislaufs berühmt gewordene William Harvey in einer gelehrten lateinischen Abhandlung:

„Jede Einwirkung auf den Geist, die Schmerz oder Lust, Hoffnung oder Angst erweckt, ruft eine Erregung hervor, deren Auswirkung das Herz beeinflußt."

150 Jahre später sagte ein anderer berühmter Arzt (Hunter), der selber an einer schweren Herzkrankheit litt:

„Mein Leben liegt in der Hand eines jeden Halunken, der es darauf anlegt, mich zu ärgern."

Er starb 1793 während einer Direktoriums-Sitzung in seiner Klinik. Seit über 50 Jahren dürfte es kaum einen Arzt geben, der den Angehörigen eines Herzkranken nicht den bedeutsamen Rat gäbe:

„Halten Sie möglichst alle Aufregungen von ihm fern."

Aber wenn auch die Ärzte am Krankenbett die Bedeutung emotioneller Erregung nur zu gut kannten, so dauerte es doch bis in die jüngste Zeit, bis sich die medizinische Forschung mit diesem Problem beschäftigte.

Die Gründe für dieses Zurückbleiben sind vielfältig: Einerseits hatte die bürgerlich-idealistische Trennung von Geist und Körper, nach härtesten Auseinandersetzungen und Kämpfen gegen den spekulativen Mystizismus kirchlich-feudaler Prägung schließlich dazu geführt, die Spekulation aus der Heilkunde zu verbannen und die Medizin auf den naturwissenschaftlich zu untersuchenden körperlichen Bereich festgelegt. Das führte zunächst dazu, daß jedwede Beschäftigung mit psychischen Vorgängen von seiten des Arztes als Rückfall und unwissenschaftliche Grenzüberschreitung in das Gebiet der Religion und philosophisch-psychologischer Spekulation galt. Hinzu kam, daß bei Untersuchungen zwischenmenschlicher, psychosozialer Vorgänge die Exaktheitsnormen der rein naturwissenschaftlichen Forschung vorerst kaum erreichbar waren. Ferner galt es hier fast immer, zahlreiche oft versteckte und nur mit Mühe auffindbare Einflußfaktoren zu berücksichtigen, die jede Entdeckung neuer Gesetzmäßigkeiten und Erkenntnisse außerordentlich komplizierten. Hinzu kam, daß die Einbeziehung psychosozialer Bedingungen in die medizinische Ursachenforschung unter kapitalistischen Verhältnissen etwaigen Forschungsgeldgebern zumeist äußerst verdächtig erschien, so daß sich nur wenige engagierte Ärzte damit befaßten.

So kann es nicht verwundern, daß fast alle wissenschaftlich arbeitenden Ärzte, um dem Vorwurf der Unwissenschaftlichkeit und einer Kritik an der Exaktheit ihrer Befunde zu entgehen, Tierexperimente bzw. Untersuchungen organischer Abläufe im menschlichen Organismus durchführten, die Untersuchung der Mensch-Umwelt-Beziehung aber vernachlässigten. Dennoch hatte die Konzentration der Forschung auf das Organgeschehen auch sein Gutes. Denn dieser zweifellos notwendigen Forschung verdanken wir eine außerordentliche Ausweitung unseres Wissens, z. B. eine detaillierte Kenntnis der vielfältig vernetzten Einflüsse, die die Herztätigkeit und das Kreislaufgeschehen unter normalen Bedingungen (in Ruhe und bei Belastung) sowie bei krankhaften Störungen regulieren.

So kann man heute, um nur ein Beispiel zu nennen, bis in feinste histochemische, nervliche und humorale Vorgänge verfolgen, wie unter dem Einfluß langdauernder Belastungssituationen die Blutdruckregelung permanent ausgelenkt wird und sich auf ein erhöhtes Blutdruckniveau (den sogenannten Hochdruck) einpegelt. Damit wurden neue diagnostische und prognostische Erkenntnisse und Prüfungskriterien gewonnen, denen bald neuartige Medikamente und Behandlungsweisen folgten. Ebenso sorgfältig wurden andere Erkrankungen des Herzens und des Kreislaufs, wie z. B. die Mangeldurchblutung des Herzens, der Herzinfarkt, die Arterienverkalkung usw. erforscht.[1]

Aber je mehr Einzelheiten über die organischen Vorgänge bei diesen Krankheiten bekannt wurden, um so stärker machte sich der Wissensmangel bezüglich der vorhergehenden (teils ursächlichen, teils auslösenden) Kettenglieder bemerkbar. Gerade der feinfühlige klinisch arbeitende Arzt stellte immer wieder aufs neue fest, wie bedeutsam sowohl bei der Diagnose-Erhebung als auch bei der Beurteilung der Heilungsaussichten die Umweltbedingungen des Patienten, ihre subjektive Wahrnehmung, Verarbeitung und Bewertung sowie die damit im Zusammenhang auftretenden Emotionen sind. Wie auf vielen Gebieten der Medizin wuchs auch bei den Herzspezialisten die Erkenntnis, daß der organische Wirkungsmechanismus nicht isoliert vom Erleben des Patienten behandelt werden dürfe.

Die inzwischen ständig verbesserten Möglichkeiten der Meßtechnik für zwischenmenschliche und gesellschaftliche Bedingungen tragen ihrerseits dazu bei, diese Einsicht umzusetzen.

Psychische Aspekte bei der Entstehung von Herzkreislauferkrankungen durch Stress

a) Das Belastungsmosaik

An dieser Stelle seien einige Ergebnisse von Untersuchungen zum psychosozialen Bedingungsgefüge der Herzkreislauferkrankungen erwähnt: Jeder Mensch wird mit unterschiedlich schweren Belastungssituationen konfrontiert, viele überstehen sehr große Schwierigkeiten und bleiben gesund, andere erkranken unter den annähernd gleichen oder sogar scheinbar weniger schwierigen Umständen. Bei genaueren Untersuchungen wurde festgestellt, daß ein Mensch in den seltensten Fällen nur einer einzigen (sichtbaren) Belastung ausgesetzt ist. Zumeist haben wir es mit zahlreichen oft nebeneinander existierenden körperlichen und seelischen Belastungen zu tun, man spricht in solchen Fällen wohl auch von einem Belastungsmosaik. Dabei sind die einzelnen Steinchen dieses Mosaiks vielfach nicht ohne weiteres zu erkennen und dem Patienten oft selbst nicht immer voll bewußt. In den letzten Jahren wurden eine Reihe von Belastungen, an die man früher kaum in diesem Zusammenhang dachte, in den Lichtkreis der Betrachtungen gezogen. So wurde nachgewiesen, daß die Erkrankungshäufigkeit besonders in den Perioden zunahm, in denen sich die Lebensumstände mehr oder weniger drastisch veränderten. Zeiten beispiels-

[1] So hat man z. B. mangels einer genaueren Ursachenerkennung bei Herzinfarkt zumindest eine Reihe von sogenannten Risikofaktoren ermittelt, das sind Umstände wie Zigarettenrauchen, Übergewicht, Alkoholkonsum, Hochdruck usw., bei deren Vorhandensein sich die Gefahr eines Auftretens der Erkrankung (z. B. des Infarktes) beträchtlich erhöht. Doch schon bald bemerkte man, daß die Kennzeichnung dieser physischen Risikofaktoren die Frage nach den ihnen zugrunde liegenden Erlebnissen und Persönlichkeitsfaktoren, d. h. die Frage warum raucht, trinkt, ißt der Mensch so übermäßig, nicht beantwortete, und daß möglicherweise gerade die dahinterstehenden versteckten Ursachen den entscheidenden Risikofaktor darstellen.

weise, in denen ein Umzug in eine andere Gegend oder gar in ein anderes Land stattfand oder eine Änderung der gesellschaftlichen Rolle, wie der Übergang vom Kindergartenkind zum Schulkind, vom Schüler zum Lehrling oder Studenten, vom Jugendlichen zum Erwachsenen usw. vollzogen wurde, aber auch Ereignisse wie Heirat, Geburt eines Kindes, Verlust eines Verwandten, Scheidung usw. scheinen mit einer Häufung von Krankheiten einherzugehen. Außerdem können langdauernde intellektuelle oder körperliche Überforderungen, Krankheiten und Enttäuschungen, über die man sich, da sie schon lange existieren, oft kaum noch Rechenschaft ablegt, Körper und Geist in hohem Maße beanspruchen. Zu erwähnen sind in diesem Zusammenhang schließlich noch all die Schwierigkeiten, die als Folge von Widersprüchen innerhalb der Gesellschaftsordnung bzw. zwischen zwei Gesellschaftsordnungen, die, wie z. B. im Fall der beiden deutschen Staaten, aneinandergrenzen bzw. daraus resultierender Veränderung der gesellschaftlichen Verhältnisse entstehen, wodurch im Einzelfall hohe Anforderungen an die Anpassungsfähigkeit, Zurückhaltung und Selbstkontrolle gestellt werden.

b) Die individuelle Belastbarkeit

Die Fähigkeit, derartige Häufungen von Belastungen ohne ernsthafte Schädigung zu überwinden, hängt, abgesehen von ererbter Widerstandsfähigkeit, auch von einer Reihe persönlicher Lerngelegenheiten ab. Derjenige z. B., der in Kindheit und Jugend unter relativ gesicherten Verhältnissen nach und nach mit langsam gesteigerten Aufgaben und Belastungen konfrontiert wurde und so gelernt hat, auch einer größeren Beanspruchung standzuhalten, der vermag besser eine Reihe neuer Schwierigkeiten zu meistern als jemand, der ständig geschützt und unselbständig aufwuchs. Natürlich spielt auch die Möglichkeit, Schwierigkeiten auf einem Gebiet durch beglückende Erlebnisse in anderen Lebensbereichen zu kompensieren, eine Rolle. Der Mensch, der ein glückliches und ausgefülltes Leben führt und im Umgang mit Partnern und Freunden Ärger, Enttäuschungen und Versagenserlebnisse ausgleichen kann, ist bedeutend besser gestellt als derjenige, der verhältnismäßig allein, isoliert und freudlos lebt. Auch andere Persönlichkeitsmerkmale und Charakterzüge tragen dazu bei, daß Spannungen leichter überwunden bzw. schwerer verkraftet werden. Zwei Herzspezialisten, M. Friedman und R. H. Rosenman, haben z. B. in langjährigen Untersuchungen viele Hinweise dafür zusammengetragen, daß Menschen, die ständig in einem Übermaß aggressiver Energie gegen Hindernisse im Beruf angehen, sich dabei, von starkem Ehrgeiz getrieben, abhetzen und gegenüber ihren beruflichen Aufgaben die anderen Aspekte ihres Lebens vernachlässigen, sehr viel anfälliger für Herzkrankheiten sind als Menschen mit einem ruhigeren, ausgeglicheneren Lebensstil.

Ausblick

Die hier dargestellten Gedankengänge, bei denen jedes Eingehen auf Einzelheiten aus Platzgründen vermieden wurde, zeigen erneut, wie eng seelische und körperliche Vorgänge im Leben des Menschen verknüpft sind und wie sehr es gerade bei Herz-Kreislauferkrankungen notwendig ist, neben physiologischen Vorgängen auch soziale und zwischenmenschliche Gegebenheiten sowie das subjektive Geschehen voll zu berücksichtigen. Gerade weil diese Einflüsse sowohl als Stör-Reize als auch als Schutz-Faktoren (im Rahmen des körpereigenen Sicherheitssystems) eine so wesentliche Rolle spielen, kommt es darauf an, genau zu untersuchen, wie sie wirken und wie sie therapeutisch zu beeinflussen und einzusetzen sind.

Wenn bis in die Gegenwart die Bedeutung dieser Einflüsse sowohl in der Forschung als auch in der Praxis so sehr unterschätzt wurde, so ist das zwar auf Grund der bereits erwähnten geschichtlichen Entwicklung erklärlich, aber angesichts der Bedeutung der Herz-Kreislauf-Erkrankungen für unser Gesundheitswesen nicht länger zu rechtfertigen. Die verstärkte Zuwendung zu Fragen der psychotherapeutischen Beeinflussung bei Herz- und Kreislauferkrankungen, die sich in Forschungsarbeiten in der Sowjetunion, der DDR und den anderen sozialistischen Ländern in den letzten Jahren bemerkbar macht, beginnt bereits auch in der Praxis erste Früchte zu tragen. Aber es bleibt noch vieles nachzuholen, damit die Psychotherapie-Forschung auch auf diesem Gebiet neben den beeindruckenden Ergebnissen der organischen Forschung den ihr gebührenden Platz einnehmen kann und so den Weg ebnet für eine Komplex-Therapie. Denn nur eine alle Möglichkeiten ausschöpfende komplexe (d. h. sowohl physiologische als auch psychologische Methoden anwendende) Therapie wird in der Lage sein, noch bestehende Unzulänglichkeiten zu überwinden.

Außerdem werden auf diesem Wege auch die Erkenntnisse gewonnen, die als Grundlage für prophylaktische Maßnahmen bei der Erziehung der jungen Generation dienen und weiterführende Rehabilitation von Herzkranken fördern können.

2.1.4. Neurotische Entgleisung

Manchmal kann eine normale Adaptation, trotz alters- und normadäquater Intelligenz, aufgrund einer Kombination persönlicher Nachteile, z. B. Milieu-Schädigung und anderen Schwierigkeiten, die zum Teil aus sozialen Konflikten herrühren, nicht erreicht werden. Der einzelne ist immer vielfältigen Einflüssen seiner Primärgruppen ausgesetzt. Das sind die Menschen, die er täglich sieht, also seine Familie, seine Schulklasse, seine Arbeitsgruppen usw.. Persönliche Charakteristiken und Schwierigkeiten dieser Menschen werden je nach der Autorität, die sie besitzen, sein Leben aufs tiefste berühren. Zusätzlich widerspiegelt ihr Verhalten Forderungen und Erwartungen ebenso wie Widersprüche und Konflikte des Gesellschaftssystems, in dem sie leben. Aufgrund der Unvereinbarkeit widersprüchlicher Forderungen verschiedener maßgeblicher Menschen bzw. ganzer Primärgruppen und daraus resultierender emotionaler Belastungen kann der einzelne in ein Dilemma kommen und unfähig sein, Achtung, Liebe und Respekt seiner Familie und anderer, ihm Nahestehender, zu gewinnen. Folglich kann die Entwicklung des Selbstvertrauens und des Sicherheitsgefühls verzögert oder gestört werden. Das kann ihn seinerseits bei dem Versuch weiterer Anpassung an die Forderungen seiner Gesellschaft benachteiligen und zu weiterem Versagen und Enttäuschungen führen. Die daraus resultierenden negativen Antizipationen und Ängste begünstigen vielfach Tendenzen des sich Zurückziehens und der Isolation und hemmen die Aufnahme von Kontakten zu anderen, die helfen könnten. Es ist eine traurige Tatsache, daß diejenigen, die gerade wegen ihrer inadäquaten Umweltbedingungen in Schwierigkeiten gekommen sind und mehr noch als glücklichere Menschen helfende Freunde brauchen, es oft besonders schwer haben, solche zu finden. Vielfach entstehen Mißverständnisse, die selbst wohlmeinende Menschen verärgern oder fernhalten. Leider geschieht es gerade in solchen Fällen nicht selten, daß darüber hinaus der elende Zustand derartig unglücklicher Menschen sie in die Rolle eines Prügelknaben drängt, ausersehen, um von Fehlern und maladaptiven Tendenzen anderer Gruppenmitglieder abzulenken. Diese gewöhnen sich nicht nur an das neurotische Verhalten ihres Kollegen, Freundes oder Familienmitgliedes, sondern sie unterstützen noch, wenn auch unbewußt, sein Verhalten und seine Fehleinstellung. Jeder Psychotherapeut hat Patienten gesehen, die nach intensiver klinischer Behandlung mit veränderten Gewohnheiten und gestärktem Willen und guten Vorsätzen entlassen wurden, dann aber durch Verwandte oder Kollegen wieder in die alten Schablonen hineingebracht wurden. Denken wir nur an Alkoholiker. Unter solchen Umständen werden die Bedürfnisse, Frustrationen und Widersprüche, die den einzelnen bedrücken, so überwältigend, daß bewußte Überlegungen nicht länger möglich sind. In solchen Fällen wird bewußte Wahrnehmung und durchdachte Handlung gestört und primitivere Verhaltensweisen werden wieder benutzt. Verdrängung, Dramatisierung und primitive Appellhandlungen treten in den Vordergrund. Solches Verhalten mag in primitiveren Gesellschaften erfolgreich gewesen sein. Unter den gegenwärtigen Bedingungen muß es den betreffenden Menschen in seiner beruflichen Vorwärtsentwicklung hemmen und seine persönlichen Beziehungen zerstören. Ähnlich wirken auch andere maladaptive Reaktionen wie Zwangsideen und Zwangshandlungen oder schwere Depression und Trauer, hypochondrische Ängste und phobische Vermeidungsreaktionen. In vielen derartigen Fällen wurde die bewußte Adaptation auch durch Konstellationen innerhalb der Primärgruppen gestört, die oft so vage pathogen sind, daß sie selten bewußt wahrgenommen werden. Das Schicksal der Neurotiker hängt zu einem beträchtlichen Ausmaß auch von dem psychologischen Vorurteil oder der voreingenommenen Einstellung derjenigen Berufsgruppen ab, die die Aufgabe haben, sie zu behandeln. Leider sind die diesbezüglichen Erfahrungen und Zahlen nicht sehr vertrauenerweckend. Über Jahrhunderte hinweg haben Medizinmänner und Therapeuten viele Heilmittel entwickelt, die rückblickend nur als Strafen mit wenig oder ungewissem Heileffekt erscheinen, angefangen von der Schlangengrube bis zur Leukotomie. In der westlichen Gesellschaft, in der der Mythos aufrecht erhalten wird, daß jeder Mann der Meister seines eigenen Schicksals ist, werden neurotische Schwierigkeiten in weiten Kreisen als ausschließlich persönliches Versagen angesehen. Selbst, wenn die Ursprünge der neurotischen Verhaltensweisen zurückverfolgt werden und auf ungünstigen Umweltbedingungen hinweisen, wird dem erwachsenen Patienten immer noch die Hauptverantwortlichkeit zugesprochen. Er wird Gegenstand psychiatrischer oder psychotherapeutischer Intervention. Obwohl die Tendenz, den Patienten direkt zu beschuldigen, bei den Therapeuten deutlich abnimmt, halten viele noch den Standpunkt aufrecht, daß nur der Patient selbst sich verändern muß, um in seinem Kulturkreis zu bestehen. Eine ständig steigende Anzahl gut ausgebildeter Therapeuten sind in der Lage, ihre eigenen Gefühle zu erkennen. Wenn sie z. B. dem Patienten nicht helfen können, sein Ziel zu erreichen und den aus der Bahn geworfenen wieder in einen adäquaten Entlassungszustand zu bringen, verstehen sie, daß sich ihre eigene Enttäuschung gegen den Patienten wenden kann. Aber auch ihre Einstellung ist vielfach noch alles andere als rein objektiv. REDLICH und HOLLINGSHEAD gelang es z. B. nachzuweisen, daß die Diagnose eines Patienten als neurotisch oder psychotisch nicht so sehr von seinem Symptom abhängt als davon, ob er zu einer Mittel- oder Unterklassenfamilie gehört. Verschiedene sogenannte persönlichkeitszentrierte oder symptomzentrierte Psychotherapien wurden entwickelt, die sich im Laufe der Zeit gegenseitig der Unwirksamkeit beschuldigt haben oder sogar nachzuweisen versuchten, daß jeweils die andere den Patienten schädigt. Dagegen wurden bisher wenig überzeugende wissenschaftliche Forschungen über die therapeutische Wirksamkeit unternommen. Unter diesen Umständen ist es von besonderem Interesse, sich mit einem modernen umfassenderen Ansatz auseinanderzusetzen:

Im Einklang mit dem auf den vorherigen Seiten Gesagten wird neurotisches Verhalten als Resultat inadäquater Verhaltenseinstellungen angesehen, die sich in nicht geringerem Maße als Folge pathogener Gruppeneinflüsse entwickeln und ihrerseits durch späteres Verhalten der Primärgruppen verstärkt werden. Unter diesen Umständen kann eine ausschließliche Lenkung der Therapie auf den einzelnen Patienten tatsächlich, ohne das eigentlich zu beabsichtigen, diese pathogenen Gruppeneinflüsse insofern noch verstärken, als sie ja ebenfalls den Patienten als den Fehlangepaßten herausheben, der ja ohnehin der Empfindsamste und Verwundbarste der Gruppe ist und somit leicht zu einer Art von Sündenbock wird.

Es gibt zunehmendes Verständnis unter den fortschrittlich eingestellten Psychotherapeuten bezüglich des Vorgehens bei einer adäquaten Behandlung. Dabei wird ermittelt, wie der einzelne innerhalb der Primärgruppe auftritt und zwar vor allem in der Primärgruppe, in der die Hauptschwierigkeiten auftreten. Ferner wird die Verhaltensweise der Primärgruppe zu dem Patienten und die Rolle, die ihm zugedacht ist, festgestellt. Erst dann kann man daran gehen, gemeinsam die festgestellten Schwierigkeiten durchzuarbeiten und die eingefahrenen Verhaltensweisen zu verändern. Dabei kommt es auch darauf an, die Vorteile hervorzuheben, die vermutlich von einem solchen Vorgehen zu erwarten sind. Neurose wird primär als ein Versagen der Gruppenkohäsion, Empathie und Solidarität angesehen, das auf ungenügend bewußtes Verständnis der Gruppenprozesse, auf die es gerade ankommt, zurückgeht und erst in zweiter Linie als ein Resultat inadäquater Einstellungen und Reaktionen des Patienten. So kommen wir zu folgender zusammenfassender Feststellung: Die moderne sozialistische Gesellschaft ist auf eine ständig anwachsende bewußte Wahrnehmung der Realität gegründet, die in hohem Maße die Bedürfnisbefriedigung und die menschliche Entwicklung zu fördern vermag. Der einzelne hat jedoch große Schwierigkeiten, mit der fortschreitenden schnellen Entwicklung des Bewußtseins Schritt zu halten, teilweise aufgrund noch bestehender ungünstiger erzieherischer Einstellungen und Konstellationen, die noch von vorhergehenden Gesellschaftssystemen herrühren, teilweise aufgrund von Widersprüchen innerhalb und zwischen den nebeneinander existierenden

Gesellschaftssystemen und nicht zu vergessen, systematischer psychologischer Kriegsführung, des Establishments der kapitalistischen Umwelt, das seine Privilegien durch die sozialistische Gesellschaft gefährdet sieht. Wenn Gruppenkohäsion, Empathie und Solidarität fehlen, entstehen individuelle und kollektive Krisen in Primärgruppen und können die Form neurotischer Reaktionen und primärer oder sekundärer neurotischer Entwicklung eines der Gruppenmitglieder annehmen, die mit einer teilweisen Hemmung bewußter Funktionen und einem Wiederhervortreten weniger bewußter und mangelhaft kontrollierter impulsiver Verhaltenseinstellungen einhergeht.

Ein gemeinsames Charakteristikum dieser Verhaltensstörung ist das sogenannte neurotische paradoxe Phänomen.

Der Neurotiker scheint sich so zu verhalten, daß seine Handlungen überwiegend ungünstige Auswirkungen für ihn haben, wobei er sein Verhalten selbst als unvernünftig und unerwünscht beurteilt. Dennoch scheint er einfach nicht in der Lage zu sein, eine Veränderung seiner neurotischen Verhaltensweise durchzusetzen (Gossop). Auch wurde nachgewiesen, daß derartiges psychophysiologisches Fehlverhalten, das der Betreffende selbst gar nicht einmal merkt, statt zu neurotischer Symptombildung zu führen, seinen Ausdruck in funktionellen Erkrankungen finden kann, die im Gegensatz zu den erwähnten psychoneurotischen Störungen in „objektivierbaren" klinischen, biochemischen und biophysiologischen Laboruntersuchungen nachweisbar sind. Essentieller arterieller Hochdruck, verschiedene andere Herz- und Gefäß-Funktionsstörungen, einige Erkrankungen des Verdauungstraktes und der Atmungsorgane sind Beispiele solcher psychosomatischer Erkrankungen.

Diese Störungen können nicht adäquat verstanden werden, wenn man von dem traditionellen, somatisch orientierten Krankheitsmodell ausgeht, das primär darauf abzielt, spezifische Syndrome auf das Vorhandensein eindeutiger organischer Schädigungen zurückzuführen. Tatsächlich wurde diese Krankheitsauffassung in den letzten Jahrzehnten von ärztlichen Wissenschaftlern und Praktikern als zu sehr vereinfachend und reduktionistisch angegriffen. (Garfield, Thom und Weise usw.)

Tatsächlich würde beispielsweise einem Arbeitslosen in einem kapitalistischen Land, der in einer schweren Depression suizidal wird, nur wenig geholfen, wenn sein Arzt, entsprechend dem traditionellen und gegenwärtig noch allgemein gültigen Krankheitskonzept, den Ort der organischen Schädigung suchen würde und, wenn er den nicht fände, sich auf eine Behandlung mit Psychopharmaka oder Krankschreibung und Ruhe ohne Rücksicht auf den weiteren sozioökonomischen Kontext verlassen würde.

2.1.5. Widerspiegelung früherer Umweltbedingungen in Erleben und Symptomatik des Neurotikers

mit E. Kriegel u. I. Gaefke

Entwicklung und Aufrechterhaltung maladaptiver neurotischer Verhaltensweisen gehen einher mit Veränderungen in verschiedenen Subsystemen organismischer Adaptation. Entsprechend den Forschungsansätzen unterscheiden wir:

1. Das humorale System
   (mit serologischen, hämatologischen, endokrinologischen und hormonalen Komponenten);
2. das neurophysiologische System
   (mit VNS und ZNS);
3. die vorwiegend unwillkürliche Motorik;
4. die vorwiegend willkürliche Verhaltensmotorik;
5. die höhere Nerventätigkeit
   (subjektive Widerspiegelung der Umwelt ermöglicht Hemmung der Impulsivität, Entscheidungs- und Lernverhalten);
6. die höchste Nerventätigkeit (nur beim Menschen)
   (bewußte Reflektion so komplexer Vorgänge wie eigenes Verhalten und seine Motivation, Stellung in der Gesellschaft und Entdeckung von Gesetzmäßigkeiten der Mensch-Umwelt-Interaktion).

Die höchste Nerventätigkeit bestimmt beim Menschen weitgehend Koordination und Integration aller anderen Subsysteme. Als Analysator und Aktivator, insbesondere sozialer Umweltbezüge des Menschen, spielt sie bei der Genese von Gesundheit und Krankheit eine wesentliche Rolle. Von besonderer Bedeutung für die psychosoziale Entwicklung des Individuums bzw. eine evtl. neurotische Entgleisung sind solche komplexen Leistungen der höchsten Nerventätigkeit wie perspektivisches Denken, Herausbildung individueller Präferenzen für besondere Methoden der Gefahrenkontrolle und Angstabwehr, bewußte Beobachtung, Kritik und Kontrolle des eigenen Verhaltens usw.

Leider gibt es u. W. bisher nur minimale Einsichten in die biochemischen oder neurophysiologischen Grundlagenprozesse, auf denen diese ausgesprochen menschlichen Adaptationsleistungen beruhen. So müssen wir uns zunächst auf die Darstellung einiger psychologischer Aspekte dieser Vorgänge beschränken. Die Entwicklung dieser höchsten adaptiven Funktionsleistungen beruht auf weitgehend soziogen gesteuerten Lern- und Reifungsprozessen biogenetisch angelegter Strukturen. Demnach trägt zur Reifung (oder zur Störung dieses Reifungsprozesses) die Gesamtheit der von Geburt an sich entwickelnden Interaktionen der Umweltbedingungen eines Menschen mit seinen aktuell vorhandenen Kapazitäten und Adaptationsmöglichkeiten kontinuierlich bei. So wird die Entwicklung adaptiver Reaktionsweisen geprägt durch die spezifischen sozialen Bedingungen, unter denen ein Mensch heranwächst, so daß er imstande ist, seine Bedürfnisse zu befriedigen und Gefahren zu begegnen. Dabei spielen vielfach übersehene sozioökonomische Faktoren eine äußerst bedeutsame Rolle (Wertheim).

In den letzten Jahren haben maßgebliche Untersucher die Aufmerksamkeit verstärkt auf die Bedeutung sozialer Einflußfaktoren gelenkt (Keupp). Diesen systemkritischen Ansätzen versuchen gegenwärtig einige Untersucher in der Bundesrepublik (Rudolf) entgegenzutreten, indem sie eine formalistische Rangordnung von Lebensveränderungen mit dem Auftreten neurotischer Symptome korrelieren und damit von Inhalt und Wesen der sozialen pathogenen Einflußfaktoren ablenken.

Apologeten des kapitalistischen Wirtschaftssystems tendierten ferner dazu, die Bedeutung der sozio-ökonomischen Bedingungen zu minimisieren oder zu leugnen. Als das auf Grund neuerer Forschungsergebnisse nicht mehr haltbar war, versuchten diese Kreise, die Konstanz der sozialen Verhältnisse als so unabänderlich darzustellen, daß es sich nicht lohnt, daran zu rütteln. In dem Bestreben, die sozio-ökonomische Umwelt als gleichbleibend und allgemeingültig darzustellen, wird neuerdings — da die Entwicklung alternativer sozio-ökonomischer Systeme sich angesichts der rapiden Fortschritte der sozialistischen Länder nicht mehr leugnen läßt — versucht, zumindest eine mikrosoziale Familieneinheit als „allgemein menschlich", ja vielleicht sogar als instinktiv angelegt und konstant zu deklarieren. Aber es gibt diese „allgemein menschliche" Familieneinheit nicht. Die Familie eines amerikanischen Landarbeiters, der mit der Ernte nordwärts zieht, ist in fast jeder Beziehung völlig anders als die unsere und diese wieder unterscheidet sich von der eines unter feudalen Verhältnissen lebenden Bauern; so wirken soziogene Faktoren auch auf und über die mikrosozialen Strukturen. Von diesen Faktoren hängt es ab, ob und in welchem Maße der heranwachsende Mensch materielle, sensorische oder soziale Deprivation erfährt, ob er mit katastrophalen Situationen so unmittelbar konfrontiert wird, daß seine psychischen und physischen Kapazitäten überfordert werden oder ob er mit graduell größer werdenden Schwierigkeiten sukzessiv vertraut gemacht wird, so daß er Gelegenheit findet, seine psychischen und physischen Toleranzgrenzen auszuweiten, flexible oder starre, intellektuelle oder mehr physische, auto- oder alloplastische Methoden der Gefahrenkontrolle und Selbstsicherheitsgarantien zu entwickeln.

In diesem Zusammenhang ist es auch wichtig, auf Faktoren hinzuweisen, die Strotzka tertiäre Soziogenese nennt. Damit meint er die Beeinflussung durch Verhaltensweisen der nächsten Mitmenschen, wie z. B. Mitleid, übermäßige Rücksicht usw., beim Auftreten krankhafter oder auch zweckneurotischer Erscheinungen. Gerade von diesen Verhaltensweisen der Mitmenschen hängt oft der sogenannte sekundäre Krankheitsgewinn (d. h. etwaige persönliche Vorteile, die die Krankheit mit sich bringt) ab.

In realen oder scheinbaren Konfliktsituationen unter Bedingungen subjektiver Belastung entwickelt der Mensch Automatismen und Tendenzen zu Reaktionen, die ihm selbst oft nicht bewußt sind. Jeder kann leicht bei anderen beobachten, daß sich in deren Verhalten, insbesondere bei Schwierigkeiten, häufig wiederkehrende charakteristische Einstellungen ausprägen. Die meisten Menschen, mit denen der Betreffende zu tun hat, erkennen das und verhalten sich dementsprechend, nur er selber merkt es oft nicht und ist höchst erstaunt und ungläubig, wenn es ihm gesagt wird. Gerade weil diese Verhaltenstendenzen dem Bewußtsein nicht ohne weiteres zugänglich sind, werden sie auch durch neuere Erfahrungen und intellektuelle Einwirkungen auf das Bewußtsein, also durch formale Lernprozesse, kaum berührt. So bilden sie unterhalb der Bewußtseinsschwelle eine schwer zugängliche dynamische Steuerungskomponente des Verhaltens, die selbst Ausdruck der Einflüsse früherer Umweltbedingungen ist und zugleich zu deren Widerspiegelung im sanogenen und pathogenen Verhalten beiträgt.

Obwohl Ach bereits um die Jahrhundertwende auf die Bedeutung solcher Einstellungstendenzen aufmerksam machte, wurde ihre systematische Erforschung auf Grund der spekulativen Verfälschung des Begriffs vom Unbewußten durch die Psychoanalyse in Europa lange verzögert. Nur die psychologische Schule von Uznadze in Tbilissi befaßte sich intensiv mit dieser Problematik, die bis in die jüngste Vergangenheit von Beritashwili und jetzt von seinen Nachfolgern (Prangišvili u. a.) weiter bearbeitet wird und heute wohl einen Grundpfeiler der sowjetischen Psychologie und Psychotherapie bildet.

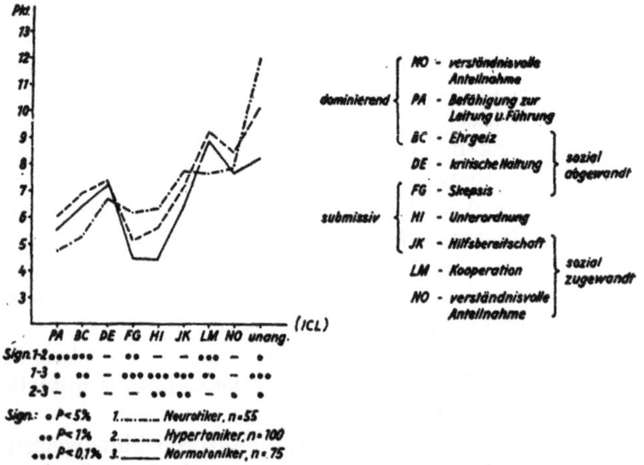

Vergleich der ICL-Variablen zwischen neurotischen, hypertonen und normotonen Probanden

Bei unseren Untersuchungen von Patienten, die zu ausgesprochen psychischer Symptomatik (wie Depressionen, Ängsten, Charakterfehlhaltungen und dergl.) neigten, fanden wir emotionelle Unreife, übermäßige Besorgtheit um den eigenen Körper, charakteristische Überspitzungen egozentrischer Einstellungen, Einengung des perspektivischen Denkens und verminderte Frustrationstoleranz. Darüber hinaus registrierten wir eine gesteigerte Tendenz, bei Schwierigkeiten submissiv zu reagieren. Diese Neigung war allerdings auch für Ulkusträger und Hypertoniker signifikant.

Die Steigerung der Tendenz zur Unterordnung der Hypertoniker gegenüber den Normotonikern ist signifikant (Abb.). Aber auch die Neurotiker unterscheiden sich durch eine noch höhere Tendenz zur Unterordnung ebenfalls signifikant von den Hypertonikern. Das gleiche trifft auf die Tendenz zur Skepsis (der Tendenz, die am höchsten mit dem Neurotizismus-Index korreliert) sowie mit der Tendenz zu unangepaßtem Verhalten zu.

Die Abbildung S. 53 zeigt die Übereinstimmung, die für die genannten Tendenzen zwischen der Selbsteinschätzung der Patienten und zwei Fremdeinschätzungen besteht.

Die Untersuchung, wie diese übermäßige Beherrschung, diese Tendenz zur Unterdrückung impulsiven Aufbegehrens, selbst gegenüber echten oder vermeintlichen Kränkungen, sich bei den einzelnen untersuchten Hypertonikern und Neurotikern entwickelt hat, erbrachte in jedem Fall ein individuell unterschiedliches Mosaik von sukzessiven Umwelteinflüssen, durch die impulsives Verhalten zunächst mehrfach bestraft und dann das submissive Verhalten bekräftigt worden war. Ein weiteres Beispiel für Fehleinstellungen, die wir bei Hypertonikern einerseits und Neurotikern andererseits häufiger als bei der Normalbevölkerung fanden, ist die „negative Antizipation", d. i. die Tendenz,

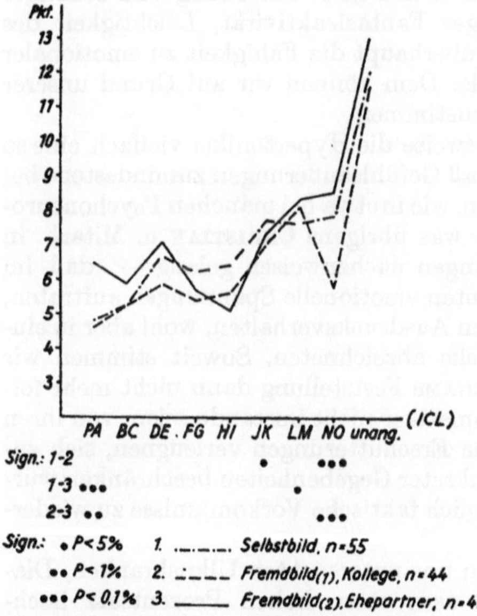

Vergleich zwischen Selbstbild und 2 Fremdeinschätzungen (Kollege, Ehepartner) bei neurotischen Patienten

die eigene Leistung zu unterschätzen, den negativen Ausgang eigener Bemühungen vorwegzunehmen und überhaupt von vornherein eher unangenehme als positiv erfreuliche Entwicklungen zu erwarten. Eine solche Einstellung wirkt sich natürlich belastend auf jedes Vorhaben aus, erschwert nicht nur seine Durchführung, sondern begünstigt auch tatsächlich den negativen Ausgang, der damit selbstverständlich die genannte Tendenz noch verstärkt. Obwohl die Entstehung derartiger Einstellungen jeweils auf Grund eines einmaligen ganz individuellen Belastungsmosaiks nachzuweisen ist, lassen sich doch gewisse Gemeinsamkeiten abstrahieren. Eine wesentliche psychische Vorschädigung ist z. B. Verunsicherung oder Liebesentzug in der Kindheit durch überhöhte Leistungsforderung bzw. Verwöhnung seitens der Eltern (bzw. das Fehlen der Eltern überhaupt) und schließlich bedingte Sicherheit, d. h. das Erleben völliger Sicherheit, Geborgenheit und Liebe nur als Gegenleistung für entsprechende vorher erbrachte Leistungen.

Die dargestellten Gemeinsamkeiten neurotischer Erkrankungen mit ausgesprochen psychischer und solcher mit vorwiegend körperlicher Symptomatik lenken die Aufmerksamkeit auf die Frage nach den ätiologischen Unterschieden zwischen diesen beiden Erscheinungsformen. In einem Bericht über den Kongreß des International College of Psychosomatic Medicine in Rom schreibt BRÄUTIGAM, es sei der Konsensus der in Rom vertretenen Experten gewesen, der Unterschied zwischen Neurotikern und Psychosomatikern wäre darauf zurückzuführen, daß den letzteren auf Grund ihrer Erziehung und sonstiger Umwelteinflüsse die Fähigkeit zu reger Fantasieaktivität, Leichtigkeit des emotionalen Ausdrucksverhaltens, ja, überhaupt die Fähigkeit zu emotionaler und sprachlicher Kommunikation fehle. Dem können wir auf Grund unserer eigenen Untersuchungen nur bedingt zustimmen.

Zwar fanden auch wir, daß beispielsweise die Hypertoniker vielfach eine so feste Bindung an die Realität haben, daß Gefühlsäußerungen zumindestens bei der Exploration nicht so sichtbar werden, wie in etwa bei manchen Psychoneurotikern. Wir beobachteten ebenfalls — was übrigens CHRISTIAN u. Mitarb. in kontinuierlichen Blutdruckaufzeichnungen nachzuweisen gelang —, daß im Explorationsgespräch bei diesen Patienten emotionelle Spannungen auftraten, die sich zwar nicht im offen emotionalen Ausdrucksverhalten, wohl aber in eindeutigen Veränderungen des Blutdrucks abzeichneten. Soweit stimmen wir überein. Hingegen können wir BRÄUTIGAMS Feststellung dann nicht mehr folgen, wenn er erklärt, daß die Psychosomatiker nicht imstande seien, von ihren Gefühlen zu sprechen, daß sie seelische Erschütterungen verleugnen, sich zumeist auf die Beschreibung äußerer konkreter Gegebenheiten beschränken würden und allgemein dazu tendieren, lediglich faktische Vorkommnisse zu wiederholen.

Wir fanden unter den über 1000 von uns untersuchten Ulkuskranken, Diabetikern, essentiellen Hypertonikern usw. einen hohen Prozentsatz hochdifferenzierter Menschen, die zwar zunächst tatsächlich eine nüchterne sachliche Einstellung an den Tag legten, bei näherem Kontakt aber durchaus ihren Gefühlen nuanciert Ausdruck verleihen konnten. Andererseits stellten wir fest, daß im Gegensatz zu den Neurotikern, die vielfach ihre Enttäuschung, Wut oder Ärger passiv ertrugen bzw. in unrealistischen utopischen Plänen, Fantasien und inadäquaten Appellhandlungen äußerten, die zerebro-viszeral Erkrankten sich mit oft übermäßigem Einsatz gegen die ungünstigen Umstände auflehnten, wobei sie eben ihre Leistung so weit trieben, daß es an ihrem individuell schwächsten Punkt zur Symptomatik kam.

Die Ausführungen machen deutlich, daß Psychotherapie, also die Beeinflussung derartiger maladaptiver Einstellungen, nicht primär als ein ausschließlich logischer Lernprozeß aufgefaßt werden kann, da dieser nicht imstande ist, die Schichten des Gefühls und der Einstellung zu erreichen, von denen die Rede war. Das ist möglicherweise auch der Grund, warum die wohlgemeinten und logisch überzeugenden Argumente für eine gesunde Lebensweise so häufig relativ wirkungslos verpuffen und wohl konzipiertes physiotherapeutisches Training, wie es in vielen Kureinrichtungen gelehrt wird, kurze Zeit nach der Rückkehr in die tägliche Routine wieder aufgegeben wird. Durch eine komplexe psychotherapeutische Intervention haben wir uns daher bemüht, Motivation und Einstellung des Patienten anzusprechen, indem wir interpersonelle Beziehungsmomente bewußt nutzten. Die verschiedenen Komponenten unseres komplexen psychotherapeutischen Systems werden an anderer Stelle ausführlich dargelegt.

Um die Wirksamkeit unserer Methoden zu ergründen, haben wir sowohl kurzfristige als auch langfristige Wirkungen einzelner Komponenten sowie der Gesamtheit unseres psychotherapeutischen Programms überprüft.

Dabei stellten wir fest, daß die individuelle Verarbeitung der Interaktion des Organismus mit der Umwelt, insbesondere mit den vom einzelnen zunächst unabhängigen komplexen sozialen Einflüssen, zur Bevorzugung spezifischer maladaptiver Verhaltenstendenzen führen kann, deren psychische Reflektion vielfach unterhalb der Bewußtseinsschwelle liegt. Infolgedessen ist die therapeutische Veränderung solcher persistierender maladaptiver Tendenzen vor das Problem einer Beeinflussung nicht bewußter Motivationsfaktoren gestellt.

2.1.6. Vergleichende Untersuchungen psychischer Momente bei Diabetes mellitus

mit E. Kriegel u. I. Gaefke

Die Rolle psychischer Einflüsse bei der Auslösung des Diabetes mellitus ist umstritten. Eine Reihe von Autoren (Joslin, Root, Seige, White u. a.) sind äußerst skeptisch bezüglich der pathogenetischen Bedeutung psychischer Faktoren beim Diabetes mellitus. Als Grundlage dieser Skepsis wird u. a. die Tatsache angeführt, daß während der Kriegsjahre keine größere Zunahme der Diabetes mellitus-Erkrankungen beobachtet wurde. Dabei wird zwar vorausgesetzt, daß diese Zeit sicherlich eine verstärkte Häufung psychischer Belastungen mit sich brachte; aber möglicherweise werden demgegenüber die tiefgreifenden Veränderungen der gesamten Lebens- und Ernährungsbedingungen nicht genügend in Rechnung gestellt. Folgerichtig schenken die Vertreter dieser Auffassung den psychischen prämorbiden ebenso wie den therapeutischen Einwirkungen auf die Diabetiker relativ wenig Beachtung.

Andererseits gibt es zahlreiche, vor allem auch kasuistische Hinweise in der Literatur (R. Baumann, Katsch, Schliack, Stern, Sturm, Tuttle, Umber u. a.), die für die diabetogene Wirkung psychischer Traumen sprechen.

In der Hoffnung, durch eine quantitative Aufschlüsselung zu einer weiteren Klärung dieses Problems beizutragen, analysierten wir die von uns durchgeführten psychologischen Untersuchungen an annähernd 100 Diabetikern mit dem Ziel, einen Einblick in die Art und Bedeutung psychischer Einflüsse als Komponenten komplexer Auslösekonstellationen zu erhalten:

Bei 20% unserer Diabetiker bestand ein eindeutiger zeitlicher Zusammenhang zwischen einem schweren plötzlichen und unerwarteten psychischen Stress (Verlust des Ehepartners, unmittelbare Existenzbedrohung usw.) und dem erstmaligen Auftreten des Diabetes mellitus. Selbstverständlich ist diese

Feststellung nicht im Sinne einer unikausalen Determination zu werten, fanden sich doch daneben in den meisten Fällen noch organische Schwächen bzw. psychische Dauerbelastungen verschiedener Art. Diese Zahl umfaßt jedoch nur solche psychischen Schocksituationen, die der Patient selbst als einschneidend erlebte und beschrieb. Dabei dürften insbesondere bei Patienten mit vorwiegend hysterischen Tendenzen einige Fälle schockartiger psychischer Traumen trotz unserer Bemühungen nicht eruiert worden sein. Immerhin ist es auch so eine doch recht beachtliche Tatsache, wenn wir feststellen, daß bei einem Fünftel der von uns untersuchten Diabetiker ein schweres schockartiges psychisches Trauma dem Auftreten des Diabetes unmittelbar vorausging (Abb.).

Bei 33% unserer Patienten lagen übermäßige Schwierigkeiten der zwischenmenschlichen Anpassung vor, die privat und beruflich zu ernsthaften Dauerbelastungen geführt hatten.

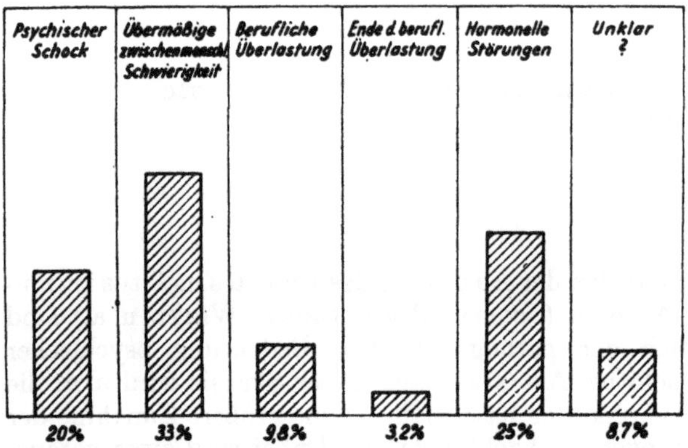

Ergebnisse der psychologischen Untersuchung an 100 Diabetikern zur Zeit des erstmaligen Auftretens des Diabetes mellitus

In einer Reihe von Fällen (25%) imponierte insbesondere das zeitliche Zusammentreffen hormoneller Umstellungen (Pubertät, Schwangerschaft, Klimakterium) mit dem erstmaligen Auftreten des Diabetes mellitus. Zweifellos wird man geneigt sein, hier die hormonelle Umstellung und das im Zusammenhang damit erschütterte endokrine Gleichgewicht des Organismus als einen wesentlichen pathogenetischen Faktor anzusehen. Wie gesagt, kann der zeitliche Zusammenfall psychischer Traumen mit dem Auftreten des Diabetes nicht als eindeutiger Hinweis auf eine unikausale Pathogenese angesehen werden. Ebensowenig ist es möglich, den zeitlichen Zusammenfall endokrin-homöostatischer Umstellung mit dem Beginn des Diabetes als sicheren Beweis für die ausschließliche oder primäre kausalgenetische Bedeutung dieses Faktors zu betrachten.

Beispielsweise wurde bei einigen unserer Patientinnen der Diabetes mellitus erstmalig während der Schwangerschaft wahrgenommen. In der psychologischen Untersuchung ermittelten wir, daß bereits vor der Schwangerschaft ernsthafte Bedenken bezüglich der Richtigkeit und des Wertes dieser Ehe bestanden hatten. Während der Schwangerschaft beeindruckte nun in steigendem Maße das Gefühl, durch das Kind zwangsläufig und für immer an den ungeliebten Mann gefesselt zu sein. Dieses Gefühl des wehrlos Gefangenseins habe sich dann in steigender Abneigung niedergeschlagen und so zu einem teufelskreisähnlich sich ständig vertiefenden Konflikt geführt. Natürlich läßt sich nicht mit Sicherheit sagen, ob hier die hormonelle Umstellung oder der schwerwiegende psychische Konflikt bei dem Zusammenwirken beider Momente die ausschlaggebende Rolle gespielt hat.

Auch in einem anderen Fall, in dem der Diabetes nach einer Fehlgeburt zum Ausbruch kam, wird man zunächst dazu neigen, der schweren körperlichen Belastung eine primäre pathogenetische Rolle zuzuschreiben. Immerhin ist bemerkenswert, wenn die Patientin berichtet, sie habe gehofft, daß durch die Austragung eines Kindes die in Gefahr geratene Ehe wieder gekittet werden würde. Mit der Fehlgeburt sei daher zugleich die Furcht, daß ihr Mann sie nun doch verlassen könnte, überwältigend geworden.

Wie eng gerade bei sogenannten klimakterisch bedingten Störungen die psychischen mit den physiologischen Faktoren vermascht sind, braucht hier nicht näher erörtert zu werden.

Bei 7 jugendlichen Diabetikern, bei denen der Diabetes in der Pubertät oder Vorpubertät in Erscheinung trat, hatten schwerste Milieuschädigungen bestanden, die sowohl zu nervlichen Überlastungen als auch zu charakterlichen und körperlichen Störungen führten.

Neben dem hervorragenden Anteil der erwähnten Faktoren sahen wir bei 10% der Patienten das Auftreten des Diabetes mellitus nach langdauernder, übermäßig schwerer beruflicher Belastung, bei 3% ein Auftreten des Diabetes kurze Zeit, nachdem eine solche Dauerbelastung aufgehört hatte. Bei 9% der Patienten konnten keine besonderen auslösenden psychischen Belastungen ermittelt werden.

Wenn unsere quantitativen Ermittlungen demgemäß den zeitlichen Zusammenhang einiger psychologisch bedeutsamer pathogenetischer Momente mit dem Auftreten des Diabetes mellitus hervorheben, so soll dadurch keineswegs der Anteil zusätzlicher Faktoren in Abrede gestellt werden. Im Gegenteil, wir fanden in allen untersuchten Fällen stets ein Mosaik von kausalgenetischen Reiz- und Auslösekonstellationen, aus denen lediglich in den erwähnten Fällen die eine oder andere Komponente mehr oder weniger prominent herausragte.

Die pathogenetische Valenz psychischer Belastungsmomente läßt sich natürlich kaum miteinander vergleichen, da es sich ja jeweils um spezifische Konstellationen mit individuell unterschiedlichem Reizwert, d. h. persönlicher Bedeutung, handelt. Dennoch stellte sich bei unseren Untersuchungen heraus, daß gewisse Verhaltensstereotypen bei den Diabetikern häufiger zu finden sind. In diesem Zusammenhang ist es interessant, daß in unserer Diabetiker-Population der Anteil ausgeglichener, emotionell reifer und anpassungsfähiger Menschen verhältnismäßig gering ist, während Menschen, deren Anpassungsfähigkeit an die Umwelt durch ungenügende oder übermäßig starre emotionelle Kontrolle beeinträchtigt ist, die übergroße Mehrheit darstellen (82%).

In diesem Zusammenhang sind einige Erklärungen angebracht.

Zahlreiche psychologische Untersuchungen (Bernreuther, Rapaport, Murray u. a.) haben den Nachweis erbracht, daß in der gesunden Bevölkerung eine Verteilung der dominanten Verhaltensstereotypen gefunden wird, die etwa der Gauss'schen Kurve entspricht, wobei sich natürlich in Abhängigkeit vom jeweiligen Zustand der Zivilisation und vom Kulturkreis Verschiebungen ergeben. Während die große Mehrheit durch eine elastische und ausgeglichene Persönlichkeitsstruktur charakterisiert wird, finden wir bei der Minderheit einerseits hysterische Charakterentwicklungen, andererseits anankastische Persönlichkeiten. Selbstverständlich sind die Grenzen zwischen den extremen oder idealen Typen keineswegs starr und qualitativ diskret, sondern vielmehr fließend und kontinuierlich.

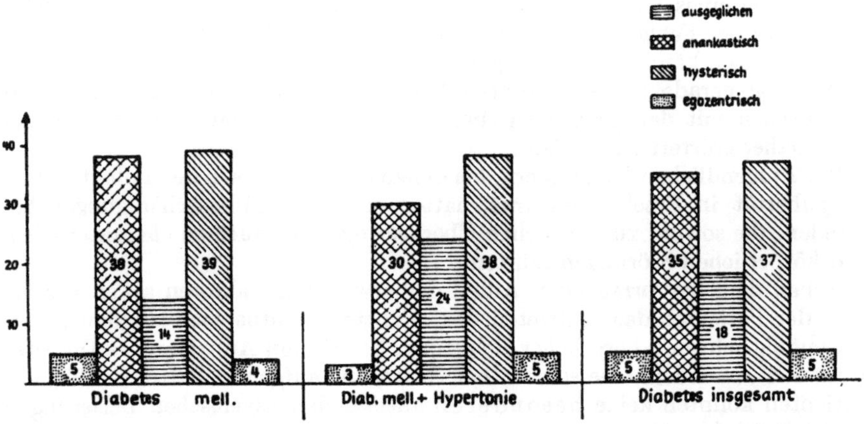

Gegenüberstellung des Verteilungsbildes (%) der Charakterstruktur einer Diabetikergruppe (n = 92). Diabetes mell. n = 53; Diab. mell. + Hypertonie n = 39.

Bei einem Vergleich der Charakterstruktur unserer Diabetiker-Population (Abb.) mit der obenerwähnten Verteilung fanden wir bei etwa 37% der Diabetiker überwiegend hysterische Tendenzen. Insbesondere stellten wir ungenügende emotionelle Beherrschtheit mit charakteristischen impulsiven Reaktionen sowie Mangel einer elastischen, fein abgestuften Hemmbarkeit im 2. Signalsystem fest, infolgedessen ungenügende verbale Artikuliertheit sowie relativ undifferenzierte bzw. eingeengte Denktätigkeit. Bei diesen Menschen steht die relativ besser entwickelte psychomotorische Ausdrucksfähigkeit und Koordination vielfach im Vordergrund.

Bei nur 18% der Diabetiker fanden wir eine reife ausgeglichene Charakterentwicklung, wie elastische, der Situation entsprechende Hemmbarkeit und

Differenziertheit im 2. Signalsystem sowie der Psychomotorik, eine gute Umschaltfähigkeit vom abstrahierenden zum praktisch konkreten Herangehen bei guter Artikuliertheit und adäquater affektiver Reaktionsfähigkeit. Bei 35% der Diabetiker ermittelten wir überwiegend anankastische Tendenzen, mit anderen Worten: eine übersteigerte Neigung zur Hemmung psychomotorischer Reaktionen bei übermäßig starrer und problematischer Verlagerung der Reaktionsbereitschaft in das 2. Signalsystem und im Zusammenhang damit Intellektualisierung und einseitig unelastische Tendenz zum Rationalisieren und Abstrahieren.

10% unserer Diabetiker zeigten als Folge mangelnder Einwirkung positiver sozialer gemeinschaftsbildender Einflüsse eine charakterliche Entwicklungsstörung, die als egozentrische Charakterfehlentwicklung bekannt ist. Infolge besonders ungünstiger Umweltbedingungen kommt es bei diesen Menschen nicht zur adäquaten Weiterentwicklung der kindhaften Egozentrizität und der entsprechend niedrigen Spannungstoleranz, wie sie sich normalerweise insbesondere unter der Einwirkung kollektiver Verhaltensnormen und ethischer Wertungen vollzieht. Sozusagen hungernd nach sozialer Anerkennung, können sie immer nur nehmen und sind nicht bereit zum Geben. Dadurch leben sie trotz äußerer Erfolge im Grunde völlig isoliert und können ihr unersättliches Bedürfnis nach Anerkennung immer weniger befriedigen.

So zeigen unsere diesbezüglichen Befunde einen eindeutigen Unterschied der Charakterverteilung der Diabetiker-Population gegenüber der Normalbevölkerung. Dieses Ergebnis widerspricht jedoch den Auffassungen mancher, insbesondere psychoanalytischer Autoren, die die Diabetiker einer mehr oder weniger **spezifischen** charakterlichen Gruppierung zuordnen (ALEXANDER, DUNBAR).

Wir stellen also zunächst fest, daß relativ inadäquate, neurotische Verhaltenstendenzen bei unseren Diabetikern häufiger anzutreffen sind als in der gesunden Normalbevölkerung. Vergleichen wir damit noch die in einer früheren Analyse gefundene Charakterverteilung von 200 Hypertonikern, so sehen wir auch hier ein Überwiegen der inadäquaten Verhaltensstereotypen, wenn auch in einer etwas anderen Verteilung. Sicherlich wirkt sich jede Krankheit auch modifizierend auf die vorherrschenden Verhaltensstereotypen aus, insbesondere besteht natürlich immer die Tendenz, bis zu einem gewissen Grade die Krankheitssymptome zu benutzen, um von den Mitmenschen gewisse (sekundäre) Vorteile zu erhalten. Dennoch kann man bezüglich der hier untersuchten Aspekte sagen, daß es sich um bereits prämorbid ausgeprägte dynamische Stereotypen handelt. Wir sahen allerdings auch Fälle, bei denen es infolge außergewöhnlich schwerer psychischer Stress-Situationen und Dauerbelastungen, die nach Auftreten des Diabetes noch zunahmen, zu ausgeprägten neurotischen Fehlreaktionen kam. So konnten wir u. a. beobachten, wie beispielsweise Angst vor einem diabetogenen Schock, nachdem er mehrfach erlebt wurde, bei einer ausgeglichenen Patientin, die unter besonders schwierigen persönlichen Konflikten lebte, zur Ausbildung einer Angstneurose führte, die ihre Stoffwechsellage derartig durcheinanderbrachte, daß die Einstellung immer problematischer wurde und die von ihr so gefürchteten Schocks immer häufiger auftraten.

Unsere Analyse würde also zu der Schlußfolgerung führen, daß insbesondere die weniger adäquaten, labilen und neurotischen Charaktere, die bekanntlich jede Anforderung unter bedeutend höherem Energieaufwand verarbeiten als reife ausgeglichene Persönlichkeiten, eher zur Entstehung eines Diabetes, wie auch der Hypertonie, neigen. Ob das durch den Wechsel von Erfolg und Mißerfolg bedingte Aufschaukeln (LEONHARD) mit seiner jeweils steigenden Angst vor Mißerfolg, größerer Belastung usw. schließlich zu einer Erschöpfung der Inselzellen, zu einer durch chronische Stress-Reaktion übersteigerten adrenergen Reaktion oder zu einer anderen Störung des feinen Zusammenspiels im Endokrinum führt, das zu untersuchen, sollte nicht Aufgabe dieser Arbeit sein. Wichtig erscheint uns, hier die Bedeutung psychischer Momente für die Pathogenese und den Krankheitsverlauf und damit gleichzeitig potentielle prophylaktische und therapeutische Ansatzpunkte aufgezeigt zu haben.

2.2. Diagnostik

2.2.1. Soziogenetische Erwägungen zur Diagnostik neurotischer und zerebro-viszeraler Störungen

Die Beziehungen des einzelnen zu seiner jeweiligen gesellschaftlichen Umwelt spielen eine wesentliche Rolle bei Entwicklung und Fixierung von Gesundheits- und Verhaltensstörungen neurotischer, psychosomatischer und somatischer Natur.

Die Psychodiagnostik konzentriert sich gegenwärtig aber hauptsächlich auf Ermittlungen in physiologischen und psychologischen Funktionsbereichen. Spezifische Wechselbeziehungen des Patienten zu seinen Mitmenschen, seiner Umgebung und die damit verknüpften Erwartungen, Verhaltens- und Wertnormen finden dabei nur ungenügend Berücksichtigung, vielmehr ist es das Ziel dieser Psychodiagnostik, in Persönlichkeitseigenarten des Patienten, d. h. also im Patienten selber, die Ursachen seiner Adaptationsschwierigkeiten zu finden.

Unwiderlegbare Hinweise (KOHLER, THOM u. WEISE, WATZLAWIK u. a., KEUPP, RICHTER u. a.) sprechen dafür, daß die Tendenz, psychische Störungen oder Krankheiten ausschließlich in der Person des Patienten und nicht im zwischenmenschlichen Bereich zu lokalisieren, völlig einseitig, fehlerhaft und in der Konsequenz inhuman ist. Folglich wird dieser extreme Standpunkt — vielleicht mit Ausnahme von gewissen orthodoxen Psychoanalytikern — kaum noch vertreten.

Aber selbst diejenigen, die die Bedeutung der Umwelt für die Pathogenese theoretisch begreifen, bleiben in der psychodiagnostischen Praxis oft auf eine intrapersonelle Ursachensuche beschränkt. Da wird z. B. betont, daß ein reifer, „gut integrierter" Mensch den meisten Situationen im Leben gewachsen sei. Folglich hätten Patienten, die in ernstere Schwierigkeiten geraten sind, wahrscheinlich schon vorher wesentliche Charakterschwächen oder Störungen der Persönlichkeitsentwicklung gezeigt. Im allgemeinen lassen sich wirklich in derartigen Fällen, z. B. bei Neurotikern, persönliche Schwächen und Kontaktschwierigkeiten nachweisen, die bereits prämorbid existieren. Daraus wird dann abgeleitet, daß sich — bei sorgfältiger Diagnostik dieser Schwächen — eine weitergehende Analyse der Umweltbeziehungen erübrige, da diese ja im wesentlichen der des Untersuchers entsprächen, folglich einfühlbar seien oder als bekannt vorausgesetzt werden könnten. So kommt man trotz theoretischer Bejahung der pathogenetischen Bedeutung von Umwelteinflüssen in der Praxis doch wieder zu einer ausgesprochen intrapersonellen Psychodiagnostik.

Eine genauere Betrachtung dieser Annahmen zeigt allerdings ihre versteckten Fehlerquellen:

- Der Begriff des reifen, „gut integrierten" (oder gesunden) Menschen, der den meisten Situationen gewachsen sei, ist eine Abstraktion, die mittelständischem oder kleinbürgerlichem Subjektivismus entspringt und die große Mehrheit der Weltbevölkerung, die unter Extrembedingungen aufwächst, ausschließt. Auch die meisten Situationen, denen dieser „gut Integrierte" angeblich gewachsen sei, stellen sich bei näherem Zusehen als Durchschnittssituationen des kleinbürgerlichen Lebens dar. An schwere Diskriminierungen religiöser oder rassischer Minderheiten z. B. wird dabei gar nicht gedacht, von sozialer oder materieller Deprivation gar nicht zu reden.
- Es ist nicht verwunderlich, daß sich Persönlichkeitsschwächen und Kontaktschwierigkeiten prämorbid bei Neurotikern, zerebroviszeral Erkrankten usw. nachweisen lassen, wenn man danach sucht, da auch die meisten Gesunden nicht frei davon sind. Im übrigen wurde der Gegenbeweis — das Fehlen derartiger Befunde bei einer Gruppe unausgewählter Gesunder — nie angetreten.
- Die Annahme, daß eine sorgfältige Untersuchung des sozialen Bedingungsgefüges, in dem der Patient funktioniert, sich erübrige, da dieses dem Behandler, der ja unter ähnlichen Umständen lebe, im wesentlichen bekannt sei, erscheint zunächst plausibel. Aber selbst auf die Angehörigen der sozialen Schicht des Behandlers trifft das nur in begrenztem Maße zu. Problematisch wird es bereits bei Geschlechts- bzw. größerem Altersunterschied des Patienten zum Therapeuten. Hier zeigt sich bei der Exploration, daß Rückschlüsse aus der eigenen Erfahrung inadäquat sind. Abgesehen davon, daß derartige Analogieschlüsse ohne Prüfung ihrer Verläßlichkeit eine unwissentliche Projektion eigener Werte und Normen begünstigen.

  Der soziale Bezug erschöpft sich aber keineswegs mit den Kriterien der Schicht, des Geschlechts und des Alters. Jeder Mensch gehört gesellschaftlichen Gruppierungen an, die auf persönlichem Kontakt beruhen — sogenannten Primärgruppen — deren spezifischer Charakter und Einfluß auf alle Mitglieder oft sehr tiefgreifend, für den Außenstehenden aber nur schwer durchschaubar ist.

Um welche sozialen Beziehungen geht es? Die erwähnten unteren sozialen Einheiten, (die „Primärgruppen") — Familie, Arbeitsgruppe, Brigade, Freizeitgruppierungen (Wohnbezirks- oder Betriebsgruppe, politische, gewerkschaftliche, religiöse, sportliche oder andere Interessenvereinigung) — haben jede ihre eigene Funktion und daraus resultierende Gruppenstruktur, ihre eigene gemeinsame Auffassung zu bestimmten Fragen, die sich im Prozeß der

Gruppenbildung entwickelt haben und Wertbegriffe sowie spezifische Einstellungen zu Mitgliedern der Gruppe bzw. zu Außenstehenden. Der Platz, den der einzelne in Gruppen, denen er angehört, jeweils einnimmt und die daraus sich ergebenden Verhaltensdeterminanten werden bestimmt durch zwei Faktorenkomplexe:

— Einerseits durch anerzogene bzw. ausgeformte Persönlichkeitsmerkmale. Also physische und psychische Eigenarten, die sich auf der Grundlage genetischer Disposition oder Konstitution unter der früheren Einwirkung von Gruppeneinflüssen entwickelt haben.
— Andererseits üben die verschiedenen aktuellen Gruppierungen, denen er angehört, einen maßgeblichen Einfluß auf das Verhalten des einzelnen aus, z. B. durch Anforderungen, die sie stellen, Rollenzuteilung, Gemeinsamkeit bzw. Konflikthaftigkeit von innerhalb und zwischen den Gruppen bestehenden Auffassungen; Ansehen und Prestige der jeweiligen Gruppen, durch Toleranz oder Intoleranz ihrer Verhaltensnormen, usw.

Nun sind aber Primärgruppen keineswegs isolierte Einheiten, sondern funktionelle Komponenten umfassenderer Strukturen, die auf sie einen entscheidenden Einfluß ausüben. Bei genauerer Untersuchung dieser in vielfältiger Wechselwirkung befindlichen gesellschaftlichen sano- oder auch pathogenen Einflußsphären erkennen wir, daß die Art und Weise, in der die Menschen einer Gesellschaftsordnung ihren Lebensunterhalt gewinnen, ihre lebenswichtigen materiellen Bedürfnisse befriedigen, letztlich Inhalt und Form des Zusammenlebens in diesen Gruppen bestimmen. Diese Wirkfaktoren wurden von Marx, Engels, Lenin und ihren Schülern in großer Klarheit für die kapitalistische wie für die sozialistische Gesellschaftsordnung dargestellt, so daß wir sie hier als bekannt voraussetzen können. Diese Einflüsse werden in jedem Land, ja in jedem Bezirk moduliert, modifiziert und zum Teil überlagert durch nationale bzw. lokale Eigenarten und Besonderheiten des sozialen Lebens. Sie erfahren weitere Veränderungen aufgrund der unterschiedlichen Lebensbedingungen der sozio-ökonomischen Klasse oder Schicht, wobei der Einfluß der Klassenzugehörigkeit vielfach tiefgreifender ist als die Wirkung nationaler oder lokaler Eigenarten. Innerhalb der gesellschaftlichen Klassen und Schichten wird der Prozeß der Modifizierung der gesamtgesellschaftlichen Wirkfaktoren in den einzelnen Berufsgruppen weitergeführt, wobei zusätzliche berufsspezifische Einflüsse neu hinzukommen. Der Einflußkomplex, der schließlich in den Primärgruppen zum Tragen kommt, findet in Gruppenmotivation, Zielstellung und Kommunikationsweise seinen Ausdruck und prägt das Verhalten der Gruppenmitglieder, indem es mit bereits bestehenden intrapersonellen Charakteristiken verschmilzt. Dabei entwickelt sich vielfach infolge der Wechselbeziehungen der Gruppenmitglieder ein gegenseitiges Abhängigkeitsverhältnis, ein sogenanntes **Arrangement** von beträchtlicher Stabilität. Wie stark derartige Gruppeneinflüsse sein können, erfahren wir manchmal, wenn ein Patient, der in stationärer Behandlung gute Fortschritte gemacht hat, nach der Rückkehr zu seinen gewohnten Gruppenbeziehungen erneut die ursprüngliche Symptomatik entwickelt. Auch ist es immer wieder beeindruckend zu erleben, wie ein Patient, den wir aufgrund sorgfältiger Psychodiagnostik genau zu kennen glauben, in seiner gewohnten Gruppensituation — Familie, Arbeitskollektiv — ganz unerwartete Seiten zeigt und sich völlig anders verhält als in der Untersuchung.

Diese Ausführungen illustrieren die Unzulänglichkeit ausschließlich intrapersoneller Psychodiagnostik und unterstreichen die Notwendigkeit ihrer Vervollständigung. Dazu ist notwendig,

— die subjektive Widerspiegelung der Arbeitssituation sowie der privaten Sphäre des Patienten und seines Verhaltens zu anderen detaillierter als das gegenwärtig oft geschieht zu ermitteln, um daraus indirekte Schlußfolgerungen über seine reale Lebenssituation ziehen zu können und
— die unterschiedlichen auf einen Patienten einwirkenden Gruppeneinflüsse zu erfassen bzw. nach Wegen zu suchen, um ihre Wirkung auf sein Verhalten zu beurteilen.

Obwohl die Realisierung dieser Forderungen in ein noch weitgehend unerforschtes Gebiet führt, gibt es bereits eine Reihe von Vorarbeiten und Erkenntnissen, die uns dabei weiterbringen können.

Die Bestimmung der subjektiven Widerspiegelung der Arbeitssituation, des Privatlebens, der Freizeitaktivitäten und des eigenen Verhaltens geschieht gegenwärtig, wenn überhaupt, zumeist sporadisch und unsystematisch. Dabei können zur Ermittlung derartiger Daten Fragebogen und Inventare, die die Möglichkeiten interpersoneller Vergleiche bieten, erfolgreich eingesetzt werden. Böttcher hat beispielsweise einen Fragebogen entwickelt, der retrospektive Einblicke in das Beziehungsgefüge im Elternhaus des Patienten gewährt. Für die Erfassung der subjektiven Widerspiegelung des zwischenmenschlichen Verhaltens hat sich der ICL (Interpersonal Check List) von La Forge und Suczek als brauchbar erwiesen. Meine Mitarbeiterin I. Gaefke konnte in Untersuchungen bei über 200 Patienten mit dem ICL zeigen, daß aus Selbst- und Fremdeinschätzungen interessante Schlußfolgerungen bezüglich der Partnerbeziehungen des Patienten und seiner Integration in eine therapeutische bzw. Arbeitsgruppe gezogen werden können. (Ein ähnliches Ziel verfolgen Beckmann und Richter mit dem GT (Gießen Test), einem Fragebogen, den wir gegenwärtig mit dem ICL vergleichen.)

Diese Verfahren bieten günstige Ansätze. Der dadurch gebotene Einblick in die subjektive Welt des Patienten wird vervollständigt durch detaillierte Ermittlungen über die Spezifik seines gegenwärtigen Familienlebens und seiner aktuellen Arbeitssituation. Es darf jedoch nicht vergessen werden, daß es sich dabei um Aussagen, d. h. um die subjektive Wahrnehmung des Patienten handelt, die außerdem noch durch rationale und irrationale Motive, wie z. B. durch den Wunsch, beim Befrager einen guten Eindruck zu hinterlassen, Übertragungsphänomene usw., gefärbt sein können. Es ist daher wesentlich, diese Feststellungen durch eine objektivierende Untersuchung der für den Patienten relevanten Gruppeneinflüsse zu ergänzen.

Ein Beispiel möge das verdeutlichen: Ein junger Hypertoniker, Wissenschaftler, Vater von 4 Kindern, stellt sich selber als kontaktfreudig, guter Familienvater, liebender Ehemann, mit hohem Arbeitsinteresse dar. Bei der objektivierenden Ermittlung der Arbeits- und Familiensituation durch eine Unterhaltung mit der Ehefrau und einem Angehörigen des Betriebes (selbstverständlich im Einverständnis mit dem Pat.) stellte sich heraus, daß der junge Mann fast täglich bis 19 Uhr im Institut arbeitet, obwohl seine Kollegen gegen 17 Uhr Schluß machen. Wenn er nach Hause kommt, hat seine Frau bereits die Kinder versorgt und ins Bett gebracht. Auch an den Wochenenden hält er sich des öfteren im Betrieb auf, „um ein Problem“ zu klären. Seine Frau und auch einige seiner Kollegen betrachten dieses Verhalten als Flucht vor Verpflichtungen in der Familie. Er selbst empfindet es dagegen als „das mindeste, das er tun kann“, um seiner Verantwortung nachzukommen. Ursachen für derartig konfliktförderndes Verhalten sind oft nur schwer zu ermitteln. Gruppeneinflüsse spielen dabei eine wesentliche Rolle.

Aber schon bei analytischer Betrachtung der Primärgruppen stoßen wir auf die Gegensätzlichkeit der bürgerlich idealistischen und der dialektischen materialistischen Auffassung. Nicht nur, daß der idealistische Ansatz dazu tendiert (wie das übrigens auch in der intrapersonellen Psychodiagnostik nachzuweisen ist), formale Aspekte gegenüber lebensnahen inhaltlichen Kriterien hervorzuheben; bedeutsamer ist, daß die Gruppe isoliert, aus ihrem gesellschaftlichen Gesamtzusammenhang herausgelöst, gewissermaßen als autarkes Gebilde untersucht wird. Dabei wird die Motivation für das Verhalten der Gruppenmitglieder ebenfalls aus dem gesellschaftlichen Einflußbereich herausgelöst und als Resultante immanenter Triebe angesehen. Genau wie zu Marx' Zeiten Idealisten von „der menschlichen Natur“, dem zeitlosen „Menschen an sich“ usw. sprachen, ohne zu erkennen, daß der konkrete Mensch jeweils nur von seiner Umwelt geformt zum Menschen wird und daß die „menschliche Natur an sich“ eine sinnlose Abstraktion ist. So sprechen moderne Idealisten von „der Gruppe“, ohne ihre realistische Rolle und Funktion in der Gesellschaft zu berücksichtigen. Der materialistische dialektische Standpunkt dagegen berücksichtigt, daß jede Gruppe ihre wesentlichen Charaktereigenschaften aus ihrer Funktion in der Gesellschaft und aus der Stellung ihrer Mitglieder im Produktionsprozeß erhält, wobei das Wesen der Produktionsverhältnisse eine entscheidende Rolle spielt. Eine Arbeitsgruppe, die „Diamantbohrköpfe“ im Maschinenbau herstellt, hat beispielsweise einen völlig anderen Charakter in einer kapitalistischen als in einer sozialistischen Gesellschaft. Die Stellung der Gruppenmitglieder zueinander, ihre Emotionen, Perspektiven, ihr Mitspracherecht und ihr Selbstbewußtsein, ebenso wie ihr Zusammenleben, zeigen charakteristische Unterschiede. Dasselbe trifft für die Familiengruppe zu.

Die idealistische Betrachtungsweise verwischt diese Unterschiede, indem sie von der „Gruppe an sich“ spricht und die spezifischen, aus den Produktionsverhältnissen und der Stellung der Gruppenmitglieder im Produktionsprozeß abzuleitenden, Beziehungen, Probleme und Konflikte als Gruppendynamik bzw. als Ausdruck immanenter, natürlicher Aggressions- und Dominanz- bzw. Submissionstriebe des Menschen betrachtet.

Diese Erkenntnis hat bereits Eingang in den Arbeiten solcher fortschrittlich bürgerlicher Neofreudianer wie Horney, Fromm und z. B. unter den neueren westdeutschen Psychotherapeuten H. E. Richter gefunden. Sie stellten fest, daß das Konkurrenzstreben im Kapitalismus und damit im Zusammenhang die Isolation des einzelnen eine der Eigenarten ist, die das Zusammenleben der Menschen bis in die privatesten Bereiche durchdringt.

Vielfach unbemerkte Auswirkungen dieser Einflüsse deformieren — diesen Autoren zufolge — das Verhältnis der Geschlechter, schaffen z. B. (bereits in der Erziehung des Jungen) das Leitbild des energiegeladenen, dissimulierenden, ehrgeizigen, männlichen Leistungsstrebers, der Aufstieg und maximales Prestige sucht, das in Wirklichkeit zur Neurose prädestiniert bzw. zum Typ des Herzkranken, der eine verkürzte Lebensdauer hat und mit seinen Mitmenschen in ständiger Spannung lebt. Diese gesellschaftlichen Einflüsse führen auch zur Benachteiligung der Frau auf den verschiedensten Gebieten, zu erhöhter Belastung in Beruf und Familie sowie Mangel an sozialen Entfaltungsmöglichkeiten usw. Das Zusammenleben derartig durch gesellschaftliche Einflüsse geschädigter Menschen wirkt sich natürlich nachteilig auf ihre Kinder aus. So entsteht in der Familie — wenn sie überhaupt zusammenbleibt — ein konflikthaftes Aufeinandereinspielen, ein Arrangement, das vielfach ein neurotisches Gepräge aufweist. Ähnliche Situationen ergeben sich in Berufs- und Arbeitsgruppen. Krisenhafte Wirtschaftsentwicklungen, Ansteigen der Arbeitslosigkeit, Senkung der Einkünfte und der Kaufkraft usw. verschärfen die Konflikte innerhalb dieser Gruppen beträchtlich. Werden diese persönlichen Konflikte aber nur als persönliche Problematik, isoliert von ihrem gesellschaftlichen Zusammenhang, betrachtet, wird — in anderen Worten — die Analyse der gesellschaftlichen Einflüsse auf das Gruppengeschehen vernachlässigt, so wird die gesellschaftliche Aufgabe und Wirksamkeit, der eigentlich dynamische Faktor, vernachlässigt. Statt der in ihrem Interesse liegenden Einflußnahme auf soziale Prozesse in den Primärgruppen befassen sich die Gruppenmitglieder immer ausschließlicher mit ihrem eigenen Innenleben und vergessen dabei, daß Selbstverwirklichung nur im gezielten kollektiven gesellschaftlich wirksamen Einsatz erreichbar ist.

Nun wird gesagt, daß dieser Sachverhalt in der kapitalistischen Gesellschaft zweifellos zutreffe, bei uns aber eine völlig andere Situation vorliege, da die gesellschaftlichen Veränderungen die negativen Seiten der Ausbeutung endgültig abgeschafft hätten und sich daher bei den in Frage stehenden Gesundheitsstörungen eine Sozioanalyse bei uns erübrige.

Das ist ein Fehlschluß, obwohl die Prämisse stimmt, denn selbst in Familien, die in demselben Stockwerk nebeneinander wohnen und leben, ebenso wie in Arbeitsgruppen, die im gleichen Betrieb arbeiten, sind die menschlichen Beziehungen, ebenso wie die gesellschaftlich ideologischen Einflüsse keineswegs einheitlich oder gleichgeartet, obwohl alle in der gleichen Gesellschaftsordnung leben. Die Veränderung der Gesellschaftsordnung bedingt keineswegs eine automatische Umorientierung in den Köpfen. Im Gegenteil, die Bewußtseinsveränderung zeigt vielfach eine beträchtliche Verzögerung gegenüber der Entwicklung der materiellen Verhältnisse, wobei andererseits bekanntlich bestimmte Gruppen in ihrer Bewußtseinsentwicklung den tatsächlichen Gesellschaftsbedingungen unter Umständen auch vorauseilen. Die Unterschiedlichkeit der Bewußtseinsentwicklung aber bestimmt entscheidend die Aufgabenstellung der jeweiligen Gruppe und die Art ihrer Ausführung. Denken wir nur an die Folgen, die sich z. B. daraus ergeben könnten, daß der Familienvater bzw. der Arbeitsgruppenleiter ein Mensch ist, der zwar bei uns lebt, dessen Wertsystem aber den Verhältnissen der dreißiger Jahre entspricht. Er versucht, dem

Vorbild seines autoritären Vaters oder beruflichen Lehrmeisters, dessen Bestimmtheit und konservative Geisteshaltung ihm imponierten, nachzueifern. Aus Untersuchungen von LEWIN, LIPPIT und WHITE ist bekannt, wie tiefgreifend derartige Einstellungen eines Leiters die gesamte Gruppenatmosphäre beeinflussen. Diese Wirkung bleibt aber nicht auf die Gruppe beschränkt. Frustrationen der Gruppenmitglieder in einer Gruppe finden oft ihren Ausdruck in maladaptivem Verhalten und daraus resultierenden Spannungen. Allerdings ist gerade diese diagnostische Forschung besonders im Rückstand, da sie im Westen aus verständlichen Gründen wenig Förderung erfuhr und auch bei uns ihre Bedeutung erst spät erkannt wurde. Eine Änderung kann hier nur in engster Gemeinschaftsarbeit von Klinikern mit Sozialpsychologen und Soziologen erzielt werden, eine Zusammenarbeit, die immerhin zur Entwicklung des schon in den Kinderschuhen so bedeutsamen Fachgebietes der Soziosomatik geführt hat.

Die Intensivierung der Bemühungen um eine wissenschaftlich fundierte Analyse sozio-ökonomischer Einflüsse auf Gruppengeschehen und Pathogenese sollte uns jedoch nicht davon abhalten, bereits bestehende Möglichkeiten zur Erfassung formaler Charakteristika des Gruppenprozesses zu berücksichtigen. Diese Methoden, die zwar vielfach von der eigentlichen Funktion der Gruppen abstrahieren, was wohl auf SIMMEL zurückgeht, können interessante Teilaspekte der Dynamik zwischenmenschlicher Beziehungen in Primärgruppen beleuchten (HESS).

Weitere bedeutsame Möglichkeiten zur objektivierenden Erkundung zwischenmenschlicher Verhaltenstendenzen bieten die verschiedenartigen Therapie-Gruppen (Psycho-, Physiotherapie, Psycho-Gymnastik, Musik-Therapie usw.). Dabei erlaubt insbesondere die Arbeitstherapie-Gruppe bei entsprechender Zusammensetzung u. U. sogar die Ausrichtung auf ein gemeinsames Projekt, wodurch eine weitgehende Annäherung an die normale Arbeitsgruppe mit definierter Funktion erzielt wird. Eine solche Gruppe bietet Möglichkeiten, das Verhalten zur Arbeit und die Interaktion mit anderen Gruppenmitgliedern sowohl von außen (z. B. Videotonbandaufnahmen) als auch von innen (transaktionell), d. h. von einem oder mehreren Teilnehmern beobachten und registrieren zu lassen. Außerdem hat sich gezeigt, daß die Mitglieder der Gruppe zumeist selbst Ansatzpunkte aufzeigen, an denen eine Verhaltensänderung des einzelnen notwendig wird. Diese Gruppenaktivität trägt dazu bei, die Gruppendynamik unmittelbar als diagnostisch-therapeutischen Faktor wirksam werden zu lassen, wobei Diagnostik und Therapie verschmelzen.

Kommen wir nun zusammenfassend zurück auf das angeführte Beispiel des jungen Wissenschaftlers, der die Organisation des Familienlebens und die Erziehung seiner 4 Kinder weitgehend seiner Frau überließ und einen Teil seiner Freizeit auf der Arbeitsstelle zubrachte. Eine intrapersonelle Psychodiagnostik, die etwa den zweifellos vorhandenen Anankasmus, beruflichen Ehrgeiz, persönliche Bequemlichkeit, Egoismus und Geltungsbedürfnis hervorheben würde, könnte nur einen Teil des Kausalgefüges aufzeigen. Eine sozioanalytische Aussage, wie sie gegenwärtig in Leipzig, der Charité, in unserem Zentralinstitut und an einigen anderen Orten versucht wird, würde dieses Bild sinnvoll abrunden, indem sie aufzeigt, wie beispielsweise die Veränderung der

Stellung der Frau in Familie und Beruf das Selbstbild des jungen Wissenschaftlers berührt und eine eventuell vorhandene Ambivalenz bezüglich der maskulinen Rollenerwartung verstärkt hat.

2.2.2. Psychologische Diagnostik in einer inneren (kortiko-viszeralen) Klinik

Glaubte man früher, daß psychische Belastungen höchstens bei psychiatrischen Erkrankungen von Wichtigkeit seien, so erkennen heute Internisten, Dermatologen, Urologen, Gynäkologen und Vertreter zahlreicher anderer medizinischer Fachbereiche den Einfluß psychogener Krankheitsmomente bei einem beträchtlichen Prozentsatz ihrer Patienten. In diesem Zusammenhang ist wohl auch das ständig steigende Interesse für die Dynamik kortiko-viszeraler bzw. psychosomatischer Abläufe zu erklären.

Für die Psychologie, ebenso wie für Physiologie, Pharmakologie usw., ergibt sich daraus die Notwendigkeit, diagnostische Methoden zu entwickeln, die ein tieferes Eindringen in die Problematik der Genese und der Auslösemechanismen bei derartigen Erkrankungen möglich machen. Ohne eine genaue Kenntnis der wesentlichen ätiologischen Momente kann die Behandlung im besten Fall die Symptome beheben, aber nicht verhindern, daß Rezidive auftreten, da der Patient wieder den gleichen pathogenen Einflüssen ausgesetzt ist.

Nun braucht es wohl kaum betont zu werden, daß die Erfassung psychischer Vorgänge (beim Menschen) eine äußerst komplizierte Angelegenheit ist, da neben bekannten und kontrollierten Einflüssen eine große Zahl teils versteckter, teils unbekannter Variablen gleichzeitig einwirkt. Insbesondere ist der Einfluß der Persönlichkeit des Untersuchers selbst und der zwischen ihm und dem Probanden sich entwickelnden zwischenmenschlichen Beziehungen nur schwer zu erfassen und wird daher oft ungenügend berücksichtigt oder gänzlich übersehen. Bei dem Herangehen an diese besonderen Schwierigkeiten der psychologischen Diagnostik kam es zur Herausbildung von zwei unterschiedlichen Anschauungs- und Verfahrensweisen: der Psychometrie einerseits und der umfassenden Persönlichkeitsbeurteilung andererseits. Diese Auffassungen sind Ausdruck des besonderen Charakters der Psychologie, die sich auf der einen Seite mit der Natur des biologischen Organismus Mensch befaßt und als solche Naturwissenschaft ist, auf der anderen Seite aber die sozialen Grundlagen des Menschseins untersucht und insofern auch soziologisch orientiert ist. Daher rührt einerseits die Tendenz zur Untersuchung psychischer Vorgänge beim Menschen als Einzelwesen im Laboratorium, andererseits die Tendenz zur Untersuchung psychischer Vorgänge beim Menschen als gesellschaftliches Wesen.

Skizzieren wir kurz die Vor- und Nachteile beider Methoden. Die **Psychometrie** versucht gewissermaßen, es der Physik gleichzutun und „objektive“, d. h. in diesem Zusammenhang eindeutig definierte quantitative Maßstäbe anzulegen, d. h. zu messen. Die Vorteile der Psychometrie liegen auf der Hand: genaue Quantifikation und Vergleichbarkeit, exakte Bestimmung der Größe des möglichen Irrtums, Ermittlung von Korrelations-Koeffizienten der Reliabilität und Validität usw. Hinzu kommt das ökonomische Moment, da sich das psychometrische Verfahren, wenn es erst einmal standardisiert und überprüft ist, auch von weniger qualifizierten Hilfskräften anwenden läßt.

Nachteilig ist, daß mit dieser Methode meist nur gewisse isolierte Aspekte gemessen werden können, von denen aus ein Rückschluß auf wesentliche Charakterzüge der Persönlichkeit kaum zulässig ist. Als ernsthaftester Nachteil erscheint die aller Psychometrie zugrunde liegende Annahme, daß es möglich ist, bei einigermaßen gutem Kontakt zwischen Patienten und Untersucher von einer Standard-Situation zu sprechen. Dabei wissen wir (WARNER u. HAVIGHURST, KRETSCH u. CRUTCHFIELD u. a.), daß selbst eine scheinbar gleiche Situation je nach den persönlichen Erfahrungen des Probanden und den daraus resultierenden Einstellungen anders wahrgenommen wird und andere Reaktionen auslöst. Wenn auch die sich daraus ergebenden Schwankungen bei der Standardisierung als Standard-Abweichungen und Standard-Irrtum statistisch erfaßt werden, so wird doch für den Einzelfall die spezifische Größe des Meßirrtums (die individuelle Gleichung) nicht ermittelt.

Die Erfahrung hat überdies immer wieder gezeigt, daß selbst qualifizierte Psychologen, die genauestens über die Größe der möglichen Abweichungen informiert sind (vom Hilfspersonal gar nicht zu sprechen), dazu tendieren, die psychometrischen Daten zu verabsolutieren, um dann vielfach mit einer Schein-Genauigkeit zu operieren, die wissenschaftlich unhaltbar ist und in ihren Auswirkungen sowohl einzelne Probanden als auch ganze Gruppen und soziale Schichten ernsthaft benachteiligt.

Aus der Erkenntnis dieser Zusammenhänge heraus stieß die Psychometrie für die Persönlichkeitsbeurteilung seit einigen Jahrzehnten sowohl in der Sowjetunion als auch in den USA auf stärkere Ablehnung. Gegenwärtig ist ihr ausschließliches Anwendungsgebiet in der Hauptsache auf die Ermittlung der Leistungsfähigkeit für bestimmte, klar umrissene Aufgabengebiete beschränkt.

Umfassende Persönlichkeits-Beurteilung (P. B.) befaßt sich weniger mit meßbarer Leistung als vielmehr mit dem Begreifen der Zusammenhänge, der Dynamik des individuellen Verhaltens. Dabei spielt naturgemäß eine Rolle, wie der Proband Mitmenschen sieht, wie er sich selbst und seine Bedürfnisse wahrnimmt, kurz, was für ein Menschenbild er hat. Das Hauptziel dieser Methode ist es also nicht, den Probanden in eine Vergleichsskala zur Durchschnittsbevölkerung einzuordnen, sondern so viele Verhaltensproben unter so zahlreichen, weitgehend bekannten Bedingungen zu erhalten, daß der erfahrene Psychologe daraus mehr oder weniger konstante Wesenszüge der Persönlichkeitsstruktur erkennen kann.

Schweigende Grundvoraussetzung dieses psychologischen Vorgehens ist die Annahme, daß das menschliche Verhalten intraindividuell eine relative Konstanz (permanente Einstellungen) aufweist, und die für diese Konstanz verantwortlichen Faktoren sich durch Vergleich mehrerer Verhaltensakte determinieren lassen. Scheint eine Verhaltensäußerung im Gegensatz zu anderen Beobachtungen zu stehen, so ist dies ein Signal, welches den Psychologen veranlaßt, einen vielleicht noch übersehenen Faktor zu suchen, der den Widerspruch löst. Inwieweit dabei Persönlichkeits- oder gar psychopathologische

Kategorien mögliche Annäherungsmodelle darstellen, ist umstritten. Sicherlich vertritt REIK einen extremen Standpunkt, wenn er schreibt:

„Keine dieser Konfektions-Klassifikationen gewährt wirkliche Einsicht in die Individualität eines Falles. Anstatt das Rätsel zu lösen, schiebt man es in ein Schubfach. Beschreibung und Diskussion psychischer Prozesse sind oft nur Klischees statt wirklicher Charakterisierung, ... gewähren Einsicht in ‚Komplexe', aber nicht in echte Komplikationen. Das mag ja für formalisierende Gehirne ganz anziehend sein, aber unser Interesse als wirkliche Psychologen beginnt da, wo ihres endet, befaßt sich mit dem, was den Komplexen und Diagnosen zugrunde liegt, den individuellen Zügen und charakteristischen Eigenschaften des Probanden."

Auf der anderen Seite wird der Standpunkt vertreten, daß in der Praxis doch nur eine begrenzte Zahl von Entscheidungsmöglichkeiten bestehen und daher eine Klassifikation durchaus ihre Berechtigung hat.[1] Die schwerwiegenden Nachteile der P.-B.-Methodik stammen einerseits von der inhärenten Subjektivität der Beurteilung, die die Gefahr der spekulativen, ja projektierenden Interpretation nicht ausschließt — andererseits erfordert das sensitive Registrieren und die richtige Interpretation der beobachteten Verhaltensproben rückhaltlos selbstkritische Introspektion, besonders ausgebildete Empfindlichkeit für Nuancen in der zwischenmenschlichen Beziehung und langjährige Erfahrung, wie sie naturgemäß nicht leicht zu finden ist. CRONBACH stellt fest, daß die Persönlichkeitsbeurteilung verlangt, daß der Psychologe ein Künstler sei, ein sensitiver Beobachter und ein geschickter Berichterstatter. Treffend faßt er die Problematik der unterschiedlichen Methoden zusammen, indem er schreibt: „Psychometrische Tests zielen dahin, die Analyse individueller Unterschiede zu einer technischen Routine-Prozedur zu machen. In dem Maße, in dem das gelingt, wird das Bedürfnis für einen autoritativen ‚weisen' Fachpsychologen reduziert. Ein ähnlicher Konflikt zwischen Technik und Kunst besteht auch in der Medizin. Laboratoriumstests übernehmen mehr und mehr die Last ärztlicher Diagnose. Dennoch haben die Ärzte großen Respekt für den legendären Genius, der unbeirrbar die durch Tests nicht gefundene Krankheit diagnostiziert."

In der medizinischen Praxis wird P. B. in der reinen impressionistischen Form wegen der damit verbundenen Fehlerquellen und Gefahren von Psychologen kaum, wohl noch von ärztlichen Psychoanalytikern angewandt.

In der klinischen Psychologie hat sich dagegen eine Form der Psychodiagnostik herausgebildet, die eine kombinierte Anwendung sowohl des P. B. als auch psychometrischer Verfahren mit einschließt. Die dadurch gewonnenen Orientierungspunkte bieten eine gewisse Sicherung gegen die mit P. B. verbundenen Gefahren allzu subjektivistischer Auslegung.

In unserer klinischen Arbeit dienen uns folgende Verhaltensproben als Ausgangsmaterial für die Persönlichkeitsbeurteilung:

1. Das Verhalten des Patienten bei Visite, Bekanntmachung im Laufe der Einführungsunterhaltung.

---

[1] Die methodischen Zugänge und Schwierigkeiten dieses in der deutschen Psychologie relativ selten begangenen Weges schildert ausführlich JANKE im Handbuch der Psychologie, Bd. 6, auf das hier der Kürze halber verwiesen werden muß.

2. Seine Aussagen und sein Verhalten bei der Erhebung der psychologischen Anamnese.
3. Sein Verhalten bei der psychologischen Untersuchung:
   a) Seine Reaktion am Wechsler-Bellevue,
   b) am Rorschach, am TAT,
   c) im Wort-Assoziationsversuch (WA),
   d) am Steckkasten (Formboard),
   e) an verschiedenen Fragebögen.
4. Sein allgemeines Verhalten auf der Station.

Die Analyse dieser Verhaltensproben ermöglicht uns:

I. Die Untersuchung der optimalen Leistung des Probanden, dazu gehört u. a. die Ermittlung der in unserem Kulturkreis zum Einsatz gelangenden wesentlichen Fähigkeiten und Charaktereigenschaften (wie verbale Intelligenz, psychomotorische Koordination, emotionelle Kontrolle, Willensstärke — Haltefestigkeit, Perseveration — Flexibilität oder Umstellungsfähigkeit usw.).

Dabei erlaubt die Standardisierung der angewandten Verfahren sowohl einen Vergleich der unterschiedlichen Leistungsfähigkeit in den verschiedenen funktionellen Bereichen, d. h. die Aufstellung eines Profils unterschiedlicher intrapersoneller, funktioneller Entwicklung, als auch die Bezeichnung der relativen Leistungseinstufung im Rahmen des Bevölkerungssegmentes, zu dem der Proband gehört.

II. Die Untersuchung der **typischen** Leistung des Probanden, d. h. im Unterschied zur optimalen Leistung, zur Grenze der Leistungsfähigkeit wird hier die charakteristische Einstellung, die Methode des Herangehens, das Welt- und Menschenbild erforscht, wird beobachtet, in welchem Maße es die Entfaltung der vorhandenen Fähigkeiten fördert oder beschränkt.

Bei der Analyse der Verhaltensproben gehen wir folgendermaßen vor: Wir ermitteln zunächst den Index der allgemeinen Intelligenz, d. h. der Intelligenz-Leistungsfähigkeit im Vergleich zum Durchschnitt der Bevölkerung. In einer Reihe von Fällen werden bereits durch die Kenntnis dieser relativen Leistungsfähigkeit wichtige Hinweise gewonnen. Beispielsweise, wenn wir einem Mann in einer leitenden Position oder auch einem Studenten mit einer weit unterdurchschnittlichen Intelligenzleistung begegnen, wird eine Quelle potentieller Konflikte sichtbar.

Nach der Ermittlung der intellektuellen Position des Probanden im Vergleich zur Gesamtbevölkerung befassen wir uns mit dem unterschiedlichen Entwicklungsstand der einzelnen Funktionen, von denen Verhaltensproben vorliegen. Dabei berücksichtigen wir z. B. Leistungsfähigkeit bei psychomotorischen Koordinationsaufgaben, bei Aufmerksamkeitsprüfungen, bei Konzentrationsaufgaben, bei verbalassoziativen Anforderungen usw.. Die unterschiedliche Leistungshöhe auf den verschiedenen Funktionsgebieten ermöglicht Rückschlüsse auf das Zusammenwirken von Erziehung, Lernmöglichkeiten und Einstellungen des Probanden. Aus der Art und Weise, in der der Proband standardisierte Wahrnehmungskomplexe (Rorschach, W.-A., TAT) strukturiert und interpretiert, ergeben sich Rückschlüsse auf seine emotionale Kontrolle sowie auf charakteristische Einstellungen und Verhaltenstendenzen in einer solchen zwischenmenschlichen Anforderungssituation.

Die Antworten des Patienten betrachten wir als verbale Endprodukte gedanklicher Prozesse, die durch von uns bestimmte Reizkomplexe ausgelöst wurden. Bei der Analyse der Antworten kommt es uns daher auch nicht primär auf die Wertung plus oder minus an, sondern im Sinne SCHEERER's sind wir primär an der Kenntnis des Lösungsweges interessiert, weil wir daraus Rückschlüsse auf die Einstellung des Patienten ableiten. Zum Beispiel ist von der rein quantitativen Wertung her gesehen die Antwort auf die Frage: „Warum soll man schlechte Gesellschaft meiden?" gleichermaßen ein 2+, wenn der Patient antwortet: „Weil sie einen schlechten Einfluß ausübt" oder wenn er antwortet: „Im Grunde genommen braucht man sie ja gar nicht zu meiden, es gibt oft sehr wertvolle Menschen darunter, aber ich weiß, daß ich Ihnen hier antworten muß: weil sie einen schlechten Einfluß ausübt". Selbstverständlich ist die zweite Antwort geeignet, uns einen gewissen Einblick in das Wesen des Antwortenden zu gewähren. Schließlich unterscheiden wir noch Denkleistungen, die primär frühere Erkenntnisse und Leistungen verkörpern, und Denkleistungen, die primär Ausdruck gegenwärtiger schöpferischer Aktivität sind. Natürlich sind bei den meisten Verhaltensproben beide Denkarten vermischt und verquickt, aber dennoch haben insbesondere die Arbeiten von RAPAPORT und SCHAFER nachweisen können, daß bei einigen Untersuchungsmethoden primär die frühere Leistung, bei anderen dagegen primär die gegenwärtige schöpferische Leistung eine Rolle spielt. Aus dem Unterschied beider Leistungsabläufe können wir einen gewissen Rückschluß auf den Grad der Persönlichkeitsveränderung bzw. die prämorbide Einstellung ziehen.

Persönliche Besonderheiten bei der Anbahnung und dem Ausbau zwischenmenschlicher Kontakte stehen natürlich im Mittelpunkt unserer Untersuchung. Dabei gehen wir von dem Standpunkt aus, daß jede Gesellschaft entsprechend dem Stand ihrer ökonomischen Entwicklung dem einzelnen spezifische Probleme seiner Beziehung zu den Mitmenschen und der ihn umgebenden Natur aufgibt. In der modernen zivilisierten Gesellschaft sind derartige Probleme u. a.: Der Konflikt zwischen Bedürfnis nach Sicherheit und Geborgenheit (sowohl soziale Sicherheit als auch Frieden und Ruhe) einerseits und der Angst vor sozialem Absinken, Chaos und Not andererseits; die Spannung zwischen dem Anspruchsniveau, der Selbstbewertung und der sozialen Position, die man einnimmt; der Konflikt zwischen Dominanz, dem Wunsch nach Herrschen und Bestimmen einerseits und dem Bedürfnis nach Passivität und dem sich Leitenlassenwollen, sowohl im beruflichen als auch im privaten Leben, andererseits.

Die Probleme der Sexualbeziehungen in einer im Übergang befindlichen Gesellschaft sind selbstverständlich ebenfalls eine Thematik von großer Bedeutung, wobei wir immer wieder feststellen müssen, daß gerade auf diesem Gebiet einer sehr großen Anzahl unserer Patienten nur absolut ungenügende Information zur Verfügung steht.

Bis zu einem gwissen Grade rufen die oben erwähnten Konflikte und Informations-Mängel natürlich bei vielen Menschen oft Sorge und Angst hervor, die insbesondere den Charakter der Angst vor menschlicher Isolierung und materieller Not annimmt. Aber in dem Maß, in dem der normale Mensch lernt, diese Probleme erfolgreich auf die eine oder andere Art zu lösen, indem er

Erfolgserlebnisse hat und sein Selbstvertrauen sich festigt, ist er imstande, diese Angst konstruktiv zu verarbeiten. Bei den Menschen, die auf Grund inadäquat erlernter Verhaltensweisen bzw. erlernter inadäquater Verhaltensweisen oder besonders schwieriger Umweltbedingungen mit diesen Fragestellungen nur ungenügend fertig werden, entsteht eine Angst, die in steigendem Maße beeinträchtigend wirkt und ihre Schwierigkeiten zusätzlich erhöht. Dadurch werden gewisse Methoden der Angstbekämpfung übermäßig starr und unbeweglich angewandt.

Derartige bevorzugte und fixierte Methoden der Angstbekämpfung zeichnen sich für den erfahrenen Psychologen meist deutlich in der psychologischen Untersuchung ab. So beachtet man:

1. Rationalisierung

d. h. eine übermäßige emotionale Kontrolle, gleichzeitige besondere Betonung der Entwicklung des Intellekts im Sinne einer intellektuellen Antizipation und Überwindung greifbarer Gefahren. Derartige Methoden der Angstbekämpfung finden wir häufig bei unseren Hypertonie-Patienten.

2. Verleugnung

Durch übermäßige Einengung des Intellekts und eine gewisse Lockerung der emotionellen Kontrolle wird der Konflikt nicht zur Kenntnis genommen, man kann sagen, es wird nach dem Prinzip vorgegangen: ich will nichts hören, nichts sehen und nichts sagen, was angsterregend sein könnte. Infolgedessen neigen derartige Patienten besonders dazu, den Zusammenhang zwischen körperlichen Störungen und Aufregungen zu leugnen, wobei sie die Symptome als unerklärliche somatische Einbrüche empfinden. Derartige Tendenzen finden wir vielfach bei unseren Diabetes mellitus-Patienten.

3. Betäubung

Hier sind in erster Linie die Suchten zu nennen, ebenso wie die sogenannte Reaktionsbildung, d. h. übertrieben und fanatisiert durchgeführte Aktivitäten (wie sie beispielsweise manche Mitglieder von Antialkoholiker-Verbänden, Wächter der Moral zeigen).

4. Vermeidung

angstauslösender Situationen um jeden Preis, häufig gekoppelt mit niedriger Frustrationstoleranz. Bemühung um Anerkennung seitens aller Mitmenschen ohne Unterschiede, wobei insbesondere vielfach unzulängliche Methoden angewandt werden. Diese Methodik der Angstbekämpfung ist häufig bei der Charakterfehlentwicklung zu beobachten.

Die jeweils vom Patienten bevorzugte Art und Weise der Angstbekämpfung kommt jedoch oft nicht direkt in den uns (durch die psychologische Untersuchung) vorliegenden Verhaltensproben zum Ausdruck. Wir erkennen vielfach auch den Grad der neurotischen Störungen u. a. in der Intensität und dem Umfang der Angst, im Grad der emotionellen Labilität, in der Starrheit und Undifferenziertheit des Verhaltens, in der Einengung der intellektuellen Produktivität (insbesondere gegenüber der früheren Leistung) und schließlich in der übermäßigen Fluktuation der Leistungsfähigkeit während der Untersuchung.

Abgesehen davon erhalten wir bei unserer Untersuchung häufig wesentliche Hinweise auf pathogene Umweltfaktoren. So liefert uns die psychologische Untersuchung einen Einblick in die Persönlichkeit des Patienten:

seine Leistungsfähigkeit,
seine bevorzugten Verhaltenstendenzen,
seine Schwierigkeiten im zwischenmenschlichen Bereich
und die besonderen Methoden seiner Verteidigung gegen die daraus resultierenden Ängste.

Die Zusammenschau dieser Befunde kann als Ansatzpunkt bei der Planung einer umfassenden Therapie Anwendung finden.

2.2.3. Zur psychologischen Analyse von Rorschach-Untersuchungen im normalen und psychopathologischen Bereich

Mit der nachfolgenden Arbeit wurde auf der Arbeitstagung der klinischen Psychologen (1969) ein Problem der Persönlichkeitsdiagnostik behandelt. Im Vordergrund stehen insbesondere folgende Problemkreise:

1. Die fachlich-psychologische Bewertung des Verfahrens: Seine Genauigkeit und Aussagesicherheit, Vorzüge und Mängel der Methodik und evtl. in Frage kommende Alternativen.
2. Die unmittelbar damit verknüpfte politisch-philosophische Problematik: Welche ideologischen Konsequenzen ergeben sich aus der Arbeit mit einem solchen Verfahren? Ist sie eine echte Bereicherung unserer psychodiagnostischen Möglichkeiten? Stellt sie ein Zugeständnis an kapitalistische Totalitätsansprüche dar, das auf Mangel an revolutionärer Wachsamkeit beruht und die Konvergenztheoretiker unterstützt?
3. Der potentielle therapeutisch-ökonomische Wert des Verfahrens insbesondere auch im Hinblick auf die Verwirklichung der Partei- und Staatsratsbeschlüsse zur Entwicklung des wissenschaftlichen Potentials und der Leitungstätigkeit.

Bei dem Rorschach-Verfahren handelt es sich um eine psychodiagnostische Methodik, die nach Ende des ersten Weltkrieges von einem Schweizer Psychiater entwickelt wurde und in ständig steigendem Maße, insbesondere in den höchstentwickelten kapitalistischen Ländern bei der Kaderauswahl in Industrie, Wissenschaft und Armee Verwendung findet.

Ist es richtig, in unserer sozialistischen Gesellschaft ein psychodiagnostisches Verfahren zu übernehmen, das unter kapitalistischen Bedingungen entwickelt und vielfach von psycho-analytisch orientierten Psychologen angewandt wurde? Wenn es sich um ein Meßinstrument physischer oder physiologischer Parameter handelte, so gäbe es keinerlei Diskussion. Beim EKG, Physiomaten, Elektromyographen usw. ist es unwesentlich, ob sie in einem kapitalistischen oder in einem sozialistischen Land erfunden wurden; hier geht es in erster Linie darum, daß wir mit ihrer Hilfe imstande sind, Einblicke und quantifizierbare Daten über lebenswichtige Vorgänge zu erhalten, die uns helfen können, eine Behandlung gezielt einzusetzen und Leiden zu verringern.

Bei einem psychodiagnostischen Instrument aber müssen zweifellos zusätzliche Maßstäbe angelegt werden. Nur zu gut wissen wir, wie z. B. in den USA unter dem Deckmantel einer Begutachtung mit „objektiven" Meßverfahren Mitglieder entrechteter Bevölkerungsgruppen zusätzlich benachteiligt und in ihrer beruflichen Entwicklung gehemmt werden. Die einseitige Gewichtung vieler Intelligenzuntersuchungen und Fragebogentests zuungunsten der Kinder von Negern, Landarbeitern und anderen entrechteten Bevölkerungsgruppen wurde in zahlreichen Arbeiten fortschrittlicher amerikanischer Kollegen nachgewiesen und bekämpft. Allgemein wird der Rorschach als sogenanntes kulturunabhängiges Verfahren angesehen, dessen Einsatz sich bei primitiven Urwaldbewohnern als ebenso ergiebig erwiesen hat, wie bei modernen Großstadtmenschen.

Wir müssen uns jedoch fragen, ob diese unter kapitalistischen Bedingungen entwickelte Auffassung tatsächlich gerechtfertigt ist. Auch stehen wir vor der prinzipiellen Frage: Kann man Persönlichkeitszüge bei Menschen, die in der kapitalistischen Gesellschaft und solche, die in der sozialistischen Gesellschaft leben, an ein und derselben Skala messen? Worin bestehen die Besonderheiten der sich entwickelnden sozialistischen Persönlichkeit und besteht nicht die Gefahr, daß die Rorschach-Untersuchung diese Besonderheiten negiert und damit den Fortschritt hemmt?

Es steht für jeden, der sich mit der Materie beschäftigt hat, außer Zweifel, daß ein psychodiagnostisches Instrument nicht nur dazu dient, klinische Fragestellungen im Hinblick auf eine gezielte Behandlung und daher im Interesse des Patienten zu entscheiden, vielmehr kann und wird es unter entsprechenden Umständen ein wichtiges Hilfsmittel der Leitungstätigkeit bzw. auch der Manipulation. Rorschach-Untersuchungen tragen nicht nur dazu bei, die Auswahl maßgeblicher Kader in Wirtschaft und Armee vieler kapitalistischer Länder so zu gestalten, daß die Effektivität erhöht und Fluktuation auf ein Mindestmaß gesenkt wird, sondern (siehe Vance PACKARD: The hidden persuaders) sie erlauben den Kommandostellen kommerzieller und ideologischer Manipulation, einen Einblick in Motivation und Einstellung breiterer Kreise zu gewinnen, die ihnen einen Schlüssel zur gezielten Beeinflussung gibt.

Wohl kaum ein anderes methodisches Verfahren hat jahrzehntelang so im Mittelpunkt der Aufmerksamkeit und erhitzter psychologischer Kontroversen gestanden wie der Rorschach-Test. Die Zahl der diesbezüglichen Veröffentlichungen (vgl. Abb.) stieg von 38 Arbeiten im ersten Jahrzehnt nach Erscheinen von Rorschachs Psychodiagnostik (1921) auf 250 im zweiten Jahrzehnt, auf über 1000 im dritten Jahrzehnt und auf weit über 2000 zwischen 1950 bis 1960 an. Auch zum gegenwärtigen Zeitpunkt zeigt sich kaum eine Abflachung dieses steilen Anstiegs.

Neben Arbeiten klinisch tätiger Psychologen, in denen die vielseitigen Vorzüge und diagnostischen Möglichkeiten des Rorschach anhand von Kasuistiken und Untersuchungen an größeren Stichproben enthusiastisch beleuchtet werden, erschienen insbesondere von seiten experimentell arbeitender Psychologen scharfe, oft vernichtend kritische Angriffe. MEHL faßt diese Auffassungen in der zweifellos richtigen Feststellung zusammen:

„Nur wenige werden behaupten, die projektiven Verfahren hätten sich als völlig wertlos erwiesen. Aber wer sich um einen Einblick in die Angaben der vorliegenden Verläßlichkeits- und Gültigkeitsuntersuchungen bemüht hat, wird auch nicht abstreiten können, daß bei der Benutzung projektiver Verfahren große Vorsicht und Zurückhaltung geboten ist".

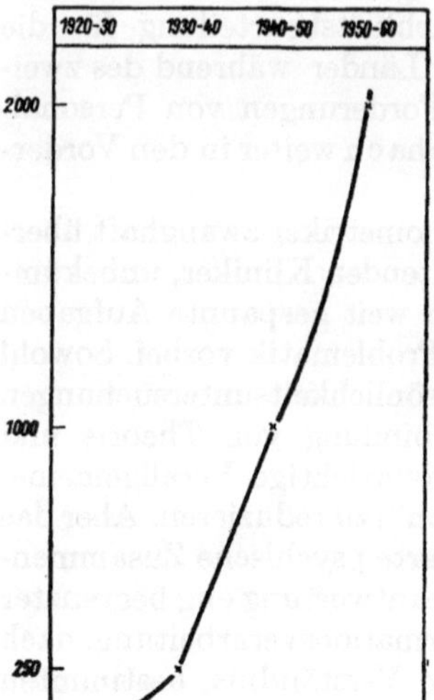

Rorschach-Veröffentlichungen

Dennoch stellt SUNDBERG fest, daß der Rorschach Ende der 50er Jahre im klinisch-psychologischen Bereich zu dem am meisten benutzten Verfahren geworden war, während er noch 1946 diesbezüglich erst an vierter Stelle stand.

Auch in der Sowjetunion, Polen, der ČSSR und Ungarn wird der Rorschach in steigendem Maße angewandt. SCHACHTER stellt fest:

„In der Tat, in weniger als drei Jahrzehnten hat der Rorschach-Test die ganze Welt erobert, er hat alle die gewonnen, die als Psychiater, Psychologen oder Erzieher in Praxis und Wissenschaft an der Erforschung der menschlichen Persönlichkeit interessiert sind."

Während er in den ersten Jahrzehnten nach seinem Erscheinen sozusagen in außerakademischer Opposition, d. h., in privaten Studien- und Interessengruppen, gelehrt und verbreitet wurde, bietet heute z. B. die überwiegende Mehrheit aller Universitäten in den USA Rorschach-Kurse an (LESSER). So wird das Rorschach-Verfahren in der klinischen Psychologie von vielen als besonders wertvolles psychodiagnostisches Instrument betrachtet.

Bis in die 30er Jahre war der klinisch arbeitende Psychologe in der Hauptsache psychometrischer „Tester" mit einem recht beschränkten Instrumentarium, das ihm eine zwar exakte, aber für die Praxis sehr eng begrenzte Aussagemöglichkeit gewährte. Dann versetzten die neu aufkommenden sogenannten projektiven Techniken (deren Wegbereiter und prominentester Vertreter ja der Rorschach-Test ist)[1] ihn in die Lage, Aussagen über Persönlichkeitsstruktur und -dynamik zu machen. Die Notwendigkeit der klinischen Einschätzung und vor allem auch die der Persönlichkeitsbeurteilung für die Kaderauswahl in den USA und einer Reihe anderer Länder während des zweiten Weltkrieges, in der Folgezeit dann auch die Forderungen von Personalabteilungen der Großbetriebe lancierten den Rorschach weiter in den Vordergrund.

Manchen erschien es zunächst, als seien die Psychometriker zwanghaft überexakt, während sich die mit dem Rorschach arbeitenden Kliniker, unbekümmert um wissenschaftliche Genauigkeit, an viel zu weit gespannte Aufgaben heranwagten. Aber diese Kritik ging am Kern der Problematik vorbei. Sowohl bei psychometrischen als auch bei projektiven Persönlichkeitsuntersuchungen ist es gleichermaßen notwendig, durch enge Verbindung von Theorie und Empirie die beiden Typen klinischer Irrtümer („unvorsichtige Verallgemeinerung" und „übermäßige Einengung der Interpretation") zu reduzieren. Aber das psychometrische Verfahren prüft ganz anders gelagerte psychische Zusammenhänge als beispielsweise der Rorschach. Für die Beantwortung eng begrenzter spezifischer Fragen nach der Art und Weise der Informationsverarbeitung, nach dem Intelligenzgrad, nach mechanisch-technischem Verständnis, bestimmten Fähigkeiten, Fertigkeiten usw. ist das Arbeiten mit dem Rorschach fast

---

[1] Ohne hier auf die Kontroverse, die sich um den Ausdruck „Projektive Technik" rankte, einzugehen, sei gesagt, daß es sich bei diesen Verfahren um Untersuchungsmethoden handelt, bei denen der Proband verhältnismäßig viel eigene Initiative und Gestaltungskraft entwickeln kann, ohne durch starre Richtlinien gebunden zu sein. Es gibt dabei keine richtigen oder falschen Antworten. Bei der Auswertung geht man davon aus, daß in den Reaktionen der Probanden — eben wegen des Fehlens einengender Anweisungen — charakteristische Verhaltenstendenzen und individuelle Eigenarten verstärkt zum Ausdruck kommen.

wertlos, während psychometrische Methoden genaue Hinweise zu geben vermögen (CRONBACH). Umgekehrt, wenn es sich darum handelt zu begreifen, welche intrapsychischen Zusammenhänge, welcher dynamische Wirkungsmechanismus der Informationsverarbeitung bestimmten (psychopathologischen) Verhaltensweisen zugrunde liegt, so kann der Psychometriker hierzu kaum etwas sagen, während der mit dem Rorschach arbeitende Psychologe oft erstaunlich zutreffende Analysen und Prognosen zu geben vermag. CRONBACH schreibt hierzu:

„Die Literatur umfaßt eine große Zahl eindrucksvoller Fälle, in denen klinische Analysen überraschend genau mit anderen Persönlichkeitsdaten übereinstimmen ... Fast jeder Kliniker kann Fälle anführen, bei denen projektive Techniken ihm Einsicht in ganz spezifische Eigenarten des Patienten geben, in Eigenarten, die so selten sind, daß sie unmöglich ein Zufallsbefund sein könnten."

Der Autor berichtet dann ausführlich über zwei derartige Fälle. Bekannt sind ja ebenfalls die interessanten Ergebnisse von Rorschach-Blindauswertungen, die zu Versuchszwecken von KLOPFER und anderen Rorschach-Experten durchgeführt wurden. GLADWIN u. SARASON (KARON) veröffentlichten eine Serie von 23 blinden Rorschach- und TAT-Interpretationen eines Psychologen (die Protokolle waren durch einen Anthropologen auf der Insel Truk von 12 Männern und 11 Frauen erhoben worden). Die Übereinstimmung zwischen den Persönlichkeitsbeschreibungen auf Grund des Rorschach und TAT und denen des Anthropologen auf Grund seiner direkten Beobachtungen ist eindrucksvoll. KARDINER u. OVESSEY untersuchten jeden ihrer Probanden in 25 bis 100 Interviews. Ihre darauf basierenden Persönlichkeitsbeschreibungen stimmten überraschend genau mit den Rorschach-Analysen der Psychologen überein.

In den Augen der gebildeten Öffentlichkeit erhielt deshalb der Rorschach mehr und mehr den Charakter eines Zauberinstrumentes, mit dem man die geheimsten Regungen des Probanden ermitteln kann. Voll aufgeregter Erwartung sah schon zu meiner Studienzeit in den USA der Aspirant in klinischer Psychologie, nachdem er im Anschluß an sein Diplom zwei Semester Intelligenzdiagnostik und Begriffsbildung belegt hatte, dem Kursus „Rorschach-Psychodiagnostik" entgegen, dessen Meisterung ihn erst eigentlich zum Psychologen zu machen schien.

Wie viele Untersuchungsmethoden ist auch der Rorschach mit einer Anzahl methodischer Schwächen behaftet, die es zu kennen gilt, um das Verfahren optimal einzusetzen. Da ist zunächst die Vielfalt der Tafeln und Verfahren, die sich hinderlich auf die wissenschaftliche Durchdringung der Problematik auswirkt. Abgesehen von den eigentlichen Rorschach-Tafeln Hermann RORSCHACHS (1921) existieren — um die wichtigsten zu nennen — der sogenannte Behn-Rorschach (oder Bero), die interessante Symboltest-Serie ROEMERS, der Z-Test ZULLIGERS (ein abgekürztes Verfahren) und der HIT (HOLTZMAN Inkblot Technique), bestehend aus zwei äquivalenten Serien von je 47 Tafeln. Für alle diese Verfahren gibt es individuelle und Gruppentest-Methoden. Die Antworten werden entweder völlig frei gegeben oder aus spezifischen Deutelisten (multiple choice) ausgewählt. Diese Vielfalt stellt sowohl den Praktiker als auch den experimentell arbeitenden Psychologen vor einen Entscheidungskonflikt.

Auch in den Auswertungsverfahren gibt es unterschiedliche Richtlinien. Der ursprünglichen Signier-Methode Rorschachs (1921) stehen Modifikationen Becks (1968), Bohms (1957), Klopfers (1968), Rapaports (1946) u. a. gegenüber. Für den Psychometriker, der gewohnt ist, eine eindeutige Signierung nach festen Richtlinien auszuwerten, ist das polyvalente Interpretationsverfahren, bei dem z. B. die Bewertung der Häufigkeit einzelner Determinanten oder Inhalte einerseits von der Gesamtzahl der Antworten, andererseits vom Gesamtbild der Reaktionen abhängt, befremdend und beunruhigend. Rickers-Ovsiankina vertritt dagegen den Standpunkt, daß gerade dieses von Rorschach entwickelte und auch in den Modifikationen beibehaltene System der Bewertung einen bedeutsamen methodischen Beitrag für die moderne Psychologie darstelle:

„Während er die Möglichkeit seiner analytischen Kategorien bezüglich genauer Identifikationen und Messung voll ausnutzte", schreibt sie, „interpretierte er nie eine Kategorie für sich, sondern stets in Beziehung zu den anderen. Dadurch vertrat er das grundsätzliche Prinzip der Wechselwirkung psychologischer Funktionen schon direkt auf dem Niveau ihrer Beziehungen als Testdaten."

In gleichem Sinne schreibt Hertz:

„Letztlich gibt es keine Standardisierung für eine Interpretation von klinischen und Testdaten, genau wie das Rorschach ursprünglich sagte. Das mit dem Rorschach gewonnene Material muß im Zusammenhang mit Familiensituation, Erziehung, Training, Krankengeschichte, Lebenserfahrung, qualitativen Urteilen des Prüfers sowie anderen klinischen und Testdaten bewertet werden. Es wird dann unter Zuhilfenahme des Wissens des Versuchsleiters von der Dynamik des menschlichen Verhaltens interpretiert. Voraussetzung dazu ist ausgedehnte und langjährige klinische Erfahrung nicht nur mit Fragen der Persönlichkeitstheorie, sondern auch mit klinischen Problemen."

Was den Klinikern hier als gelungene Integration ganzheitlicher und analytischer Gesichtspunkte beeindruckt, wird jedoch von manchen Theoretikern als subjektivistische Auflockerung der Bewertung verurteilt.

Immer wieder stoßen wir bei der Behandlung dieser Problematik auf differente Grundprinzipien der psychometrischen Untersuchung und der Persönlichkeitserfassung. Die erstere geht (in Anlehnung an die Forschungsmethodik der Physik) von der Annahme quantitativ meßbarer Eigenschaften der menschlichen Persönlichkeit aus; die Persönlichkeitserfassung dagegen ist primär an dem Begreifen der Funktionszusammenhänge, der Dynamik des individuellen Verhaltens interessiert.

Illustrativ ist eine Darstellung Cronbachs, in der er aufzeigt, daß bei der Erhebung des Lebenslaufes der Psychometriker dazu tendieren würde, einen objektiv auswertbaren biographischen Fragebogen vorzulegen, während der persönlichkeits-erfassende Psychologe einer freien biographischen Skizze oder Erzählung des Patienten den Vorzug gäbe. Wenn man von der Strukturiertheit der Aufgabenstellung ausgeht, so kann man sagen, daß der Psychometriker klar strukturierte Aufgaben, deren Lösung oder Beantwortung eindeutig signierbar ist, vorzieht. Sie ermöglichen nicht nur eine verläßlichere Interpretation und statistische Auswertung, sondern erlauben es auch von vornherein, wesentliche Fragen mit anzuschneiden, die in der freien Aussage leicht „vergessen" werden. Andererseits gewährt die größere Freiheit bzw. geringere Strukturiertheit der Aufgabe mehr Raum für individuelle Variationen und die Beobachtung spezifischer persönlicher Reaktionsweisen. Gegenwärtig finden sich höchstens noch in Kreisen akademischer Theoretiker Protagonisten eines ausschließlich psychometrischen Vorgehens. In der modernen Praxis lassen sich beide Methoden kombinieren und im Intersse einer verbesserten Diagnostik verwerten.

Interessant ist auch die Überlegung, ob nicht Persönlichkeitszüge des Psychologen selbst eine Bevorzugung der einen oder anderen Methodik begünstigen. Während der ausgesprochene Psychometriker sich primär mit dem Ergebnis und dessen objektiver Klassifizierung befaßt, wendet sich der persönlichkeitserfassende Psychologe mehr dem ablaufenden Lösungsvorgang zu. Dabei ist die Haltung des Psychometrikers gekennzeichnet durch Selbstkritik und Mißtrauen in das eigene Urteil. Um dem entgegenzutreten, stützt er seine Beobachtung auf statistische Gütekriterien und müßte eigentlich jede quantitative Aussage mit einer Warnung vor dem möglichen Meßirrtum und dem Wahrscheinlichkeitsgrad der Vorhersage begleiten. Cronbach sieht sogar den entscheidenden Unterschied darin, daß der psychometrisch Orientierte den Versuchsleiter als Quelle des Irrtums betrachtet, der durch Voreingenommenheit die Wahrheit verfälscht und ständig statistischer Kontrollen bedarf, während Anhänger der weniger strukturierten Verfahren ihre Rolle als Psychologen in erster Linie als eines spezialisierten und sensitiven teilnehmenden Beobachters hoch einschätzen. Letztere leugnen die Gefahr unbewußt wirkender Vorurteile, Meßirrtümer und anderer Fehlerquellen keineswegs und versuchen sich dagegen zu sichern, aber sie sehen den Verlust wesentlicher Informationen, wie er notwendigerweise entsteht, wenn man sich lediglich auf in Standardverfahren quantitativ erfaßbare Daten stützt, als schwerwiegender an.

In diesem Zusammenhang sei auf den Begriff der „Bandbreite" hingewiesen. Das psychometrische Ideal ist ein Test mit hoher Präzision (Wiedergabetreue) und geringer Bandbreite, d. h. Einengung der Aussagemöglichkeit auf eine einzige Fragestellung. Cronbach führt als Beispiel einen Test an, der z. B. lediglich die Fähigkeit zum Universitätsstudium prüft und in einer dreistündigen Untersuchung eine Antwort auf diese eine Frage erbringt, die hohen statistischen Anforderungen genügt. Die Rorschach-Untersuchung ist demgegenüber eine Methode größerer Bandbreite, d. h. polyvalenter Aussagemöglichkeit, wobei vielfach die Gültigkeit der Aussage im umgekehrten Verhältnis zur Bandbreite steht. Selbstverständlich hängt es von der Fragestellung ab, ob man ein Verfahren mit geringer Bandbreite, ein Breitband-Verfahren oder eine Kombination beider Methoden wählt. Dabei ist zu berücksichtigen, daß dem Psychologen im allgemeinen nur eine begrenzte Zeit für die Untersuchung zur Verfügung steht (die auch wegen der Ermüdung des Probanden nicht verlängert werden kann). Je nachdem, welche Entscheidung oder Hilfe vom Untersucher erwartet wird, wird er es vorziehen, entweder über einen Aspekt des Verhaltens möglichst genaue oder über eine größere Anzahl annähernd genaue

Informationen zu erhalten. Zudem ist es möglich, die Gültigkeit des wenig strukturierten Breitbandverfahrens durch progressive Validierung zu verbessern.

Denn da es sich hier um Prozeßbeobachtung handelt, kann man ja bereits während des Ablaufs, z. B. nach Registrierung der Antworten zu Tafel 1 und 2, erste Arbeitshypothesen formulieren und im weiteren Verlauf der Untersuchung entweder bestätigen oder verwerfen. Eine derartige, bereits von RORSCHACH konzipierte mehrdimensionale Auswertung setzt allerdings ein ausgedehntes Training voraus. Es handelt sich gewissermaßen darum, eine neue Art des Beobachtens und Sehens zu erlernen. Vielleicht läßt es sich am ehesten vergleichen mit dem neuen Sehen des Studenten der bildenden Künste oder dem neuen Hören des Musikstudenten. So lernt der Psychologe, der sich dem Rorschach zuwendet, feine Nuancen der Reaktionen des Probanden auf die dargebotenen Tafeln zu differenzieren und deren mögliche Beziehungen zu kurzfristig wirksamen oder dauerhafteren Einstellungen zu erfassen.

Kompliziert wird der Lernprozeß dadurch, daß eine Verifizierung oder Bekräftigung selten durch eindeutige, offensichtliche Tatsachen erfolgt. Das Kind lernt, daß es die Entfernung einer Tischkante falsch gesehen hat, durch die Beule an seinem Kopf — das ist eine sehr konkrete Validierung. Der Psychologe, der auf Grund seiner Persönlichkeitsuntersuchung bestimmte Verhaltenstendenzen ermittelt, wird zwar gelegentlich den konkreten „Beweis“ für die Richtigkeit seiner Beobachtungen (kaum noch beherrschte Aggression, suizidale Tendenzen usw.) erleben, aber er wird weder in diesen noch in allen anderen Fällen sagen können, in welchem Maße die zur Diskussion stehenden Verhaltensweisen wirklich auf die von ihm gekennzeichneten Tendenzen oder auf neu hinzukommende Umwelteinflüsse und von ihm nicht erfaßte intervenierende Variablen zurückzuführen sind.

Aus dem bisher Gesagten dürfte deutlich geworden sein, daß die Arbeit mit dem Rorschach nicht dem Ideal naturwissenschaftlicher Präzision entspricht. Vielleicht wird es einmal möglich sein, die unübersehbare Zahl individuell wirksamer Variablen computermäßig zu erfassen; gegenwärtig gibt es noch kein besseres Bewertungsinstrument als den sensitiven, qualifizierten Psychologen, der mit einer Batterie strukturierter und projektiver Verfahren das Verhalten und die Wahrnehmung des Probanden auslotet. Daß die Entwicklung dieses neuartigen Sehens (vermittels der Rorschach-„Brille“) nicht einfach ist und nur unter ständiger Anleitung eines erfahrenen Mentors vor sich gehen kann, ist einleuchtend. KELLEY stellte auf Grund seiner Befragung zahlreicher leitender Rorschach-Fachleute fest, daß Aufnahme und Interpretation von 100 Rorschach-Protokollen unter Aufsicht als Minimum für den Lernenden betrachtet werden. Die durchschnittliche Dauer der Rorschach-Spezialisierung wurde mit 1—2 Jahren angegeben.

Eine besondere Schwierigkeit (aber andererseits auch ein Vorteil) besteht darin, daß mit dem Verfahren Funktionen untersucht werden, die äußerst sensitiv auf feinste Nuancen in den zwischenmenschlichen Beziehungen reagieren. Das macht es erforderlich, ganz besonders den Charakter der Prüfungssituation, die Beziehungen zwischen Probanden und Versuchsleiter (Vl) und speziell auch die Wirkung unbeabsichtigter Ausdrucksbewegungen und scheinbar verschleierter Gefühlsempfindungen zu beobachten und zu berücksichtigen. Die Bedeutung der spezifischen Verhältnisse der Testsituation wurde insbesondere durch die Psychometriker vielfach unterschätzt. Man glaubte, wenn der Vl einen freundlichen Kontakt zum Probanden herstelle und dann die genormten Anweisungen gebe, seien mehr oder weniger standardisierte Testbedingungen gegeben. In zahlreichen Untersuchungen konnte jedoch der Nachweis erbracht werden, daß nicht nur die Persönlichkeit des Vl, sondern sogar seine Einstellung zum Probanden bereits als entscheidende Variable die Reaktion beeinflußt. HUTT berichtet von einer Patientin, die auf Grund einer früheren Untersuchung folgendermaßen charakterisiert worden war:

„Diese Frau mit offensichtlich zurückgebliebener Intelligenz (IQ = 68) war nicht imstande, mit ihrem Kind fertig zu werden, und zwar in der Hauptsache wegen ihrer eigenen intellektuellen Mängel."

Die Patientin selbst erklärte, sie sei mit dem Intelligenztest ohne Angabe von Gründen konfrontiert worden, hätte nicht eingesehen wozu, weil sie ja gekommen sei, um mit jemand über ihre Probleme zu sprechen und nicht von einem „kalten Fisch von Mann", der kein Verständnis für sie zeigte, geprüft zu werden. Bei der neuerlichen Prüfung mit demselben Verfahren erreichte sie einen IQ von 117. Ähnliche Beispiele könnte der Verfasser — wie sicherlich viele Kollegen ebenfalls — aus eigenem Erleben berichten.

Gerade der Rorschach — weit mehr als strukturierte Tests — ist besonders empfindlich für die zwischenmenschliche Beziehung in der Prüfungssituation und trägt daher dazu bei, den Psychologen für die Wirkung seiner Worte und Gesten zu sensitisieren und der ungerechtfertigten Verallgemeinerung von Testergebnissen entgegenzuwirken, die nach den Regeln statistischer Logik zwar gültig, aber psychologisch unmöglich sind.

MASLING zeigte, wie Patienten durch Veränderung der Einstellung zum Prüfer dessen Urteil über ein scheinbar so objektives Datum wie das Ergebnis einer Intelligenz-Untersuchung beeinflußten. SCHAFER bespricht in interessanten Arbeiten Ängste, Stimmungen, Einstellungen und Gefühle, die sowohl von seiten des Psychologen als auch von seiten des Patienten in die Situation und dadurch indirekt in das Rorschach-Protokoll hineingetragen werden. Berufliche Unsicherheit des Psychologen, z. B. Minderwertigkeitsgefühl gegenüber Psychiatern, kann in das Verhältnis zum Probanden einfließen und die Prüfungssituation verändern. Außerdem habe der Psychologe z. B. den Wunsch, der Proband möge kooperativ sein, eindeutige, leicht zu signierende und interpretierende Antworten geben usw. Als Beobachter der bewußten und unbewußten Vorgänge im Patienten habe er andererseits gewissermaßen eine voyeuristische Einstellung, als Leiter der Prüfung müsse er Autorität sein, bei seinen Schlußfolgerungen werde er oft in eine prophetische und in seiner Eigenschaft als Therapeut in eine Wundertäter-Rolle gedrängt. Diese verschiedenen Rollen beeinflussen Verhalten und Erwartungen des Vl. Wenn nun der Patient diesen Erwartungen nicht entgegenkomme, geschehe es bisweilen, daß der Prüfer sich unbeabsichtigt so verhält, daß Antworten und Interpretationen des Pobanden verzerrt werden. Der Patient seinerseits empfinde den Test oft als Bedrohung seiner persönlich-privaten Sphäre, auch mag er Angst vor zu großer Abhängigkeit, vor intellektueller Regression oder auch vor der scheinbar grenzenlosen Freiheit bei der Beantwortung des Rorschach haben.

Je genauer der Vl diese die Testsituation beeinflussenden Momente im Laufe seiner Qualifizierung als Rorschachspezialist erkennen lernt, um so besser vermag er die Reaktion des Probanden zu erfassen und zu interpretieren.

Schon aus diesen wenigen skizzenhaften Bemerkungen dürfte deutlich geworden sein daß es sich beim Rorschach-Test um ein Verfahren handelt, daß sowohl bezüglich der Durchführung als auch hinsichtlich der Auswertung hohe Anforderungen an das Können des Vl stellt. Man fragt sich unwillkürlich, lohnt sich das? Wie verläßlich sind die auf dem Rorschach basierenden Analysen?

Nun müßten eigentlich Validierungs-Untersuchungen eine eindeutige Antwort auf diese Frage geben. Hunderte von statistischen Untersuchungen wurden und werden durchgeführt, um Stabilität (Reliabilität) und Gültigkeit (Validität) von Rorschach-Auswertungen zu ermitteln. Ein bekannter Statistiker (Karon) faßt die Literatur mit den Worten zusammen:

„Es gibt hunderte von Arbeiten über projektive Techniken, die ihre Validität beweisen und hunderte von Artikeln, die demonstrieren, daß sie keine Validität haben."

Aus den zahlreichen dabei aufgeworfenen Problemen seien nur einige hier erwähnt. Sie betreffen zunächst das ganze Gebiet der Stabilitätsuntersuchungen. Aus dem vorher Gesagten wird deutlich, daß ein Teil der in der Rorschach-Antwort zum Ausdruck gebrachten Vorgänge die unmittelbare zwischenmenschliche Situation widerspiegelt und sich daher ebenso schnell verändert wie diese selbst. Bei mehrmaligem Testen würde daher die auftretende Übereinstimmung bzw. Varianz eine Trennung zwischen „echter" Reaktion auf die Rorschach-Tafeln, Einfluß der zwischenmenschlichen Situation und Erinnerung an die vorangegangene Untersuchung schwerlich gestatten, weshalb ein niedriger Reliabilitätskoeffizient, wie er tatsächlich gelegentlich in derartigen Untersuchungen gefunden wird, keine eindeutige Aussage bedeutet (Karon). Wohl geht aber daraus hervor, daß die sich schnell ändernden Faktoren für eine Prüfung des therapeutischen Erfolges oder anderer Vor- und Nachuntersuchungen nicht geeignet sind. Die andere Möglichkeit, Verläßlichkeit durch die splithalf-Vergleichsmethode bzw. durch eine äquivalente Parallelserie (Bero) zu bestimmen, erbrachte ebenfalls oft keine befriedigenden Resultate, da die gegenübergestellten Serien vom Stimulus-Material her nicht vergleichbar waren. Karon weist übrigens mathematisch nach, daß innere Konsistenz, ein häufiges Maß der Verläßlichkeit, keinen Einfluß auf die Gültigkeit hat und für „projektive" Verfahren irrelevant ist. Schwerwiegender für die Validierung ist die Tatsache, daß die Signierungsreliabilität in vielen Untersuchungen zu wünschen übrig läßt, ein Mangel, der im Interesse besserer statistischer Bearbeitung behoben werden müßte.

Eine Validierung des Rorschach läßt sich mit recht unterschiedlichen Methoden durchführen. Als wesentliche Methoden sind zu nennen:

Inhaltsvalidierung: Karon vertritt die Meinung, daß dieser Typ der Validierung beim Rorschach zu wenig benutzt wird, und daß insbesondere der Unterschied zwischen dem Urteil eines kompetenten Experten und eines Anfängers oft vernachlässigt wird.

Kriteriumsvalidierung: Bei dieser Art der Validierung treten vor allem zwei Schwierigkeiten auf:

a) Das Kriterium ist nicht richtig begriffen oder formuliert. Das gilt z. B. wenn man nicht Persönlichkeitscharakteristika, wie sie sich am Rorschach bestimmen lassen, als Kriterium wählt, sondern eine berufliche Leistung, von der gar nicht genau feststeht, auf welchen Persönlichkeitszügen sie basiert.
b) Das Kriterium selbst ist problematisch. So dient in manchen Untersuchungen die psychiatrische Diagnose als Kriterium, obwohl es sich dabei um eine wechselnde und unsichere Größe handelt, die von „Haus zu Haus" und von Psychiater zu Psychiater unterschiedlich beurteilt wird (KARON).

Construct-Validierung: Hier handelt es sich darum, Korrelationen mit anderen Variablen, die mit dem postulierten, aber nicht direkt meßbaren Zug oder Verhalten korrelieren, zu ermitteln. Daß hierbei auch die klinische Beobachtung eine bedeutsame Variable darstellt, wird nach Auffassung einiger statistischer Theoretiker oft übersehen.

Zusätzlich ergibt sich die Frage, ob einzelne Rorschach-Kategorien auf ihre Gültigkeit zu prüfen sind oder ob es nicht besser ist, komplexe Signierungsschablonen statistisch auszuwerten bzw. ob nicht sogar die Fähigkeit des Psychologen, mit dem Rorschach zu arbeiten, die entscheidende Variable darstellt.

Alle diese Kombinationen wurden in zahlreichen statistischen Untersuchungen mit recht unterschiedlichen Genauigkeitskriterien überprüft. Bei der Übersicht über die meisten dieser Untersuchungen zeigen sich die Fachleute wenig begeistert. So kam CRONBACH zu der Schlußfolgerung:

„So verbreitet sind Irrtümer und unglücklich gewählte statistische Methoden, daß nur wenige Ergebnisse statistischer Untersuchungen des Rorschach vertrauenswürdig sind. Einige Untersucher hatten durchgehend einen guten statistischen Ansatz, aber manche der umfassendsten Untersuchungen und der am häufigsten zitierten sind durch und durch fehlerhaft ...
Annähernd 90% der Schlußfolgerungen statistischer Rorschach-Untersuchungen sind nicht stichhaltig, nicht notwendigerweise falsch, aber auf falscher Analyse beruhend."

LEVY und ORR wiesen nach, daß bei der Rorschach-Validierung sogar die Tätigkeit des Psychologen bzw. seine vorwiegende Einstellung zum Probanden einen Einfluß auf das Ergebnis statistischer Untersuchungen ausübt. So waren die an Universitäten arbeitenden Psychologen erfolgreicher bei der Construct-Validierung, während die klinischen Psychologen einen größeren Vorsprung (60% zu 33%) bei der Kriteriumsvalidierung erzielten.

Es war notwendig, diese allgemeine Darstellung des Standes der Rorschach-Validierung voranzustellen, um einerseits die Haltlosigkeit übertriebener negativer wie positiver Aussagen aufzuzeigen, andererseits um darzulegen, wie viel Arbeit es auf diesem Gebiet noch zu leisten gibt, bevor wir von einer auch statistisch gut fundierten Rorschach-Theorie sprechen können.

In der Zwischenzeit aber gehen die Untersuchungen weiter. In seinem Buch erwähnt CRONBACH eine Reihe statistischer Untersuchungen einzelner Signierungskategorien, wie z. B. BARRONS psychophysische Bestätigung der Bedeutung von B-Antworten, BANDURAS Ermittlung einer Korrelation von 0,35 zwischen Zw-Antworten und Negativismus usw. Er summiert dann die Resultate von hunderten ähnlicher Untersuchungen und kommt zu dem Schluß, daß die Interpretation eine größere Validität habe als Zufallswahrscheinlichkeit. Allerdings handle es sich in den meisten Fällen um relativ geringfügige Korrelationen, da jede einzelne Signierungskategorie von vielen Persönlichkeitsfaktoren und Fähigkeiten beeinflußt werde und man demzufolge auch keine direkte Eigenschaftsinterpretation mit Sicherheit machen könne.

Auch bezüglich der Komplexauswertung gibt es einige interessante Ansätze. Persönlichkeitsbeschreibungen — gewonnen auf Grund blinder Rorschach-Analysen — wurden durch Beurteiler, die die Probanden genau kannten, zugeordnet. Dabei wurden weit über dem Zufall liegende Erfolge erzielt (CRONBACH). Allerdings hat CRONBACH sicher recht, wenn er darauf besteht, daß auch das noch nicht als adäquate Validierungsmethode gelten kann, weil man nicht kontrollieren kann, ob bei der erfolgten Zuordnung nicht lediglich ein einziger Aspekt der Beschreibung die richtige oder falsche Zuordnung veranlaßt habe.

Als günstige Validierungsmethode schlägt CRONBACH u. a. die Q-Sortierung vor.

Sicherlich ist es richtig zu sagen, daß die Validierung von Breitbandverfahren besondere Schwierigkeiten mit sich bringt, die gegenwärtig keineswegs überwunden sind. Es ist aber nicht gerechtfertigt, aus den noch bestehenden Mängeln der statistischen Werkzeuge (CRONBACH) die Schlußfolgerung zu ziehen, das Rorschach-Verfahren nicht anzuwenden.

CRONBACH kommt auf Grund einer sorgfältigen Analyse einer großen Zahl statistischer Rorschach-Untersuchungen zu der Schlußfolgerung:

„Es gibt in der Rorschach-Literatur zahlreiche ermutigende Beweisstücke, Untersuchungen, wie die von TROUP, KRUGMAN, WILLIAMS und MUNROE, erbringen die adäquate Bestätigung, daß der Test eine Bedeutung hat. Da diese Befunde durch Aussagen intelligenter Kliniker bestätigt werden, liegt aller Grund vor, den Test mit Achtung zu behandeln. Man kann den Test nicht einfach deswegen angreifen, weil die meisten Rorschach-Hypothesen sich noch in einem Vorstadium der Forschung befinden. Untersuchungen, denen es nicht gelang, Beziehungen aufzudecken, hätten unter Umständen die Rorschach-Theorie bestätigt, wenn die Analyse sorgfältiger durchgeführt worden wäre ... Mit zunehmender Verbesserung der projektiven Tests, der Persönlichkeitstheorie und der statistischen Verfahren zu ihrer Verifizierung können wir noch eindrucksvolle Dividenden erwarten."

Im Rahmen einer kurzen Arbeit läßt sich die Frage der Rorschach-Validierung höchstens skizzenhaft anschneiden. Ein abschließendes Urteil gibt es dabei nicht, aber es schien doch zweckmäßig, das Urteil dieses bedeutenden psychologischen Statistikers zu vermitteln.

Der gegenwärtige Stand der statistischen Validierung macht es verständlich, daß Skeptiker dem steigenden Interesse der klinischen Psychologen am Rorschach ebensowenig Einhalt gebieten konnten, wie umgekehrt die oft frappierenden Resultate sorgfältiger Rorschach-Analysen noch nicht „die Mauer statistischer Sicherheit durchbrechen konnten, hinter der sich“, um mit RAPAPORT zu sprechen,

„die Intelligenz-Quotienten-Tester und die Befürworter von Persönlichkeits-Fragebogen zurückzogen, um sich gegen den Einbruch des dynamisch-psychologischen Denkens in die Psychologie zu wehren“.

Die Tatsache, daß sich die Rorschach-Interpretation von Anfang an auf weitgehend hypothetische psychoanalytische Auffassungen stützte, beeinflußte längere Zeit die fachliche Diskussion um den wissenschaftlichen Wert des Verfahrens. In den letzten Jahrzehnten gab es jedoch immer mehr Untersuchungen von Anhängern anderer theoretischer Schulen über den Rorschach, so daß wir heute eine ganze Reihe sich teilweise ergänzender Konzeptionen haben, um die unterschiedlichen Reaktionen verschiedener Persönlichkeitstypen und nosologischer Gruppen theoretisch zu begreifen. Im Rahmen dieser Arbeit muß ich leider darauf verzichten, diese hochinteressanten Auffassungen detaillierter darzustellen. Diesbezüglich sei auf die sorgfältige Arbeit von HOLZBERG verwiesen, in der der Verfasser lerntheoretische, psychoanalytische, Wahrnehmungs-, Denk- und feldtheoretische Ansätze ausführlich behandelt, ebenso wie Konzeptionen, die auf HELSONS Adaptationsniveau, WERNERS Entwicklungsstufen und KAPLANS sozialer Aktionstheorie aufbauen. Zweifellos besteht heute bereits eine sehr umfangreiche theoretische Literatur auf diesem Gebiet. Gewiß, noch fehlt es an einer einheitlichen, umfassenden psychologischen Theorie des Rorschach-Verhaltens und seiner Interpretation, aber in dieser Beziehung sieht es auf kaum einem Gebiet der Psychologie anders aus.

Bei der Konfrontation mit den Rorschach-Tafeln handelt es sich grundsätzlich um eine Wahrnehmungsaufgabe, die eng verknüpft ist mit der Ansprechbarkeit und Verfügbarkeit bereitliegender Assoziationen. Zu Recht wirft SCHACHTEL die Frage auf, wie es zu erklären sei, daß in einer Zeit, in der das Problem „Wahrnehmung und Persönlichkeit“ eines der wichtigsten Themen psychologischer Forschung geworden ist, so wenig Bemühungen darauf verwandt wurden, die theoretischen Grundlagen der quantifizierbaren differenzierten Rorschach-Reaktionen zu entwickeln.

Der relative Mangel an einer eindeutigen Struktur, der die projektiven Tests von den psychometrischen Verfahren unterscheidet, läßt dem Patienten verhältnismäßig viel Freiheit in der Wahl seiner Antwortreaktion. Dadurch eignet sich insbesondere der Rorschach gut, um einen Einblick in das schöpferische Wahrnehmungs-Assoziations-Wechselspiel zu erhalten, dessen Rolle im Alltag zwar weniger prominent ist, dessen reibungsloses Funktionieren aber einen wichtigen Rückschluß auf Art und Geschwindigkeit psychischer Adaptationsprozesse überhaupt gestattet. Wenn der Patient die Tafel sieht, so nimmt er zunächst einmal die Kleckserei wahr. Die Anregungen („Was könnte das sein?“ „Woran erinnert Sie das?“) veranlassen ihn normalerweise, die offensichtliche Antwort „eine Kleckserei“ nicht zu geben. Vielmehr wird der Assoziationsprozeß in Gang gebracht. Welche Besonderheiten der Tafel nun dem Assoziationsprozeß die Richtung geben, das hängt von einer ganzen Anzahl von intrapsychischen und situativen Faktoren ab. Zu den letzteren zählen selbstverständlich auch besondere, in die Augen springende Aspekte der Tafel selbst. Bei dem geschmeidigen Ineinandergreifen von Wahrnehmung und Assoziation stellt die Realitätsprüfung gewissermaßen den Kontrollfaktor dar, der die Assoziationen nicht zu weit von der realen Form des Bildes abschweifen läßt. Die Wahrnehmung beendet auch den Assoziationsprozeß, wenn Idee und Vorlage genügende Kongruität aufweisen. Der Realitätsprüfungsmechanismus, der die gleitende, blitzschnelle Integration von Wahrnehmungs- und Assoziationsabläufen vermittelt, ist überaus sensitiv und anfällig für Störungen der psychischen Homöostase, und sein Funktionszustand ist daher ein besonders feinfühliger Anzeiger von Fehlsteuerungen psychischer Abläufe. Allerdings zeigt er sich in den Reaktionen der Probanden nur unter der Voraussetzung, daß die Situationsvariablen weitgehend kontrolliert sind.

Man kann Spitznagel sicherlich zustimmen, wenn er feststellt, daß die Rorschach-Antwort (R) eine Funktion des Aufforderungscharakters der einzelnen Tafeln (RT_{1-10}), der Situation (S) (einschließlich der zwischenmenschlichen Beziehung, der aktuellen Reaktionslage usw.), der Persönlichkeit des Probanden (P) und des Sprachfilters (seiner verbalen Ausdrucksfähigkeit usw.) (V) ist:

$$R = f\,(RT_{1-10}, S, P, V)$$

Aus dieser Formel ist ohne weiteres ersichtlich, daß S und V die zu kontrollierenden (konstanthalten ist unmöglich) Variablen sind, wenn RT_{1-10} (d. h. der Aufforderungscharakter der 10 Tafeln) konstant ist und Information über P gesucht wird. Wenn das der Fall ist, ergeben sich aus der Reaktion auf die einzelnen Tafeln Rückschlüsse auf die Persönlichkeit des Probanden.

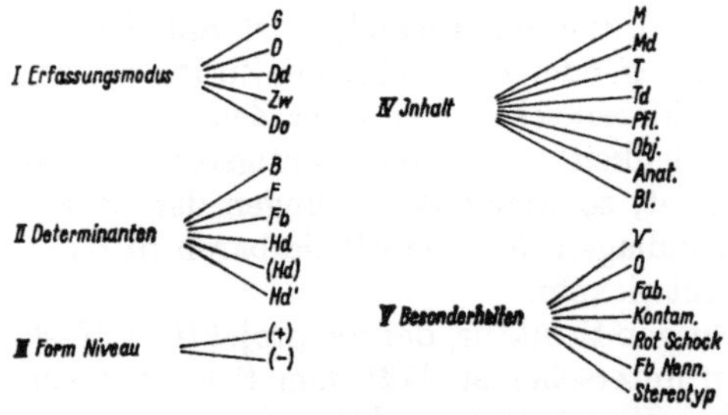

Rorschach-Signierungs-Kategorien (gekürzt)

Es ist das Verdienst H. Rorschachs, Richtlinien entwickelt zu haben, die eine vielseitige Charakterisierung der Rorschach-Antworten ermöglichen. Es handelt sich dabei zunächst um eine formale Kategorisierung und dann in zweiter Linie um eine qualitative Analyse der Antworten. Bei der formalen Kategorisierung (Abb.) wird hauptsächlich die Erfassungsart oder räumliche Plazierung, zum anderen die Determinante und Formqualität oder Realitätskongruenz und schließlich der Inhalt erfaßt. Schon in der Zusammenfassung und Sequenzanalyse der rein formalen Signierung zeigen sich spezifische Ausprägungen charakterlicher Eigenarten.

Untersuchungen von RAPAPORT, SCHAFER u. a., deren Signierungs-Kategorien jetzt erläutert werden (Abb. S. 87), zeigen, daß beispielsweise der **quantitative Reichtum** (die Zahl der Menschen-Antworten, der Ganzantworten) schon einiges über die intellektuelle Produktivität des Probanden aussagt. Oder umgekehrt ausgedrückt, ein zu hoher Prozentsatz von Tier- und Vulgärantworten weist auf eine stereotype, abgedroschene Denkweise und relative Undifferenziertheit hin. Die Erfassungsart erlaubt gewisse Rückschlüsse auf die Art des Herangehens. So zeugt eine übergroße Zahl winziger Detailantworten von ängstlich-kleinkalibriger Spitzfindigkeit, ein zu großer Anteil an großen offensichtlichen Detailantworten läßt auf praktisches Denken schließen, während ein erhöhter Prozentsatz von Ganzantworten in einem qualitativ reichen Rorschach die Tendenz zu systematisch-integriertem Erfassen großer Zusammenhänge andeutet. Die empirische Erkenntnis von der Korrelation eines hohen Prozentsatzes von Ganzantworten und systematisch integriertem Erfassen wesentlicher Zusammenhänge wird von RAPAPORT untersucht. Er kommt zu der Auffassung, daß der Proband, um eine Ganzantwort zu geben, gewisse Aspekte der Tafel vernachlässigen, d. h. von ihnen abstrahieren muß. Aber diese Vernachlässigung muß einen Mittelweg finden zwischen den beiden Polen, alles zu vernachlässigen oder alles zu berücksichtigen. Beide Extreme

Methodische Rorschach-Sichtung

Quantitativer Reichtum (Intellektuelle Produktivität)	M% : T% G% : D% : Dd%
Qualitativer Reichtum (Geistige Beweglichkeit und Vielseitigkeit)	$\frac{(B) + (Fb) + ((Hd))}{F}$
Form-Niveau (Realitätskontakt)	(F+)%
Erlebnis-Typ (Bevorzugte Verhaltensweise: Introversiv-Extratensiv)	$\frac{B}{FFb \cdot (0,5) + FbF + Fb(1,5)}$
Inhalts-Analyse (Überwertige Ideen, gedankliche Richtung)	Ungewöhnliche und übermäßig gehäufte Inhaltsgruppen
Verbaler Apekt	Stil Ausdrucksmöglichkeit Einstellung zur Aufgabe (distanziert, adäquat, zu nahe) Einstellung zum VL.
Einzel-Antwort-Analyse	Wie kam es zu dieser Antwort einschließlich RT?
Sequenz-Analyse	Welche Beziehung besteht zur vorhergehenden (nachfolgenden) Antwort?

führen zu keiner Antwort. In der Art, wie er diese Aufgabe löst, zeigt sich die Abstraktionsfähigkeit des Probanden.

Der Qualitative Reichtum eines Protokolls, d. h. eine größere Zahl von Antworten, in denen Bewegung, Farbe, Form, Hell-Dunkel usw. gut integriert sind, spiegelt gewissermaßen geistige Beweglichkeit und Vielseitigkeit der Adaptationsweisen wider. Wenn weder kinästhetische noch Farbeindrücke verarbeitet werden, d. h. also ausschließlich reine Form wirksam wird, sprechen wir von einem qualitativ armen Protokoll. Ein solcher Mangel an Farb- und menschlichen Bewegungsantworten läßt auf geistige Eingeengtheit schließen.

Ein qualitativ reiches Protokoll zeugt also im normalen Bereich von einem lebhaften, beweglichen, anpassungsfähigen Gefühlsleben und vielseitigen geistigen Interessen, ein qualitativ armes Protokoll dagegen weist auf eingeengtes Denken hin und ein eng begrenztes Gefühlsleben, in dem relativ wenig geschieht.

Im pathologischen Bereich zeigt sich das qualitativ reiche Protokoll meist bei Patienten mit überschießend wuchernden psychischen Symptomen, während das magere Protokoll eher bei gehemmten, trägen und relativ farblosen psychiatrischen Fällen vorkommt, wobei allerdings gelegentliche aggressive Ausbrüche nicht ausgeschlossen sind.

Das Form-Niveau kennzeichnet die Urteilsschärfe, den Realitätskontakt. Die Tatsache, daß in den meisten Rorschach-Protokollen mindestens 66% reine (F)-Antworten gegeben werden, ist eine Auswirkung kultureller und Entwicklungsprozesse. Je reifer wir werden, um so mehr werden Formeigenschaften maßgebend im Leben, im Gegensatz zu physiognomischen und affektiven Eindrücken, von denen sich das Kind und der Primitive (WERNER) leiten lassen. Zwar verlangt unsere Kultur nicht, daß wir uns nur von formalen Aspekten leiten lassen, aber jede Einstreuung von Affekt und Angst muß adäquat, d. h. im Einklang mit den formalen Eigenarten der Realität sein. Die adäquate Berücksichtigung der Form-Qualität erfordert einen gewissen Grad der Hemmung oder Kontrolle impulsiv-affektiver Äußerungen. Der normal funktionierende Mensch in unserer Gesellschaft muß das richtige Maß an Kontrolle finden, damit sein Denken und Handeln im Einklang mit der Realität ist, ohne zuviel Spontanität und Ausdrucksfähigkeit zu opfern. So ist jede Formantwort gewissermaßen Ausdruck einer Verzögerung der Reaktion, während reine Farbe, z. B. die Antwort Blut (rot) oder Urin (gelb), von Mangel an innerer Kontrolle zeugt. Eine jede Antwort kann, sobald sie Form überhaupt berücksichtigt, diese entweder scharf und gut integriert verarbeiten oder willkürlich unrealistisch damit umspringen. Wenn z. B. bei Tafel 10, zu der gewöhnlich zahlreiche gut integrierte F+ und FFb+ Antworten gegeben werden, überwiegend willkürliche, also F-Antworten, erscheinen, so ist das (etwas simplifiziert) auf ungenügende Verzögerung oder auf Einengung des assoziativen Reichtums zurückzuführen.

Nun ist aus zahlreichen Versuchen hinlänglich bekannt, wie gerade eine starke vage Angst und mehr noch überwertige Ideen und Zwangsideen die assoziative Ergiebigkeit beschränken. Der Schluß liegt also nahe, daß nach Ausschluß anderer Faktoren das Form-Niveau mit Realitätsorientierung einerseits und Angstkontrolle andererseits eng korreliert ist.

Der Erlebnistyp ist der wohl am besten bekannte Index. Es handelt sich dabei um die Beziehung zwischen Bewegungs- und Farbantworten. Man sah darin vielfach eine Maßzahl für die Einordnung des Probanden in das Kontinuum Introversion—Extraversion. Neuere Betrachtungsweisen, wie sie insbesondere von RAPAPORT, SCHAFER u. Mitarb. für die Klinik entwickelt wurden, sehen den Erlebnistyp einmal (wie erwähnt) als Ausdruck des Grades der Einengung oder Ausweitung der geistigen Tätigkeit (qualitativer Reichtum), zum anderen als Hinweis auf das relative Überwiegen des Denkens und der entsprechenden inneren Hemmung bzw. der freien impulsiven Affektäußerung und der entsprechend mangelnden Verhaltenskontrolle an.

Im pathologischen Bereich bedeutet ein positiver Erlebnistyp (Überwiegen der B-Summe) Einschränkung von Gefühlsausdrucksbewegungen und kräftigen energischen Handlungen zugunsten des Hervortretens pathologisch-intellektueller Produktivität, sei es in der Form von Phantasie-Tätigkeit, Zwangsvorstellungen, Phobien oder Wahnideen.

Ein negativer Erlebnistyp (Überwiegen der Fb-Summe) weist dagegen im pathologischen Bereich auf übersteigerte, dramatisierende Affektäußerung, ungenügende Kontrolle der Impulsivität und des Verhaltens und Mangel an ausreichender Verzögerung der Realitätsprüfung hin.

Der sprachliche Aspekt stellt eine weitere wichtige Dimension dar. Die Analyse der Ausdrucksweise des Probanden liefert bedeutsame Einblicke in seine Einstellung zum Rorschach. Sie zeigt uns z. B., ob er den notwendigen inneren Abstand zu den Tafeln gewahrt bzw. ob er die Bedeutung der Tafeln und seiner Antworten falsch eingeschätzt hat und beleuchtet so diesen wenig untersuchten Aspekt elastischer Realitätsorientierung.

Diese Darstellung zeigt wohl deutlich, welch einen Reichtum an Informationen der Psychologe schon bei einer zunächst nur groben Sichtung der formalen Signierungsdaten erhält. Die Beispiele für Untersuchung der Analyse und Synthese der Informationsverarbeitung anhand des quantitativen Reichtums und des Form-Niveaus sind tatsächlich nur eine von vielen Möglichkeiten. Ähnliche Korrelationen von theoretisch-experimentellen und klinischen Befunden liegen buchstäblich für alle Rorschach-Kategorien vor.

Der erste, auf der Basis der Sichtung formaler Signierung gewonnene Eindruck wird vervollständigt durch eine sorgfältige Analyse der Antworten zu jeder einzelnen Tafel, d. h. der individuellen Reaktion des Patienten auf den unterschiedlichen Aufforderungscharakter der Tafeln, eine Sequenzanalyse der aufeinanderfolgenden Antworten, eine Berücksichtigung besonderer Phänomene wie Versager, Farbschock, Hell-Dunkel-Schock, Kontaminationen usw., auf die hier nicht näher eingegangen werden kann.

Nach Beendigung einer solchen Analyse ist der erfahrene Psychologe imstande, sich ein mehr oder weniger detailliertes Bild davon zu machen, was für eine Informationsverarbeitung im Kopf des Probanden abgelaufen sein muß und welche intrapsychischen Störmomente mit hoher Wahrscheinlichkeit eine Rolle gespielt haben, um Abweichungen von der Norm herbeizuführen.

Um von derartigen Einblicken in den psychischen Habitus eines Probanden zu einer umfassenden Beurteilung der Dynamik seines Verhaltens zu gelangen, ist es erforderlich, nicht nur seine genaue psychosoziale Entwicklung zu eruieren, sondern auch die Ergebnisse der Rorschach-Untersuchung mit den Resultaten anderer Tests (Hawie usw.) zu integrieren. Der Rorschach, das sei hier betont, erhält seinen Wert immer **nur im Rahmen einer Testbatterie.** Es gibt auch in der einschlägigen Literatur der letzten 30 Jahre niemanden, der etwa den isolierten Einsatz des Rorschach befürwortet. Im Rahmen einer Testbatterie ist er allerdings gegenwärtig kaum zu ersetzen, so daß eine Persönlichkeitsbeurteilung, die die Rorschach-Leistung nicht mit einbezieht, auf wichtige Aspekte verzichtet.

3. Psychotherapie

3.1. Methoden

3.1.1. Verhaltenstherapeutische Psychoprophylaxe — Positive Umkonditionierung im Spiel als Mittel der Kommunikation zwischen Eltern und Kind

Einleitung

Eine der Aufgaben psychischer Hygiene besteht in der Vorbeugung von Persönlichkeitsfehlentwicklungen. Von besonderer Bedeutung für die Entwicklung einer gut angepaßten Persönlichkeit ist die Befriedigung der individuellen psychophysischen und psychosozialen Bedürfnisse. Im Falle eines Konfliktes zwischen zwei oder mehreren Bedürfnissen kann es sehr wohl geschehen, daß nur eines befriedigt wird, während die Erfüllung der anderen frustriert wird — entweder zeitweilig oder permanent. Solch eine Situation kann der Ausgangspunkt für tiefsitzende Verhaltensstörungen werden. Um dies zu illustrieren, sei ein Kind mit einer akuten Tuberkulose erwähnt, dessen physische Gesundheit den Aufenthalt in einem Krankenhaus erfordert. Für seine psychische Gesundheit aber braucht es die Wärme und Fürsorge des Elternhauses, vor allem der Mutter und das Gefühl der Sicherheit, das sie verkörpert.

Es ist nicht immer möglich, solche Konflikte derart zu lösen, daß keinerlei ungesunde Konsequenzen auftreten. Aber man muß Möglichkeiten zur Verminderung belastender Auswirkungen finden.

Ich wurde vor einiger Zeit mit einer ähnlichen Situation konfrontiert, die mein eigenes Kind betraf. Obwohl es noch zu früh ist, alle Folgen zu bewerten, glaube ich doch Grund zu der Annahme zu haben, daß wir in unseren Bemühungen, die Konflikte unseres Kindes zu verringern, erfolgreich waren.

Das Problem:

Unser Kind, zweieinhalb Jahre alt, sehr sensibel, mußte zur Tonsillektomie. Alle drei konsultierten Ärzte (Allgemeinmediziner, Pädiater und Hals-Nasen-Ohren-Arzt) sprachen sich gegen eine Verzögerung aus.

Der Pädiater wies auf mögliche unerwünschte Effekte in der Klinikatmosphäre und auf die Tatsache hin, daß das Kind in einer fremden Umgebung ohne Mutter bleiben und sich gleichzeitig einer fremden und schmerzhaften Prozedur unterziehen müsse. Deshalb plädierte er für eine TE in einer Arztpraxis. Wir Eltern waren für diesen Vorschlag, änderten aber unsere Meinung, als wir von zahlreichen ärztlichen Freunden vor einem solchen Vorgehen gewarnt wurden und vor allem deshalb, weil der Spezialist, der die Operation in seiner Praxis vornehmen sollte, uns informierte, daß er wegen der Infektionsgefahr nur noch ausschließlich in der Klinik operieren würde. Es müsse ebenfalls beachtet werden, daß die Anästhesie die Lunge des Kindes in einen labilen Zustand versetzen würde, so daß, wenn das Kind unmittelbar nach der Operation der Winterluft ausgesetzt würde, die Anfälligkeit für eine Pneumonie erhöht sei.

So hatten wir die Entscheidung zu treffen: entweder ein Gesundheitsrisiko mit der Operation in der Praxis des Arztes einzugehen, um mehr Vertrauen und das Gefühl der Geborgenheit zu gewährleisten, oder das körperliche Wohlbefinden mit den viel besseren Möglichkeiten in der Klinik zu sichern, wobei möglicherweise das Kind der Gefahr eines psychischen Schocks ausgesetzt würde. Wir entschieden uns schließlich für die letztere Variante. Nachdem diese Entscheidung getroffen war, bestand das Problem darin: Wie kann der Schock der fremden Umgebung, der angstauslösenden Situation und der Abwesenheit der Mutter abgefangen werden? Wir schätzten ein, daß der größte emotionelle Stress durch das Gefühl des Ausgeliefertseins und durch die Abwesenheit der Mutter entstehen würde. Wir wußten auch, daß eine einfache Belehrung, auch wenn sie mehrmals wiederholt würde, nicht die Bedeutung all der neuen und manchmal furchterregenden Eindrücke erklären würde.

Die Lösung:

Um die Schwierigkeiten zu überwinden, gingen wir folgendermaßen vor:

Einen Tag vor der Operation, als meine Tochter Kätie mit Kneten beschäftigt war, fragte ich sie, ob sie „Bunny" spielen wolle (der Spitzname ihrer kleinen Freundin, deren Tonsillen kürzlich entfernt worden waren). Sie bejahte eifrig. Ich modellierte drei bettähnliche Strukturen aus ihrer Knete und Miniaturabbildungen von zwei erwachsenen Personen und einem Kind. Das Kind war „Bunny", eine Frau sollte ihre Mutter und die andere eine Krankenschwester sein. Dann ließen wir Bunny mit ihrer Mutter zu der Zigarrenkiste gehen, in der immer ihre Knete lag und die nun eine Klinik, ein großes Haus darstellen sollte, in das alle Kinder gehen mußten, um gesund und kräftig zu werden. Dann gingen Bunny und ihre Mutter hinein, die Krankenschwester am Aufnahmetisch begrüßte sie und sagte: „Das ist schön, Bunny, daß Du kommst, nun laß uns zur Kinderabteilung gehen." Ich stellte Bunny und die Krankenschwester-Figur in die Kinderabteilung (wohin ich vorher die drei Miniaturbetten gestellt hatte). Bevor ich noch etwas erklären konnte, nahm meine kleine Tochter die Mutterfigur und stellte sie in die Kinderabteilung: Da erklärte die „Krankenschwester": „Frau M., dies ist die Kinderabteilung, Mütter dürfen hier nicht bleiben, Bunny wird nun ins Bett gehen und bis morgen früh hierbleiben, und dann dürfen Sie kommen und sie mit nach Hause nehmen, und danach wird sie wieder gesund und kräftig sein."

An dieser Stelle unterbrach das Kind das Spiel durch zahlreiche Fragen, warum Mütter nicht in die Kinderabteilung dürfen, wo Bunny's Mutter auf sie warten würde usw. Ich zeigte ihr die anderen kleinen Betten und erzählte ihr, daß dort andere Kinder seien, die krank sind und Schlaf brauchen, und die Mütter dürften nicht hereinkommen, weil es den Schlaf der Kinder stören würde.

Dann spielten wir weiter, Bunny wurde von der freundlichen Schwester ausgezogen, sie legte sich zu den anderen Kindern, der Arzt kam und schaute in ihren Mund. Dann schlief Bunny ein, es wurde dunkel und dann wieder hell. Ihre Mammi kam, um sie nach Hause zu holen und dort in ihrem eigenen kleinen Bett fand sie den kleinen Spielzeughund, den meine kleine Tochter sich vor kurzem gewünscht hatte.

Wenn ich gedacht hatte, daß ich es nun geschafft hätte, irrte ich mich. Wir wiederholten dasselbe Spiel, „bitte nur noch einmal" wohl viermal, wobei das Kind einen immer aktiveren Anteil nahm. Dann gingen wir einen Schritt weiter. Sie war Bunny, während ich die Mutter, die Krankenschwester und der Arzt war. Wir bauten eine Kinderabteilung aus ihren Bausteinen. So machten wir alles noch einmal, nur diesmal war es Kätie — obwohl sie noch immer Bunny spielte — die in die Kinderabteilung ging, während ihre Mammi draußen wartete. Im Verlauf des Spieles zweifelte sie, was Spiel und was Wirklichkeit war und fragte schließlich: „Muß ich auch in die Klinik gehen?" Meine Antwort war: „Ja, irgendwann müssen alle Kinder einmal dorthin gehen, aber jetzt spielen wir Bunny."

Später, am Nachmittag, erzählte sie meiner Frau den Inhalt unseres Spieles vom Morgen und ihre Mammi sagte ihr dann, daß sie am nächsten Tag zur Klinik gehen würde und erklärte ihr diesmal verbal noch einmal genau alles, was geschehen würde (außer, was während der Narkose sein würde). Wir wählten den vorangehenden Abend für diese Erklärung — trotz der potentiellen Gefahr, dadurch ihre Nachtruhe zu stören — weil sie am nächsten Morgen sehr viel früher aufstehen mußte als gewöhnlich, um rechtzeitig in der Klinik zu sein. Wir wollten sie nicht in der Eile der ungewöhnlichen Aufstehzeit mit den Tatsachen überfallen. Zuerst war sie verwirrt und stellte viele Fragen über alle möglichen Einzelheiten und wiederholte beständig „aber ich will nicht gehen". Meine Frau erinnerte sie an frühere Gelegenheiten, bei denen sie anfangs auch gesagt hatte „ich will nicht" (Bootfahren und Baden) und die sie dann sehr mochte. Später wurde der Gegenstand nicht mehr erwähnt, sie spielte und schlief ruhig und ohne Unterbrechung während der Nacht.

Auf dem Weg in die Klinik war sie gespannt, aber gelöst in der Unterhaltung mit der Aufnahmeschwester, bei der sie wartete, während ihre Mutter nach oben ging, um zu bezahlen. Sie trug dann stolz ihr Krankenblatt zu der Schwester in der Kinderabteilung und ließ sich bereitwillig ausziehen. Sie fragte, warum es ihrer Mutti erlaubt wurde, in die Kinderabteilung zu kommen, und ihr wurde gesagt, daß es für einige Minuten gestattet würde, weil sie sich so lieb verhalten hatte, aber daß ihre Mammi dann gehen müsse.

Natürlich begann sie zu weinen, als sie eine Injektion erhielt und weggefahren wurde. Sowohl die Schwestern als auch die Ärzte lobten ihr vernünftiges und selbstsicheres Verhalten. Nach ihrer Heimkehr verhielt sie sich ganz ‚fachmännisch' und berichtete über ihre Erfahrung („Ich sagte zu der Schwester, nimm das weg" (die Maske für die Narkose), „... die Schwester sagte: das schmeckt köstlich, als sie mir die Eiscreme brachte" usw.). Als der Arzt zur Nachkontrolle in unser Haus kam, derselbe, der operiert hatte, ließ sie sich bereitwillig in seinen Arm nehmen und sich die Treppe hinauf in unser Zimmer tragen.

Zusammenfassung

Um den emotionellen Schock einer unvermeidbaren Erfahrung abzufangen, hatten wir zwei Dinge getan:

a) wir benutzten ihr eigenes Spielzeug, das wir mit einem für sie bedeutungsvollen Inhalt (wie Bunny, Bunnys Mammi usw.) erfüllten, um ihr eine Idee nahe zu bringen, für die die verbale Erklärung nicht ausreichend schien,
b) wir konfrontierten sie mit einer emotionell besetzten Situation zuerst in einer abgeschwächten Form, indem wir diese mit erfreulichen Stimuli umgaben (Spiel) und brachten sie dann nach und nach in engere Beziehung mit der Situation:

— Spiel mit Knete-Puppen
— Übernahme der Rolle eines anderen Mädchens in der Klinik
— Erzählung, daß alle Kinder einmal in die Klinik gehen müssen
— Erzählung, daß sie am nächsten Tag in die Klinik gehen müsse
— Betreten der Klinik.

Dabei hofften wir, eine gut geeignete Atmosphäre für die Abschwächung der Angst zu schaffen.
In gewisser Weise folgte unser Konzept den Hinweisen von M. C. JONES glänzenden Experimenten, in denen er versuchte, die Furcht des Kindes vor einem Tier mit Fell zu überwinden.
Käties Verhalten in der Klinik zeigte, daß sie nicht beunruhigt war und die Situation als relativ vertraut akzeptierte. Anschließend wieder zu Hause, zeigte sie nicht mehr Ängstlichkeit bzw. keinerlei Bedürfnis nach größerer Nähe zur Mutter als sonst.

3.1.2. Eine Einschätzung von drei Methoden der Gruppen-Psychotherapie mit psychotischen Patienten

Die Untersuchung wurde vom Verfasser in Topeka (Kansas) im Bundeskrankenhaus für ehemalige Soldaten (Veterans Administration) durchgeführt)

Wissenschaftliche Untersuchung psychotherapeutischer Verfahren ist mit Schwierigkeiten verknüpft: Die Vielfalt und Komplexität der Einflüsse, die auf den Patienten zeitweilig bzw. während der Dauer seines Lebens einwirken, scheinen einer experimentellen Kontrolle und statistischen Behandlung nicht ohne weiteres zugänglich. Die Kenntnis, daß Verhaltensweisen und Neigungen des Untersuchers, die häufig unerkannt bleiben, einen Einfluß auf alle Aspekte der zwischenmenschlichen psychotherapeutischen Beziehung haben können, vertieft noch das methodologische Dilemma. Viele Forscher ziehen daher das Studium von Prozessen vor, die einer Einengung und Kontrolle relevanter Variablen leichter zugänglich sind. Ein solches **wissenschaftliches System** (hypothetisch-deduktives Experimentieren) muß auf der festen Grundlage exakter verläßlicher Befunde aufgebaut werden. Das aber kann für die Psychotherapie wohl nur durch eine Forschung erreicht werden, die auf relativ einfache, unkomplizierte Probleme gerichtet ist. In der Praxis zeigt es sich allerdings, daß derartige Probleme häufig von der wirklichen Lebenssituation weit entfernt sind. Obgleich Befunde, die aus solcher Forschung herrühren, wohl geeignet sind, zur Weiterentwicklung von Persönlichkeitstheorien und psychopathologischen Konzeptionen beizutragen, haben sie vorläufig nur eine sehr begrenzte therapeutische Bedeutung.

Es gibt allerdings eine mögliche **Alternative** zu diesem Vorgehen. Sie besteht in einem Ansatz, der in erster Linie auf Aktion, auf die Lösung eines wichtigen praktischen Problems orientiert ist.

Im vorliegenden Fall ging es darum, Geisteskranken zu helfen, die Klinik zu verlassen. Ausgehend vom „gesunden Menschenverstand" wurde eine Methode entwickelt, um das Ziel oder ein Teilziel zu erreichen. Der Ablauf wurde genau verfolgt, analysiert, u. U. wurden einzelne Aspekte experimentell detaillierter untersucht, um so die Ausgangsmethode zu verbessern.

Dieses Vorgehen entspricht dem des Militärstrategen, der einen Aktionsplan oder eine sogenannte „Aktionshypothese" entwickelt und zunächst in Übereinstimmung mit seiner Hypothese verfährt, um die Auswirkungen dieses Vorgehens unter verschiedenen Bedingungen zu beobachten. So kann er die Umstände kennenlernen, unter denen die „Aktionshypothese" sich zu bestätigen scheint, sowie die Bedingungen, die die „Aktionshypothese" einschränken oder sogar widerlegen. Indem die Bedingungen erkannt werden, unter denen eine Methode die gewünschte Wirkung erzielt, wird eine bessere Einsicht in die Zusammenhänge, auf die es ankommt, gewonnen. Dieser aktionsorientierte Ansatz wird allerdings von nicht klinisch arbeitenden Psychologen des öfteren wegen mangelhafter Kontrolle der verschiedenen Variablen sowie wegen geringer Reliabilität und Validität der Ergebnisse kritisiert.

Vom Standpunkt des Klinikers könnte man gewissermaßen das gesamte Gebiet psychologischer Forschung als ein großartiges „Experiment" ansehen, bei dem sich die größere Wirksamkeit eines der beiden alternativen wissenschaftlichen Verfahren — des hypothetisch-deduktiven Experimentierens und der aktionsorientierten Forschung — herausstellen soll.

Die vorliegende Studie wurde als Erkundungsversuch konzipiert, um auf zwei Gebieten, die bei der aktionsorientierten Forschung in der Psychopathologie besonders problematisch sind, gewisse Einsichten zu gewinnen:

1. Persönlichkeitstheorien oder „Psychotherapeutische Schulen", die sich gegenseitig auszuschließen scheinen, gibt es in der Psychotherapie in ausreichender Zahl. Um unter diesen Möglichkeiten die optimale zu finden, kommt es darauf an, Grundannahmen und hypothetische Konstrukta durch weitere empirische Beobachtungen solcher Vorgänge zu überprüfen, auf denen jeweils die gesamte Konzeption beruht.
2. Viele geisteskranke Patienten entwickeln nach dem akuten Stadium ihrer Krankheit eine Rand-Realitätsanpassung, die starr in die jetzt vertraute Krankenhausumwelt eingebettet ist und durch irgendeine tatsächliche oder beabsichtigte Änderung dieser Verhältnisse, wie z. B. „drohende" oder „ersehnte" Entlassung, erschüttert werden kann. Das Verstehen und die Behandlung dieses Zustandes ist ein Problem von stetig wachsender Bedeutung, da gerade er in hohem Maße an der wachsenden Zahl chronischer Krankenhauspatienten beteiligt ist.

Wir erhofften uns, tieferes Verständnis für die Natur dieser Probleme durch einen Vergleich alternativer Lösungswege im Krankenhaus zu gewinnen.

Die Alternativen

„Klinische Psychotherapie-Schulen" sind überwiegend als „Aktionshypothesen" entwickelt worden, und als solche sind sie lebendiger Beweis sowohl der Nachteile als auch der Vorteile einer Aktionsorientierung in der wissenschaftlichen Forschung. Weit entfernt davon, zu einer einheitlichen Konzeption der Persönlichkeitsentwicklung und der Verhaltensstörungen zu gelangen, hat die klinische Psychotherapie-Forschung zur Schaffung zahlreicher, oft gegensätzlicher Systeme geführt. Diese Systeme oder „Klinische Psychotherapie-Schulen" erstrecken sich allgemein längs eines Kontinuums von fast ausschließlicher Betonung intraindividueller Faktoren der Persönlichkeitsentwicklung und Verhaltensstörungen bis zu einer ähnlich ausschließlichen Betonung von Umwelteinflüssen. Innerhalb dieses Kontinuums kann man zwei größere Pole erkennen:

A) Um den einen Pol gruppieren sich Persönlichkeitsauffassungen, die das Individuum und speziell seine biologische Konstitution als Hauptdeterminanten seiner Entwicklungspotentiale und folglich auch einer Fehlanpassung betrachten. Fehlerhafte Vererbung oder persönliche Reaktionstendenzen werden zum Hindernis für die normale Entwicklung eines Individuums und können zur Erkrankung führen. Die Behandlung konzentriert sich konsequenterweise in erster Linie auf das Individuum. Dieser psychotherapeutische Ansatz wird in dieser Studie als individualzentrierter (IZ) Ansatz gekennzeichnet. Er kann sowohl in einem individuellen als auch in einem Gruppenrahmen angewendet werden.

B) An dem anderen Pol findet man Persönlichkeitstheorien, die die gesellschaftlichen Verhältnisse, unter denen der Einzelne lebt und arbeitet, als Hauptdeterminanten der individuellen Entwicklung und eventueller Fehlanpassung ansehen. Ein Individuum, das von dem kooperativen Wirken seiner sozialen Gruppe losgelöst lebt, wird in seiner Entwicklung gehemmt und kann schließlich Zeichen fehlender Verhaltensintegration aufweisen. Ausgehend von dieser Auffassung konzentriert sich die Behandlung vorwiegend darauf, den Kontakt des isolierten Individuums mit seiner Gesellschafts-Gruppe wiederherzustellen. Diese Methode wird hier als der soziodynamische (SD) Ansatz gekennzeichnet.

Drei Verfahren, die die obengenannten beiden Pole „Klinischer Persönlichkeitstheorien" verkörpern, wurden im Rahmen des Forschungsprojektes angewendet:

1. Individuelle Therapie (IZ)
   Jeder dieser Behandlungsgruppe zugewiesene Patient wurde individuell behandelt. Seine Gespräche mit dem Psychiater (Psychoanalytiker) konzentrierten sich auf die persönliche Problematik des Patienten.
2. Gruppentherapie (IZ)
   Die dieser Gruppe zugewiesenen Patienten wurden vom Forschungsleiter

in gruppentherapeutischen psychoanalytisch orientierten Sitzungen behandelt. Diese Gruppensitzungen konzentrierten sich ebenfalls auf die persönlichen Probleme der Teilnehmer.

3. Gruppentherapie (SD)
Die dieser Gruppe zugewiesenen Patienten erhielten die Aufgabe, ein Marionettenspiel zu schreiben und aufzuführen, in dem die mißliche Lage eines entlassenen geisteskranken Patienten, der einer Welt voller Vorurteile gegenübersteht, darzustellen war. Außerdem waren die Marionetten und die Bühne herzustellen usw. Anstatt sich auf die persönlichen Probleme der Patienten zu konzentrieren, stellte die Psychotherapie die Ausführung eines sinnvollen, sozial nützlichen Ziels durch gemeinsame, kooperative Anstrengung in den Mittelpunkt.

Die zwei individualzentrierten Behandlungsverfahren gingen annähernd analog einer psychoanalytisch orientierten Psychotherapie vor. Der soziodynamische Ansatz andererseits hatte die Aufgabe, den Patienten an eine Aktivität heranzuführen, die sinnvoll sein sollte, d. h., sie sollte einen Beitrag liefern, ‚der anderen Menschen etwas gab' und dadurch dem Patienten ein Gefühl seines eigenen Wertes und seiner menschlichen Würde vermittelt, indem er erlebt, daß er durch seine Aktivität an etwas mitwirkt, das andere Menschen als wertvoll ansehen. Sein Status als Mitgestalter sollte ihm gezielt bewußt gemacht werden, um sein eigenes Wertgefühl zu steigern. Die vorgesehene Aktivität sollte gleichzeitig Gelegenheit bieten, eine Vielfalt von Fertigkeiten und persönlichen Befähigungen einzusetzen und schöpferisch zu entwickeln. Sie sollte im Rahmen kooperativer Gruppenaktivität ablaufen, die so organisiert war, daß sie nicht nur Kontakt mit anderen begünstigte, sondern auch einen hohen Grad gegenseitiger Abhängigkeit des „Helfens und sich Helfenlassens" erforderte.

Die drei therapeutischen Verfahren wurden nun mit dem Ziel eingesetzt, chronisch psychotischen Patienten zu helfen, effektiver den Konflikt zu bewältigen, der in dem Gegensatz zwischen ihrer übermäßigen Abhängigkeit vom Krankenhaus und dem Bedürfnis nach eigener stärkerer Unabhängigkeit existiert. Unabhängig von der ursprünglichen Krankheit, die zunächst eine stationäre Behandlung nötig macht, scheint eine verlängerte Krankenhausunterbringung eine akute kritische Phase dieses Abhängigkeits-Unabhängigkeits-Konflikts zu bewirken. Zuweilen ist diese Phase „Institutionalisierung" oder „Hospitalismus" genannt worden. Je überzeugter der Patient ist, daß er das Krankenhaus nicht verlassen kann, um so stärker äußert er seinen Wunsch, entlassen zu werden; sobald er benachrichtigt wird, daß er das Krankenhaus jederzeit verlassen kann, wenn er sich fähig fühlt, es zu tun, zeigt er vielfältige Symptome und fängt an, sowohl sich selbst als auch dem psychiatrischen Personal zu demonstrieren, daß er tatsächlich noch nicht in der Lage ist, die Klinik zu verlassen.

Keineswegs soll der Eindruck erweckt werden, daß der „Hospitalismus"-Patient ein berechnender Egoist ist, der weiß, wie man ein Maximum an Fürsorge und Schutz von seinen Mitmenschen erhält. Eine solche Auffassung würde dem realen Gefühl von Unzulänglichkeit, dem erniedrigenden Eingeständnis, ein „Versager" zu sein, und der übermäßigen Frustration dieser Patienten nicht gerecht werden. Es würde ebensowenig den inneren, allerdings abortiven Drang des Patienten, gesund und unabhängig zu sein, berücksichtigen. Der Patient ist regelrecht gefangen in dem Konflikt zwischen der Abhängigkeit von Sicherheit und Schutz des Krankenhauses, die zwar verbunden ist mit der Forderung nach Unterordnung des Individuums unter das Krankenhausregime und Leitung einerseits und andererseits seinem Verlangen, gesund und stark „sein eigener Herr" zu sein. In dieser Situation braucht er Hilfe, um zu lernen, wie er sich selbst aus diesem Konflikt befreien kann.

„Hospitalismus" als spezifischer pathologischer Zustand wurde aus zwei Gründen als Prüfstein therapeutischer Wirksamkeit gewählt: Erstens, weil diese Problematik in zunehmendem Maße den Psychiatern ernste Sorge bereitet, da die Zahl der „Hospitalismus"-Patienten in den (USA) Krankenhäusern eine bedrohliche Zunahme zeigt, Krankenhausbetten blockiert, damit auch Defätismus und Entmutigung bei dem psychiatrischen Personal sowie bei den neu ankommenden Patienten verbreitet. Zweitens, weil es sich um einen Zustand handelt, der eine klare unzweideutige Einschätzung der Therapie erlaubt. Wenn dem Patienten geholfen würde, diesen Konflikt zu lösen, wird er das Krankenhaus verlassen. Die Entlassungsrate könnte folglich eine „objektive" Indikation für erfolgreiche Therapie sein. In der vorliegenden Untersuchung wurde dieser Index ergänzt durch den Prozentsatz von Wiederaufnahmen während eines dreimonatigen Nachfolgezeitraumes und durch eine Reihe subjektiver Aussagen.

Stationsatmosphäre (Milieu)

Es wurde bereits erwähnt, daß „Hospitalismus" als eine übermäßig starre, unelastische Anpassung an das Krankenhaus anzusehen ist. Dabei gibt es guten Grund für die Annahme, daß das Krankenhaus-Klima oder Milieu den Abhängigkeits-Unabhängigkeits Konflikt beeinflussen kann.

Zwei verschiedene Arten von Stationsatmosphären existierten, als die vorliegende Forschung im Winter-V.A.-Krankenhaus (Topeka) durchgeführt wurde:

1. eine „laissez-faire"-Atmosphäre, bei der es dem Patienten weitgehend überlassen war, sich selbst zu behandeln, d. h. sich selbst der verschiedenartigen Behandlung, physikalischen Medizin- und Rehabilitationsmaßnahmen des Krankenhauses zu bedienen, wie er es für angemessen hielt.
2. eine „Abhängigkeits"-Atmosphäre, bei der als Gegenleistung für passive Unterwerfung unter einen voll gegliederten Tagesablauf den Patienten die Befriedigung ihrer hauptsächlichen körperlichen Bedürfnisse gesichert war. Motivation für eine schließliche Erlangung der Unabhängigkeit war das Empfinden des Patienten, „es satt zu haben, wie ein Baby behandelt zu werden".

Zur Durchführung der vorliegenden Untersuchung wurde eine dritte Behandlungs-Atmosphäre gewählt, die man „demokratisch" nennen könnte.

3. Zur demokratischen Atmosphäre gehörte auch eine klare Zeitstruktur. Die Initiative jedes Patienten und seine Zusammenarbeit mit den anderen Patien-

ten wurde ermutigt und belohnt. Alle Patienten der Forschungs-Station hatten sich freiwillig für das „intensive Behandlungsprogramm“ erklärt und wußten, daß die Behandlung genau drei Monate dauern sollte. Nach dieser Zeit war die Entlassung vorgesehen, wobei aber noch ein Zeitraum von weiteren drei Monaten für Nachuntersuchungen angesetzt war.

So stellte die Forschung den Versuch dar, die Auswirkung der drei speziellen Behandlungsverfahren, die IZ-individuellen-, der IZ-Gruppen- und der SD-Gruppentherapie innerhalb desselben allgemeinen Stations-Milieus zu beobachten.

Da dieses Klima aber selbst im Widerspruch zur Atmosphäre vieler anderer Stationen im Winter-V.A.-Krankenhaus in Topeka und auch in anderen Krankenhäusern stand, konnten gleichzeitig Beobachtungen über den Einfluß dieser Verschiedenheit wertvolle Informationen liefern.

Forschungsverfahren

Auswahl von Patienten

Im Winter-V.A.-Krankenhaus, Topeka, Kans., in dem diese Forschung durchgeführt wurde, gibt es viele Patienten, die nach Meinung ihrer Ärzte nicht nur unfähig sind, Nutzen aus einem weiteren Aufenthalt in den „Dauerbehandlungsabteilungen“ des Krankenhauses zu ziehen, sondern auch Gefahr laufen, als Ergebnis einer verlängerten Krankenhausunterbringung zunehmend abhängiger und hilfloser zu werden. Andererseits sind die Patienten bereits so an die Krankenhausroutine und die damit verbundene Sicherheit gewöhnt, daß sie es nicht wagen, überhaupt noch ernsthaft an ein Verlassen des Krankenhauses zu denken, wenigstens nicht in unmittelbarer Zukunft. Solche Patienten wurden durch die Psychiater ihrer Abteilung für die Teilnahme an dem Forschungsprojekt ausgewählt. Der Versuchsleiter informierte dann jeden Patienten individuell über die genaue Art des geplanten „Intensiv-Therapie“-Forschungsprogramms. Er wies darauf hin, daß nur die zugelassen würden, die, abgesehen von der Empfehlung durch den Stationsarzt, ihre Zustimmung freiwillig durch ihre Unterschrift bekunden würden. Die Reaktion war alles andere als enthusiastisch. Viele weigerten sich, freiwillig zuzustimmen. Schließlich gelang es dem Versuchsleiter, 18 Patienten für das Projekt zu gewinnen, allerdings nicht ohne die ursprünglichen Kriterien für die Auswahl der Patienten zu erweitern. So gelangte eine Anzahl von Patienten in die endgültige Versuchsgruppe, die ursprünglich nicht als geeignet angesehen worden waren, weil sie nach Meinung der Psychiater noch zu sehr unter Wahnideen litten, um eine Aufnahme auf einer offenen Station ratsam erscheinen zu lassen.

Ergebnisse

A) Auswirkung der drei spezifischen Behandlungsmethoden innerhalb eines einheitlichen Stationsmilieus

Folgende Daten geben einen Überblick über die erfolgten Entlassungen aus dem Krankenhaus für jede der drei Behandlungsgruppen (Tab. 1):

Tabelle 1

Art der Behandlung		Weiter stationär	Entlassen	Während Nachuntersuchungszeitraum wieder-aufgenommen	permanent entlassen*
IZ-individuell	N = 6	2	4		4*
IZ-Gruppe	N = 6	1	5	2	3
SD-Gruppe	N = 6	1	5		5

* Ein Patient der IZ-individuellen Gruppe, der als permanent entlassen angeführt wird, hatte vor Ablauf der Dreimonatsfrist die Wiederaufnahme erbeten, wurde aber auf Anraten des Therapeuten und des Abteilungsarztes nicht angenommen, sondern aufgefordert, die Formalitäten einzuhalten und seinen Namen auf die Warteliste setzen zu lassen.

Neben der geringfügigen Überlegenheit der SD-Gruppe bezüglich der Entlassungsrate zeigten die Mitglieder dieser Gruppe auch mehr Verbesserungen zwischen Vor- und Nach-Beurteilungen. Bezüglich dieser Beurteilungen stimmten sowohl die psychiatrischen Kollegen als auch die Mitpatienten weitgehend überein. Die soziometrische Untersuchung zeigte eine relativ größere Zunahme der Popularität der SD-behandelten Patienten gegenüber den IZ-individuell Behandelten und gegenüber der Verringerung der Popularität der in der IZ-Gruppe behandelten Patienten. Andere Daten, sowie die Meinung der Psychiater, die in den Antworten auf Fragebogen und in Interviews zum Ausdruck kamen, machen deutlich, daß die Patienten, die im SD-Gruppen-Verfahren behandelt wurden, mindestens so viel Nutzen aus ihrer Behandlung gezogen haben, wie die der beiden anderen Gruppen. Bei den Patienten der IZ-individuellen-Behandlung zeigte sich eine Abneigung gegen diese Therapie, die zeitweilig deutlich in Erscheinung trat, derartige Empfindungen traten bei den IZ-gruppenbehandelten Patienten nur in viel geringerem Maße auf. So eindrucksvoll diese Ergebnisse infolge ihrer weitgehenden Übereinstimmung auch erscheinen mögen, müssen sie doch mit Vorsicht aufgenommen werden. Die meisten dieser Unterschiede sind tatsächlich statistisch nicht signifikant und die Möglichkeit, daß es sich dabei nur um Zufallsabweichungen handelt, kann nicht ausgeschlossen werden. Es ist ebenfalls möglich, daß die Zusammenstellung der Behandlungsgruppen auf Grund mangelnder Repräsentanz der Vergleichskriterien nicht adäquat gepaart wurde.

Eine Analyse des therapeutischen Ablaufs innerhalb der drei Behandlungsgruppen zeigt interessante Entwicklungsunterschiede, die IZ-Gruppentherapie z. B. ermöglichte eine kathartische Abreaktion der Symptome der Patienten und förderte anschließend eine bewußtere Konfrontation mit der Wahl, entweder mit den Symptomen zu leben oder sich von ihnen beherrschen zu lassen. Die SD-Gruppentherapie vermittelte den Patienten das praktische Erleben der störenden asozialen Wirkungen der Symptome, brachte Sanktionen des Gruppendruckes und der Gruppenzustimmung ins Spiel und ermöglichte dem Patienten das wohltuende Erleben der Akzeptierung und Wertschätzung durch die Gruppe und die größere Gemeinschaft auf Grund eigener Bemühungen um Kontrolle und Selbstbeherrschung. Dadurch wurde die Fähigkeit für schöpferische Beherrschung der inneren und äußeren Konflikte offensichtlich gesteigert.

B. Die Wirkung der Unterschiede des Stations-Milieus

Unabhängig von der unterschiedlichen Wirkung der spezifischen Behandlungsmethoden scheint die Forschungsstation als Ganzes die Entlassung chronischer Patienten eher günstiger zu beeinflussen als dieselbe Station z. B. während eines entsprechenden Zeitraums des Vorjahres. Andere Vergleiche von Entlassungszahlen ebenso wie das Urteil der Mitglieder des psychiatrischen Kollektivs und der Patienten unterstreichen, daß die Forschungsstation als Ganzes in bezug auf eine allgemeine therapeutische Wirkung zum mindesten gleich gut war wie andere Stationen, in denen Patienten mit einem ähnlich hohen Grad von Chronizität im Winter-V.-A.-Krankenhaus behandelt wurden. (Tab. 2) Jedoch bleibt selbstverständlich auch hier eine eventuell vorhandene Ungleichheit der Zusammensetzung der Patientenpopulation ein versteckter Faktor, der weitere Untersuchungen anregen sollte. Im Rahmen der gegenwärtigen Versuchsanordnung erscheint es fast unmöglich, die Wirkung der „gemeinsamen" Stations-Atmosphäre von der der „spezifischen" Behandlungsverfahren zu trennen. Es war ursprünglich angenommen worden, daß die „gemeinsame"-Stationsatmosphäre wahrscheinlich die therapeutische Wirkung aller drei Behandlungsmethoden gleichermaßen fördern und dadurch ihre Unterschiede vergrößern würde. Es ist jedoch ebenfalls möglich, daß die Interaktion zwischen Stationsklima und Behandlungsverfahren ganz anders gewesen sein kann und statt die Wirksamkeit aller drei Behandlungsmethoden gleichermaßen zu fördern, Patienten in unterschiedlichen Behandlungsgruppen in recht unterschiedlicher Weise beeinflußte, so daß Differenzen, die ohne diesen Einfluß die Wirkung spezifischer Behandlungsmethoden hervorgehoben hätten, abgeschwächt oder maskiert wurden.

Tabelle 2: Vergleich der Entlassungszahlen bei unterschiedlichen therapeutischen Atmosphären

Therapeutische Atmosphäre	Weiter hospitalisiert	Versuchs-Entlassung	Entlassung
„demokratisch" (Untersuchung Station 1951)	33%	17%	50%
„Abhängigkeit" (Station 1950)	44%	44%	12%
„Abhängigkeit" Gesamte Neuropsychiatrische Abteilung, zu der die Station 1951 gehörte	57%	23%	20%
„Abhängigkeit" Andere NP-Abteilungen des Krankenhauses	65%	35% (Versuchs-Entlassung und Entlassung zusammen)	

Zusammenfassung

Im Rahmen aktionsorientierter Forschung versuchte die vorliegende Arbeit, unser Verständnis der psychotherapeutischen Dynamik zu vertiefen. Bei einer Reihe von Problemen wurden allerdings nur noch weitere neue, wenn auch mehr spezifische Probleme aufgeworfen, ohne alte zu lösen. Das trifft z. B. für die Interaktion zwischen Stationsatmosphäre und spezifischer Behandlungsmethode sowie für die Zusammenstellung der notwendigen Auswahlkriterien zu.

Als ein positiver Aspekt dieser Untersuchung wurde gefunden, daß für „Hospitalismus" gewisse neue und relativ selten verwandte psychotherapeutische Ansätze mindestens so erfolgreich zu sein scheinen als die besser bekannten Vergleichsmethoden.

1. Trotz des Fehlens einer nuancierteren Auswahlkriterienreihe der drei Behandlungsgruppen kann konservativ gesagt werden: daß der spezifische SD-Gruppenansatz zum mindesten so erfolgreich ist wie der IZ-individuelle und die IZ-Gruppenbehandlung.
2. Die „demokratische" Stationsatmosphäre erweist sich als mindestens ebenso therapeutisch für diesen Zustand wie das „Abhängigkeits"- und das „laissez-faire".-Milieu.

Um aktionsorientierte Forschung weiter zu führen, wird es notwendig sein, diejenigen Faktoren genauer zu kontrollieren, die im Laufe dieser Untersuchung in Verdacht gerieten, möglicherweise versteckte Variablen zu sein.

3.1.3. Zum Stand der Hypnotherapie

Die Hypnotherapie hat im letzten Jahrzehnt weitere Verbreitung erfahren. Die Zahl der Publikationen in diesem Zeitraum übersteigt die der vorhergehenden hundert Jahre. Dabei ist insbesondere ein beeindruckendes Anwachsen experimenteller Arbeiten zu verzeichnen. Nach einer vorübergehenden Periode zu Beginn des Jahrhunderts, in der die Hypnose in Anbetracht der Entdeckung und Verbesserung neuer Analgetika, Anaesthetika und Sedativa in den Hintergrund getreten oder auf Grund überhöhter Erfolgsberichte einzelner Hypnotiseure sogar diskreditiert worden war, ließen bereits die fünfziger Jahre eine neuerliche Steigerung des Interesses maßgeblicher medizinischer Gremien erkennen.

So wurde im Jahre 1950 auf der gemeinsamen Tagung der Sowjetischen Akademie der Wissenschaften und der Akademie der Medizinischen Wissenschaften ausdrücklich das Studium und die therapeutische Anwendung der Hypnose empfohlen. Bedeutende sowjetische Psychotherapeuten (Roschnow, Platonow) betrachten die Hypnotherapie als eine der wichtigsten psychotherapeutischen Methoden überhaupt und sind der Meinung, daß psychotherapeutische Arbeit in der Mehrzahl der Fälle nur Erfolg zeigt, wenn sie sich mit oder ohne Absicht auf die einen oder anderen Elemente der Hypnose stützt.

1955 bestätigte die British Medical Association nach langen inneren Auseinandersetzungen die Hypnose als bona-fide-Therapie.

1958 nahm die konservative American Medical Association die Hypnose formell in das medizinische Behandlungsarsenal auf. 1961 erklärte schließlich auch die American Psychiatric Association die Hypnose zur Methode, „die bei Untersuchung, Diagnostik und Behandlung angewandt zu werden und auf zahlreichen Gebieten der medizinischen Praxis und Forschung wertvolle Dienste zu leisten vermag“.

Aber trotz der praktischen Erfolge der Hypnose, der ständigen Verbesserung therapeutischer Einsatzmöglichkeiten dank differenzierter Indikationsstellung und erhöhter Effektivität sind bis in die Gegenwart hinein viele Fragen über das Wesen der Hypnose ungeklärt. Sicher ist nur, daß neben methodischen Variablen vielfältige kulturelle und individuelle Faktoren die jeweilige Verhaltensweise hypnotisierter Patienten bestimmen. Historische Vergleiche haben z. B. gezeigt, daß über die individuellen Unterschiede hinweg das Verhalten der hypnotisierten Patienten weitgehend den jeweiligen Vorstellungen ihrer Hypnotherapeuten entspricht. So erlebte MESSMER furchterregende Konvulsionen bei seinen Patienten. LIÈGEOIS und LIÉBEAULT hatten ruhige, vollkommen fügsame Patienten. CHARCOT, der glaubte, daß hypnotisierte Patienten Hysteriker seien, die nervöse Störungen in großen dramatisch-spektakulären Ausbrüchen demonstrierten, erlebte tatsächlich solche Auftritte, während BABINSKY, der solche Krisen nicht für echt hielt, auch wirklich nie derartige Szenen bei seinen Patienten sah. Moderne Hypnoseforscher, die davon ausgehen, daß spezifische sozio-kulturelle Einflüsse das Erscheinungsbild der Hypnose mitbestimmen, finden in sorgfältigen Untersuchungen ihre Hypothese bestätigt, während umgekehrt jene, die rein physiologische Faktoren zur Erklärung des hypnotischen Verhaltens heranziehen, in ihren Untersuchungen ebenfalls den Nachweis für die Richtigkeit ihrer Theorien erbringen.

Diese Tatsachen beleuchten die schillernde Vielseitigkeit hypnotischer Phänomene und die daraus resultierende Gefahr einseitiger Erklärungen.

In neuerer Zeit hat die Kontroverse über das Wesen der Hypnose sich an dem Problem entzündet, ob die Hypnose ein qualitativer Ausnahme- oder ein normaler Wach-Zustand ist.

Von den Anfängen der modernen Hypnose an haben Untersucher, wie BERNHEIM und die Schule von NANCY, gewisse Ungereimtheiten im hypnotischen Verhalten beobachtet und sich gefragt, wie weit das Verhalten der Hypnotisierten überhaupt echt sei. Begriffe wie Suggestion, Einbildung, Gehorsam, Kooperation, Gefälligkeitshaltung u. a. wurden angeführt, um dieses Verhalten zu erklären.

SARBIN, COE u. a. haben gegenwärtig den Wunsch der Versuchsperson, hypnotisiert zu werden und die Rolle des hypnotisierten Mediums zu spielen, in den Vordergrund gerückt. Diejenigen, die qualitative Besonderheiten der Hypnose in Frage stellen und überhaupt das hypnotische Verhalten als mehr oder weniger motiviertes Normalverhalten betrachten, ohne deshalb etwa die therapeutische Wirkung der Hypnose in Abrede zu stellen, bezeichnen sich selbst als die „Skeptiker“, während sie diejenigen, die von der besonderen qualitativen Eigenart des hypnotischen Zustandes überzeugt sind, als die „Leichtgläubigen“ charakterisieren.

In diesem Zusammenhang weist PLAPP darauf hin, daß in der Geschichte der Hypnoseforschung dieses Jahrhunderts — und möglicherweise sogar der gesamten Therapieforschung — die Beschreibung dramatischer therapeutischer

Erfolge meist eine Reihe von Untersuchungen nach sich zog, in denen diese Wirkungen zunächst bestätigt wurden. Später folgten dann jedoch Untersuchungen, die steigende Zweifel über die therapeutische Wirksamkeit begründeten. Diese Entwicklung könne natürlich den ständig wachsenden Ansprüchen an wissenschaftliche Exaktheit zugeschrieben werden, es könne sich aber ebenso gut um die experimentell nachgewiesene Voreingenommenheit der Untersucher handeln, insbesondere, da die Entdecker der dramatischen therapeutischen Wirkungen meist in engstem Kontakt mit den unter großem Leidensdruck stehenden Patienten gewesen seien, während die späteren skeptischen Experimentatoren meist größeren Abstand zu den unmittelbar dramatisch-klinischen Situationen gehabt hätten.

Die Auseinandersetzungen dieser sich widersprechenden Untersuchergruppen sind recht fruchtbar gewesen. So haben sie zu einer ganzen Reihe ausgeklügelter Kontrolltechniken geführt, mit denen jede Seite versuchte, die Richtigkeit ihrer Auffassung nachzuweisen. Dabei kam es zu einer hochgradigen Verfeinerung experimenteller Versuchsanordnungen, bei denen vielfach neben der eigentlichen Hypnosegruppe und einer nichthypnotisierten Kontrollgruppe eine dritte Quasi-Kontrollgruppe beobachtet wird, die den Auftrag hat, die Hypnose möglichst echt zu simulieren. Die Gruppe Barber, Chaves und Spanos, die der DDR-Leser ja bereits aus ihrem Beitrag im vorigen Hypnosebuch kennt (Spanos und Chaves), hat in der Zwischenzeit ihre Konzeption weiter abgerundet. So konnte sie experimentell z. B. acht Gruppen von Faktoren oder Variablen nachweisen, die die Bereitschaft der Probanden erhöhen, auf Suggestionen einzugehen (Barber et al.). Es handelt sich dabei um:

1. Die Beschreibung der Situation als Hypnose
2. Die Klärung und Beseitigung von Ängsten und falschen Auffassungen
3. Die Gewinnung der Mitarbeit des Probanden
4. Die Aufforderung, die Augen zu schließen
5. Die Suggestion von Entspannung, Schlaf und Hypnose
6. Detailliertere Darstellung und Veränderung von Ausdrucksweise und Tonfall der Suggestionen
7. Anknüpfung der Suggestionen an tatsächlich ablaufende Verhaltensweisen
8. Vermeidung von Mißerfolgen bezüglich der Suggestionen oder zumindest Umdeutung derselben, wenn sie doch einmal eintreten.

Barber und Mitarbeiter stellen fest, daß solche Erscheinungen wie „Aussehen wie hypnotisiert", „Veränderung des Körpergefühls" und subjektiver Eindruck, daß man hypnotisiert war, ebenso wie viele andere scheinbar wunderbare Wirkungen der Hypnose, eine Folge der genannten 8 Variablen sind; dabei spielt insbesondere die Bereitschaft, sich auf gezielte Vorstellungen zu konzentrieren, eine entscheidende Rolle. Ein großer Teil der Bevölkerung hat die Fähigkeit mitzudenken und sich auf gezielte Vorstellungen zu konzentrieren. Aber diese Fähigkeit wird oft nicht entwickelt und so gehen diesen Menschen wertvolle therapeutisch nützliche Möglichkeiten verloren. Man kann das einerseits durch hypnotische Induktion und andererseits durch Training dieser menschlichen Fähigkeiten erreichen. Zu diesem Zweck entwickelt Barber gegenwärtig ein spezielles Trainingsprogramm menschlicher Potenzen. Es bleibt abzuwarten, inwieweit ein derartiges Programm im Einzelfall von den Methoden Hartlands, Weitzenhoffers und anderer abweicht, die die Hypnose als qualitativ veränderten Zustand ansehen, aber den hypnotherapeutischen Prozeß, genau wie Barber und seine Mitarbeiter, als aktives Erlernen bisher brachliegender menschlicher Potenzen betrachten. Dabei ziehen sie zur gezielten Lenkung effektiver therapeutischer Vorstellungen allerdings die von Barber und Mitarbeitern aufgezählten 8 hypnoseinduzierenden Faktorengruppen heran.

So hat es den Anschein, als löse sich die langjährige Kontroverse, in deren Verlauf es zu einer Reihe von Mißverständnissen, aber auch zur Entwicklung neuer fruchtbarer experimenteller Ansätze und interessanter Einsichten kam. Wir werden sehen, ob das von der Barber-Gruppe in Ausarbeitung befindliche Trainingsprogramm wirkungsvoller ist als eine bona fide durchgeführte Hypnose. Daß es unter experimentell-hypnotischen Bedingungen nicht immer zu einem qualitativ anderen Bewußtseinszustand kommt, darüber sind sich eigentlich alle einig. Um so bedeutsamer ist die ausgewogene Auffassung des Nestors der amerikanischen Hypnosetherapie Erickson. Er ist der Meinung, daß zwischen experimenteller und klinisch-therapeutischer Hypnose ein wesentlicher Unterschied besteht. Bei der experimentellen Hypnose handle es sich um ein Verfahren, daß die normalen Wacheinstellungen und Verhaltensweisen nicht völlig ausschalten könne. Eine wirklich zufriedenstellende Trance sei erst zu erzielen, wenn alle Wacheinstellungen und Verhaltensweisen des täglichen Lebens gehemmt bzw. ausgeschaltet seien. Das erfordere jedoch Zeit, besondere Technik, eine spezifische Motivierung seitens des Patienten und ausgedehntes Training. Daher gibt Erickson z. B. selten therapeutische Suggestionen, bevor nicht der Patient mehrere Male hypnotisiert worden ist und der Trancezustand nicht wenigstens 20 Minuten Zeit hatte, sich zu entwickeln. Dagegen würden im typischen Hypnoseexperiment standardisierte Anweisungen und direkte Suggestionen ohne entsprechend ausgedehntes vorheriges Training und ohne Leidensdruck des Probanden gegeben. Es gibt zahlreiche Beweise dafür, daß Versuchspersonen mit völlig anderen Einstellungen zur Hypnose kommen als Patienten. Infolgedessen können in der experimentellen Situation Wachverhaltensweisen nicht abgeschaltet werden. Erickson betrachtet es aus diesem Grund als berechtigt, die experimentelle Trance und den normalen Wachzustand als kontinuierlich anzusehen und festzustellen, daß sich kaum Hinweise für besondere qualitative Unterschiede zwischen ihnen finden lassen.

Anders ist es jedoch mit den klinischen Situationen, in denen Leidensdruck und sonstige Bedürfnisse des Patienten mit der Befähigung des Therapeuten zusammenfließen, um die erstaunlichen Diskontinuitäten zwischen Trance und normaler Bewußtseinslage hervorzurufen, die so sehr an einen besonderen Bewußtheitszustand erinnern. Ähnlich wie man Licht, je nach der Art, in der es untersucht wird, sinnvoll als Bündel oder als Wellenerscheinung ansehen kann, so ist es bei experimentellen Arbeiten über die Hypnose von hohem theoretischen Interesse, die Kontinuität zwischen normalem Wachzustand und Hypnose zu betonen, während es in der klinischen Praxis adäquat ist, die Diskontinuität zwischen Trance und Wachzustand hervorzuheben.

Während die bisher erwähnten Arbeiten durch experimentelle und Kontrolluntersuchungen festzustellen versuchten, was das besondere Wesen der Hypnose ausmacht, bemüht man sich in anderen Untersuchungen auf der Grundlage bereits bestehender systematischer psychologischer Schulmeinungen (z. B. von der psychoanalytischen, hehavioristischen, zerebro-viszeralen usw. Betrachtungsweise aus), die hypnotische Verhaltensweise zu begreifen bzw. zu integrieren. Dabei wurden ebenfalls wichtige Zusammenhänge z. B. in bezug auf die zwischenmenschliche Beziehung in der Hypnose, die Bekräftigung des hypnotischen Verhaltens, die Reizverarmung usw. aufgezeigt. Einige Untersucher kommen sogar zu der Schlußfolgerung, daß die Hypnose sich nicht nur lückenlos in den Rahmen eines der psychotherapeutischen Systeme einordnen läßt, sondern daß wir es hier geradezu mit dem Grundmodell einer psychotherapeutischen Beziehung zu tun haben. Diese Auffassung wird insbesondere von sowjetischen Psychotherapeuten, wie PLATONOW, ROSHNOW und BASSIN, geäußert. Aber auch WEITZENHOFFER stellt fest, daß der Einsatz der Hypnose im Rahmen der Behaviortherapie z. B. keineswegs nur auf die systematische Desensitisierung beschränkt bleibt, wie es zunächst den Anschein hat. Vielmehr zeige eine sorgfältige Untersuchung, daß hypnotische Methoden in viel größerem Umfang in der Verhaltenstherapie angewandt werden. Darüber hinaus hätten Hypnotherapeuten bereits verhaltenstherapeutische Methoden, wie Frühformen der Aversionsbehandlung (BERNHEIM, GRASSET, MOLL) einschließlich versteckter Sensitisierung (CAUTELA) ebenso wie die Gegenkonditionierung und reziproke Hemmung angewandt, als die Behaviortherapie selbst noch nicht entwickelt und diese spezifischen Techniken der Verhaltensbeeinflussung noch nicht als solche bekannt waren. Schließlich unterstreicht WEITZENHOFFER, daß auch in der Gegenwart die Hypnose nicht nur als Hilfsmethode im Rahmen der Behaviortherapie angewandt wird, sondern auch eine wichtige Rolle bei der Steigerung der Motivation des Patienten zur Veränderung seines maladaptiven Verhaltens, dieses zentralen Anliegens jeder Psychotherapie, zu spielen vermag.

BARBER untersuchte 4 Gruppen von Variablen, die für das Eintreten von Veränderungen in der Verhaltenstherapie und in der Hypnose gleichermaßen verantwortlich sind:

1. Motivationsvariablen,
2. Einstellungs- und Erwartungsvariablen,
3. spezifische Ausdrucksweise von Suggestionen oder Anweisungen,
4. umschriebene kognitive Vorgänge (wie gezielte Vorstellungen), die durch Suggestionen oder Anweisungen ausgelöst werden.

TOBEY und VACCHIANO zeigen in einer bemerkenswerten Untersuchung, daß für suszeptible Probanden FREUDS Technik der Freien Assoziation zu einer hypnotischen Tranceinduktion führt, so daß es durchaus möglich ist, daß FREUD die Hypnose weiter verwandte, obwohl er glaubte, er habe sie aufgegeben.

Neben diesen Arbeiten, die sozusagen das Wesen der Hypnotherapie insgesamt und umfassend begreifen wollen, haben zahlreiche Untersucher sich bemüht, einzelne in der Hypnose wirksam werdende Einflüsse zu analysieren und ihre Wirkung zu verstehen. Zweifellos kommt diesen analytischen Untersuchungen des hypnotherapeutischen Prozesses große theoretische und praktische Bedeutung zu.

Für den Praktiker ist es jedoch wesentlich, daß fast alle gegenwärtig angebotenen Konzeptionen auf drei Hauptgebieten weitgehende Übereinstimmung erkennen lassen. Tatsächlich genügt für die Lösung der meisten praktischen Fragestellungen bei der therapeutischen Hypnose die Kenntnis der Gesetzmäßigkeiten auf diesen drei Hauptgebieten, die damit gewissermaßen als tragende Säulen des Hypnosegebäudes erscheinen. Dabei sind zwei dieser drei Säulen (die erste und die dritte) nicht nur für die Hypnose, sondern für die gesamte Psychotherapie — ja, im Grunde genommen für jede Therapie — bedeutsam:

— Schaffung einer vertrauensvollen zwischenmenschlichen Beziehung zwischen Patienten und Therapeuten,
— Bewußtmachung eines vom Therapeuten gezielt veränderten Bewußtheitsgrades bzw. kognitiver Abläufe des Patienten (hierunter fallen auch die 8 Faktorengruppen, die von BARBER und Mitarbeitern isoliert wurden),
— Anbieten gezielter therapeutischer Suggestionen.

Nicht selten sind Impulsivität und mangelnde Kenntnis der Gesetzmäßigkeiten zwischenmenschlicher Beziehungen und des emotionellen Verhaltens eine Ursache iatrogener Schäden. Im Falle der Hypnose aber wird sowohl die therapeutische Potenz als auch die Möglichkeit schädigender Wirkung dieser Faktoren noch beträchtlich verstärkt. Daher kann die ungenügende Berücksichtigung oder mangelnde Kenntnis dieser Gesetzmäßigkeiten zur Entwicklung ernster Schäden führen.

Wenden wir uns diesen drei Wirkfaktoren oder tragenden Säulen im einzelnen zu:

Schaffung einer vertrauensvollen zwischenmenschlichen Beziehung:

1. Es kommt darauf an, nicht nur auf den logisch semantischen Inhalt der Bemerkungen des Patienten zu achten, sondern auch die hinter dieser Logik liegenden Gefühle zu erfassen. Wir erleben es oft, daß wir hinter einer rein sachlichen Darstellung objektiver Sachverhalte eine innere Unzufriedenheit, ja, Ärger und Wut, verspüren. Umgekehrt ist manchmal auch die Feststellung einer objektiven Situation, wie sie z. B. in der Bemerkung „hier bei Ihnen ist es aber kalt" zum Ausdruck kommt, nicht nur auf die scheinbar beabsichtigte Temperatur der Luft zu beziehen, sondern kann durchaus auch Ausdruck der Empfindung des Patienten für die Atmosphäre der zwischenmenschlichen Beziehungen sein. Wenn es dem Therapeuten gelingt, diese hinter dem logisch semantischen Inhalt der Aussagen des Patienten liegenden Gefühle zu erfassen und zu begreifen und dem Patienten gegenüber dieses Verständnis zu reflektieren, so schafft er damit eine günstige Voraussetzung für eine bessere therapeutische Beziehung: eine vertrauensvolle Atmosphäre. Diese Problematik kann hier nur angedeutet werden, sie ist so umfangreich, daß lediglich über diesen Aspekt Theodor REIK ein bedeutendes, tiefschürfendes und inhaltsreiches Buch geschrieben hat.
2. Um einen sinnvollen Ansatz zu finden, ist es wichtig, hinter den augenblick-

lichen Verhaltensweisen des Patienten seine dauerhaftere Einstellung, sein ethisches Leitsystem, gewissermaßen den Lebensstil oder die große Verhaltensschablone zu begreifen. Nur so vermag man zu erkennen, inwieweit ein psychotherapeutisches Verfahren bzw. eine therapeutische Hypnose zur Optimierung dieser, dem Patienten oft selbst nicht voll bewußten Lebensweise beitragen kann.

3. Der Patient kommt zum Therapeuten um Hilfe, d. h. er sucht einen Fachmann, eine Autorität auf einem Gebiet, auf dem er selber nicht zurechtkommt. Bei aller Kameradschaftlichkeit und menschlichem Verständnis, das man gegenüber dem Patienten empfindet, ist es daher doch notwendig, eine gewisse Distanz zu wahren und selber zu erkennen, daß nicht alle Entscheidungen dem Patienten überlassen oder durchsichtig gemacht werden können, da manche im Rahmen der Therapie zu treffenden Entscheidungen Wissen voraussetzen, über das der Therapeut eben durch seine Ausbildung verfügt, das er aber dem Patienten nicht in Kürze in der gebotenen Komplexität vermitteln kann.

   Die Bedeutung selbstbewußten überzeugenden Auftretens und eine bei aller notwendigen kühlen und selbstkritischen Einstellung doch Sicherheit ausstrahlenden Stimme ist nur der äußere Ausdruck dessen, was Leder Eingehen auf die Bedürfnisse des Patienten nennt.

   Das hier vorgeschlagene autoritative Auftreten des Therapeuten scheint auf den ersten Blick im Gegensatz zu stehen zu der in letzter Zeit oft erwähnten „therapeutischen Gemeinschaft“, in der das sogenannte Autoritätsgefälle vom Arzt zum Patienten verschwinden soll. Wir verstehen darunter jedoch den Verzicht auf hohle und sinnlos gewordene Autoritätssymbole im Interesse einer stärkeren Betonung der Gemeinsamkeiten. Das bedeutet aber auf der anderen Seite, daß wirkliche, aus fachlich-persönlicher Leistung stammende Autorität (ohne die eine Gesellschaft nicht existieren kann) eher noch stärker betont und bewußt akzeptiert werden kann.

4. Schonungslose Analyse der eigenen Motive und Intentionen und die Entwicklung der Fähigkeit, die Untertöne in der gegenseitigen Beziehung zu hören, sind notwendig, um gezielt ein Verhältnis zum Patienten aufzubauen, das optimale therapeutische Wirkungsmöglichkeiten bietet.

Bewußtmachung eines vom Hypnotherapeuten gezielt veränderten Bewußtheitsgrades

Wir wissen auf Grund neuerer Untersuchungen, daß es die sogenannte normale Bewußtseinslage als einheitlichen, genau determinierbaren Zustand, der sich in charakteristischer Weise vom qualitativ andersartigen Schlaf bzw. der Ohnmacht unterscheidet, gar nicht gibt. Statt der Einheitlichkeit handelt es sich beim Wachheitszustand vielmehr um ein ganzes Mosaik von Faktoren: z. B. ein gewisses Niveau emotionaler Beteiligung und Erregung, konzentrative Zuwendung, eine bestimmte Fülle extero- und interozeptiver Reizeinwirkung und -verarbeitung usw. und den daraus entstehenden quantifizierbaren Erregungs-Hemmungs-Mustern kortikaler und subkortikaler Strukturen (insbesondere auch der Formatio reticularis). Wenn sich einer oder mehrere dieser Faktoren verschieben, so entstehen Bewußtseinsveränderungen, die durchaus noch im Rahmen des Wachsein liegen wie: Lustlosigkeit, Müdigkeit bzw. Überaktivität, affektive Erregungszustände und dergleichen mehr.

Veränderte Bewußtheitsgrade sind nach Ludwig psychische Funktionszustände, die durch psychische, physiologische und pharmakologische Methoden oder Eingriffe verursacht werden und zur Folge haben, daß entweder der Betreffende selbst oder ein Beobachter eine eindeutige Abweichung des subjektiven Erlebens oder der Informationsverarbeitung von den Normen des aufmerksamen Wach-Verhaltens feststellt. Dabei kann es sich um übermäßige Konzentration auf innerorganismische Empfindungen, Veränderungen der Informationsverarbeitung oder Störungen bei der Realitätsprüfung handeln.

Eine Untersuchung dieser Zusammenhänge beleuchtet nicht nur die Komplexität des sogenannten normalen Wachzustandes, sondern zeigt auch, daß die Hypnose nur ein Segment aus dem Prisma vieler möglicher veränderter Bewußtseinszustände ist. Wenn die Hypnoseforschung in der Vergangenheit in der Hauptsache die durch Induktionsmethoden und Suggestionen herbeigeführten psychischen und verhaltensmäßigen Änderungen gegenüber einer als unitär angesehenen normalen Ausgangslage untersucht, so eröffnet die wachsende Erkenntnis über Gemeinsamkeiten und Unterschiede der veränderten Bewußtheitsgrade einen zusätzlichen methodischen Zugang zur Erfassung des Wesens der Hypnose.

Zwei Fragenkomplexe sind diesbezüglich bedeutungsvoll:

— Lassen sich Bedingungen ermitteln, die für die Entstehung aller Bewußtheitsveränderungen, also auch der Hypnose, notwendig sind?
— Was charakterisiert veränderte Bewußtheit bzw. was sind die wesentlichen Gemeinsamkeiten solcher Veränderungen?

Pawlow und später Hebb stellten bekanntlich fest, daß eine gewisse Menge sich ändernder Umweltreize notwendig ist, um einen Wachzustand des Bewußtseins aufrecht zu erhalten.

Auf der Grundlage gegenwärtig vorliegender Forschungsergebnisse lassen sich folgende Faktoren als bedeutsame Komponenten zur Veränderung des Bewußtheitsgrades anführen:

1. Umfang der exterozeptiven Stimulierung und der motorischen Aktivität
   a) Aktivitätsminderung, Reizverarmung, Bewegungseinschränkung
      Beispiele:
      Befunde sensorischer Reizverarmungs-Experimente und kosmischer Flüge
      Autobahn-Trance
      Einzelhaft oder ausgedehnte soziale Isolation, Leuchtturmwächter, Schiffbrüchige, Alterseinsamkeit, bis zu einem gewissen Grad auch bei Taubheit und Kommunikationsschwierigkeiten (Emigration)
      Weitgehende Immobilisierung, wie bei Vollgips, Kajakkrankheit der Grönländer usw., Sonnenbaden, mit der Luftmatraze auf dem Wasser liegen
   b) Steigerung, Reizüberflutung, Bewegungsturm, Emotionelle Überregung
      Beispiel:
      Tanz- und Musik-Trance (nach Jazz, Rock'n roll, rhythm. Trommeln)

Verhörmethoden wie der berüchtigte 3. Grad usw.
Religiöse Riten, orgiastische Zeremonien usw.
Kriegsneurose
Panik und Wutausbrüche
Trance-Zustande bei lang ausgedehnter sexueller Reizung

2. Grad der Konzentration und des persönlichen Engagements
   a) Verminderung der Konzentration, persönliche Uninteressiertheit, Abschaltung der Kritik

   Beispiele:
   Tagträumen, Dösen, „Spinnen"
   Freie Assoziation in der Psychoanalyse
   Ästhetische Erlebnisse (Poesie, Konzert usw.)
   Religiöse Erlebnisse (nirvana samadhi, satori)

   b) Steigerung der Konzentration, d. h. erhöhte Konzentration mit entsprechender peripherer Hyposensitivität

   Beispiele:
   Wache schieben, Ausguck auf dem Schiff, Radar-Beobachtung
   Intensives Engagement in einer Aufgabe wie schreiben, lesen, Problemlösen usw. (aktiv), Kino, Fernsehen (passiv)

3. Primär somatische Faktoren wie
   Hypo- und Hyperglykämie,
   Dehydration,
   Hormonstörungen,
   Hyperventilationszustände,
   Schlafentzug,
   Toxische Delirien,
   Drogen: Anästhetica, Narcotica, Sedativa, Psychopharmaca usw.

Eine genauere Betrachtung der genannten Bedingungen läßt erkennen, daß die einzelnen Faktoren häufig auch im täglichen Leben auftreten, ohne daß wir uns dessen bewußt sind, und daß wir infolgedessen sehr viel häufiger derartige kurzzeitige Veränderungen der Bewußtheit erleben, als wir gemeinhin glauben. Andererseits erhellt aus dieser Aufstellung auch, daß die verschiedenen Reizkonstellationen sich keineswegs gegenseitig ausschließen, sondern vielfach durchdringen. So kann der in der Sonne auf der Luftmatratze vom Wasser getragene Urlauber gleichzeitig eine Reizverarmung oder Monotonie, Bewegungseinschränkung und eine weitgehende Verminderung der Konzentration erleben.

Zur experimentellen Herbeiführung eines veränderten Bewußtheitszustandes bedient man sich vielfach der Reizverarmung oder -überflutung. Die Reizverarmung ist vor allem im Zusammenhang mit den Vorbereitungen der Kosmonauten untersucht worden. Dabei wird eine Versuchsperson in eine Situation gebracht, in der kinaesthetische, optische, akustische, olfaktorische und taktile Reize weitgehend reduziert sind. Wo man diese Reize nicht auf ein Minimum reduzieren kann, wird durch genau geregelte Monotonie eine ähnliche Wirkung erzielt.

— Dazu bedient man sich z. B. einer thermostatisch geregelten gleichbleibenden Wärme.
— Die Berührungsreize der Hände und Finger werden durch Anlegen langer Röhren an den Armen, die über die Hände herausragen, verringert.
— Das optische Feld wird eingeengt, indem man entweder völlige Dunkelheit oder mittels undurchsichtiger grauer Brillen eine gleichmäßige nebelartige Helligkeit erzeugt.
— Und schließlich wird das Gehör entweder durch die Tonabdichtung des Raumes oder das Anlegen von Kopfhörern, in denen ein gleichmäßig monotoner Laut hörbar ist, der Einwirkung von Außenreizen weitgehend entzogen.

Bei der Hypnoseinduktion kommt es nur zu einer relativ geringeren Einschränkung afferenter Reize. Extreme Reizverarmungen aber, wie die erwähnten experimentellen, verursachen erstaunlich drastische Veränderungen des Bewußtheitsgrades, ja, können u. U. zu so ausgeprägten Umstellungen führen, daß das Verhalten des Probanden psychotische und halluzinatorische Züge annimmt. Diese heute erwiesene Feststellung bezüglich der physischen Stimulation lenkt unsere Aufmerksamkeit aber auch auf die Bedeutung adäquater sozialer Reizeinwirkung und beleuchtet die kriminelle Gefährdung normaler Entwicklung ganzer Bevölkerungsgruppen, denen durch rassistische oder klassenmäßige Diskriminierung eine extreme soziale Reizverarmung aufgezwungen wird (z. B. die wandernden Landarbeiter der USA, die isoliert lebenden Bergbewohner, die sogenannten Hillbillies usw.). Die Auswirkungen sozialer Reizverarmung aber sind mindestens ebenso beeindruckend wie die physischer Deprivation.

Ähnlich wie Reizverarmungen führen auch Reizüberflutungen, etwa bei Katastrophen oder bei der elektronisch verstärkten Tanzmusik mit der Überfülle an Lauten und Bewegungen, zu Änderungen der Bewußtheit. Dabei spielen, wie bei der Reizeinschränkung der Bewegungsmangel, bei der Reizüberflutung die Fülle kinästhetischer Reize, auf Grund der raschen motorischen Reaktionsfolgen, eine beträchtliche Rolle.

Ein zweiter Faktor, der gezielt zur Veränderung der Bewußtheit eingesetzt wird, ist die Verminderung oder Steigerung der Konzentration auf genau festgelegte extero- bzw. interozeptive Vorgänge. Ebenfalls ist die Verringerung oder Steigerung der emotionellen Erregbarkeit, wie sie u. a. auch durch das Verhalten des Hypnotiseurs mitbestimmt wird, ein wichtiger Faktor.

Einige Gemeinsamkeiten solcher Art herbeigeführter veränderter Bewußtheitsgrade seien kurz hervorgehoben, weil ihre Kenntnis einen Ansatzpunkt zur Vertiefung des hypnotischen Zustandes darstellt.

— Veränderungen des Körperbildes oder Körperschemas sind wohl die bekanntesten Auswirkungen stärker veränderter Bewußtheit. Es entsteht ein Gefühl, daß die Gliedmaßen sich vergrößern oder verkleinern oder der Kopf anschwillt, oder daß das subjektive Gewicht der einzelnen Gliedmaßen wechselt usw. Wenn diese Empfindungen eine gewisse Stärke erreichen, treten Gefühle der Entpersönlichung und verschiedenartigste kinaesthetische Illusionen auf. In den von uns bearbeiteten über 1000 Hypnoseprotokollen werden derartige Empfindungen von annähernd 30% der Patienten spontan erwähnt.

— Wahrnehmungsveränderungen treten fast immer verbunden mit eigenartigen kinaesthetischen Empfindungen, wie dem Gefühl des Schwebens, Fliegens usw., auf. Auch zeigt sich allgemein eine Verringerung des abstrakten Denkens, eine Verwischung der logischen Postulate, wie des Ursache-Wirkungs-Gefüges, und eine Erhöhung der Bildhaftigkeit des Traumähnlichen bei gleichzeitiger Verringerung der Realitätskritik und der kritischen Einstellung überhaupt, so daß Verzerrungen des Wahrnehmens und Denkens ohne weiteres toleriert werden.
— Ein Verschwimmen des Zeitgefühls zeigt sich, so daß kurze Zeiträume oft als sehr lang und umgekehrt lange Zeitspannen als kurzdauernd empfunden werden.
— Im Zusammenhang mit der Veränderung der Wahrnehmung zeigt sich eine Enthemmung der emotionellen Kontrolle, der Selbstkritik und der Verhaltenskontrolle überhaupt, die unter Umständen bis zu emotionellen Ausbrüchen und Verflachung des Ausdrucksverhaltens führen kann.
— Subjektiven Erlebnissen, Ideen und Beobachtungen wird vielfach unrealistisch eine außerordentliche Bedeutung beigemessen. Sie scheinen weit über den Rahmen des Hier und Jetzt hinaus von fast transzendentraler Bedeutung, so daß oft ein relativ unwesentliches geringfügiges Geschehen als die Enthüllung letzter Wahrheiten und bedeutendster Zusammenhänge empfunden wird.

So schreibt William JAMES, einer der Begründer der amerikanischen Psychologie, daß nach dem Einatmen von Äther, Sauerstoffgemischen usw.:

„immer tiefere Wahrheiten sich erschließen, Jedoch verflüchtigt sich die Wahrheit in dem Augenblick, in dem man wieder zu sich kommt, Wenn man sich dann noch der Worte erinnert, in die sich diese scheinbar so tiefe Wahrheit kleidete, dann zeigt es sich, daß sie der reinste Blödsinn sind. Nichtsdestoweniger bleibt das Gefühl eines tiefen Erlebnisses bestehen."

— Allgemein ist die Suggestibilität bedeutend gesteigert. In dem Bestreben, sein eigenes verschwindendes kritisches Urteilsvermögen zu kompensieren, stützt man sich stärker auf die Suggestionen und Anweisungen kompetenterer oder scheinbar omnipotenter Personen wie Ärzte, Demagogen, Priester, Schamanen usw.

Derartige Phänomene erleben wir, wenn auch in abgeschwächter Form, unter den verschiedensten Bedingungen, unter denen sich der Bewußtheitsgrad ändert, sei es, daß wir am Fernsehgerät oder im Kino gebannt der Darstellung folgen, sei es, daß wir uns als Kraftfahrer intensiv auf den Straßenverkehr konzentrieren, oder daß wir in der Mittagspause ein wenig ruhen und in einen Zustand zwischen Schlaf und Wachsein geraten. Das Charakteristische für eine Hypnoseinduktion ist jedoch die Tatsache, daß wir dem Hypnotisanden die Veränderung seiner Bewußtheit, die wir zunächst gezielt herbeigeführt haben, nun auch bewußt machen. Damit schaffen wir eine wesentliche Voraussetzung, auf der wir dann die gezielten therapeutischen Suggestionen aufbauen können.

Anbieten gezielter therapeutischer Suggestionen

Durch gezielte Suggestionen und Placeboeffekte kann die Symptomatik vieler Erkrankungen und Störungen, selbst solcher mit eindeutig organischer Beteiligung, oft tiefgreifend beeinflußt werden. Allerdings hat die Suggestion eben wegen ihrer Wirksamkeit viele Ähnlichkeiten mit dem Messer des Chirurgen. Wie das letztere, kann auch die therapeutische Suggestion in qualifizierter Hand eine große Hilfe sein, aber ebenso kann sie, unqualifiziert oder ungeschickt und impulsiv angewendet, große Gefahren für den Patienten mit sich bringen. So kann sie z. B. bei organischen Erkrankungen (wie einem akuten Blinddarm) durch Schmerzausschaltung den Besuch des Chirurgen verzögern und dadurch Schaden anrichten.

Im Grunde genommen wendet nicht nur jeder Psychotherapeut und jeder Arzt, ob er will oder nicht, die Suggestion an. Auch im täglichen Leben spielt sie eine so große Rolle, daß es kaum einen Lebensbezirk gibt, in dem wir nicht suggestiven Einflüssen ausgesetzt sind. Aber im Unterschied zur unwillkürlichen Suggestion (wie sie z. B. manchmal von mitfühlenden Verwandten und Bekannten ausgeht, die, ohne das zu wollen, das Vertrauen des Patienten in seinen Arzt untergraben, weil dieser ihrer Meinung nach ihn nicht schnell genug wieder auf die Beine stellt) und zur gezielten Suggestion der Reklameindustrie, die im Interesse der Auftraggeber handelt, zielt der Psychotherapeut in erster Linie auf die Gesundung des Patienten. Es kann daher nicht genügend betont werden, wie wichtig es ist, sich ausführlich mit der Dynamik und den Gesetzmäßigkeiten des Wirkens der therapeutischen Suggestion vertraut zu machen.

Vorraussetzung für den Einsatz therapeutischer Suggestionen ist selbstverständlich die genaue Kenntnis der Krankheitsprozesse. Ein neurotisches Symptom kann z. B. je nach Art der Erkrankung und Gesamtpersönlichkeit eine unterschiedliche Rolle und Bedeutung haben. Es kann ein isolierter Störfaktor sein, der ohne weiteren Schaden zu beseitigen ist. Es kann aber auch gewissermaßen der zentrale Stein eines Gewölbes sein, bei dessen Entfernung der ganze Bau zusammenbricht. Oder um ein anderes Beispiel zu nehmen: Es kann wie der herunterhängende Tischtuchzipfel sein, an dem ein Kind zieht, mit dem Erfolg, daß die Vase, die auf dem Tisch stand, in Scherben fällt und als Folge der kleine Hintern versohlt wird. Auswirkungen, an die das Kind bei der Beseitigung des Symptoms „herunterhängender Zipfel" nicht dachte. Leider wird auch in der Therapie manchmal derartig spontan vorgegangen.

Andererseits gibt es aber, wie gesagt, auch neurotische Symptome, die bedingt-reflektorisch auf Grund einer zufälligen Umweltkonstellation sozusagen reaktiv entstanden sind und ohne größere Schwierigkeiten suggestiv beseitigt werden können.

Im wesentlichen geht es vor allem bei der therapeutischen Suggestion um folgende Ziele:

1. Es kommt zumeist darauf an, das Verhalten der Patienten bewußt in der Richtung von Passivität zur Aktivität zu beeinflussen, obgleich in der

Hypnose zunächst eine kurzfristige Verschiebung in umgekehrter Richtung auftritt. Gelegentlich gibt es allerdings auch gewisse Krankheitszustände, bei denen es notwendig ist, diese Tendenz zur Passivierung vorübergehend zu verstärken.

2. Es ist günstig, die im Zusammenhang mit der angestrebten graduellen Aktivierung auftretenden positiven emotionellen Begleiterscheinungen (Gefühl der Meisterschaft, das Glücksgefühl neuerlich möglicher Leistungen usw.), bewußt zu bekräftigen und zu nutzen.
3. Es ist wichtig, auf dabei eintretende objektive und subjektive Veränderungen einzugehen, sie bewußt zu machen und die in der gewünschten Richtung liegenden nächsten Veränderungen anzudeuten. So kann man also beispielsweise bei der anfänglichen Induktion bereits bei der Armschwere davon sprechen, daß sich bald auch ein gewisses Wärmegefühl einstellen wird, bei der Wärme darauf hinweisen, daß die Gedanken bildhafter werden und traumähnlicher und dabei wiederum andeuten, daß ein Gefühl der Geborgenheit, der Ruhe und Sicherheit sich einstellen wird usw., oder bei dem aktiven Sprechen der Patienten kann man zu Anfang, wenn die Worte in der Hypnose nur mit Mühe herausgebracht werden, darauf hinweisen, daß die Worte nach und nach leichter fließen und dann schließlich ohne bewußte Anstrengung und Kontrolle bei völliger Entspannung geäußert werden, usw.
4. Es kommt darauf an, bei jeder Suggestion den Patienten genau zu beobachten. und auch die geringste Bewegung in der suggerierten Richtung festzustellen und zu bekräftigen.
5. Insbesondere müssen einige Veränderungen, deren äußere Merkmale nicht ohne weiteres erkennbar sind, wie z. B. die Steigerung der Selbstsicherheit, Erhöhung des Wohlgefühls usw. sorgfältig analysiert, bekräftigt und mit dem Wunsch nach Wiederholung und Vertiefung gekoppelt werden. Dabei empfiehlt es sich, diese Veränderungen im Zusammenhang mit spür- und sichtbaren, erstrebenswerten Veränderungen in Verbindung zu bringen, indem man etwa sagt: In diesem Zustand ist die Haut deutlich besser durchblutet und gestrafft. Sie fühlen es an der Wärme der Arme und Beine, der Körper ruht und baut Energiereserven auf, dadurch tritt gewissermaßen eine Art Erneuerung und Verjüngung ein, usw.
6. Wesentlich für den beginnenden Hypnotherapeuten ist das schrittweise Vorgehen. Es kommt darauf an, jedes Ziel, das man erreichen will, in Unterziele zu unterteilen und diese sukzessiv anzusteuern. Es wäre also verkehrt, etwa dem Asthmatiker zu sagen: Sie atmen jetzt ganz ruhig! Vielmehr kommt es darauf an, zunächst Kühle des Rachens und graduelle Entspannung der gesamten Brustmuskulatur zu suggerieren. wobei dann über eine ganze Reihe von Etappen die Atmung systematisch beruhigt werden kann.
7. Es empfiehlt sich, die indirekte Suggestion statt der direkten anzuwenden. Weder Skepsis, noch Schmerz oder Angst lassen sich dadurch überwinden, daß man dem Patienten sagt, sie wären verschwunden. Es empfiehlt sich vielmehr, diese Symptome zunächst gewissermaßen zu entwerten, indem man den Patienten z. B. erleben läßt, daß neben den störenden Symptomen andere Empfindungen, auf die wir ihn hinlenken (wie Wärme, Schwere, Ruhe usw.), zumindest im Initialstadium vorhanden sind. Hat der Patient

das erst einmal erlebt, so können diese Empfindungen bekräftigt und stärker spürbar gemacht werden. Außerdem kommt es darauf an, den Gebrauch unbestimmter Adverbien der Zeit usw. gezielt zu erlernen. Es ist ein großer Unterschied, ob ich zu einem Patienten sage: „Haben Sie eine Wirkung verspürt?" oder „Haben Sie schon ein leichtes Kribbeln in den Händen gespürt?"

Im zweiten Fall habe ich nicht nur durch die spezifische Einengung auf Kribbeln in den Händen (eine Empfindung, die trotz ihrer Vagheit in einem Körperteil – den Händen – lokalisiert ist) die positive Beantwortung der Frage begünstigt, ich habe auch für den Fall der Verneinung durch das Wort „schon" kaum merklich suggeriert, daß damit zu rechen ist, daß sie sich später einstellen wird.

8. Von besonderer Bedeutung ist die Anregung und Lenkung der bildhaften Vorstellungen des Patienten. Dabei kann unter Umständen die Visualisierung des bereits erreichten therapeutischen Ziels oder Teilziels eine wichtige, motivierende Rolle spielen.
(In seinem Training menschlicher Potenzen bemüht sich Barber darum, dem Probanden derartige Vorstellungen zu erleichtern, indem er sie ihm vorlebt (modelling) und verbalisiert. Ob diese Methode erfolgreicher ist als die vom Hypnotherapeuten suggerierte Vorstellung, bleibt abzuwarten.)
9. In diesem Zusammenhang sind eine Reihe spezifischer suggestiver Techniken zu erwähnen, die ausführlich von Erickson sowie von Watzlawik und Mitarb. beschrieben wurden. Dazu gehört z. B. die Methode der Umdeutung und vor allem die Methode der doppelten Bindung. Letztere läßt dem Patienten die Wahl zwischen verschiedenen Möglichkeiten, die aber alle die Annahme der wesentlichen Komponente voraussetzen. Zum Beispiel wenn man dem Patienten sagt: Jetzt werden wir uns beide fragen: welcher Finger sich wohl zuerst bewegt, der Zeigefinger, der Daumen oder der Mittelfinger. Wir wissen es nicht, aber wir werden es bald wissen. (Das Wesentliche ist natürlich, daß sich überhaupt ein Finger bewegt.)

Es ist unmöglich, hier alle Suggestionstechniken aufzuzählen. Wesentlich ist, damit zu beginnen, die Wirkung genau zu beobachten und dann systematisch das eigene Wissen und Können auf diesem Gebiet zu erweitern.

3.1.4. Positive Umkonditionierung

mit E. Kriegel u. I. Gaefke

In den letzten Jahrzehnten sind lerntheoretische Erwägungen in Theorie und Praxis der Psychotherapie in den Vordergrund gerückt. Interessanterweise findet jedoch die experimentell ausgewiesene These von der höheren Effektivität positiver Bekräftigung nicht die gebührende Beachtung. Gewiß kommt der Patient in erster Linie mit dem negativen Anliegen, von seinen Beschwerden befreit zu werden. Fast alle psychotherapeutischen Schulen stimmen jedoch in der Erkenntnis überein, daß diese Beschwerden – soweit es sich dabei um psychogene bzw. solche mit überwiegenden psychogenen Komponenten handelt – Ausdruck der Tatsache sind, daß eine Konstellation von Umwelt- und

Persönlichkeitsfaktoren die Realisierung eines erfüllten, beglückenden Lebens, in dem der Patient seine Fähigkeiten voll entfalten kann, beeinträchtigt.

In Anbetracht dieses Sachverhaltes erhebt sich die Frage, ob es besser ist, wenn wir uns die Art des Vorgehens von der verständlicherweise eingeengten, nur auf das Symptom gerichteten Auffassung des Patienten vorschreiben lassen und uns ausschließlich auf die Symptombehebung konzentrieren oder wenn wir vielmehr auch seinen Blick auf das Gesamtproblem lenken und ihm klarmachen, daß und wie er seine eigenen Wünsche und Vorstellungen von positiven und beglückenden Lebensinhalten verwirklichen kann. Dabei ist auch zu bedenken, daß zur Erreichung eines psychophysiologischen Zieles andere Gesetzmäßigkeiten zu beachten sind als bei der Erreichung eines materiell-räumlichen Zieles. Kurt Lewin hat in glänzenden Untersuchungen demonstriert und Milton H. Erickson auch in der psychotherapeutischen Praxis immer wieder vor Augen geführt, daß bei der Erreichung eines psychologischen Zieles vielfach der indirekte Weg, der scheinbare Umweg, der kürzeste oder sogar der einzig gangbare Weg ist. In der Tat stellen wir fest: je mehr sich die Gedanken und Gefühle des Patienten auf seine Symptome konzentrieren (was keineswegs mit der Schwere der Symptome oder dem durch sie verursachten Leidensdruck identisch ist), desto schwieriger erweist sich vielfach die Behebung der Symptomatik. Demgegenüber sehen wir häufig bei Orientierung des Patienten auf aktives Erreichen ganzheitlich positiver Zielstellungen ein sukzessives Verschwinden der Symptome.

Gegenwärtig konzentriert sich jedoch ein Großteil der Untersuchungen zur Psychotherapie auf Probleme der Entängstigung, der Desensibilisierung, der Aversions-Behandlung und anderer direkter Symptombehebungsmethoden. Dabei ist zwar auch positive Bekräftigung (von der Zustimmung bis zum Lob von seiten des Psychotherapeuten und sogar bis zu materiellen Vorteilen) von Bedeutung, aber die in diesem Zusammenhang wichtigere Rolle spielt doch der Abbau des negativen Symptoms. Leider werden in der Literatur vielfach die in diesem Zusammenhang wirksamen direkten oder indirekten punitiven Einflüsse übersehen bzw. nicht erwähnt. Die Skala dieser aversiven Einwirkungen reicht von der nur lästigen Notwendigkeit häufiger Besuche beim Therapeuten und oft wiederholter Ausführung relativ langweiliger Handlungen bis zur Verarbeitung starker noxischer Stimuli, die von einigen Autoren als Parallele zur Schockbehandlung der Geisteskranken im Mittelalter gesehen wird.

Auf den Zusammenhang zwischen der Bevorzugung derartig negativer Beeinflussungstendenzen in Pädagogik und Psychotherapie und den strengen lustfeindlichen Prinzipien der christlich-bürgerlichen Ethik des preußisch-deutschen Obrigkeitsstaates soll in einer anderen Arbeit eingegangen werden. Hier sei lediglich festgestellt, daß eine Psychotherapie, die primär auf die Beseitigung des Symptoms orientiert ist, die also entängstigt, entwöhnt, enthemmt usw., sich nahtlos in das Weltbild einer Gesellschaft einfügt, die keine positive Perspektive zu bieten hat und deren primäres Motivationsprinzip ein negatives ist, nämlich die Angst vor Strafe, vor Armut, vor Hunger, vor Einsamkeit. Gewiß wird kein Kliniker in Abrede stellen, daß die pathologischen Symptome, deren Beseitigung das primäre Anliegen der Patienten ist, negative Emotionen, Wahrnehmungen und Verhaltensweisen beinhalten, und daß auch ihre Beseitigung folglich schon ein positiver Akt ist. Ist es aber nicht wirksamer, den größeren Zusammenhang zu sehen, in dem das pathologische Symptom oft Ausdruck einer tieferliegenden glücks- und lustfeindlichen Fehleinstellung ist? Neurotische Angst, neurotisch überhöhter Ehrgeiz, neurotische Kontaktstörung sind letztlich Ausdruck einer verzweifelten „Rette-sich-wer-kann-Haltung" in einer Welt des Kampfes eines jeden gegen jeden.

Gegenüber den dargelegten Tendenzen einer negativen Symptombeeinflussung bleiben die theoretischen Ansätze zur positiven Konditionierung in der gegenwärtigen Psychotherapie weit zurück. Daß es aber sogar unter kapitalistischen Bedingungen ein schnelles Wachstum und eine erstaunliche Effektivität positiver Konditionierung geben kann, sehen wir auf einem Gebiet, auf dem es um den Profit geht: der Reklame- oder Werbepsychologie. Hier hat man begriffen, daß es primär darauf ankommt, positive Zielvorstellungen als Motivierung wirksam werden zu lassen.

Natürlich ist auch das Gesamtbild der Psychotherapie nicht einheitlich negativ orientiert. Abgesehen von der Anwendung psychodelischer Drogen, die auf das pseudopositive Ziel eines irrealen Fantasieglücks gerichtet sind, gibt es echte positive Ansätze, wie selbstbewußtseinsfördernde, selbstbehauptungstrainierende und kommunikatives Verhalten sowie zwischenmenschliche Beziehungen positiv entwickelnde Methoden. Erwähnenswert sind in diesem Zusammenhang besonders die Washington School of Psychiatry (SULLIVAN, FROMM, REICHMANN u. a.), die Ego Psychologie (HARTMANN, NUNBERG usw.) und das Dynamic Group process training (LEVIN, LIPPIT usw.). Bei uns sind in diesem Zusammenhang Aspekte der Individualtherapie LEONHARDS und die kommunikative Psychotherapie KOHLERS hervorzuheben. In bewußter Fortsetzung dieser Tendenzen einer positiven Konditionierung haben wir uns bemüht, eine Systematik positiver Konditionierung zu erarbeiten.

Wir betrachten es als wesentlich, den Patienten von der Erreichbarkeit seiner individuellen Glücksvorstellungen in der Gemeinschaft zu überzeugen. Indem wir ihn schrittweise die Möglichkeit der Realisierung erleben lassen, schaffen wir die dynamische Voraussetzung zur Beseitigung seiner psychopathologischen Symptome. Gleichzeitig legen wir die Grundlage für die Einbeziehung fruchtbarer und positiver psychotherapeutischer Methoden (von der Charakteranalyse, der positiven Konditionierung bis zu Entspannungs- und Suggestiv-Methoden). Zweifellos ist es daneben auch u. U. angebracht, eine negative Bekräftigung in den Behandlungsplan einzubeziehen — etwa in Form der reziproken Hemmung —, ebenso wie ja auch die Strafen aus unserem pädagogischen System noch nicht ganz wegzudenken sind. Das Wesentliche ist jedoch, daß die Gesamtorientierung eindeutig von der positiven Zielsetzung bestimmt wird.

Während mehrerer Jahre haben wir uns in der Arbeit mit unseren Patienten bemüht, die Realisierbarkeit dieser Auffassung zu prüfen. Noch sind wir nicht in der Lage, genau auszusagen, inwieweit unsere Erfolge auf die Methode und inwieweit sie auf die Therapeutenpersönlichkeit zurückzuführen sind. Wir können jedoch feststellen, daß unser Vorgehen bei vielen Patienten auf weit mehr Verständnis stößt als wir ursprünglich erwarteten und auch vom Therapeuten als sinnvoll empfunden wird. Die Durchführung dieses therapeutischen

Ansatzes verlangt eine, zwar im Vergleich zu vielen anderen psychotherapeutischen Verfahren relativ kurze, aber dennoch nicht unerhebliche aktive Übungs- und Lernzeit.

Dabei gehen wir etwa folgendermaßen vor:

1. Im Anschluß an die Erhebung der psychosozialen Anamnese stellen wir Fragen nach persönlichen Perspektiven, nach individuellen Erwartungen und Hoffnungen und deren aktueller oder potentieller Verwirklichung. Dabei zeigt sich oft ein Widerspruch zwischen überhöhtem Ehrgeiz, Leistungsstreben und Dominanz einerseits und dem Bedürfnis nach vertrauensvollen Freundschafts- und Liebesbeziehungen, nach schöpferischen Ruhepausen und Geborgenheit andererseits. Im Zusammenhang mit diesem ungelösten Konflikt beobachten wir bei der übergroßen Mehrheit unserer Patienten Tendenzen der Resignation, der negativen Wahrnehmungsselektion und der negativen Antizipation. Obwohl es sich bei unseren Patienten in der Hauptsache um funktionelle Erkrankungen des Herz-Kreislaufsystems mit nachweisbaren elektrophysiologischen Veränderungen, insbesondere um essentielle Hypertoniker des Schweregrades I und II handelt, sind sie meist schnell bereit, ihre Symptomatik als Ausdruck ihrer unbefriedigenden Lebensweise zu begreifen.

2. Daraus ergibt sich die Notwendigkeit der Herausbildung einer individuellen Perspektive, einer zielstrebig positiven Orientierung, die vom Patienten, der vielfach schon resigniert oder von unrealen Befürchtungen gequält ist, als beglückend und erstrebenswert erlebt wird. Als wertvolles Mittel hierzu betrachten wir die Aufstellung einer Wunschhierarchie. Diese Wunschhierarchie orientiert den Patienten — im Unterschied zur Angsthierarchie — auf die positiven Aspekte des Lebens. Sie gestattet uns außerdem einen Einblick in den Grad seines Egozentrismus und enthüllt vielfach besondere Probleme im zwischenmenschlichen Bereich. Ausgehend von der persönlichen Wunschhierarchie des Patienten stellen wir dann zusammen mit ihm eine Stufenfolge von Teilzielen auf, dabei erscheint uns die Ausrichtung auf eine positive Wahrnehmungsselektion im Gegensatz zu der meist charakteristisch negativen sowie eine positive Veränderung der Selbsteinschätzung und Beeinflussung weiterer maladaptiver Angst-Abwehr-Mechanismen von wesentlicher Bedeutung. In diesem Zusammenhang läßt sich oft auch eine subjektive Entwertung der Bedeutung pathologischer Symptome auf indirektem Weg erreichen. Die gezielte Förderung einer positiven Verhaltensselektion, die wir als ganz besonders wesentlich ansehen, erfordert jedoch auch eine Umstellung der bisherigen Klinikroutine (im Sinne eines auf positive Ziele, wie Glück und Leistungsförderung ausgerichteten Sanatoriums mit komplexer Psycho-, Physio- und Arbeitstherapie).

3. Die Ausrichtung auf eine positive Wahrnehmungs- und Verhaltensselektion ist keine einmalige Angelegenheit, sondern ein aktiver kontinuierlicher Lernprozeß. Dabei kommt es darauf an, systemartige autosuggestive Fehleinstellungen und maladaptive Angst-Abwehr-Mechanismen zu erkennen und durch bewußte Umschaltung die positiven komplementären Reaktionen zu fördern. Der individuellen Behandlung und der gruppentherapeutischen Einflußnahme fallen dabei spezifische Aufgaben zu, die dem Charakter und der

Symptomatik des Patienten entsprechen. Gruppensitzungen werden vom Therapeuten verantwortlich geleitet und sind auf die optimale Realisierung der psychophysischen Potenzen der Patienten im Interesse des Einzelnen und der Gemeinschaft ausgerichtet.

Daß es sich bei unserem Vorgehen nicht um die relativ wenig wirkungsvolle Methode autoritativ logischer Darstellung und intellektualistischer Begründung handeln kann, ist selbstverständlich. Wir stellen vielmehr in einer Atmosphäre vertrauensvoller „Permissiveness" Fragen, die vor allem auch den emotionalen Hintergrund rationaler Aussagen der Patienten betreffen. Durch Beantwortung dieser Fragen, Erleben und Auseinandersetzung mit dem emotionalen Betroffensein erarbeiten sich die Patienten selber neue Einsichten und Erkenntnisse. Diese nach Untersuchungen ALLPORTS wirkungsvollste Methode gelangt sowohl im Einzelgespräch als auch in unserer Gruppenarbeit zur Anwendung.

3.1.5. Kurze Psychotherapie

Die kurze Psychotherapie nimmt eine Zwischenstellung ein zwischen der von jedem Arzt herzustellenden minimalen psychotherapeutischen Beziehung und der intensiven Langzeittherapie.

Im Idealfall gelangen alle Patienten, die einen Arzt aufsuchen, in den Genuß gewisser **psychotherapeutischer Minimalleistungen**, während die intensive **Langzeittherapie** naturgemäß höchstens 1% aller Patienten zugute kommt — wenn sie nicht gar Privileg der Oberklasse bleibt, wie in den entwickelten kapitalistischen Ländern. Da etwa 20—25% derjenigen, die einen Arzt aufsuchen, in stärkerem Maße psychisch belastet sind, vermag die **kurze Psychotherapie** einer relativ großen Zahl von Patienten wesentliche Hilfe zu bringen. Damit wird die Kurzpsychotherapie gewissermaßen zum Einsatzschwerpunkt und wesentlichen Beurteilungskriterium der Psychotherapie überhaupt. Leider entspricht der Bedeutsamkeit dieser Behandlung noch keine einheitliche oder durch Konsensus validierte Verfahrensweise. Jedoch scheint die Zeit herangereift, um im Interesse einer Effektivitätssteigerung im Rahmen des sozialistischen Gesundheitswesens eine einheitliche Systematik dieses psychotherapeutischen Vorgehens zu entwickeln. Die folgenden Thesen sind als Diskussionsbeitrag zu diesem Ziel zu verstehen.

I. Viele Auseinandersetzungen und wissenschaftliche Untersuchungen der letzten Jahre haben den Nachweis erbracht, daß das entscheidende psychotherapeutische Agens die persönlich und sozial bedeutsame Begegnung zwischen Psychotherapeuten und Patienten ist. Die Bemühungen amerikanischer Behavioristen und Verhaltenstherapeuten, eine apparative oder automatisierte Behandlung bei „minimaler Therapeutenintervention" durchzuführen, haben interessanterweise häufig dazu geführt, daß die Versuchsleiter vielfach selber die Unentbehrlichkeit und Bedeutsamkeit der therapeutischen Beziehung (des „Rapport's") erkannten bzw. sich genötigt sahen, die Einsatzmöglichkeit ihrer automatisierten Methoden auf die Behebung relativ peripherer Symptome zu begrenzen.

II. In seiner Begegnung mit dem Patienten verkörpert jeder Psychotherapeut in individuell charakteristischer Integration gleichzeitig einen dem Patienten nahestehenden Mitmenschen (oft der einzige), zuverlässigen Fachmann und (ob er will oder nicht) Vertreter der Gesellschaft. Diese eigenartige Konstellation produziert ein Spannungsgefüge von besonderer psychotherapeutischer Potenz. Die spezifische Wirkung dieser Situation findet nur eine partielle Widerspiegelung in dem psychoanalytischen Begriff der Übertragung. Es ist daher ein wichtiger Aspekt der psychotherapeutischen Ausbildung, dem Therapeuten die Wirkung dieser seiner individuellen Rollen-Kombinationsweise bewußt zu machen bzw. ihn auch in die Lage zu versetzen, seine Verhaltensweise systematisch zu variieren.

III. Bei der Einflußnahme auf die Schwierigkeiten des Patienten bedient sich der Therapeut verschiedener Methoden:

1. Für einen Teil derjenigen, die zum Psychotherapeuten kommen, genügt es durchaus, wenn sie im Rahmen einer minimalen psychotherapeutischen Beziehung betreut werden. Dabei handelt es sich z. B. vielfach um das verständnisvolle Eingehen auf vordergründige Sorgen und Ängste, die mit Krankheit in direktem oder indirektem Zusammenhang stehen, sowie um Vermittlung fehlender Informationen und Verhaltensregeln.
2. Bei denjenigen, deren Probleme tiefer liegen und für die folglich eine Kurztherapie – d. h. ein psychotherapeutischer Aufwand von annähernd 20–25 Therapiestunden – angebracht ist, wird zunächst die zur Diagnosestellung notwendige Exploration bzw. Erhebung der Psychoanamnese durchgeführt u. U. ergänzt durch verschiedene psychodiagnostische Untersuchungen oder in besonderen Fällen durch Bezugspersonen verifiziert.
3. Damit im Zusammenhang erfolgt eine mehr oder weniger formale Aufstellung des Persönlichkeitsprofils, d. h. der Versuch, ein einheitliches Bild zu gewinnen, das wesentliche im zwischenmenschlichen Kontakt zum Ausdruck kommende psychologische Reaktionsweisen, Einstellungen und Verhaltenstendenzen sowie soziale Wertsysteme erfaßt.
4. Dabei kommt es besonders darauf an, die positiven intellektuellen, emotionalen, charakterlichen und Umweltressourcen im Leben des Patienten zu berücksichtigen, sowie einen Überblick über aktuelle Schwierigkeiten und maladaptive Charakterzüge zu gewinnen.
5. Auf der Basis der vorhergehenden Schritte erfolgt die Aufstellung einer individuellen therapeutischen Strategie, die nicht den isolierten Patienten, sondern die Einheit Mensch-Umwelt, d. h. insbesondere auch seine Primärgruppen, als Bezugsgröße ansieht.
6. In diesem Zusammenhang gelangen emotional positive Sozialbezüge und Reizkonstellationen zum Einsatz: Neben der vertrauensvollen Beziehung zum Therapeuten spielen Entspannung und Erregung, Kompensation für intellektuelle oder physiologisch einseitige Belastung, sozialer Kontakt in und außerhalb der Klinik und spezifische Methoden zur Stärkung des Selbstbewußtseins und Realitätskontaktes eine Rolle. Dabei können neben der eigentlichen Psychotherapie Physiotherapie, Arbeitstherapie, Gruppenbehandlung usw. zur Geltung kommen. Auch formale Aspekte sind bedeutsam, z. B. die Zeitstruktur,

wie sie durch eine vorherige Übereinkunft über die zeitliche Dauer der Behandlung gegeben ist.

IV. Eine wesentliche Komponente der Kurzpsychotherapie ist die gezielte Beeinflussung oder Veränderung maladaptiver Charakterzüge, also störender Angst-Abwehrmechanismen, die den sozialen Kontakt beeinträchtigen (character armour). Dabei erfolgt die psychotherapeutische Einwirkung

1. **auf der Ebene der Wahrnehmung und intellektuellen Verarbeitung:** durch Methoden der Konfrontation, der Bewußtmachung der positiven Alternativen und des systematischen Verlernens, dabei werden experimentell-psychologisch ausgewiesene Methoden, wie Interpretation, (nondirektive) Reflektion, reziproke Inhibition, paradoxe Intention, Implosion (bedingt-reflektorisches Erlöschen durch innere Hemmung) usw. sowie verschiedenartige Suggestivmethoden angewandt.

2. **auf der Ebene des aktiv übenden Einbaus neuer Verhaltensweisen an Stelle der abzulegenden:** schrittweises Erlernen adaptiver, reifen Kontakt und energische Durchsetzung fördernde Haltungen und Handlungen in unterschiedlichen sozialen Situationen — der individuellen Begegnung mit dem Therapeuten, der therapeutischen Gruppe, dem Klinikmilieu und der weiteren Umwelt.

3. **Auf der Ebene der Stärkung des Selbstbewußtseins** in enger Wechselwirkung und als Bekräftigung von IV. 1 und 2 durch sozial relevante Erfolgserlebnisse, Demonstration der Kompetenz des Patienten auf wenigstens einem Gebiet von gesellschaftlicher Bedeutung, Festigung der gesellschaftlichen Integration, Erweiterung der Spannungstoleranz und sukzessive Entwicklung realer, weiter ausgreifender persönlicher Perspektiven.

Bei der Darlegung operativer Etappen einer kurztherapeutischen Strategie kann von der Erkenntnis ausgegangen werden, daß sich neuerdings auf der Grundlage von Video-, Aufzeichnungs- und Beobachtungsmethoden herausgestellt hat, daß weder die klassischen noch die neueren Schulen der Psychotherapie bei ihren Anhängern ein einheitliches systematisches Vorgehen erreichen konnten, daß vielmehr sowohl innerhalb der einzelnen Schulen und methodischen Systeme als auch beim individuellen Psychotherapeuten von Patient zu Patient enorme Unterschiede in Stil und Methodik des Herangehens und der Einwirkung beobachtet werden. Das unterstreicht die Bedeutung der schon länger bekannten Tatsache, daß therapeutischer Erfolg mehr mit den Therapeutenvariablen Empathie, Erfahrung und Dauer der Ausbildung als mit Methodenvariabeln liiert ist. Demzufolge dürfte ein System operativer Etappen, wie es in großen Umrissen dargelegt wurde, methodische Vorteile in mehrfacher Hinsicht bieten. Dabei steht im Vordergrund, daß hier, unabhängig von Theorien und Systemen, das Verhalten des Therapeuten in den verschiedenen Phasen nachvollziehbar und analysierbar gemacht wird. So wird eine Differenzierung methodischer und personaler Varianten möglich, und es entsteht gleichzeitig eine Grundlage zur Varianzanalyse des psychotherapeutischen Prozesses bei Berücksichtigung von Therapeuten-, Methoden- und Patienten-Variabeln und deren Interaktionen. Es wäre an der Zeit, auf der Grundlage derartiger operativer Analysen zu einer Verständigung der Psychotherapeuten über die Schranke der Systeme und Schulen hinweg zu gelangen, um die Erforschung der wirksamsten Therapeuten-Methoden-Kombination noch besser zu fördern.

3.1.6. Psychologische Probleme bei Patienten mit Herz-Kreislauf-Erkrankungen

mit I. Gaefke u. E. Kriegel

Zahlreiche klinisch-experimentelle Untersuchungen konnten nachweisen, daß Herz-Kreislauf-Patienten, insbesondere essentielle Hypertoniker, in zwischenmenschlichen Konfliktsituationen mit spezifischen biochemischen und hämodynamischen Veränderungen, darunter u. a. mit Engerstellung der Blutgefäße und Kontraktion der quergestreiften Muskulatur reagieren (Baumann, R., Condrau).

Diese Notfall-Reaktionen, die eine kurzfristige Leistungssteigerung ermöglichen, erweisen sich in der modernen entwickelten Gesellschaft, in der körperliche Aktivität in den Hintergrund tritt, als unnötig, energieaufwendig und auf die Dauer maladaptiv.

Beim Aufbau einer therapeutischen Beziehung, als Grundvoraussetzung jeder Psychotherapie, ist die Berücksichtigung der Charaktereigenschaften des Patienten von Bedeutung.

Aufgrund unserer Untersuchungen erwies es sich als sinnvoll, von der sachlich-kritischen Einstellung des Patienten zu seiner Umwelt auszugehen.

In diesem Rahmen erhält der Patient zunächst Gelegenheit, von sich aus die therapeutische Situation zu strukturieren und ausführlich über seine Probleme und Schwierigkeiten zu sprechen. Wir versuchen zu verstehen, wie der Patient sich und seine Umweltbeziehungen sieht, welche objektiven Schwierigkeiten vorliegen und wie er beim Aufbau zwischenmenschlich-therapeutischer Situationen mitwirkt. Persönliche Einstellungstendenzen und Haltungen des Patienten, z. B. der Wunsch, einen guten Eindruck machen zu wollen, sich distanziert zu geben oder die Situation zu beherrschen, sind vielfach so zäh, daß sie selbst in der therapeutischen Beziehung nur schwer zu überwinden sind, obwohl dadurch wirkliche Probleme zunächst verschleiert werden.

In diesem Zusammenhang sind fehlerhafte Auffassungen bedeutsam (deren Genese der Patient meist längst vergessen hat), die das Denken systemartig durchdringen und oft Wahrnehmung und Verhalten suggestiv (d. h. wie eine sich selbst verwirklichende Prophezeihung) beeinflussen. Wir nennen diese Tendenzen systemartige autosuggestive Fehlauffassungen (SAF). Dazu gehören z. B. negative Erwartungshaltungen (d. h. der negative Ausgang eigener Bemühungen wird vorweggenommen und erwartet), ungerechtfertigt mangelndes Selbstvertrauen, negative Wahrnehmungsselektion u. a. m. Diese Verhaltensweisen können sich zu selbstbekräftigenden Fehlauffassungen entwickeln und damit eine ohnedies vorhandene inadäquate Einstellung verstärken, die sich dann in der Folgezeit belastend auf jedes Vorhaben auswirkt und somit nicht nur die Durchführung erschwert, sondern auch den erwarteten negativen Ausgang tatsächlich begünstigt.

Wir versuchen, dem Patienten sowohl die Störmomente seiner Haltung in der therapeutischen Situation, seine Fehlauffassungen, als auch die von ihm gezeigten positiven Eigenschaften bewußt zu machen.

Ein Mittel dazu ist das Aussprechen unserer eigenen Empfindungen und Wahrnehmungen bezüglich seines Verhaltens in Form von subjektiven Eindrücken. Der Therapeut sagt beispielsweise:

„Ich habe den Eindruck, daß Sie Ihr Licht unter den Scheffel stellen."

Dabei kommt es uns darauf an, zu erkennen, in welchem Maß der Patient imstande ist, auf derartige Denkanstöße flexibel zu reagieren.

Auch mit einer anfangs relativ geringen positiven Reaktion des Patienten ist es möglich, ein gezieltes Training zur Verhaltensänderung maladaptiver Einstellungen einzuleiten. In diesem Zusammenhang bietet auch die Entspannungstherapie viele Vorteile für Patienten, die besondere Schwierigkeiten haben, ihre übermäßig sachlich-kontrollierte Verhaltensweise aufzugeben und eine psychotherapeutische Beziehung einzugehen, in der sie persönliche Probleme offen aussprechen können.

Indem sie lernen, gezielt auf weniger vigilante Bewußtseinsstufen umzuschalten, werden psychophysiologische Umstellungen gefördert, die das Herz weniger belasten und Voraussetzungen für die Gewinnung neuer Einsichten und Erfahrungen schaffen.

In der Entspannung erfährt der Patient bewußt das Angenehme des Abschaltens. Das trägt dazu bei, seine Motivation zu erhöhen, diese Umstellung selbst gezielt herbeizuführen und einen gewissen Abstand zu seinen Problemen und damit die Möglichkeit zu neuen Erkenntnissen zu gewinnen. Suggestiv wird dabei die Bedeutung der schöpferischen Pause betont, sowohl für die Gewinnung neuer Einsichten als auch für die erhöhte Wirksamkeit neuerlicher Aktivität und Initiative.

In diesem Prozeß entwickeln Patienten vielfach eine Abhängigkeit vom Therapeuten und bringen in diese Beziehung Hoffnungen und Wünsche ein, die zwar vielfach unrealistisch sind, aber wichtige Aspekte ihrer emotionalen Entwicklung zum Ausdruck bringen.

Bei richtigem Eingehen auf diese Übertragungsproblematik erhöhen sich das Selbstvertrauen und die emotionale Reife des Patienten.

Zum optimalen therapeutischen Erfolg gehört, daß der Aktivität des Patienten eine einfühlsame und selbstkritische Erkenntnisarbeit des Therapeuten entspricht.

Je besser der Therapeut es versteht, eigene auftauchende Empfindungen für den Patienten zu erkennen und realistisch zu bewerten, um so besser wird er in der Lage sein, dem Patienten tatsächlich zu helfen, und unerwünschte Wirkungen der therapeutischen Beziehungen, wie etwa eine übermäßige Abhängigkeit des Patienten vom Therapeuten, zu vermeiden.

Es kommt darauf an, dem Patienten zu helfen, eigene Entscheidungen selbst zu treffen und dabei alle wesentlichen Faktoren zu berücksichtigen. Dabei sind Ratschläge fast immer kontraindiziert. So veranlaßt z. B. der aus dem Gefühl des unverarbeiteten Mitleids mit dem Patienten gegebene Ratschlag, er möge kürzer treten oder sogar eine weniger anstrengende Aufgabe übernehmen, oft eine berufliche Veränderung, die statt der gewünschten Entlastung u. U. zur Erhöhung der Konflikte führt. Derartige Entscheidungen bzw. Empfehlungen erfordern eine genaue multidimensionale Analyse, um eine durchdachte Lösung zu finden. Wenn nicht die notwendige Zeit für die Durchdringung dieser Problematik vorhanden ist, ist Vorsicht mit diesbezüglichen Hinweisen geboten.

Bei der Behandlung von Hypertonikern ebenso wie von Patienten mit anderen psychosomatischen Erkrankungen gehen viele Ärzte noch von der Idee einer ausgesprochen naturwissenschaftlichen Medizin aus. Diese Tendenz, die Krankheit nur als organismischen Vorgang ohne entsprechende Berücksichtigung psychischer Abläufe und zwischenmenschlicher Beziehungen zu betrachten, (die von manchen Psychotherapeuten spöttisch „veterinärmedizinische Behandlung des Menschen" genannt wird) wird noch intensiviert durch die zunehmende Bedeutung apparativer Methoden, die damit im Zusammenhang stehende erhöhte Spezialisierung der einzelnen Ärzte und den ständig anwachsenden Patientenandrang, der es dem ambulant Tätigen sehr erschwert, auf die emotionalen Schwierigkeiten der Patienten einzugehen. Unter derartigen Umständen kann es nicht verwundern, wenn die psychosomatische Erkrankung als eine Art „organische Panne" (Richter) betrachtet wird, die der Reparatur bedarf.

Im therapeutischen Kollektiv, in dem der somatisch orientierte Facharzt mit Psychotherapeuten usw. zusammen arbeitet, sieht sich diese Auffassung der „alten Schule" vielfach mit der oben geschilderten psychotherapeutischen Grundhaltung konfrontiert, derzufolge in der Krankheit eine Krise in der gesamten Umweltbeziehung des Patienten oder einer Störung in der Primärgruppe (Familie, Schule, Arbeitskollektiv) zum Ausdruck kommt.

Bei dieser Konfrontation werden immer wieder emotionale Spannungen im Therapeutenkollektiv freigesetzt, deren Auswirkungen sich auch auf den Patienten erstrecken können und ihm unter Umständen sogar mehr oder weniger bewußt werden.

Weil dieser Konflikt so leicht zur verwirrenden, iatrogenen Störungsquelle werden kann, kommt es darauf an, ihn auch im Interesse des Patienten schnell zu erkennen und, wenn möglich, in dynamischen Gruppenaussprachen im Behandlerkollektiv zu überwinden.

Wir sehen also, daß ein Eingehen auf die psychologischen Probleme des Herz-Kreislauf-Patienten es notwendig macht, die spezifische emotionale Belastung des Patienten zu berücksichtigen, eine ständig selbstkritische Kontrolle des Psychotherapeuten zu fordern und schließlich auf eine einheitliche, den neuen wissenschaftlichen Erkenntnissen entsprechende Einstellung im therapeutischen Kollektiv als wesentliche Voraussetzung eines psychotherapeutischen Milieus hinzuarbeiten.

3.1.7. Spezifische Behandlung paralysierender neurotischer Ängste

(Modell gezielter psychotherapeutischer Intervention in emotionaler Desorganisation des Verhaltens)

mit E. Sitte

In seinen Beiträgen zur allgemeinen Theorie des funktionellen Systems entwickelte Anochin eine Auffassung, die in einzigartiger Weise physiologische, psychologische und Verhaltensmuster integriert. Diese Leistung sowie seine glänzende dialektische Darlegung, daß der Schlüssel zum Verständnis des Wesens eines funktionellen Systems in der Erfassung der Systemogenese liege, veranlaßte uns, das maladaptive System des neurotischen Meidungsverhaltens, der phobischen Neurose, mit der insbesondere der zweite Autor sich intensiv beschäftigt hat, unter diesem Gesichtspunkt zu analysieren.

Die von uns behandelten Phobien entwickelten sich durchweg im Kontext einer weitgehend inadäquaten Persönlichkeitsentwicklung mit entsprechend mangelnden Erfolgserlebnissen und ungenügender Festigung sozial-adaptiver Verhaltensweisen. Zweifellos werden diese Faktoren als Erfahrung gespeichert. Sie begünstigen u. U. die Entwicklung zwischenmenschlicher Konflikte und akuter psychischer Traumen sowie weiterer persönlicher Konflikte und akuter psychischer Traumen sowie weiterer persönlicher Versagenserlebnisse, verbunden mit multiplen Ängsten. Diese Konstellation entspricht dem, was ANOCHIN als Auslöser-Afferenzen charakterisiert. In diesem Fall führen sie zum Aufbau eines spezifischen adaptiv-maladaptiven funktionellen Systems. Dies sei an einem typischen Fall demonstriert: Eine 27jährige Verkäuferin, unter frustrierenden Kindheitsbedingungen aufgewachsen, (unglückliche Ehe der Eltern, schwieriges Milieu usw.), erlebt auch in ihrer Jugend nur geringe Erfolge in ihrer relativ kleinen, an der gesellschaftlichen Peripherie liegenden Primärgruppe (geringe berufliche Qualifikation, eingeengte Interessensphäre, wenig tiefgehende Freundschaftsverbindungen usw.). Sie findet mit 25 Jahren einen Ehepartner, der klug, erfolgreich und attraktiv ist. Nach relativ kurzer Zeit fühlt sie sich jedoch von ihm vernachlässigt und gewinnt den Eindruck, daß er sich anderen Frauen zuwendet. (Soweit die „Vorauslöser-Afferenzen")

Die Auslösesituation: Eines Tages erlebt sie in der Untergrundbahn, wie ein Mann, der sie irgendwie an ihren eigenen Mann erinnert, einer jungen Frau den Hof macht. Eine Weile beobachtet sie die beiden. Plötzlich wird ihr ganz heiß, dann werden ihre Finger gefühllos, es wird ihr schwindlig, und sie befürchtet einen Ohnmachtsanfall in der vollen U-Bahn. In panischer Angst verläßt sie den Wagen an der nächsten Haltestelle. Nachdem sie sich etwas erholt hat, verspürt sie große Furcht, wieder in eine Bahn einzusteigen. Es entwickelt sich eine regelrechte Klaustrophobie. Ihr Mann sieht sich veranlaßt, sie wohl oder übel zu begleiten und muß sich in der Folgezeit überhaupt mehr um sie kümmern.

Ähnlich entwickelt sich auch bei anderen Phobiearten das anfängliche Flucht- und spätere Meidungsverhalten. Diese Systemogenese beruht im wesentlichen auf halbbewußten und unterbewußten Abläufen (in unserem Beispiel die Wahrnehmung einer vagen Ähnlichkeit zwischen dem Mann in der U-Bahn und dem Ehemann, Hitzewelle, Schwindel, Ohnmachtsgefühl usw.). Die Reafferenz (hier die der Besorgtheit des Ehemannes und seiner erhöhten Zuwendung, d. h. der sekundäre Krankheitsgewinn) führt zur Bekräftigung und Festigung des funktionellen Systems. Die gesellschaftliche Inakzeptabilität des phobischen Verhaltens, die daraus resultierende Diskriminierung der Betreffenden und Herabsetzung ihres Selbstvertrauens führen dagegen zur Labilisierung des Systems und dem für eine erfolgversprechende Behandlung unerläßlichen Leidensdruck.

Kommen wir nun zu der von E. SITTE entwickelten spezifischen therapeutischen Einflußnahme:

Bei 24 Patienten, von denen zwei Drittel bereits mehrfach erfolglos vorbehandelt worden waren, die alle an so schweren paralysierenden phobischen Symptomen litten, daß sie krankgeschrieben waren und deren Phobien im Durchschnitt über sieben Jahre bestanden, wurden die Faktoren, die zur Entstehung und Aufrechterhaltung der phobischen Reaktionen beitrugen, sorgfältig analysiert. Die so gewonnenen Informationen dienten als Grundlage für das therapeutische Vorgehen. Es kam darauf an, Fehlauffassungen und maladaptives Verhalten gezielt mit einer Imaginationsmethode zu korrigieren. Diese Behandlungsform, in Anlehnung an WOLPE's „Systematische Desensibilisierung" in sensu gewählt (auch wesentlicher Bestandteil der in vivo übenden LEONHARDschen Individualtherapie), veranlaßt den Patienten, eine von ihm nach Angstgraden erstellte Hierarchie furchtbesetzter Szenen abzuarbeiten. Allerdings unterschied sich dieses Vorgehen deutlich von WOLPE's Methodik: Während WOLPE nur knapp, d. h. überschriftsartig den Inhalt einer angstbesetzten Szene andeutet und dem Patienten weitgehend die phantasievolle Ausgestaltung überläßt, erwartet er, daß bei auftretender Angst der Patient sofort die Vorstellung unterbricht und sich verstärkt den parallel laufenden Entspannungsübungen zuwendet. Das führt dazu, daß die imaginären Szenen oft schon nach kurzer Zeit (manchmal bereits nach Sekunden) beendet werden und nicht selten 40fache Wiederholungen erforderlich sind, bevor sie angstfrei erzeugt werden können. SITTE verzichtet dagegen bewußt auf spezielle Entspannungsübungen, die viele der Phobiker schon zuvor als wirkungslos in bezug auf die Behebung der Symptome erlebt hatten. Vielmehr verwendet sie Vorstellungsinduktionen, die bis zu einer halben Stunde dauern, dafür aber nur in seltenen Fällen wiederholt werden müssen, da sie jedesmal mit einem „Erfolg" bei der Überwindung der Angst enden. Dabei gestaltet sie die vom Patienten mit Furcht erlebten konkreten Situationen nach und läßt ihn dabei die auftretende Angst in angemessener Weise überwinden, indem sie Bewältigungsstrategien einfügt. Das Prinzip der Individualtherapie, ein Flucht- oder Vermeidungsverhalten in der Realität nicht zuzulassen, wird so auch auf die Vorstellungstherapie übertragen. Die Erfahrungen der in-vivo-Therapie nach LEONHARD haben überzeugend gezeigt, daß gerade die Art und Weise, wie eine durchstandene Angst gemeistert wird, für den Patienten zum bedeutsamen und beispielgebenden Erlebnis wird, das in ähnlichen Situationen wiederum erfolgreich realisiert wird. Da der Phobiker nicht von sich aus über solche Bewältigungsstrategien verfügt, werden diese mit in die Vorstellungsinduktionen eingebaut. Die Vorstellungsszenen, dem Patienten zunächst ebenfalls schlagwortartig angekündigt, werden dann als fortlaufende Schilderung der tatsächlichen Ereignisse — sowohl der Umweltkonstellationen als auch der psychophysiologischen Reaktionen des Phobikers — dem mit geschlossenen Augen bequem in einem Sessel sitzenden Patienten dargeboten. Dieser wird überdies dazu aufgefordert, sich möglichst intensiv und lebhaft in die geschilderte Szene hineinzuversetzen, so als ob alles Wirklichkeit wäre.

Um die Echtheit der imaginativen Konfrontation mit dem gefürchteten Erlebnis zu erreichen, werden sowohl die angstauslösende Situation, also räumlich-zeitliche **Reiz**konstellationen berücksichtigt, als auch die **Reaktions**konstellationen des Patienten möglichst lebendig geschildert. Meist genügt die Benennung einiger weniger Objekte und Personen, um bildhafte Erinnerungsvorstellungen der **Reiz**konstellation hervorzurufen. Sie werden dann mit Beschreibungen der **Reaktions**konstellation des Patienten komplettiert. Die Schilderung der Angst und der dann folgenden Meisterung der Situation bezieht sich entsprechend der drei Ebenen emotionaler Beteiligung **erstens** auf die **subjektive Verarbeitungsweise** des Patienten: Gefühl der Hilflosigkeit, Gedanken der Bedrohung, Antizipation vermeintlicher negativer Konsequenzen bzw. innere Gelassenheit, Gefühl der Zuversicht, des Selbstvertrauens und der Sicherheit; **zweitens** auf **physiologische Begleiterscheinungen** wie Muskelverspannung, Herzrasen, Schwindel, Schweißausbruch, veränderte Atmung bzw. Gefühl des Entspannens und des Wohlbefindens; **drittens** auf **motorisch-verhaltensmäßige Reaktionen:** mimisch-gestische Veränderungen sowie Flucht oder Meidungsverhalten bzw. neutrales Beginnen (In-Angriff-Nehmen) der Aufgabe, durch zunehmendes Interesse kräftiges Zupacken und zufriedenes Verweilen in der Situation).

Im Anschluß an die Schilderung wird der Patient aufgefordert, über seine Empfindungen zu berichten. Dieser Darstellung läßt sich entnehmen, ob bzw. in welchem Maße bei dem Patienten die Erzeugung innerer Beteiligung an dem vorgestellten Geschehen gelungen ist. Insbesondere interessiert, ob die induzierten neuen Verhaltensweisen (Übung, Ablenkung, Belastung, Umerziehung im Sinne einer kognitiven Umstrukturierung) gedanklich und emotionell mit- bzw. nachvollzogen werden konnten. Diese subjektiven Angaben stimmten bei der Untersuchung in hohem Maße überein mit dem mimischen Ausdruck des Patienten während der Szenendarbietung, den beobachtbaren vegetativen Erscheinungen (Schwitzen, veränderter Atemrhythmus, Blässe oder Erröten, Psychomotorik) und den mittels Elektrokardiotachographen fortlaufend registrierten Pulsfrequenzveränderungen als sensiblem Indikator emotioneller Vorgänge. Gerade der vom Patienten eingeschätzte Grad emotionaler Beteiligung — auf diese Weise auch objektiviert — erwies sich als für den Ausgang der Therapie bedeutsam: Die innere Umstellung von unangemessenem Fluchtverhalten des Phobikers auf angemessene Situationsbewältigung vollzieht sich offensichtlich nicht allein durch rationales Durchdringen der Situation, sondern insbesondere auf emotionaler Ebene. Patienten mit geringer bzw. fehlender Angst (25%) während der Vorstellungsszenen zogen nur unzureichenden Nutzen aus der Imaginationsmethode und bedurften einer kurzen Nachbehandlung mit der in-vivo-Technik, um das in der Vorstellung Gelernte auch auf Realsituationen übertragen zu können.

Bei der überwiegenden Mehrzahl der Fälle reichte aber schon die in-sensu-Methode für den Therapieerfolg aus. Es zeigte sich, daß die mit jeder einzelnen Szenendarbietung vermittelte adaptive Sichtweise der Erlebnisverarbeitung zu produktiven Lösungen der Problemsituation anregte. Die Bewältigungsstrategien bestanden insbesondere aus einer Umlenkung der psychischen Aktivität auf lohnende und realisierbare Ziele, weg von der eigenen Person, hin zur Umwelt. Zunehmende Selbstsicherheit wurde mit anerkennenden Worten und positiven Perspektiven bekräftigt. Solche Vorstellungsinduktionen mit Ablenkung von ängstlichen Gedanken und Zuwendung zu kreativen Erlebnisinhalten wurden von den Patienten nicht nur momentan verinnerlicht, sondern führten zu einer nachhaltigen Umstrukturierung der Erlebnis- und Reaktionsweise, d. h. des funktionellen Systems. Das belegen die den einzelnen therapeutischen Sitzungen nachfolgenden Bewährungen in der Realität und die auch bei Katamnesen nach 1 Jahr erhobenen Befunde. (Siehe auch S. 264). Bemerkenswert sind auch die positiven Auswirkungen erfolgreich verlaufener Therapie auf andere psychische Störungen, die in der Therapie nicht speziell berücksichtigt worden waren.

So glauben wir gezeigt zu haben, daß ganz im Sinne Anochin's eine Berücksichtigung der Systemogenese des maladaptiven phobischen Systems den Schlüssel zur Entwicklung einer erfolgreichen Therapie und nachhaltiger sanogener Umstellung bilden kann.

3.2. Kontroversen

3.2.1. Psychotherapie in Amerika und ihre theoretischen Grundlagen

Zahlreiche Methoden sind gegenwärtig in Anwendung bei der psychologischen Behandlung psychiatrischer Krankheiten. Der bekannte amerikanische Psychiater Knight erwähnt neun verschiedene Klassifizierungen, vermittels derer man versucht hat, einen Überblick und systematisches Verständnis dieser verschiedenen Behandlungsweisen zu erhalten:

1. Leitungsstil des Therapeuten bzw. seine Art, in der er versucht, therapeutischen Einfluß auszuüben: z. B. Suggestion, Überzeugung, Ermahnung, Einschüchterung, Beratung usw.
2. Ziel der Therapie, z. B. stützende und Mut gebende, unterdrückende, Ausdruck gebende, abreagierende Therapie.
3. Angenommene „Tiefe" der Therapie — oberflächliche Therapie, Tiefentherapie.
4. Dauer der Behandlung — kurze Psychotherapie und ausgedehnte Psychotherapie.
5. Angenommene Beziehung zur Freudschen Psychoanalyse, z. B. orthodox, standard, psychoanalytisch orientierte Psychotherapie usw.
6. Gründer einer neuen Schule, z. B. Adler, Jung, Rank, Stekel usw.
7. Einzel- oder Gruppen-Therapie.
8. Autoritativ-direktive oder reflektierend non-direktive Methode der Therapie
9. Hilfstechnik, mit der die Psychotherapie verbunden ist, z. B. Narkotherapie, Hypnotherapie usw.

Von einer tiefer schürfenden Perspektive aus erscheint es sinnvoll, die psychologischen Behandlungsweisen entsprechend den „klinischen philosophischen Grundhaltungen" zu ordnen, wie sie sich in Persönlichkeitstheorien und in der Rolle des Therapeuten äußern.

Diese „klinisch-philosophischen Grundhaltungen" erstrecken sich über die gesamte Skala von fast ausschließlich individualistischer Einstellung bis zu dem Standpunkt, der den gesellschaftswissenschaftlichen Zusammenhängen eine führende Rolle im Leben des einzelnen zuweist. Innerhalb dieser Skala heben sich zwei Pole gewissermaßen als Kristallisationspunkte heraus:

An dem einen Pol findet man Persönlichkeitstheorien, die das einzelne, losgelöste Individuum und insbesondere seine biologische Veranlagung als den in erster Linie bestimmenden Faktor der Entwicklungsmöglichkeiten und natürlich auch der Anpassungsschwierigkeit und Entwicklungsanomalien ansehen. Krankhafte oder fehlerhafte Erbmasse oder konstitutionelle Reaktionstendenzen werden zu Hindernissen der normalen Entwicklung und können so zu pathologischen Erscheinungen führen. Die Behandlung ist dementsprechend in der Hauptsache auf den individuellen Kranken gerichtet. Diese Art der Betrachtung repräsentiert eine vulgär-materialistische Psychologie, denn sie ist außerstande, zu begreifen, daß sich der biologische Organismus Mensch im Gefolge seiner Sozialisierung und des Entwicklungsprozesses der Produktionsweise seines materiellen Lebens verändert. Eine solche vulgär-materialistische oder metaphysische Psychologie, die nicht versteht, daß sich die biologischen Organismen phylogenetisch und auch ontogenetisch in steter Veränderung befinden; die sich vor allem nicht darüber klar ist, daß die quantitativen Veränderungen an einem gewissen Punkt in qualitative umschlagen, öffnet natürlich dem spekulativen Denken und dem Idealismus Tür und Tor. Wir sehen dies z. B. in der FREUDschen Psychoanalyse, die als vulgärmaterialistische Theorie von biologischen Instinkten ihren Ausgangspunkt nahm, jedoch sehr bald zu einer Auffassung führte, in der die Homunculi ‚Es', ‚Ich' und ‚Überich' ein scheinbar selbständiges, von materiellen Faktoren kaum beeinflußtes Werk treiben. In der Folge wollen wir diese Einstellung, ganz gleichgültig, ob sie sich nun als vulgär-materialistische oder idealistische gebärdet, wegen ihres Unverständnisses der wirklichen Bewegungsgesetze die metaphysische nennen. Die Tatsache, daß sich die Vertreter dieser Einstellung oft als Vertreter einer dynamischen Psychologie ausgeben, kann nicht darüber hinwegtäuschen, daß die Dynamik, von der dabei die Rede ist, der mechanistischen Dynamik des 19. Jahrhunderts entnommen ist.

Am anderen Pol findet man Persönlichkeitstheorien, die neben der biologischen Veranlagung vor allem die Rolle der gesellschaftlichen Arbeit des Menschen als bedeutsamsten Faktor seiner phylo- und ontogenetischen Entwicklungsmöglichkeiten und natürlich auch seiner Entwicklungsstörungen ansehen. Ein Mensch, der sich von der kooperativen Arbeit seiner Gesellschaft loslöst oder gar eine feindliche Haltung dazu einnimmt (indem er sich z. B. der Fortentwicklung der Produktionsmittel und der dazu unumgänglichen Fortentwicklung der Produktionsverhältnisse widersetzt), wird in seiner eigenen Entwicklung gehemmt und beginnt Anzeichen mangelnder innerer Harmonie zu zeigen. Der behandelnde Therapeut wird in erster Linie versuchen, die Fäden zwischen dem isolierten Menschen und seinem Volke wieder eng zu knüpfen. Diese Anschauungsweise ist die dialektisch-materialistische Psychologie, die von PAWLOW untermauert wurde.

Obwohl innerhalb der metaphysisch-individual-zentrischen Psychologie wie auch unter dialektischen Materialisten beträchtliche Differenzen bestehen, werden wir hier fürs erste diese feineren Nuancen vernachlässigen und uns auf die fundamentalen Unterschiede zwischen den beiden oben genannten Polen beschränken.

Die orthodoxe Psychoanalyse stellt wahrscheinlich den konsequentesten Prototyp einer metaphysischen Psychologie dar. Angesichts dieser Tatsache, wie auch wegen des ausgedehnten Einflusses, dessen sie sich in der amerikanischen Psychiatrie und klinischen Psychologie erfreut, wird sie hier als der Prototyp einer metaphysischen Schule repräsentiert. Andere psychoanalytische Schulen haben sich in mancher Hinsicht mehr einer dialektischen Psychologie genähert, z. B. einige der Neofreudschen Systeme, auch die unter dem Namen „Ego-Psychologie" von Hartmann, Nunberg u. a. vertretene „Erweiterung der orthodoxen Freudschen Schule". Aber diese Annäherung an die dialektische Psychologie ist nur eine scheinbare und inkonsequente, die in allem Grundsätzlichen auch weiterhin auf dem Boden der metaphysischen Einstellung bleibt. (Aber dies nachzuweisen, würde hier zu weit führen).

Es gibt in Amerika kein System, das mit gleicher Vollständigkeit, wie dies die Psychoanalyse für die metaphysische Einstellung getan hat, die dialektisch-materialistischen Ideen entwickelt und publiziert hat. Ursache für diesen Mangel sind vor allem die politischen Anfeindungen, die sich bis zu wirtschaftlichen und persönlichen Schädigungen erstrecken, denen die Vertreter dialektisch-materialistischer Ideen ausgesetzt sind. Dennoch gibt es eine Anzahl Psychologen und Psychiater, die eine solche Auffassung vertreten und auszubauen versuchen. Wenn hier der Versuch gemacht wird, die Forschungsergebnisse und Ideen dieser Wissenschaftler zusammenzufassen und als integriertes System zu präsentieren, so geschieht dies in der Überzeugung, daß eine solche konsequente Fortsetzung ihrer Gedanken den dialektisch-materialistisch orientierten Psychologen in Amerika schon lange vorschwebt, aber aus politischen Erwägungen heraus bisher nicht veröffentlicht werden konnte[1].

Die metaphysisch-individualzentrische psychologische Auffassung

A. Organismus und Entwicklung der Persönlichkeit

Die Psychoanalyse, ebenso wie andere einflußreiche psychologische Theorien, betrachtet die Entwicklung der Persönlichkeit als einen Prozeß wechselseitiger Beeinflussung angeborener biologischer Triebe. Obwohl äußere Einflüsse diese Entwicklung begünstigen oder behindern können, spielen sie doch nur eine untergeordnete Rolle gegenüber biologischen Trieben, die als die wesentlichen Faktoren menschlicher Entwicklung angesehen werden. Freud schrieb:

> „Die beständigen Charakterzüge sind wechselnde, anhaltende Auswirkungen ursprünglicher Triebe, deren Sublimierung oder Gegenreaktionen."

---

[1] Da der größte Teil dieser Arbeit für die Publikation in Amerika geschrieben wurde, mußte das Anführen wörtlicher Zitate der großen Lehrer des Marxismus-Leninismus, sowie bekannter marxistischer Wissenschaftler wie Prenant, Cornforth, Bernal usw. unterbleiben, da sie jede Publikation von vornherein unmöglich gemacht hätten.

Fenichel, einer der führenden Freudianer in Amerika, macht diesen Standpunkt noch klarer, indem er Opponenten dieser Idee angreift:

„Im ersten Moment sieht es so aus, als ob die Hervorhebung kultureller Einflüsse wegen deren Bedeutung für die geistige Entwicklung, ausdrücklich die Wirklichkeit unterstreicht. Tatsächlich aber leugnet dieser Standpunkt die Wirklichkeit ab, indem er die biologische Grundlage des Menschen ableugnet ... Die kulturbedingten Wünsche sind lediglich Abänderungen einiger biologischer Fundamentaltriebe."

Wie wir später sehen werden, trifft es nicht zu, daß die Hervorhebung kultureller Einflüsse die biologische Grundlage des Menschen leugnet, obwohl es für Fenichel einfacher ist, das anzunehmen, da er auf diese Art einen Strohmann hat, den er bequem angreifen kann. In den Satz „die kulturbedingten Wünsche sind lediglich Abänderungen einiger biologischer Fundamentaltriebe" sehen wir das Unverständnis vieler bürgerlicher Psychologen, zu erkennen, daß eine Abänderung von einem bestimmten Punkt zu einem qualitativ neuen Zustand führt.

Karen Horney nimmt ebenfalls zur Frage der biologischen Natur des Menschen Stellung und schreibt:

„Die schweigende Annahme, die diesem Gedankengang (dem Freudschen) zugrunde liegt, ist der Glaube in die Existenz einer biologisch bestimmten Natur des Menschen."

Es ist interessant festzustellen, daß von den Anhängern der Psychoanalyse wiederholt Versuche gemacht wurden, die psychoanalytische Auffassung von der biologischen und „intrapsychischen" Determinierung der individuellen Entwicklung zu erweitern. Diese Versuche liefen oft darauf hinaus, den sozialkulturellen Faktoren größere Bedeutung zuzuschreiben und — so könnte man annehmen — daß sie sich in der Richtung einer dialektisch-materialistischen Auffassung bewegten. Trotz der relativ häufigen Versuche, den psychoanalytischen Rahmen zu erweitern und zu revidieren — aus denen doch eigentlich ein Gefühl von der Mangelhaftigkeit der Psychoanalyse spricht — haben sich die Psychoanalytiker nie über ein Lippenbekenntnis zugunsten sozial-kultureller Einflüsse hinausgewagt. All diese revisionistischen Strömungen beginnen mit einer Kritik an Freuds Nichtbeachtung der Bedeutung sozialer Einflüsse, aber irgendwie ergibt es sich dann doch stets, daß sie letzten Endes auch immer wieder das ausschließliche Gewicht auf das subjektive Element bei inneren Konflikten legen.

Nicht nur Renegaten, sondern auch getreue Anhänger Freuds haben versucht, den sozial-kulturellen Faktoren mehr Rechenschaft angedeihen zu lassen. Einen der letzten Versuche dieser Art sehen wir in dem Werk des Psychiaters E. H. Erikson. Er erklärt in seinem kürzlich erschienenen Buch unter anderem, daß das somatische, das psychologische und das gesellschaftliche Geschehen eine untrennbare Einheit bilden, die nur in ihrer Wechselwirkung verstanden werden könnte. Das hört sich nun recht unfreudianisch an, aber wir werden schnell darüber belehrt, daß selbst diese Auffassung, die doch immerhin dem gesellschaftlichen Geschehen einen bedingten Einfluß auf die psychische

Sphäre zuschreibt, nur ein Mäntelchen ist, mit dem sich der Autor behängt; schreibt er doch nur wenige Seiten weiter von dem überragenden Einfluß der

„Ängste, die in der Struktur und dem Wachstum des Organismus verankert sind und die die am weitesten verbreiteten und am wenigsten bewußten Themen der Furcht sind."

Vergeblich wird man bei der Analyse der Angstgefühle seiner Patienten von diesem Autor eine Beachtung gesellschaftlich-kultureller Faktoren erwarten.

„Die tiefste weibliche Angst, die sich durch das ganze Dasein einer Frau hinzieht, ist die, leer zu bleiben oder verlassen zu werden."

Daraus leitet ERIKSON dann weiter ab:

„Damit ihre Männer sie nicht verlassen und aufgeben in ihren zyklischen Konkurrenz-, Eroberungs- und Kriegszügen, beanstanden die Frauen diese Unternehmen nicht ... Sie tun so, als ob sie wirklich an den Krieg glaubten, während sie doch nur gelernt haben, kriegerische Aufregung, die fundamental über ihr Verständnis geht, als unvermeidlich zu akzeptieren."

Wird die Frau von der „Angst, leer zu bleiben" beherrscht, so entspricht dem beim Manne die Angst vor der Kastrierung:

„Im Zentrum der Ängste des Knaben ... liegt die schleichende Angst vor Kastration, die Furcht, bewegungslos, gefesselt und gefangen zu werden ... hier liegt der Ursprung des männlichen Verlangens nach einem Feind, damit er sich dagegen wappnen, gegen ihn kämpfen kann und so befreit wird von der beständigen Angst vor unbekannten Feinden."

Abgesehen von der Rechtfertigung des Krieges, die wir hier wie in vielen psychoanalytischen Werken finden, bedarf es wohl der sonderbarsten Logik, um in den obigen Zitaten auch nur die kleinste Spur von dem Einfluß der Gesellschaftszustände auf die Psychologie des Menschen zu finden, zu der sich der Autor nur wenige Seiten vorher so pathetisch bekannt hat.

Die obigen Zitate sind lesenswert, da ERIKSON wohl mehr als irgendein anderer Psychoanalytiker heute als der tief denkende und „aufgeschlossene" Fortführer des Werkes von FREUD in Amerika gilt. Ein Studium seines Werkes macht es leider nur zu deutlich, daß auch diese letzte in der Reihe der Bemühungen, Psychoanalyse mit ganzheitlich-psycho-sozialer Einstellung zu integrieren, genau wie alle früheren Versuche im Morast eines „subjektivistischen Irrationalismus" geendet hat.

B. Individuum und Gesellschaft

Jede Persönlichkeitstheorie muß sich mit der Frage der Beziehung des einzelnen zur Gesellschaft auseinandersetzen. Das ausschließliche Herausheben der innerpersönlichen Festlegung der menschlichen Entwicklung fällt im allgemeinen zusammen mit einer Geringschätzung der Rolle der Gesellschaft und der Kultur. Dies wird am klarsten durch FREUD selber ausgedrückt, wenn er schreibt:

„Die Freiheit hat durch die Entwicklung der Zivilisation Einschränkungen erlitten."

Der einzelne und die Gesellschaft stehen also im Gegensatz. FREUD schreibt:

„Die beiden Prozesse, der der individuellen und der der kulturellen Entwicklung stehen im Gegensatz zueinander."

Kein Wunder, daß FREUD Gemeingeist und Solidarität „reduziert auf ihre Grundlage Neid". FREUDs treuer Schüler und Sprachrohr Geza ROHEIM schreibt:

„Im allgemeinen haben wir keinen Grund, die Feindschaft der Psychoanalyse gegenüber der Kultur zu leugnen, Kultur bedeutet Neurose, die wir zu heilen versuchen ...".

Metaphysische Psychologen und Psychiater betonen oft die negativen, die pathologischen Einflüsse der Gesellschaft und zwischenmenschlicher Beziehungen. So sieht FREUD z. B. in seiner Analyse der Anekdote vom Salomonischen Urteil nur die Gier der einen Mutter, die nun, nachdem ihr eigenes Kind verstorben ist, auch der anderen kein Kind gönnt, er übersieht vollständig die Hingabe der wirklichen Mutter des Kindes, die doch bereit ist, auf ihr Kind zu verzichten, damit es leben kann.

C. Bewußtheit

Metaphysisch-psychologische Schulen haben sich erstaunlich wenig mit den Prozessen befaßt, vermittels derer der Mensch Kenntnis erhält von der Natur seiner Umgebung und seiner Tätigkeit. (Selbst die Gestaltschule, die sich in der Hauptsache mit den Fragen der Wahrnehmung befaßt, hat im allgemeinen die Prozesse analysiert, die die wahre Natur unserer Umgebung verschleiern — sogenannte Illusionen —). Die akademische Psychologin HEIDBREDER schreibt dazu:

„Es ist in den letzten zwei, drei Jahrzehnten in der Psychologie zur Gewohnheit geworden, die unbewußten Determinanten des Verhaltens, ja die unbewußten Determinanten des Bewußtseins selber in den Vordergrund zu rücken ... Es ist sonderbar, daß der Ausdruck dynamische Psychologie oft gebraucht wird, um ein Gebiet zu bezeichnen, dem die Psychologie des Wissens gegenübergestellt wird."

Orthodoxe Freudianer haben sich in der Hauptsache mit Untersuchungen des „Unbewußten" befaßt. Da sie darauf abzielten, ein Verständnis der unbewußten Faktoren zu finden, die das rationale Benehmen ihrer Patienten störten, zeigten sie wenig Interesse an der Untersuchung der rationalen Prozesse selber. So gibt FENICHEL zu:

„Der Teil des Bewußtseins, der am besten bekannt ist, ist das ‚Verdrängte', das unbewußt ist, weil starke dynamische Kräfte das Bewußtwerden verhindern."

Die augenscheinlichen Mängel eines psychologischen Systems, das bewußte Prozesse zu einer Rolle verurteilt, die kaum der Untersuchung wert sind, sind in den letzten Jahren selbst den Freudianern klar geworden. Während der letzten 15 Jahre hat sich infolgedessen eine Tendenz gezeigt, diesen Faktoren größeren Wert beizulegen (z. B. die sogenannte „Ego-Psychologie", HARTMANN, NUNBERG usw.). Die „Ego-Psychologie" versucht innerhalb des psychoanalytischen Rahmens Platz zu machen für eine vollere Darstellung und Untersuchung der Rolle bewußter Prozesse. Aber trotz dieser neuen Ermutigung für die Untersuchung der Prozesse des Bewußtseins fand innerhalb des Kreises der Psychoanalytiker keinerlei wissenschaftliche Untersuchung dieses Gebietes statt.

Obwohl andere Theoretiker nicht so entschieden wie die Psychoanalytiker die Untersuchung der Prozesse des Bewußtwerdens ablehnten, haben sie doch nur wenig Interesse für die Prozesse gezeigt, vermittels derer der Mensch Kenntnis von der ihn umgebenden Welt erhält. Infolge ihrer metaphysisch-idealistischen Einstellung zogen sie es vor, sich mit Verzerrungen, Illusionen und Projektionen zu befassen. Es gibt nun allerdings einige neuere Schulen (die Vektorpsychologie Kurt LEWINS, die Klientzentrierte Psychologie von Carl ROGERS und die Neu-Freudianische Psychiatrie der William Alanson White Psychiatric Foundation), die sich mit dem sogenannten „phänomenologischen Feld", dem subjektiven Bewußtsein des Menschen befassen. Jedoch wird das subjektive Bewußtsein nicht als eine Widerspiegelung objektiver Realität untersucht; im Gegenteil. Carl ROGERS schreibt z. B.:

„Es erscheint überflüssig, den Begriff einer ‚wirklichen' Realität zu formulieren oder zu erklären. Für den Zweck des Verstehens von psychologischen Phänomenen ist die Realität für den Einzelnen seine Wahrnehmung. Wir brauchen die Frage, was wirklich Realität ist, nicht zu lösen."

Wie denn, so wird man fragen, ist es möglich, das subjektive Bewußtsein des Patienten zu erkennen, wenn man sich nicht bemüht, die Gesetze seiner Verankerung an eine objektive Realität zu erforschen? Carl ROGERS antwortet:

„Es ist möglich, bei sich selbst einigermaßen die Einstellung des anderen zu erzielen, weil viele der wahrgenommenen Gegenstände ihre Gegenstücke in unserem eigenen Wahrnehmungsfeld (subj. Bewußtsein) haben, und weil praktisch alle die Einstellungen des anderen zu diesen Wahrnehmungsobjekten auch in unserer eigenen Erfahrungswelt eine Rolle gespielt haben."

In der Tat, die Not ist groß, wenn man sich so drehen und wenden muß, um vermittels „consensual validation" (allgemeiner Übereinstimmung) einen Ersatz für die objektive Realität zu schaffen.

D. Probleme der therapeutischen Praxis

Metaphysisch-individualzentrisch-psychologische Systeme sehen die Psychopathologie als die Folgeerscheinung fehlerhafter konstitutioneller Faktoren, schwerer, in der Umgebung vorhandener Wachstumshindernisse der „Triebe" oder als eine Kombination dieser beiden Faktoren an. Unter Druck, der zu groß ist, um es den biologischen Kapazitäten des Patienten zu ermöglichen, zu reifen und in einer gesünderen Art und Weise zu reagieren, greift der einzelne zu starreren, stereotypen und weniger geeigneten Arten des Verhaltens. Dieser Prozeß wirkt in steigendem Maße anpassungsstörend und wird schließlich begleitet durch kompensierende Verzerrungen der Wahrnehmung und des Bewußtseins, die nun auch ihrerseits die Rückkehr zum normalen Benehmen erschweren. Dann wird es die Aufgabe des Therapeuten, dem Patienten zu helfen, eine gesündere, d. h. besser geeignete und erfolgreichere Art und Weise des Benehmens zu erzielen.

Um dies zu tun, beschäftigt sich der individualzentrische Therapeut hauptsächlich mit dem psychischen Leben, dem Bewußtseinsfeld (dem Bewußten und dem Unbewußten) des Patienten. Er kann versuchen, dem Patienten zu helfen, ein besseres, weniger verzerrtes Bild der Situation zu gewinnen. Er kann ihm mittels verschiedener Methoden zeigen, wie die Lage des Patienten von anderen, z. B. dem Therapeuten, Mitgliedern der therapeutischen Gruppen usw., gesehen wird. Er kann dem Patienten auf diese Art helfen, Entscheidungen und Möglichkeiten zu erkennen, deren sich der Patient selbst nicht bewußt war. Der Therapeut kann Kurz- und Dauerbehandlung vorschlagen. Er muß wählen zwischen den Methoden,

„die ausdrücklich die Stärkung und Unterstützung des Patienten und die Unterdrückung seiner Symptome zum Ziel haben und denen, die hauptsächlich danach trachten, ihm Ausdrucksmöglichkeiten zu schaffen" (KNIGHT).

Ganz gleichgültig, zu welcher spezifischen klinischen Methode der individualzentrische Therapeut greift, die Behandlung wird auf den individuellen Patienten gerichtet. Folglich ist es nur konsequent, wenn individualzentrisch orientierte Psychiater in Anstalten ihre Patienten immer wieder ermahnen, sich nicht um andere Patienten zu kümmern, den Anweisungen des Personals zu folgen und Vertrauen in ihn, den Psychiater, zu haben.

In der sogenannten Zusatztherapie (Adjunctive therapy), die heute in vielen Institutionen neben der eigentlichen Psychotherapie verabreicht wird (Beschäftigung mit kunstgewerblichen Arbeiten, Gymnastik, Massagen usw.), ist der Patient als einzelner gleichfalls Objekt der Aufmerksamkeit des „Zusatz-Therapeuten". Seine kunstgewerblichen Fähigkeiten werden entwickelt, er wird dazu angehalten, Gegenstände zu machen, die — wie es in den psychiatrischen Verordnungen so oft heißt — „zu einer Quelle narzistischer Befriedigung" werden sollen.

a) Gruppentherapie

Der individualzentrische Therapeut kann den Patienten entweder in Einzelsitzungen in seinem Konsultationszimmer oder in Gruppentherapie-Sitzungen behandeln. Die Ziele der individualzentrischen Gruppentherapie, wie sie z. B. von ACKERMANN zusammengefaßt wurden, sind wohl kaum verschieden von denen des individualzentrischen Therapeuten, der mit Einzelpatienten arbeitet:

1. „Mittels der Gruppenbeziehung zu einer ständigen emotionalen Stützung beizutragen.
2. Ausdrucksmöglichkeiten auf den Gebieten spezifisch ängstigender Konflikte zu schaffen.
3. Schuldgefühl und Angst zu reduzieren.
4. Gelegenheit zu schaffen, um verschiedene Formen der sozialen Wirklichkeit, wie sie durch die anderen Mitglieder der Gruppe, den Therapeuten, und die Gruppe als Ganzes repräsentiert werden, zu prüfen.
5. Gelegenheit zu schaffen, um zur Abänderung des Eigengefühls und zu erhöhter Selbstachtung und Anerkennung eigener Kapazitäten zu gelangen. Dies hat dann seinerseits zur Folge, daß der Umgang mit anderen erleichtert und die Toleranz für enttäuschende Erlebnisse vergrößert wird.

6. Die Entwicklung der Einsicht in die inneren Schwierigkeiten durch das Erleben der vielseitigen menschlichen Beziehungen innerhalb der Gruppe."

Im Gefolge verschiedener Umstände, wie der ungenügenden Anzahl ausgebildeter Therapeuten, der hohen Kosten einer Einzelbehandlung usw. haben mehr und mehr Organisationen und Einrichtungen begonnen, die therapeutischen Beziehungen zwischen Einzelpatient und Doktor zu erweitern zur Gruppenbehandlung. Bei ihrer Konzentration auf die Probleme der einzelnen Patienten in der Gruppe bleibt diese Therapie nichtsdestoweniger innerhalb des Rahmens einer metaphysisch-individualzentrischen Einstellung. Der Patient wird auch weiterhin als ein — in der Hauptsache unabhängiges Individuum betrachtet, dessen Entwicklungs- und Heilmöglichkeiten in ihm selber liegen. Es ist eine bezeichnende Tatsache, daß die Entwicklung der Gruppentherapie in Amerika in erster Linie von ökonomischen Gesichtspunkten diktiert wurde und, daß die Auffassung von dem therapeutischen Eigenwert der Gruppe eigentlich mehr oder weniger als ein Nachgedanke kam.

In der Praxis stellte es sich in der Tat heraus, daß die Äußerung persönlicher Probleme innerhalb einer organisierten Gruppe dem einzelnen helfen kann, eine neue Perspektive zu gewinnen und seine Probleme in einem anderen Licht zu sehen. Auf die Art gelingt es einigen, die starre Unbeweglichkeit zu überwinden, mit der sie bisher auf Enttäuschungen reagierten und durch die sie in ihrer Weiterentwicklung gestört wurden. Außer solch direkter Hilfe ist eine Aussprache in der Gruppe dazu angetan, den Patienten zu zeigen, daß sie nicht allein sind mit ihren Ängsten und Schwierigkeiten, wodurch dem häufig anzutreffenden Gefühl persönlicher Untüchtigkeit entgegengewirkt und ein höherer Grad von Selbstvertrauen geschaffen wird. Dies schafft seinerseits eine günstigere Ausgangsposition für künftige Erfolge.

Einige Gruppentherapeuten haben gelegentlich die psychoanalytische Methode angegriffen. Im ersten Moment erscheint solche Kritik sich fast einer dialektischen Einstellung zu nähern. So schreibt beispielsweise MEIERS:

„Gruppenpsychotherapie behandelt Menschen in Gruppen und kann dem Begriff der Individualpsychotherapie gegenübergestellt werden, der die Person nur als einzelnen sieht und individualzentrisch ist ...".

MORENO, einer der bekanntesten Namen auf dem Gebiet der Gruppentherapie, unterstreicht des öfteren:

„Kein Mensch ist eine Insel, die losgelöst ist vom Festland gesellschaftlicher Beziehungen."

Man findet hier den Versuch, die Psychotherapie in der Richtung auf gesellschafts- und arbeitsmäßige Ganzheit (wholismus) zu erweitern. Jedoch ebenso wie wir das in der Persönlichkeitstheorie sahen, so findet wir auch hier, daß im allgemeinen diese Therapeuten nicht imstande sind, den Worten konsequent die Tat folgen zu lassen. Sie sind unfähig, sich mit den pathogenen gesellschaftlichen Beziehungen zu befassen und beschränken sich in der Praxis genauso wie die Psychoanalytiker darauf, den einzelnen Menschen zu behandeln.

b) Wirksamkeit

Im allgemeinen wird angenommen, daß individualzentrische Behandlung mehr Patienten zur Gesundung verhilft, als aller Wahrscheinlichkeit nach spontan genesen würden. Die Frage drängt sich auf, ob der Erfolg der Psychotherapie wirklich auf die Behandlungsmethode zurückzuführen sei oder ob nicht möglicherweise ein unbeachteter Faktor hierbei eine Rolle spielt.

Denker entdeckte in einer der wenigen Untersuchungen, die sich mit dieser Frage befaßten, daß praktische Ärzte in der Behandlung neurotischer Schwierigkeiten den Psychiatern überlegen waren, d. h. eine höhere Rate von Gesundungen aufwiesen. Die Psychiater ihrerseits aber waren den Psychoanalytikern überlegen.

Paul Schilder schreibt über die Behandlung schwerer Fälle:

„Die Statistiken, die uns bis jetzt zur Verfügung stehen, zeigen, daß die Methode (Psychoanalyse) nicht immer erfolgreich ist. Es ist erstaunlich, daß die Statistiken der staatlichen Hospitäler (in denen Patienten nur in Gewahrsam gehalten und praktisch nicht behandelt werden A.K.) fast denselben Prozentsatz von Gesundungen und Verbesserungen aufweisen als die des (früheren) Berliner Psychoanalytischen Institutes und die Berichte von Hyman und Kessel (bei denen es sich um Patienten handelt, die ein Maximum an psychoanalytischer Spezialbehandlung erhielten)."

Im Lichte der obigen Untersuchung und in Anbetracht des fast völligen Fehlens statistischer Daten, sogar von den berühmtesten Anstalten zur Behandlung von Nervenkrankheiten, die nicht selten eine ganze Anzahl Statistiker voll beschäftigen, muß man sich fragen, ob der therapeutische Faktor nicht doch tatsächlich in bisher unbeachteten Umständen gesucht werden muß. Es ist ja bekannt, daß Freud selber seine Ansicht dahingehend äußerte, daß Psychoanalyse für die Heilung neurotischer Krankheiten nicht mehr zu bieten habe als die „Jungfrau von Lourdes". Der Mathematiker und Psychologe London schreibt zu diesem Thema:

„In der Tat, sowohl Psychoanalyse wie auch die religiöse Lehre Christian Science proklamieren ihre Nützlichkeit und mögen pragmatisch zu verteidigen sein. Ihre Gesundungen jedoch und ihre Erkenntnisse legen Zeugnis ab, nicht für die Richtigkeit ihrer respektiven Theorien, sondern für uns, durch die diese Theorien angewandt werden. Wir sind die fundamentalen Faktoren, wir wenden sie an, denn sie können nicht allein wirken, sondern nur durch uns, wir sind die unerläßlichen Ergänzer ihrer Mängel. Kurzum, wir sind die nicht beachteten Variablen."

Jede Auswertung therapeutischer Wirksamkeit sollte diese Betrachtungen anstellen. Es ist doch zur Genüge bekannt, daß nicht nur moderne Behandlung erfolgreich ist. Licht erwähnt in einem historischen Rückblick über die Anstaltssorge des 18. Jahrhunderts:

„Die Oberaufseher über die Verrückten waren von Sinnen in ihrer Grausamkeit ... einige wünschten Maschinen herbei, mittels derer der Neuankömmling mit entsetzlichem Getöse über die Metallbrücke über einen Wassergraben geschleift werden konnte, um dann plötzlich bis zur Spitze eines Turmes emporgerissen und ebenso schnell wieder in eine dunkle, unterirdische Höhle hinabgelassen zu werden. Sie schworen, daß es noch besser wäre, wenn es möglich wäre, den Patienten unter Schlangen landen zu lassen. Unter den grausamen Mitteln jener Zeit, die gegen ahnungslose Patienten angewandt wurden, war eine Falltür, über die der Patient zu gehen gezwungen war. Sie öffnete sich und der Patient fiel in ein Wasser und wurde dort halb ertränkt und halb zu Tode geängstigt."

Und doch, selbst eine Anstalt wie die wegen ihrer Grausamkeit berüchtigte St. Mary of Bethlehem (Bedlam) berichtete, daß einige ihrer Patienten „ben restoryde unto hyr witte and helthe a-gayne", wieder zur Vernunft und Gesundheit gebracht wurden. Wohl niemand wird behaupten wollen, daß die „therapeutischen" Methoden dies zuwege brachten. Eine Untersuchung therapeutischer Wirksamkeiten muß sich Rechenschaft ablegen von der Möglichkeit, daß, nicht so sehr was der Therapeut tut als was er ist, die heilende Wirkung auszuüben vermag. Auch muß die Tatsache in Betracht gezogen werden, daß in der therapeutischen Situation der Patient eine klar definierte Beziehung zum Therapeuten vorfindet, eine Beziehung, in der er weiß, „wo er dran ist".

In dem individualistisch-metaphysisch denkenden Therapeuten findet der Patient immerhin oft einen Menschen, der ihm erlaubt, eine vertrauensvolle und bedeutsame Beziehung zu ihm herzustellen; er findet einen geduldigen und verständigen Zuhörer, jemanden, der ihn ernst nimmt, einen „Freund", der ihn nicht verrät. Auch besteht die Möglichkeit, daß die Regelmäßigkeit der Therapie eine wichtige Funktion für den einen oder anderen Patienten ausübt, ebenso wie für einen anderen die Unterhaltung mit dem Therapeuten der einzige Lichtpunkt in einem sonst farblosen, einsamen Dahinleben sein kann. Ein jeder dieser Faktoren mag unter Umständen größere therapeutische Bedeutung erlangen als die eigentliche therapeutische Methode. Schon Pierre Janet drückte diesen Gedanken aus, als er sagte:

„Der Psychotherapeut, der seinen Patienten versteht und sich psychologischer Reize zu bedienen vermag, wird mit jeder Methode Erfolg haben, die er anzuwenden beliebt."

Diese Überlegungen sind darum von Bedeutung, weil in jedem Vergleich therapeutischer Methoden zahlreiche individualistisch-metaphysisch denkende Theoretiker sich des Argumentes bedienen, daß ihre spezielle Methode Erfolge erzielt und darum als richtig „bewiesen" angesehen werden muß. Auf Grund des oben Gesagten ist es klar, daß ein solches Argument nicht stichhaltig ist, selbst dann nicht, wenn es erwiesen wäre, daß ein bestimmtes therapeutisches System einen höheren Prozentsatz Erfolge hätte als andere Systeme (was bisher noch keineswegs der Fall ist). Es ist in jedem Falle notwendig zu zeigen, daß es die systematische Variable und nicht unbeachtete Faktoren waren, die den Erfolg verursachten. Da ihnen dieser Beweis bisher nicht gelungen ist, stehen und fallen die individualistisch-metaphysischen Therapeuten lediglich mit dem Beweis der wissenschaftlichen Folgerichtigkeit und Zulänglichkeit ihres therapeutischen Gebäudes und können sich keineswegs mit einem Hinweis auf praktische Erfolge aus dem Staube machen.

c) Grad der Führung in der Therapie

Individualzentrische Therapeuten empfehlen, daß innerhalb klar definierter Grenzen (d. h. solange keine Gefahr an Leib und Leben droht) der Therapeut neutral bleiben und nicht offen leitend oder richtunggebend auftrete.

Healy, Bronner und Bowers schreiben zum Beispiel:

„Freud lehrt, daß der Analyst so wenig wie möglich Mentor spielen soll. Es ist wünschenswert, daß der Patient unabhängige Entscheidungen mache. Nur im Fall der ganz Jungen oder ganz Hilflosen darf die Funktion des Arztes mit der des Lehrers vereinigt werden. Analysten sind keine Reformer.“

FOULKES schreibt:

„Der Psychoanalyst muß als Mensch unbestimmt bleiben, damit er es dem Patienten ermöglicht, auf ihn wie auf eine Leinwand die unbewußten Bilder seines innersten Selbst zu projizieren, so daß er mit ihm die Wechselfälle lang vergessener emotionaler Beziehungen zu Eltern und anderen Personen der Vergangenheit erlebt.“

Es ist ja bekannt, daß die Schule Carl ROGERS, obgleich auf Grund anderer Erwägungen, wohl noch in stärkerem Maße eine „nicht leitende, erlaubende“ Haltung gegenüber dem Patienten propagiert. MEIERS kommt in seinem geschichtlichen Überblick über Gruppentherapie zu dem Schluß, daß die „nicht leitende“ (non direktive) Therapie in Amerika ständig an Bedeutung gewinnt. In der Gruppentherapie setzt sich der individualistisch-metaphysische Therapeut die Aufgabe, das, was in der Gruppe vorgeht und was die Einzelnen ausdrücken, zu verstehen und zu akzeptieren. Er muß den Mitgliedern der Gruppe helfen, zu verstehen, was hinter dem ausgedrückten Inhalt an Gefühl und Unklarheiten sich versteckt. Eine solche Gruppe braucht keinen scharf umrissenen Rahmen. Sie ist ein loses Gebilde. Die Mitglieder einer solchen Gruppe können an verschiedenen Plätzen arbeiten und in verschiedenen Orten wohnen. Sie haben kein gemeinsames Ziel außer dem, Hilfe für ihre individuellen Schwierigkeiten zu finden. Im Rahmen einer Anstalt ist es deshalb logisch, daß solche Gruppen für ihre Gruppentherapie bestellt werden, wie der Einzelne zur Individualtherapie von seinem Doktor bestellt wird und daß darüber hinaus die Mitglieder der Gruppe individuell entscheiden, was sie während der übrigen Zeit im Hospital tun.

Zusammenfassend kann man sagen, daß in der individualistisch-mechanistischen oder metaphysisch denkenden Behandlung der Schwerpunkt der Aufmerksamkeit des Patienten und des Therapeuten auf der Erleichterung der Probleme des einzelnen Patienten liegt. Innere Konflikte und persönliche Schwierigkeiten bilden das Hauptthema der Gruppendiskussionen und Einzelbesprechungen. Jede Diskussion über andere Themen wird als Ausdruck verhüllter Bedürfnisse und Wünsche angesehen und in geeigneten Momenten entsprechend interpretiert.

Die dialektisch-materialistische Auffassung in der klinischen Psychologie

Menschliche Natur ist etwas durch und durch Soziales und setzt stets das wirklich gesellschaftliche Individuum voraus. George H. MEAD

A. Organismus und Entwicklung der Persönlichkeit

Die dialektische Auffassung weist den einseitigen Glauben an die auschließlich biologische Interpretierung der menschlichen Persönlichkeit zurück, stellt sich aber gleichzeitig und mit gleicher Energie gegen die Verneinung der Bedeutung biologischer Faktoren. Vom einzelnen Menschen zu sprechen, als sei er eine autarke genetische Einheit, erscheint von diesem Standpunkt aus als unrealistische Träumerei, ebenso wie es eine phantastische Abstraktion ist, wenn man den einzelnen, isolierten Menschen als die Grundeinheit der Gesellschaft oder der Familie ansieht. Kein menschlicher Organismus kann „Mensch" werden oder es auf die Dauer bleiben ohne Verbindung zu — und Wurzeln in — einer sozialen Gemeinschaft. Der physiologische Organismus „homo sapiens", sich selbst überlassen in sozialer Isolierung, ist zu einem Niveau der Anpassung an die Natur verurteilt, das weniger „menschlich" ist als das Verhalten unserer Haustiere.

Die dialektische Auffassung betont einerseits die Wechselwirkung gesellschaftlicher Abhängigkeit, aber erkennt andererseits die Tatsache an, daß physiologische Struktur und Funktion des Organismus notwendige Bedingung für die Entwicklung gesellschaftlicher Beziehungen sind. So fand man z. B., daß bei Fehlen der normalen biologischen Verständigungswege, bei Körperbehinderten oder subnormalen Kindern, gesellschaftsfähige-psychologische Kapazität nur erreicht werden kann, wenn der physiologische Mangel mittels besonderer Erziehung durch die menschliche Umgebung kompensiert wird. Der bekannte (fortschrittliche) amerikanische Biologe NOVIKOFF schreibt:

„Denken, Sprache, Arbeit sind unmöglich ohne ein hochentwickeltes Gehirn und die Hand. Seine einzigartige biologische Beschaffenheit macht erst die Entwicklung wirklich gesellschaftlicher Beziehungen des Menschen möglich ... Tiergesellschaften kommen nie über das biologische Niveau hinaus ... nur die Menschengesellschaft ist wirklich soziologisch."

Jedoch die Anerkennung der Bedeutung der biologischen und, was das betrifft, physikalischen und chemischen Faktoren ist *nicht* gleichbedeutend mit der Einstellung, die glaubt, daß die menschliche Qualität der Persönlichkeit *nur* auf biologischen Faktoren beruht, oder daß man sie zurückführen kann auf eine fundamentale biologische Komponente, die lediglich modifiziert wird als Resultat sozial-kultureller Ereignisse. Im Gegenteil, die dialektische Psychologie betrachtet die Individualität des Menschen als Ganzes, das — wie alles Reale — keine statisch unveränderliche Einheit, sondern ein in ständiger Veränderung begriffener Prozeß ist. NOVIKOFF erklärt:

„Das Verhalten des Menschen unterscheidet sich von dem anderer Tiere, weil er Körperteile besitzt — besonders das hoch entwickelte Nervensystem —, die Gedanken und Sprache ermöglichen und deren Funktionieren zutiefst durch gesellschaftliche oder kulturelle Einflüsse berührt werden. Der Kopf und die Hand des Menschen sind einzigartig. Er kann der Natur gegenübertreten nicht nur mit seinem Körper, sondern auch mit Werkzeugen, die er entworfen hat und zu gebrauchen versteht. Die rohen Werkzeuge der Primitiven weichen der komplexen Technologie, die für die moderne Gesellschaft charakteristisch ist. Wie die technologischen Kräfte, so verändern sich die sozialen und ökonomischen Beziehungen der Menschen und mit ihnen das Verhalten des Menschen. Sozialwirtschaftliche oder kulturelle Kräfte gewinnen also den Vorrang über biologische Faktoren in der Beeinflussung und Bestimmung menschlicher Handlungen. Die sozialen Beziehungen des Menschen stellen ein neues Stadium dar, ein höheres Niveau als das seiner biologischen Konstitution."

Der spezifisch menschliche Charakter einer Person entsteht nur im Prozeß sozialer Tätigkeit, die darauf ausgerichtet ist, die Natur — einschließlich der menschlichen — zu verstehen, zu kontrollieren und zu verändern, um so eine ständig wachsende Unabhängigkeit von den „blinden Elementen" zu erreichen. In diesem Bemühen werden die Verständigungsmöglichkeiten bedeutungsvoll. Mit der Entwicklung der Sprache entsteht eine höhere Stufe der gegenseitigen Beziehungen der Menschen untereinander, die auch tiefere gefühlsmäßige Erfahrungen und abstrakt-begriffliches Denken mit sich bringt. Der Psychiater Wortis schreibt:

„Letzten Endes bestimmt die gesellschaftliche Struktur das menschliche Verhalten sowie die Ideale und die Ideologien, die ihn motivieren. Losgelöst von der Form gesellschaftlicher Organisation würde der Begriff Persönlichkeit, wie wir ihn kennen, weder Bedeutung noch Realität haben. Charakteristische Handlungsweisen, Sprache, Ideen und Persönlichkeit verdanken ihre Existenz den gesellschaftlichen Zusammenhängen, unter denen sie entstanden sind und können nicht unabhängig davon existieren. Der Mensch hat keine ewigen Instinkte für soziales Verhalten. Nicht einmal das charakteristische Verhalten bei normalen sexuellen Beziehungen kann als eingeboren und instinktiv angesehen werden."

Und Vigotsky, von dem zwei Arbeiten in Amerika publiziert wurden und viel Beachtung fanden, schrieb:

„Alle höheren psychologischen Funktionen einschließlich der Sprache und des begrifflichen Denkens sind sozialen Ursprungs. Sie entstehen als Mittel gegenseitiger Hilfe und werden langsam zum festen Bestandteil des täglichen Lebens."

Zweifellos ist für diese Wissenschaftler gesellschaftliches Streben nicht nur auf materielle Ziele gerichtet, sondern hat auch weitreichende Auswirkungen auf physiologischem, gesellschaftlichem und psychologischem Niveau. Menschen, die an einer gemeinsamen Aufgabe arbeiten oder an einer organisierten Aktion teilnehmen, erfahren mit ihrem ganzen Wesen — gefühlsmäßig, begriffsmäßig und willensmäßig —, daß sie zu einer größeren Gruppe gehören, darin eine bestimmte Funktion oder Verantwortlichkeit, Bedeutung und Leistung haben. Sie gewinnen durch diese Teilnahme Selbstvertrauen und die Freiheit des schöpferischen Ausdrucks. Deshalb sieht die dialektische Psychologie in der menschlichen Persönlichkeit den neu entstandenen Typ eines Organismus höherer Stufe. Der bekannte amerikanische Psychologe Schneirla sagt:

„Beim Menschen üben Kultur und intellektuelle Erbschaft einen so tiefgehenden Einfluß aus, daß sogar die Erhaltung des Lebens und der persönlichen Sicherheit fast völlig kontrolliert und verändert werden können durch solche Faktoren wie Prestige, Position, gesellschaftliche Anerkennung und dergleichen."

Es würde hier zu weit führen, wollte man ausführlich beschreiben, wie auf der neuen, der menschlichen Stufe auch entsprechend neue Formen der Wahrnehmung, des Lernens, des Gefühls und des Denkens entstehen. Schneirla hat versucht, den qualitativen Umschlag zu umreißen, er unterscheidet z. B. das Niveau des Lernens mittels bedingter Reflexe des ersten Signalsystems, wie man es beim Kleinkind und den höheren Tieren antrifft, von dem des selektiven

Lernens und der Erwartung (das nur durch das zweite Signalsystem ermöglicht wird) des im Arbeitsprozeß stehenden Menschen. Es sei noch bemerkt, daß das Lernen ebenso wie Wahrnehmung und begriffliches Denken niemals als rein geistiges Phänomen angesehen wird, sondern als Ausdruck und Folgeerscheinung der Tätigkeit und des vollen Einsatzes des gesamten Organismus.

B. Der Einzelne und die Gesellschaft

Jede Persönlichkeitstheorie muß sich mit der Beziehung des einzelnen zur Gemeinschaft auseinandersetzen. Die individualistische Psychologie vertritt eine Auffassung, die, wie wir oben bereits sahen, den einzelnen in direktem Gegensatz zur Gemeinschaft sieht und die die Gesellschaft selbst hauptsächlich negativ als eine Einrichtung zur Beschränkung menschlicher Triebe definiert. Die dialektische Psychologie sieht dagegen die gesellschaftliche Organisation des Menschen als eine beständig in der Entwicklung begriffene Vielfalt menschlicher Beziehungen an, die es der Menschheit ermöglicht, große Schritte zur Beherrschung der Natur und zur Erreichung menschlicher Freiheit zu tun.

Dialektisch denkende Psychologen sind sich ebenso wie ihre individualzentrischen Kollegen der schädlichen Wirkung gesellschaftlicher Konflikte und Entwurzelungen bewußt. Sie schließen jedoch nicht in falscher Verallgemeinerung von den spezifischen Bedingungen bestimmter Perioden auf die Gesamtheit allen sozialen Geschehens. Gesellschaftliche Arbeit — so erklären sie — hat es dem Menschen ermöglicht, Mittel und Wege zu finden, um sich von den Lebensgefahren zu befreien, die Folgen natürlicher Katastrophen, ungünstiger klimatischer Bedingungen, wilder Tiere, Seuchen usw. waren. Die ungeheuren pathogenen Widersprüche unserer gegenwärtigen Gesellschaft werden keineswegs abgeleugnet, aber sie werden auch nicht zum Range einer Universalität erhoben, die sie dann fast wie Naturgesetzlichkeiten erscheinen läßt. Sie werden vielmehr als ein zeitlich begrenzter Abschnitt einer sich durch Austragung der Gegensätze vollziehenden Entwicklung angesehen. Weit entfernt davon, in der gesellschaftlichen Entwicklung eine Begrenzung persönlicher Freiheit von außen zu sehen, erkennen die dialektisch denkenden Psychologen vielmehr, daß der Fortschritt, der Siegeszug der Freiheit, sowohl für den einzelnen wie auch für die Gesamtheit ausschließlich auf Grund sozial-ökonomisch-kultureller Wechselbeziehungen ermöglicht wurde. VIGOTSKY zeigte in seinen Untersuchungen die enge Verbindung, die zwischen der Sprache und dem Denken besteht. Er wies auf die Bedeutung der Sprache für die Entwicklung der Begriffsbildung und des Bewußtseins hin.

Nicht nur die Sprache und die Fähigkeit, abstrakt zu denken, werden jedoch im Laufe gesellschaftlicher Beziehungen entwickelt. Eine neue Qualität der Emotionalität, das menschliche Fühlen, entsteht, so qualitativ verschieden von der tierischen emotionalen Reaktion wie die menschliche Sprache von der des Papageis oder dem Geplärr der Affen. SCHNEIRLA diskutiert dieses Problem:

„Wegen der Ähnlichkeit äußerer und innerer Anzeichen emotionaler Reaktionen beim Menschen und den Tieren erscheinen Analogien vom menschlichen Bewußtsein verführerisch, so daß man oft annimmt, es handle sich um ein angenehmes Gefühl, wenn die emotionale Reaktion Annäherung oder Annahme eines Gegenstandes beinhaltet ... Man gewinnt jedoch nicht das Geringste, wenn man diskutiert, ob ... Ameisen, die ihre

Königin lecken und eine Menschenmutter, die ihr Kind streichelt, gleichermaßen „Liebe" empfinden."

Im Gegensatz zu Schlußfolgerungen auf Grund fraglicher Analogien erkennt die dialektische Psychologie verschiedene qualitative Stufen emotionaler Reaktionen bei den höheren Tieren an:

„Die einfachste ist die direkte emotional bedingte Reaktion, wenn der gestrafte Hund z. B. sich zitternd und jaulend verkriecht beim Anblick der Peitsche. Es ist charakteristisch für die niederen Säugetiere und das ganz junge Kind gleichermaßen, daß ihre Beziehungen zu den Gegenständen durch solche emotionalen Reaktionen beherrscht werden und daß die Wahrnehmung des gegebenen Objektes nicht von seinen emotionalen Elementen getrennt werden kann."

Der Autor beschreibt dann die Entwicklung einer höheren, qualitativ neuen Stufe emotionaler Reaktionen:

„Im Menschen mehr und beim Schimpansen in weit geringerem Maße führt der Prozeß der Sozialisierung und spezieller Erziehung zu größerer Unabhängigkeit von direkten, impulsiven, emotionalen Reaktionen."

C. Bewußtsein

Es ist eine interessante Tatsache, daß individualistisch-idealistische Systeme im allgemeinen das geistige Leben des Menschen sowie der Gesellschaft als hauptsächlich die Entwicklung bestimmende Faktoren ansehen. Sie wählen innerhalb des Geistigen speziell noch die unbewußten und irrationalen Komponenten als dominierend aus. Im Gegensatz zu diesem Standpunkt betrachten dialektisch denkende Psychologen das geistige Leben, wie ja bereits erwähnt, als das Resultat einer hohen Stufe biologischer und gesellschaftlicher Entwicklung. Das Bewußtsein, gesehen als die höchste Stufe der geistigen Entwicklung, entsteht erst im Zusammenhang eines fortgeschrittenen gesellschaftlichen Lebens, es stellt den dynamischen und potentiell mächtigsten psychologischen Zustand dar.

Im Laufe der Teilnahme am Gesellschaftsgeschehen wird der biologische Organismus „homo sapiens" zu einer neuen, einer menschlichen Persönlichkeit. Seine intrapsychischen Prozesse verändern sich in der Qualität und in ihren Wechselbeziehungen. Das Auftauchen neuer Formen des Gefühls, des Wollens, des Denkens aus dem Rohmaterial instinktiver (unbedingt reflektorischer) Anpassung und bedingten Reflexlernens im Rahmen gesellschaftlicher Tätigkeit wurde bereits erwähnt. Hierzu könnte man dann noch das Gewahrwerden der eigenen Person und der eigenen Handlungen, das Selbstbewußtsein, hinzufügen. Im Verlauf dieser Veränderungen werden aber auch die Wechselbeziehungen dieser Funktionen untereinander modifiziert.

Auf der niedrigsten Stufe gesellschaftlicher Teilnahme und Erfahrung finden wir ein Wissen, das weitgehend durchdrungen ist von dem Impakt des äußerlichen Eindrucks der Gegenstände. Unmittelbare Empfindung und emotionale Reaktion dominieren über Wahrnehmung, Denken und Handeln. Zielbewußtes Handeln ist noch beherrscht und überschattet durch unmittelbare Bedürfnisse und Reize. Die Dominanz des zweiten Signalsystems über das erste ist noch nicht etabliert oder noch auf einem niedrigen Niveau.

Auf einer höheren Stufe, auf der die gesellschaftliche Praxis bereits über ein gewisses Niveau hinausgeht, werden die Funktionswerte der Gegenstände verstanden, gemeinsame Charakteristiken erkannt, die emotionale Reaktion wird verzögert und logisches Denken, Deduktion und Urteilsvermögen beginnen sich zu entwickeln und beim Handeln den Einfluß der vegetativen Reize zu überstrahlen. Gesellschaftliche Einflüsse in Wechselwirkung mit biologischen Bedürfnissen beginnen das Streben nach spezifisch menschlichen Zielen zu fördern. Die Dominanz des zweiten Signalsystems über das erste beginnt sich durchzusetzen.

Auf der höchsten Stufe ist eine neue harmonische Einheit entstanden. Vernunft, gestützt auf die Erkenntnis der Gesetze der Entwicklung ist das entscheidende Merkmal der Psyche geworden, die in dieser neuen Form dialektisches Bewußtsein genannt wird. Im Bewußtsein spielt das Gefühl weiterhin eine bedeutungsvolle, notwendige, aber nicht länger eine beherrschende Rolle. Die Dominanz des zweiten Signalsystems ist fest etabliert.

Die arbeitszentrische Auffassung sieht die Entwicklung dieser Phasen des Psychischen als ein direktes Resultat aktiver Teilnahme am gesellschaftlichen Geschehen, am Arbeitsprozeß, an. Bewußtsein „reift" nicht automatisch oder im passiv beschaulichen Leben des Organismus, der außerhalb der Gesellschaft lebt (falls es so etwas gäbe).

Diese höchste Stufe der psychischen Entwicklung repräsentiert eine wertvolle Errungenschaft, die unter übermäßigem Druck (z. B. durch Schwächung des Organismus infolge von Krankheits- oder Ermüdungsprozessen oder Leben und Selbstrespekt bedrohenden gesellschaftlichen Widersprüchen) zusammenbrechen kann. Dabei vermitteln die Untersuchungen der Tamara Dembo sowie die von Barker, Dembo und Wright einen Einblick in die Möglichkeiten solchen Niederbrechens. Goldstein, Scheerer, Vigotsky u. a. prüften verschiedene Stufen der Regression oder der Wiederanpassung auf einem niedrigen Niveau, wie sie im Gefolge organischer Störungen in der Hirnrinde erfolgten.

Die dialektische Psychologie sieht Vernunft und rationales Denken als den wichtigsten Faktor in der Psyche des erwachsenen Menschen an. Jedoch ist diese Vernunft nicht die abstrakte „raison" der Aufklärer, sondern ein vernünftiges Denken, das eingebettet ist in dem gefühlvollen und zielstrebigen Bewußtsein des heutigen Menschen, der in enger Fühlung mit dem sozialen Leben seiner Gesellschaft steht.

Dieses Bewußtsein ist auch nur ein sehr entfernter Verwandter jenes introspektierenden, grundsätzlich passiven Bewußtseins, das im Brennpunkt der psychologischen Untersuchungen des vorigen Jahrhunderts lag. Es ist nicht nur das Wissen über Wahrnehmungen von relativ bedeutungslosen Vorgängen, sondern die symbolische Vergegenwärtigung und Widerspiegelung der äußeren Wirklichkeit, wie sie im Laufe gesellschaftlicher Tätigkeit gewonnen wird und nun zurückwirkt in der ständig an Bedeutung zunehmenden Rolle, die der Vernunft im Leben der Gesellschaft und größerer menschlicher Freiheit zukommt.

D. Die dialektische Auffassung von der Veränderung und der Entwicklung

Beispiele für die mechanistische Stellung der Psychoanalyse gegenüber dem einzelnen sowie gegenüber Gesellschaftsphänomenen wurden bereits angeführt. Die bekannten Psychologen Sherif und Cantril, die in ihrem Buch „Psychology of Ego Involvement" mehrmals dem dialektischen Denken sehr nahe kommen, schreiben:

„Gesellschaftliche Veränderung kann am ehesten angesehen werden als eine Kette aufeinanderfolgender Stufen, wobei dann jede neue Stufe aus den Begrenzungen oder Widersprüchen der früheren Stufen entstand. Wegen ihrer Unfähigkeit zu erkennen, daß dieses Auftauchen neuer Qualitäten sowohl auf dem psychologischen und sozialen Niveau wie auch auf dem physischen und biologischen stattfindet, waren die Psychoanalytiker gezwungen, ihre vielfältigen Abstraktionen zu schaffen und die Handlungen einzelner und der Gesellschaft in umschweifenden Ableitungen zu erklären."

Der dialektische Entwicklungsbegriff ist in der amerikanischen Wissenschaft bekannt geworden unter dem Namen „Concept of Integrated Levels" (Begriff von den integrierten Stufen). Er kann in den folgenden Prinzipien kurz umrissen werden:

1. „Natur und Gesellschaft sind in ständiger Entwicklung begriffen.
2. Im Prozeß dieser Entwicklung treten neue Formen und Stufen der Organisation auf. Quantitative Veränderungen können plötzlich zu bemerkenswerten qualitativen Veränderungen oder Neuerscheinungen führen.
3. Die Einheiten einer Stufe werden zu den Teilen der höheren Stufe.
4. Jede Stufe der Organisation besitzt einzigartige Eigenschaften der Struktur und des Verhaltens. Die Gesetze, die die einzigartigen Eigenschaften der verschiedenen Stufen beschreiben, sind qualitativ verschieden voneinander."

Um diese Konzeption zu illustrieren, könnte man z. B. die Entwicklung des Organismus bei den Säugetieren erwähnen. In der phylogenetischen Entwicklung der Säugetiere finden wir ein ständiges Anwachsen der Fähigkeit des Organismus, sich neuen Situationen anzupassen, die weitgehend von der Entwicklung des Kopfes und der Hand abhängt. Beim Menschen hat diese Entwicklung einen Grad der Vollendung erreicht, der erstmalig das Entstehen einer gesellschaftlichen Organisation ermöglicht.

Durch die gesellschaftliche Organisation hat die Anpassungsfähigkeit des menschlichen Organismus eine neue Stufe erreicht, indem sie nun in steigendem Maße beginnt, die Natur entsprechend der menschlichen Bedürfnisse zu verändern, anstatt wie bisher, sich ihr passiv anzupassen. Auf der Säugetierstufe ist der Organismus weitgehend eine selbständige Einheit, ein Ganzes. Auf der höheren, d. h. der menschlichen Stufe wird der Organismus zum Teil der Gesellschaft. Während es weitgehend möglich ist, die Gesetze des Verhaltens auf dem Säugetierniveau vom einzelnen Organismus her abzuleiten, kann auf dem menschlichen Niveau ein Verständnis der Gesetze des Verhaltens des individuellen Organismus nur gelingen mit der Kenntnis der neuen Gesetze, die die einzigartigen Verhältnisse der gesellschaftlichen Stufe beschreiben, auf der der einzelne nur ein Teil ist.

E. Probleme der therapeutischen Praxis

Die dialektische Psychologie sieht psychische Schwierigkeiten und Geisteskrankheiten an als Folgeerscheinung einer pathogenen Störung der Wechselbeziehung Organismus und Gesellschaft. Der deutsche Psychologe Heinrich

Schulte hat einmal gewisse Seiten dieser Wechselwirkung untersucht. Auf Grund seiner Arbeit kam er zu dem Schluß, daß Menschen, die zusammen leben und arbeiten, sich als eine Gemeinschaft, ein „wir", empfinden müssen. Er untersuchte die geistige Situation von Menschen, die aus diesem Gruppenverband herausgekommen waren. So konnte er während des ersten Weltkrieges in Deutschland einen ungarischen Kriegsgefangenen beobachten, der als einziger Ungar in einem für russische Kriegsgefangene bestimmten Lager war und sich mit niemandem verständigen konnte. Schulte berichtet:

„In einigen Tagen zeigten sich bei ihm Verfolgungswahnideen. Er glaubte, daß er von seinen Barackenkameraden verfolgt würde und daß sein Leben in Gefahr sei. Diese psychotischen Phänomene verschwanden jedoch, sobald ein Dolmetscher gefunden wurde."

Es dürfte allerdings wohl nur selten gelingen, eine psychologische Störung auf ein so spezifisches Hindernis gesellschaftlicher Beziehungen zurückzuführen. Viele Hindernisse, die den einzelnen davon abhalten, sich aktiv für die Ziele seiner Gemeinschaft einzusetzen, sind nicht so deutlich.

Daraus ergibt sich für die Therapie die Aufgabe, dem einzelnen zu helfen, den Kontakt mit seiner gesellschaftlichen Umgebung wieder zu etablieren bzw. zu verstärken. Diese Aufgabe kann nur gelingen in gemeinsamer Arbeit mit ärztlichen Fachleuten, deren Aufgabe es ist, etwaige primäre pathogene — und in jedem Fall die sekundären pathologischen — physiologische Störungen zu behandeln. Dialektische Psychotherapie hat die Aufgabe, intensiven gesellschaftlichen Kontakt, Arbeit und Interesse zu erwecken und dadurch an der Entwicklung des Bewußtseins, der Wiederherstellung gesunder Wechselbeziehung von Hemmung und Erregung in der Hirnrinde mitzuarbeiten, welche ja nur unter solchen Umständen zustande kommen kann. Um dies tun zu können, muß die dialektische Therapie Mittel und Wege finden, den Patienten in einer sinnvollen Arbeit einzusetzen, bei der er als Teil einer Gruppe arbeiten kann.

Patienten, die in gutem Kontakt mit der Wirklichkeit sind, werden wohl im allgemeinen zunächst vom Therapeuten in Einzelbesprechungen gesehen werden. Hierbei wird der persönliche Kontakt hergestellt und das Interesse des Patienten an der Arbeit der Gruppe angeregt. Bei Patienten mit ernsteren Schwierigkeiten ist sprachliche Verständigung zu Beginn oft nicht möglich oder unwirksam und der Patient kann unter solchen Umständen an die verschriebene Arbeit in der Gruppe gesetzt werden, obwohl er nur eine vage Vorbereitung und Motivierung hat.

Die dialektische Arbeitstherapie kann in drei grundsätzlichen Punkten erläutert werden:

1. Die Arbeit muß den physischen Fähigkeiten des Patienten entsprechen, deshalb ist eine genaue Prüfung des physischen Zustandes eines jeden Patienten notwendig. Der physisch Erschöpfte braucht andere Arbeitszuteilung als der Patient mit scheinbar unerschöpflichen Kräften.
2. Die Arbeit muß sinnvoll sein, d. h. sie muß einen Beitrag darstellen, der zum Vorteil des Patienten, aber darüber hinaus auch zu dem anderer gereicht und so bei dem Patienten den gerechtfertigten Stolz über seine Leistung hervorruft und ihm das

Gefühl menschlicher Würde gibt, die auf der Feststellung beruht, daß er durch seine Tätigkeit zum Wohle seiner Mitmenschen beiträgt.

3. Sie muß im Rahmen kooperativer Gruppentätigkeit stattfinden, die so organisiert ist, daß sie nicht nur Kontakt mit anderen ermöglicht, sondern einen hohen Grad gegenseitiger Abhängigkeit und wechselseitigen Helfens erfordert. Seine Rolle als Gruppenmitglied soll gleichzeitig sein Selbstgefühl erhöhen. Hierzu ist es auch wichtig, daß seine Arbeit ihm Gelegenheit bietet, sein Können und seine persönlichen Fähigkeiten schöpferisch weiter zu entwickeln.

Natürlich wird jedwede therapeutische Beziehung, ob individualzentrisch oder arbeitszentrisch, Elemente dieser drei Prinzipien enthalten. Dialektisch denkende Psychologen haben jedoch darauf hingewiesen, daß gerade die Anwesenheit dieser therapeutischen Faktoren in der individualzentrischen Therapie eine bedeutsame, verborgene Quelle des therapeutischen Erfolges dieser Methode sein könnte. Die dialektische Einstellung unterscheidet sich von der individualzentrischen vor allem dadurch, daß sie diese Prinzipien nicht als Nebensächlichkeiten betrachtet, sondern sie bewußt als die wichtigsten therapeutischen Faktoren in den Mittelpunkt jeder Therapie stellt.

Es ist von Interesse, festzustellen, daß die oben genannten therapeutischen Prinzipien bereits im Keime zu finden sind in einer Anzahl von Aussprüchen früherer wissenschaftlicher Arbeiter auf dem Gebiete der Psychiatrie. So schrieb Pinel bereits im Jahre 1801, daß

„energisch durchgeführte körperliche Arbeit die beste Methode ist, um gute Moral und Disziplin zu erhalten. Diejenigen Patienten, die imstande sind, zu arbeiten, werden jeden Morgen in separate Gruppen eingeteilt. Ein Aufseher ist beauftragt, ihnen Arbeit zuzuweisen, sie zu leiten und zu bewachen. Der Tag vergeht in ständiger Tätigkeit, die nur durch Pausen unterbrochen wird. Die Müdigkeit von des Tages Arbeit begünstigt ruhigen Schlaf in der Nacht."

Benjamin Rush teilte dem Direktorium des Pansilvania-Hospitals im Jahre 1810 mit,

„daß man gewisse Arten der Arbeit, der Übung und des Vergnügens für die Patienten entwickle, die gleichzeitig auf ihren Körper und Geist einwirken. Die Vorteile der Arbeit haben sich in auswärtigen Krankenhäusern ebenso wie in unseren eigenen in einer großen Zahl von Genesungen erwiesen."

Die Bedeutung gesellschaftlicher Beziehungen wurde speziell von Leuret in einer Schrift des Jahres 1840 hervorgehoben:

„In verschiedenen Hospitälern hat sich die Notwendigkeit ergeben, Patienten zu den Mahlzeiten zu versammeln. Dies verbessert ihre Eßgewohnheiten und trägt dazu bei, in ihnen das Bewußtsein von der menschlichen Gesellschaft zu erwecken und dient gleichzeitig als Zerstreuung."

Ray fand anläßlich einer Reise zu europäischen Anstalten 1844:

„Die Beschäftigung der Patienten in irgendeiner Form nützlicher Arbeit wird in allen Einrichtungen, die ich besucht habe, betrieben und in einigen gar in einem Maße, wie es in unserem Lande nicht seinesgleichen findet."

Early berichtet von der Charité in Prag:

„Direktor Dr. Reidel sagt, daß Arbeit oft eine Genesung bewirkt, wenn alle anderen Mittel, sowohl die physischen wie die moralischen, gefehlt haben."

Man könnte viele weitere Beispiele dieser Denkweise unter den Psychiatern des 19. Jahrhunderts angeben. Aber gegen Ende des Jahrhunderts verblichen diese Ideen. Drei Faktoren trugen dazu bei, die individualzentrische Psychotherapie, die das Denken eines Pinel und Rush zu verdrängen begann, einzuführen.

Erstens war die Opposition gegen Pinels Methoden eigentlich nie eingeschlafen. So schreibt Licht:

„In Frankreich kam der Widerstand von den Ärzten der Privatanstalten, in denen man körperliche Arbeit als nicht standesgemäß für Patienten ansah, die für ihre eigene Verpflegung bezahlten."

Leuret schrieb 1840:

„In Charenton gibt es keine Arbeit. Die Männer dort haben nichts zu tun außer Spaziergängen und Spielen. Die Patienten in Charenton gehören zum größten Teil zu den oberen Klassen und ihre Familien opponieren gegen körperliche Arbeit."

Neben der Verachtung, mit der man seitens der „oberen" Familien auf die körperliche Arbeit herabblickte, trug ein anderer Faktor dazu bei, diese Vorläufer der modernen dialektischen Einstellung in Vergessenheit geraten zu lassen. Als nämlich nach der Entdeckung der Ursache der Paralyse sich die Idee verbreitete, daß es möglich sein könnte, alle Geisteskranken medizinisch zu heilen, konzentrierte sich die Psychiatrie in stärkerem Maße auf den individuellen Patienten:

„Die Voraussetzung der wissenschaftlichen Medizin ist seit ihrer Entstehung die gewesen, daß der Träger der physischen Krankheit der individuelle Organismus ist, darum wird die Behandlung entsprechend durchgeführt. Als man begann, in der jugendlichen Psychiatrie wissenschaftliche Methoden anzuwenden, übertrug man die Grundsätze, die in der Medizin gewonnen worden waren, ohne weiteres automatisch auf die Geisteskrankheiten. In der Psychoanalyse erreichte die Idee vom spezifischen Einzelorganismus als Träger psychischer Krankheiten ihre triumphierendste Bestätigung. Die Gruppe wurde von Freud schweigend als ein Epiphänomen der individuellen Psyche betrachtet."

Die anfängliche Ausbreitung psychoanalytischen Denkens brachte einen Niedergang der Arbeitstherapie mit sich. Während der letzten Jahrzehnte zeigt sich jedoch eine entgegengesetzte Bewegung, ein Wiederaufleben aller Arten von Aktivitätstherapie, die häufig zusammen mit individualzentrischer Psychotherapie verschrieben werden. Der zunehmende Umfang der Occupational Therapy (Beschäftigungstherapie) und ähnlicher Methoden zeigt das starke Bedürfnis für geeignete physische und gesellschaftliche Tätigkeit im Behandlungsprogramm an. So schreibt Hoffman:

„Man soll sich durch den Flitter der mehr dramatischen und besser publizierten neueren Formen psychiatrischer Behandlung nicht verblenden lassen, damit man nicht die

Möglichkeiten, die besonders für chronische Patienten im gut geleiteten Hospital-Industrie-Programm bestehen, übersieht."

Jedoch selbst dort, wo neuerlich die Erkenntnis von der Notwendigkeit der Arbeitstherapie sich durchsetzt, scheinen die individualzentrischen Behandlungsinstitute unter einem Mangel an der richtigen Betonung der gesellschaftlichen Wechselbeziehungen zu leiden. So fanden zwei meiner Kollegen bei sorgfältigem Studium eines Arbeitstherapieprogrammes in Topeka (das in der Tat so aufschlußreich war, daß die darüber verfaßte Dissertation auf Verlangen des leitenden Psychiaters der Abteilung vernichtet werden mußte), folgendes:

„Obgleich die Patienten physisch nah zusammen waren, bestand praktisch keinerlei Wechselwirkung. Es schien, als ob ein jeder Patient in Isolation lebte. Die ursprüngliche Konzeption dieser Behandlung erwartete möglicherweise, daß durch die Gemeinsamkeit der Arbeitsaufgaben ein höherer Grad der Sozialisierung spontan sich zeigen würde. Dies ist jedoch gewiß nicht der Fall. Äußerst selten, wenn überhaupt, sahen wir je die Patienten in spontanem Gespräch miteinander oder in gemeinsamer Anstrengung bei einer Arbeit."

Diese Kollegen machten dann die folgenden bedeutsamen Empfehlungen:

„Es gibt hier Möglichkeiten, die Aufgaben so zu stellen, daß die Patienten kooperativ zu zweien oder mehreren zusammen arbeiten müssen. Man könnte beginnen mit Zweiergruppen und diese dann später erweitern."

Barton, Direktor des Boston State Hospitals, kommt gleichfalls zu der Schlußfolgerung:

„Jede Arbeit kann so organisiert werden, daß sie dazu beiträgt, konstruktive Beziehungen untereinander zu begünstigen. Zum Beispiel, wenn man Mauersteine von einem Wagen abladen will, könnten die Patienten individuell auf den Wagen klettern, ein paar Steine nehmen und sie dann auf einen Haufen niederlegen. Schizophrene Patienten können aber auch in eine Kette gestellt werden, so daß die Gruppe als einheitliche Mannschaft arbeitet ... dabei ist dann das Wissen um den anderen begünstigt worden."

Vergleicht man die Arbeitsweisen, wie sie hier vorgeschlagen wurden, mit den üblichen „occupational therapy" (= Beschäftigung mit kunstgewerblichen Arbeiten) Möglichkeiten, wie sie in vielen Hospitälern bestehen, so findet man Vorteile und Nachteile auf beiden Seiten. Der Patient, der in der durchschnittlichen kunstgewerblichen Anstaltswerkstatt arbeitet, hat wenig Beziehungen zu seinem Nachbarn. (Er macht einen Gürtel, Brieftasche, malt usw.) Auf der anderen Seite hat er aber mehr Interesse an seiner Arbeit, da er ja für sich selber schafft. In dem Gemeinschaftsarbeitsauftrag, wie er oben erwähnt wurde, kennt der Patient oft das Ziel nicht einmal, und selbst wenn er es kennt, so hat er keinen persönlichen Nutzen davon.

Dialektische Therapie vereinigt die positiven Seiten dieser beiden Methoden. Zu diesem Zweck muß man versuchen, eine Gruppenarbeit zu organisieren, die das Ziel hat, etwas zu schaffen, das sowohl den Patienten selber als auch der Gesellschaft zugute kommt. Die praktische Durchführung dieser Aufgabe stößt auf Schwierigkeiten. Handelt es sich doch darum, vor allem die Gefahr zu vermeiden, daß die produktive und therapeutische Arbeit des Patienten ausgebeutet wird und so den entgegengesetzten Effekt hätte.

Vor kurzem erschien in der Lokalpresse ein Bericht über einen solchen Einsatz. Der Artikel beschrieb, wie Patienten des State Hospitals in Topeka während der großen Überschwemmung sich freiwillig zur Arbeit an den Deichen und anderen Notstandsarbeiten gemeldet hatten. Nach einem Hinweis auf den Ausdruck der Bewunderung und Dankbarkeit für die Hilfe der Patienten seitens der Vorstadtbewohner des Arbeiterviertels Nord Topeka, welches von den Behörden den Fluten überlassen worden war, um die vornehmeren Gegenden zu retten, fährt der Artikel fort:

„Es wurde bald augenscheinlich, daß die Arbeit außerhalb der Anstalt für die Patienten wertvoll war. Patienten, die seit Jahren nicht mehr spontan geredet hatten, sprachen plötzlich frei. Andere, die vorher nur mit Gewalt aus ihrer Abteilung geholt werden konnten, warteten an der Tür, um mit dem Tagewerk zu beginnen. Ein Patient, der anderthalb Jahre in Behandlung gewesen war und nicht an seine Fähigkeit, sich außerhalb der Anstalt anpassen zu können, glaubte, konnte sich selbst durch diese neue Erfahrung beweisen, daß er imstande war, das Hospital zu verlassen."

Der Direktor des Hospitals, von dem dieser Artikel stammt, schließt mit den Worten:

„Wir haben immer gewußt, daß Arbeit, richtig angewandt, den Patienten helfen kann, aber wir haben doch so etwas noch nie gesehen."

Eine Seite der dialektischen Arbeitstherapie muß noch besonders hervorgehoben werden, da sie die grundlegende Differenz zwischen bewußter Behandlung und der Praxis vieler Hospitäler und Gefängnisse darstellt, in denen die Insassen zwar auch in Anstaltindustrien beschäftigt werden. Allport spricht über diese häufig vergesssene Seite jeder Arbeitstherapie, wenn er schreibt:

„Für die meisten Menschen liegt ein tiefer Sinn in der Kooperation, vorausgesetzt, daß die Zusammensetzung der Mannschaft und die Gemeinsamkeit der Interessen klar verstanden sind."

Der dialektisch denkende Therapeut muß darum beständig versuchen, den Patienten die Bedeutung ihrer Tätigkeit im großen Rahmen des sozialen Fortschritts zu erläutern. Er muß versuchen, ein tiefes Interesse für die entscheidenden Probleme der Gemeinsamkeit zu erwecken, nicht indem er Gardinenpredigten hält oder in abstrakten Worten lehrt, sondern indem er beständig die Verbindung zwischen der persönlichen Erfahrung des Patienten, seinen persönlichen Konflikten und den Entwicklungskonflikten im Gesellschaftsleben seiner Volksgruppe aufzeigt.

Eine solche Arbeitstherapie repräsentiert eine totale Anstrengung, um den Patienten wieder in das kooperative Streben einer Gesellschaft einzugliedern. Dementsprechend ist auch das Gruppenleben in viel höherem Maße organisiert, als dies bei der individualzentrischen Gruppe der Fall ist. Neben den gemeinsamen Arbeitszeiten gibt es Diskussionen und gemeinsame Erholung. Die Gemeinsamkeit ist nicht beschränkt auf die Stunden, die durch den Spruch des Therapeuten dafür festgelegt sind. Die Gruppe muß vielmehr das Gefühl bekommen, daß jede Veränderung und Ausweitung der Gruppe, die sie gemeinsam vorschlagen, als willkommener Beitrag angesehen wird. Gruppendiskussionen, wo sie entstehen, werden durch den Leiter in die Richtung auf das Hauptziel gelenkt, der Klärung der Rolle des einzelnen als eines wichtigen Bestandteiles der sich entwickelnden großen Gemeinschaft.

F. Führung

Dialektisch denkende Therapeuten sind der Meinung, daß der Therapeut, sobald es ihm gelungen ist, Vertrauen zu gewinnen, sich den Luxus „nicht leitender Neutralität" nicht gestatten kann, auch nicht gefühlsmäßig unberührt bleiben darf. Der Therapeut muß einen hohen Grad gefühlsmäßiger Reife erreicht haben, d. h. eine Vertiefung seiner Gefühle unter der Kontrolle zielbewußten Denkens, das nur auf der Basis starker Identifizierung mit den sozialen Werten seines Volkes geschehen kann. Damit hat er aber auch ein persönliches, moralisches und gefühlsmäßiges Interesse an der Genesung des Patienten, das er nicht — wie das der individualzentrische Therapeut oft tut — zu verstecken braucht. Gefühlsausdrücke des Therapeuten sind keine Ausbrüche unkontrollierter Reaktionen des autonomen Nervensystems, sondern Zeichen der bewußten Anteilnahme und der Kenntnis sozialer Verpflichtungen. Sie werden dementsprechend nicht unterdrückt als erniedrigende, die Autorität unterminierende persönliche Schwäche, sondern geäußert als Ausdruck des Mensch-Seins und der Stärke der Überzeugung.

Zusammenfassend könnte man sagen, daß die dialektisch orientierte Behandlung darauf gerichtet ist, den Patienten wieder in das gesellschaftliche Leben seiner Gruppe einzugliedern. Sinnvolle Gruppenarbeit wird als primärer therapeutischer Faktor angesehen, der mit anderen psychologischen Einflüssen kombiniert werden muß, z. B. mit dem Aufzeigen der Einheit individueller und sozialer Konflikte, dem persönlichen Beispiel des Therapeuten usw. Die Wiedereingliederung des Patienten in das aktive Streben seiner Gruppe stellt den grundlegenden Beitrag der Psychotherapie dar und kann nur zusammen mit den medizinischen Bemühungen um ein möglichst gutes physiologisches Funktionieren des Organismus ein Optimum der Genesung von Geisteskranken hervorrufen.

3.2.2. Versuch einer Stellungnahme zu einigen Fragen der Theorie und Methodik der Psychoanalyse aus der Sicht heutiger Erkenntnisse

Jeder Psychotherapeut wird von seinen Patienten mit unerwarteten Verhaltensweisen und Situationen konfrontiert, wobei er sich oft blitzschnell entscheiden muß, was zu tun ist, um eine therapeutische Wirkung zu erzielen. Nun ist aus psychologischen Untersuchungen gut bekannt, daß in derartigen problematischen Entscheidungssituationen fest eingeschliffene Verhaltensweisen und klare, einleuchtende Verhaltensmodelle (oder Systeme) ein Optimum an subjektiver Sicherheit und Effektivität gewährleisten. Wo aber keine Möglichkeit zu gezielter Erlernung solcher Verhaltensweisen und keine übersichtlichen und umfassenden theoretischen Leitfäden bestehen, werden sich erfolgreiche therapeutische Fertigkeiten nur verhältnismäßig schleppend auf der Grundlage langwieriger Versuche und Irrtümer herauskristallisieren, was nicht nur zusätzliche Leiden für die Patienten, sondern auch unnötigen Zeit- und Arbeitskraftverlust für die Volkswirtschaft mit sich bringt. Außerdem kann es in diesem besonderen Fall auch geschehen, daß Motive, die dem beginnenden Psychotherapeuten vielfach selbst nicht einmal bewußt sind, sein Verhalten bestimmen und zur Herausbildung von habituellen Verhaltensweisen führen, die zwar unter Umständen die Selbstsicherheit und das Anspruchsniveau des Therapeuten erhöhen, deren therapeutische Wirksamkeit aber keineswegs erwiesen ist.

Diese Zusammenhänge sind sensitiven und erfahrenen Psychotherapeuten durchaus bewußt. Viele bemühen sich deshalb, einen Teil dieser Schwierigkeiten durch offene Problemfallbehandlung in Selbsterfahrungsgruppen gemeinsam zu überwinden. Aber im Grunde genommen wird das Problem dadurch nur verlagert, denn auch die Mitglieder von Selbsterfahrungsgruppen brauchen die klaren Richtlinien einer Gesamtkonzeption. Wo eine solche fehlt, sind sie gezwungen, sie sich auf Grund eigener Erfahrungen irgendwie zusammenzubasteln oder Halt bei bereits existierenden Ansätzen zu suchen.

Viele Ärzte, aber auch Psychologen in nichtsozialistischen Ländern gewinnen auf der Grundlage fachlicher Publikationen, aber mehr noch durch die Fülle der populärwissenschaftlichen Darstellungen in den sogenannten Medien (d. h. Film, Fernsehen, Rundfunk, Presse usw.), bereits auf der Universität den Eindruck, daß ihnen in der Psychoanalyse ein umfassendes theoretisches Gebäude zur Verfügung steht, das als Orientierungsmaßstab in der Psychotherapie gelten kann. Sie erleben dann, wenn sie Anschluß an diese Richtung suchen, daß die psychoanalytischen Gesellschaften eine starke Kohäsion, aber auch eine sehr ausgeprägte Hierarchie besitzen, deren Geschlossenheit und elitäre Einstellung eine große Attraktion auszuüben vermag. Das wird noch unterstrichen durch ein therapeutisches Lehrsystem, indem klar umrissene Richtlinien für das therapeutische Vorgehen in genau festgelegter Weise vermittelt und überprüft werden.

Wenn der Psychotherapeut später feststellt, daß es nicht nur eine, sondern mehrere sich vielfach scharf bekämpfende psychoanalytische Auffassungen und Gesellschaften gibt, oder wenn er mit den ersten inneren Widersprüchen psychoanalytischer Theorienbildung konfrontiert wird, hat er sich meist bereits weitgehend sowohl durch persönlichen Einsatz und Planung als auch finanziell (Lehranalysen sind außerordentlich kostspielig) engagiert, so daß ihm Auflehnung teuer (im wörtlichen Sinn) zu stehen käme. Hinzu kommt, daß er kaum eine bessere Alternative von gleich umfassender Reichweite entdecken wird.

Derartige persönliche Abhängigkeitsbeziehungen gibt es bei uns nicht (obwohl es natürlich von bürgerlicher Seite immer wieder einmal Versuche gibt, sie zu schaffen). Daher sind wir in der Lage, diese bürgerlichen Psychotherapiekonzeptionen relativ unvoreingenommen analysieren und kritisch bewerten zu können, um sowohl vorhandene fortschrittliche Tendenzen als auch bereits gewonnene solide Erkenntnisse richtig einzuschätzen und zu bewahren, ohne uns dabei durch ideologische Blindpunkte und spekulative Verkleisterung noch vorhandener Wissenslücken verwirren zu lassen.

Bei der Bewertung eines Gedankengebäudes wie der Psychoanalyse empfiehlt es sich,

1. den Charakter der Theorie vor dem Hintergrund der zeitgenössischen gesellschaftlichen und spezifisch fachlichen Situation darzustellen und zwar
   a) zur Zeit ihrer Entstehung und
   b) bis in die Gegenwart hinein; dabei geht es uns vordergründig um die psychoanalytische Persönlichkeitstheorie sowie um die Neurosenlehre;
2. die Wesenszüge der theoretischen Konzeption zu erfassen und ihre inneren Widersprüche zu reflektieren;
3. die praktische Wirksamkeit der Konzeption, d. h. Ergebnisse von Erfolgsuntersuchungen, Bewährung in der Praxis usw. aufzuzeigen;
4. uns zu fragen: was können wir übernehmen und wie kann es in unser dialektisch materialistisches Therapiekonzept integriert werden?

Vor dem detaillierten Eingehen auf diese Fragestellungen sei angemerkt, daß Kritiken der Psychoanalyse von marxistischer Seite nicht selten die Beurteilung der therapeutischen Konzeption mit einer Analyse ihrer Auswirkungen auf soziokulturellem Gebiet verknüpfen. Die Einschätzung der ohne Zweifel soziologisch bedeutsamen Einflüsse der Psychoanalyse auf das Geistesleben würde jedoch den Rahmen dieser Arbeit sprengen. Aus dem gleichen Grund ist es auch nicht möglich, auf die psychoanalytische Gesellschaftstheorie einzugehen. Dem Interessierten seien hier die Arbeiten von Sève, Hollitscher, Friedrich und Mette empfohlen.

I. a) Zum Charakter von Freuds Werk vor dem Hintergrund der zeitgenössischen gesellschaftlichen und fachlichen Gesamtsituation zu Beginn des Zwanzigsten Jahrhunderts

Eine genauere Kenntnis der Verhältnisse unter der österreichisch-ungarischen Monarchie zu Beginn des 20. Jahrhunderts — auf deren Darstellung aus Raumgründen verzichtet werden muß — läßt die Entstehung der psychoanalytischen Gedankengänge erst in vollem Umfang würdigen (Mette). Wir empfinden Hochachtung vor den kühnen geistigen Gedankenflügen, der Unerschrockenheit und Zielstrebigkeit, mit der der junge, schon als Kind wegen seiner jüdischen Abstammung vielfach erniedrigte Sigmund Freud seine Ideen entwickelte. Er, der relativ mittellose junge Arzt, wagte es, die Wiener bürgerliche Gesellschaft, auf deren Wohlwollen er im Interesse seiner Laufbahn unmittelbar angewiesen war, zu schockieren, indem er Tabus, deren Aufrechterhaltung gleichbedeutend mit Achtbarkeit und Anstand zu sein schien, radikal in Frage stellte. Mit gleicher Konsequenz ging er aber auch mit seinen eigenen Anschauungen zu Gericht, wenn er feststellen mußte, daß sie den Realitäten nicht entsprachen.

So entwickelte er zunächst die Hypnothese über die Verführung der Hysteriker im Kindesalter, revidierte sie jedoch später und postulierte statt dessen die Konzeption von der kindlichen Sexualität und den verschiedenen Stadien ihrer

Entwicklung. Er formulierte seine Ideen über Verdrängung, das Unbewußte und die Dynamik der Wechselbeziehungen zwischen animalischen (Id), realitätsangepaßten (Ego) und ethisch imperativen (Superego) Aspekten der Persönlichkeit. Vor allem aber baute er die Triebtheorie aus, die all seinen Auffassungen zugrunde liegt. Wir werden darauf noch zurückkommen.

Trotz seiner kühnen und bewundersnwerten Auflehnung gegen akzeptierte Grundpfeiler der damaligen bürgerlichen Lebensweise stellte FREUD nie die philosophischen bzw. sozioökonomischen Grundlagen des bürgerlichen Daseins in Frage. Ja, man kann wohl sagen, daß ihm eine solche Idee absurd erschienen wäre. Er war so vollkommen in der Ideologie des Bürgertums verhaftet, daß er gar keine mögliche Alternative zu sehen vermochte. Gerade dieser innere Widerspruch zwischen der Lauterkeit seiner Motive und seiner uneigennützigen Einsatzbereitschaft auf der einen Seite und seiner Unfähigkeit, über die Grenzen seiner bürgerlichen Existenz, die sein Denken und Empfinden maßgeblich formte, hinwegzusehen, auf der anderen, bildet die Tragik seines Lebens. Hier ist nicht zuletzt der Keim dafür zu suchen, daß seine mutige Rebellion gegen etablierte Dogmen, trotz des eindrucksvollen Impaktes, den sie zweifellos machte, letztlich doch nicht die entscheidenden gesellschaftlichen Erkenntnisse und Veränderungsstöße zu geben vermochte, die er sich erhofft hatte.

Auf medizinischem Gebiet, ebenso wie im psychologischen Bereich, stellte die Entwicklung der psychoanalytischen Konzeption, insbesondere für die Erkenntnis des spezifischen Wesens der Neurosen und der psychomatischen Störungen, sowie für die Entwicklung eines tieferen Verständnisses der Therapeut-Patient-Beziehungen jedoch zunächst einen großen Fortschritt dar. Hier lag ja auch der eigentliche Schwerpunkt von FREUD's Bemühungen. Die Medizin, gerade erst durch den neuen Geist der Naturwissenschaft von psychologisierender Spekulation und Mystik befreit, beschränkte sich im wesentlichen auf die Untersuchung rein somatischer Zusammenhänge, auf Ermittlung und Beschreibung biochemischer und physiologischer Vorgänge und die Suche nach Möglichkeiten zu eventueller somato-therapeutischer, hauptsächlich pharmakologischer Einflußnahme, während die neu aufkommende Experimental-Psychologie, die nicht imstande war, wesentliche psychische Vorgänge wissenschaftlich zu erklären, ihre Untersuchungen auf kleinste, separate psychische Elemente (atomistische Fakten) begrenzte und noch dazu jede dieser hypothetischen Elemente getrennt untersuchte. So herrschte eine weitgehende Trennung, eine dualistische Auffassung von geistigen und körperlichen Abläufen vor.

LURIA beschrieb den Zustand der damaligen Psychologie mit den Worten:

„Die Tendenz, die Psyche aus solchen isolierten, statischen Elementen aufzubauen, ist keineswegs neu. Sie ist vielmehr besonders charakteristisch für das Denken, das ENGELS im Anti-Dühring metaphysich nannte und das im diametralen Gegensatz zur dynamischen, vitalen, dialektischen Auffassung steht ...".

Die Tatsache, daß die Psychoanalyse bei diesem Stand der Dinge den ganzen Menschen in den Brennpunkt ihrer dynamischen Betrachtungsweise stellte, bedeutete zweifellos einen wichtigen Fortschritt. Der Angelpunkt oder die Grundlage des dynamischen Ansatzes, vermittels dessen FREUD versuchte, sowohl die dualistische Gegenüberstellung von Geist und Körper als auch die vor allem in der Psychologie dominierende atomistische Zergliederung des menschlichen Bewußtseins zu überwinden, war der Triebbegriff. Die Konzeption eines inneren Trieb-Systems schien sowohl die Grenzen des Somatischen wie des Psychischen zu überbrücken, da es seine Wirkung sowohl aus dem Ablauf somatisch-nervaler und endokriner als auch psychologischer Wechselbeziehungen herleitete

FREUD schrieb dazu:

„Wir betrachten Trieb als Grenzbegriff zwischen Seelischem und Somatischem und sehen darin die psychische Repräsentanz organischer Kräfte."

Mit dieser dynamischen Konzeption war die Triebauffassung FREUDS zunächst weit mehr lebensverbunden als das in der Medizin und Psychologie zur damaligen Zeit vorherrschende statisch, elementares Denken. Allerdings bedeutete genau genommen die FREUDsche Trieb-Auffassung lediglich eine veränderte Akzentuierung des organismischen Geschehens, das nun jedoch eine psychische Repräsentanz mit umfaßte. Daß bereits einige Jahrzehnte vorher Karl MARX völlig neuartige bio-soziodynamische Auffassungen über die menschlichen Bedürfnisse geäußert hatte, wie es FROMM in einer sehr bemerkenswerten Arbeit darlegt, war FREUD nicht bekannt und hatte auch auf die Medizin jener Zeit noch keinen Einfluß gehabt.

So ist also das Wirken FREUDS um die Jahrhundertwende ein genialer, schöpferischer und wissenschaftlich bedeutsamer und vorwärtstreibender Prozeß.

Sein Biograph JONES stellt fest:

„Er fühlte sich als Revolutionär, der gegen die überlieferten Anschauungen in der Medizin oder mindestens gegen die seiner älteren Kollegen zu Felde zog und er gab sich dieser Mission rückhaltlos hin."

Daß FREUD diese selbstgewählte Rolle nicht leicht gefallen ist, geht aus zahlreichen Quellen hervor. JONES verweist darauf, daß das Gefühl ökonomischer und sozialer Erfolglosigkeit und Isolierung manchmal so stark war, daß er als Vierzigjähriger noch im Ernst die Absicht äußerte, er wolle den Beruf wechseln.

I. b) Zur weiteren Entwicklung der Psychoanalyse bis in die Gegenwart

War FREUD somit, gewissermaßen in den ersten Anläufen, der große Entwurf gelungen, mit seiner Trieblehre eine lebensnähere Auffassung über Motivation, psychische Störungen und Krankheit zu entwickeln als sie die zeitgenössische Medizin und die noch in den Kinderschuhen steckende Psychologie zu bieten hatte, so stand er nun vor der Frage, wie dieser gute Start zu nutzen und der Vorsprung weiter auszubauen sein würde. FROMM gibt eine Reihe von Gründen an, die FREUD veranlaßten, in der Folgezeit die Unbedingtheit seines Einsatzes zu mildern und allzu radikale Gedankengänge abzulehnen. Er wurde in mancher Beziehung vorsichtiger und zurückhaltender. Zweifellos ging es ihm auch darum, die mit solchen Schwierigkeiten realisierte Familiengründung mit Martha Bernays und die unter nicht minder komplizierten Bedingungen erhaltene außerordentliche Professur, die ihm zu Recht oder Unrecht als Symbol dafür galt, daß er endlich aus der Außenseiterposition herausgekommen und als seriöser

Wissenschaftler akzeptiert worden war, nicht zu gefährden. Wieweit das Gefühl eine Rolle spielte, daß er sich als Angehöriger der jüdischen Minderheit nicht zu sehr exponieren zu können glaubte, läßt sich schwer sagen. Daß er derartige Erwägungen jedoch hatte, geht aus einer Reihe von Hinweisen hervor. So schrieb er z. B. an Karl ABRAHAM, der sich 1908 mit JUNG verzankt hatte:

„Seien Sie tolerant und vergessen Sie nicht, daß Sie es eigentlich leichter als Jung haben, meinen Gedanken zu folgen ... um so wertvoller ist dann sein Anschluß. Ich hätte beinahe gesagt, daß erst sein Auftreten die Psychoanalyse der Gefahr entzogen hat, eine jüdisch-nationale Angelegenheit zu werden."

In den folgenden Jahren und Jahrzehnten befaßt sich FREUD mit dem Aus- und Umbau seines bereits entwickelten Gedankengebäudes, ohne wesentliche neue Ansichten über die Bedeutung gesellschaftlicher Vorgänge einzubeziehen. Nach und nach entsteht um ihn eine immer starrer werdende Orthodoxie. Eine fast dogmatische Haltung entwickelt sich sukzessiv zunächst im Rahmen der informellen „Psychologischen Mittwochgesellschaft", dann seit 1908 in der „Wiener Psychoanalytischen Vereinigung", aus der dann später die internationale Bewegung hervorging. Hier zeigten sich bereits die ersten Anfänge einer eigenartigen Abkapselungstendenz gegenüber der Medizin, die dann zu einer wenig fruchtbaren Konfrontation beigetragen hat.

THOMAE sieht allerdings in der Schaffung einer gleichgesinnten Gruppe von Anhängern eine besondere Leistung FREUD's, die unter den gegebenen Umständen „die einzige Chance" bot, standzuhalten und zu überleben. Gleichzeitig habe sich dabei das hervorragende Organisationstalent FREUD's gezeigt, der bei dem Aufbau der Bewegung bedeutende Erkenntnise der Sozialpsychologie und Gruppendynamik, die erst viel später gewonnen wurden, intuitiv bereits vorweggenommen habe. Nur so sei es ihm gelungen, in kürzester Zeit eine aktive Internationale Gesellschaft (Nürnberg 1911) ins Leben zu rufen. Daß dennoch dieser Weg nicht unproblematisch war, zeigen die zahlreichen Absplitterungen, Ausschlüsse und innerorganisatorischen Fehden, die des öfteren in kaum noch zu überbietender Härte ausgetragen wurden.

Zweifellos hat das Wirken der Internationalen Psychoanalytischen Gesellschaft eine Reihe hervorragender Ärzte und Psychologen veranlaßt, über die rein somatischen Aspekte und das enge fachspezifische Interesse hinaus ihr Augenmerk auf die emotionellen und motivationellen Probleme ihrer Patienten, d. h. auf den Menschen als Ganzes zu richten. Dadurch waren diese Therapeuten imstande, sowohl ihren Patienten besser zu helfen als auch der Fachwelt wertvolle, feinfühlige und tiefschürfende Erfahrungen und daraus abgeleitete Erkenntnisse zu übermitteln.

Auch erwuchs aus dem zuweilen mit großer Bitterkeit und persönlichem Leiden geführten Streit zwischen orthodoxen Freud-Anhängern und den verschiedenen Gruppen von Revisionisten (es bildeten sich bekanntlich eine ganze Reihe von Neo-analytischen und tiefenpsychologischen Schulen) auch ein Antrieb zu weiterer Forschung. Einige dieser Schulen, die Individualpsychologie ADLERS und seiner zahlreichen Schüler, die Auffassungen K. HORNEYS, E. FROMMS sowie die „Washington School of Psychiatry" (SULLIVANS und seiner Nachfolger) entwickelten teilweise hochinteressante theoretische Positionen und erarbeiteten neue Erkenntnisse, die einer ausführlichen Analyse bedürfen. Zweifellos verdienen wichtige Teilaspekte dieser Konzeptionen, in die sich entwickelnde dialektisch-materialistische Psychotherapie-Konzeption eingebaut zu werden. Andererseits darf jedoch nicht übersehen werden, daß die zweifellos vorhandenen Fortschritte einer bei den Neo-Analytikern festzustellenden Umweltorientierung gegenüber der triebpsychologisch orientierten Persönlichkeits- und Gesellschaftstheorie der orthodoxen Analytiker zum Teil wieder aufgehoben werden durch das mangelnde Eingehen auf die spezifischen Wesenszüge der gesellschaftlichen Umwelt. Man muß diesbezüglich sicherlich FÜRST zustimmen, wenn er feststellt:

Karen HORNEY erkläre, daß abnormale Persönlichkeitsreaktionen durch gesellschaftliche und nicht durch instinkthafte Kräfte erzeugt würden. So erwähne sie Macht und Konkurrenz-Triebe als durch gesellschaftliche Verhältnisse bedingt — was im übrigen bereits Alfred ADLER erkannt habe — aber sie analysiere nicht die Quellen dieser Triebe in der Struktur des Kapitalismus, untersuche nicht die wesentlichen Kultureinflüsse und Wege, auf denen sie den Neurotiker erreichen. Dadurch komme sie schließlich letztlich in ihrem Buch „Neurose und menschliches Wachstum" doch ebenfalls zu einer fast völligen Vernachlässigung der objektiven materiellen Umwelt und der Gesellschaftsbeziehungen bei fast ausschließlicher Konzentration auf intrapsychische Abläufe beim Neurotiker.

Erich FROMMS Auffassung berücksichtige zwar, wie gewisse kapitalistische Wesenszüge auf die Persönlichkeitsentwicklung einwirken, jedoch beziehe sich seine Analyse des Kapitalismus auf das hoffnungslos veraltete Bild des kapitalistischen Systems im 19. Jahrhundert. Zudem führe er die Vorherrschaft einer abstrakten Triebpsychologie wieder ein, wenn er auf die Machtergreifung des Faschismus (Escape from Freedom) zu sprechen komme, die er ohne Analyse der gesellschaftlichen Widersprüche daraus erkläre, daß „der moderne Mensch" die durch den Kapitalismus ermöglichte „Freiheit" nicht zu tolerieren vermochte und so in die „starre Bequemlichkeit" totalitärer Diktatur entfloh, um den Qualen seiner Freiheit zu entgehen.

Dieser kurze Überblick sollte die Problematik zeigen, mit der der humanistische Arzt und Wissenschaftler Sigmund FREUD sich konfrontiert fand. Geleitet von hohem Verantwortungsbewußtsein für seine Patienten erkannte er neue und bedeutsame Teil-Zusammenhänge und verkündete sie trotz persönlicher Opfer in uneigennütziger Sachlichkeit. Da er aber zu einer bürgerlichen Gesellschaftsschicht gehörte, deren Abhängigkeit von den Wirtschaftsimperien zwar relativ verschleiert ist, so daß sie dem einzelnen oft nicht oder kaum bewußt wird, dauerte es zwar eine Weile, bis sich der Druck dieser maßgeblichen Gesellschaftskreise so weit auswirken konnte, daß seine schöpferische Unbedingtheit gezügelt, sein wissenschaftliches Ungestüm gebremst wurde, aber letztendlich steht im alternden FREUD eine eher konservative Persönlichkeit vor uns. Sicherlich würde es psychologisch hochinteressant sein, im einzelnen zu untersuchen, wie gesellschaftliche Sanktionen, angefangen von moralischer Entrüstung der Wiener „Gesellschaft" und dem Spott der Fachwelt bis hin zu der zunächst vorsichtigen, dann immer größer werdenden gesellschaftlichen Anerkennung bei gleichzeitigem Weiterbestehen von FREUDS ökonomischer Zwangslage (er mußte bis ins hohe Alter als Arzt praktizieren, um seine Familie zu ernähren) dazu beigetragen haben, diesen Stellenwechsel zu vollziehen.

II. Die theoretische Konzeption der Psychoanalyse. Wesenszüge und Widersprüche

Nach diesem kurzen Blick auf einige Entwicklungsmomente der psychoanalytischen Auffassung, die eine Reihe von Fragen unbeantwortet ließ (z. B. die Frage: Was hätte denn FREUD tun können, um sein jugendliches Aufbegehren konsequent weiterzuführen?), soll nun versucht werden, Wesenszüge der psychoanalytischen Konzeption zu beleuchten und evtl. vorhandene Kongruenz und Divergenz dieser Theorie mit der Wirklichkeit unserer Tage herauszuarbeiten. Das grundlegende Triebkonzept wurde bereits erwähnt. Die Triebkraft für das menschliche Handeln liegt demnach in genetisch angelegten innersomatischen Reizquellen, die Erhaltung und Entwicklung des Individuums (Hunger, Durst, Furcht vor Gefahren usw.) sowie die Fortpflanzung der Art (Sexualtrieb) sicherstellen. Während die Selbsterhaltungstriebe verhältnismäßig unmittelbare Befriedigung verlangten, seien die Sexualimpulse weit mehr flexibel. Ihre Befriedigung lasse sich verzögern oder sogar verändern (z. B. unterdrücken, verdrängen, kompensieren, sublimieren usw.). Daher sei gerade hier die eigentlich dynamische Bewegungsquelle des menschlichen Handelns zu suchen. Die Mitmenschen als Repräsentanten gesellschaftlicher Normen und Tabus, d. h. als Ausführende entsprechender Sanktionen, verhindern die direkte ungesteuerte Befriedigung sexueller Triebe und setzen damit die dynamischen Vorgänge in Bewegung, die das ganze Spektrum menschlicher Handlungsweisen auszulösen vermögen (von der wild zerstörenden Aggression bis zur konstruktiv uneigennützigen Hilfsbereitschaft, von der unartikulierten Gefühlsäußerung enthemmter Triebbefriedigung bis zur feinsten, nuancierten dichterischen Sprache sublimierter Frustration). Reguliert aber würde diese gewaltige aufgrund zivilisatorischer Tabus gespeicherte Energie durch kontinuierliche Realitätsprüfung (ego) und den Druck verinnerlichter Wertnormen und Gebote (Superego).

So erscheinen gesellschaftliche Vorgänge im wesentlichen als negative Gegenspieler, durch die jede freie Entfaltung der „menschlichen Natur“ gewissermaßen gebremst und eingeengt wird. Wir können verstehen, daß bei dem damaligen Stand der gesellschaftlichen Entwicklung bei der Arbeiterschaft, ebenso wie bei einer kleinbürgerlichen Minderheit, der FREUD entstammte, die negativen Aspekte soziokultureller Einflüsse vorrangig wahrgenommen wurden. Aber uns, die wir in einer sozialistischen Gesellschaftsordnung leben, ist sicherlich deutlich, daß mit dem Hervorheben der einengenden, negativen Aspekte gesellschaftlich-wirtschaftlicher Entwicklung und ihres Einflusses auf den einzelnen der Bedeutung dieser fundamentalen Einflußfaktoren nur einseitig Rechnung getragen wird.

Sozio-ökonomischer Fortschritt hat vielmehr dazu geführt, daß wir in steigendem Maße die Natur unseren Zwecken dienstbar machen und unsere menschlichen Fähigkeiten und Kooperations-Potenzen in immer vollkommenerer Weise zu entwickeln vermögen. Es ist deshalb nicht zuviel gesagt, wenn wir feststellen, daß viele Menschen im Laufe der widerspruchsvollen gesellschaftlichen Entwicklung gewaltige Opfer bringen mußten, wir aber andererseits auch unsere gegenwärtigen großartigen Möglichkeiten vorher nicht erahnter

Lebensqualität diesem Entwicklungsprozeß verdanken. Darüber hinaus ist zu erkennen, daß der Einfluß der gesellschaftlich-wirtschaftlichen und kulturellen Faktoren auf den einzelnen mit dem Wachstum der Zivilisation immer umfassender und wesentlicher wird und in steigendem Maße die biologischen Einflüsse in ihrer Bedeutsamkeit zurückdrängt.

Von dieser fundamentalen Dynamik ist in der Psychoanalyse nicht die Rede, da sie mit ihrer einseitigen Festlegung auf die biologische Triebstruktur, so fortschrittliche Elemente sie seinerzeit auch enthielt, bedingt durch ihr Verhaftetsein in der bürgerlichen Ideologie, sich selbst die Möglichkeit adäquater Einschätzung der sozialen Faktoren verbaut. Wir werden auf diese Problematik noch zurückkommen, wenden wir uns jedoch zunächst einer zweiten wichtigen Erkenntnis Freuds zu.

Als einer der ersten Kliniker hatte Freud erkannt, daß viele Handlungsweisen, deren Motive den Mitmenschen durchaus erkennbar sind, dem Handelnden selbst in ganz anderem Licht erscheinen. Der Ausdruck „er macht sich selber etwas vor", der in solchen Fällen wohl geäußert wird, stimmt jedoch deshalb nicht, weil der Betreffende ehrlich überzeugt ist, daß der Sachverhalt so liegt, wie er ihn sieht. Ferner beobachtete Freud sowohl am Krankenbett als auch im Alltag des Gesunden manchmal ein Verhalten, daß weder durch vernünftige Überlegungen, noch durch andere bewußte Absichten zustande gekommen sein konnte. Bekannt sind seine diesbezüglichen Untersuchungen über den Traum, über sogenannte Fehlleistungen (Irrtümer, Versprecher, Verhören, Fehlhandlungen usw.) und über das Vergessen. Auf der Suche nach einer Erklärung für diese scheinbar zum sonstigen Verhalten des Betreffenden inkongruenten Vorgänge erkannte Freud, daß neben bewußten logischen Entscheidungen emotionale vielfach unbewußte Abläufe unser Verhalten u. U. in starkem Maße beeinflussen. In der Aufregung, unter starker emotioneller Belastung, tun wir manchmal etwas, ohne es selbst zu wissen, ja manchmal verhalten wir uns so, wie wir es unter normalen Umständen selber nicht für möglich gehalten hätten. Verinnerlichte Konflikte, für die wir keinen Ausweg sehen, die wir zu „vergessen" scheinen (bei denen wir heute nachweisen können, daß sie dennoch als beträchtliche Dauerbelastung weiter wirken), wurden von Freud als Ursachen für bis dahin unerklärliche Eigenarten des Erlebens und Verhaltens begriffen. So zog er die Schlußfolgerung, daß es in der bereits kurz erwähnten konfliktvollen Wechselbeziehung zwischen logischer Realitätsbetrachtung, triebhaften Wünschen und internalisierten Moralprinzipien zu bestimmten unlösbaren Konstellationen (sog. Komplexen) kommt, bei denen zumeist die eine oder andere Komponente bzw. der ganze Konflikt verdrängt, d. h. vergessen werde. Dabei wies Freud jedoch nach, daß dieses Vergessen nicht vollkommen sei, sondern das Verdrängte weiterhin eine — wenn auch von der Person selber nicht wahrgenommen — motivierende, das Verhalten steuernde Rolle spiele. Mit dieser Erkenntnis über die Bedeutung unbewußt ablaufender Motivationsprozesse, die von Hartmann und anderen zwar vorweggenommen, aber nicht klinisch und im Alltag demonstriert wurde, hatte Freud eine zweite praktisch sehr bedeutsame Entdeckung gemacht, die überdies den Schlüssel für zahlreiche bis zu diesem Zeitpunkt ungeklärte und scheinbar unerklärbare pathopsychologische Vorgänge zu enthalten schien.

Und noch eine dritte bedeutende Einsicht FREUDS sei hier angeführt: Aus der Analyse konfliktvoller persönlicher Erfahrungen als Therapeut (u. a. trat seine eigene geliebte Frau gerade in dem Moment in sein Ordinationszimmer, als eine junge Patientin ihm leidenschaftlich um den Hals fiel) erkannte FREUD, daß in der psychotherapeutischen Situation die Autorität des Therapeuten gegenüber dem Patienten keineswegs nur aus der gesellschaftlichen Stellung, seiner Persönlichkeit und seinem Fachwissen herrührt, daß vielmehr der Patient Gefühle und Einstellungen, die er anderen Bezugspersonen gegenüber entwickelte und nun mit dem Therapeuten assoziiert, auf den Letzteren „überträgt", zumeist ohne, daß ihm das bewußt wird. Er überträgt jedoch nicht einfach nur Gefühle und Einstellungen, sondern auch Konflikte und Ambivalenzen. Wenn der Psychotherapeut diese Problematik erkennt, kann er im Unterschied zur ursprünglichen Bezugsperson, der diese Zusammenhänge meist nicht bekannt waren, dem Patienten helfen, den Konflikt zu lösen. So kann die „Übertragung" in der psychotherapeutischen Beziehung eine wichtige Aufgabe erfüllen. Allerdings ist die Situation dadurch noch zusätzlich kompliziert, daß auch der Therapeut nicht frei von Übertragungstendenzen ist und seinerseits in seinem Verhalten zum Patienten nicht nur auf diesen bezogene Äußerungen vorbringt, sondern z. B. auch unbewältigte eigene Probleme und Beziehungen zu anderen Menschen auf sein Verhältnis zum Patienten überträgt (Gegenübertragung). Auf Grund dieser Erkenntnis kam FREUD zu der Einsicht, daß die Analyse der Übertragung und Gegenübertragung eine wesentliche Komponente jeder psychotherapeutischen Qualifikation ist. Es ist gewiß, daß durch diese Erkenntnisse, selbst wenn sie noch unvollkommen waren (was im folgenden zu zeigen versucht wird), mancher Arzt veranlaßt wurde, seine impulsiven Reaktionen, durch die den Patienten u. U. beträchtliche zusätzliche Belastungen und Schäden erwuchsen, genauer zu durchdenken und abzuwägen und dadurch die Wirksamkeit der Behandlung zu verbessern.

Nachdem wir im Vorhergehenden drei bedeutsame psychoanalytische Konzeptionen vorgestellt haben (Triebstruktur, Lehre vom Unbewußten und Übertragung/Gegenübertragungstheorie), wobei für jede dieser Theorien bereits gewisse positive entwicklungsfördernde Aspekte aufgezeigt wurden, wollen wir sie nun — gewissermaßen als pars pro toto der Psychoanalyse — genauer betrachten.

Stellen wir zunächst fest, daß diese drei Konzeptionen eine Einheit bilden, die gegenüber dem statisch deskriptiven Denken, das insbesonderes in der Psychiatrie ein zähes Leben führte, eine kausalgenetische dynamische Betrachtungsweise ermöglichte. Auf die potentielle Rolle einer solchen Sichtweise bei der Überwindung der Geist-Körper-Dichotomie war bereits hingewiesen worden. Schließlich sei noch erwähnt, daß eine weitere Konsequenz dieses theoretischen Ansatzes die Durchsetzung eines deterministischen Standpunktes, allerdings eines mechanistisch-materialistischen Determinismus, für das ganze Gebiet des menschlichen Lebens einschließlich der geistigen Vorgänge war.

Die Angriffe, die gegen die FREUDschen Gedankengänge vorgetragen wurden, kamen zunächst von den Verteidigern einer doppelzüngigen Moral und den Vertretern des Bürgertums, das in der Enthüllung der heuchlerischen Praktiken, die Teil ihres Lebensstils geworden waren, einen Angriff auf die Fundamente ihrer Vorherrschaft sahen. Die von dieser Seite vorgebrachten Argumente waren so verlogen wie die Ethik, die sie zu verteidigen vorgaben. Es lohnt nicht, sich damit zu befassen.

Nach und nach aber wurde einer wachsenden Zahl von Therapeuten die relative Einseitigkeit einer psychoanalytischen Betrachtungsweise deutlich. Immer häufiger wurde darauf verwiesen, daß die psychoanalytischen Auffassungen, zunächst nur als Hypothesen postuliert, nicht exakt definiert, ungenügend überprüft und dennoch vorschnell dogmatisiert worden waren. Eine besonders erwähnenswerte Rolle in der frühen kritischen Auseinandersetzung mit der Psychoanalyse spielen die konstruktiven Auffassungen sowjetischer Wissenschaftler, die bereits in den ersten Jahrzehnten der Sowjetmacht in der Zeitschrift „Unter dem Banner des Marxismus" und später in den Publikationen „Probleme der Philosophie" und „Probleme der Psychologie", insbesondere von SAPIR, aber auch von RUBINSTEIN u. a. vorgelegt wurden. Auch französische Marxisten führten in der Zeitschrift „La Raison", fortschrittliche amerikanische Psychiater und Psychologen in „New Masses", „Masses and Mainstream" sowie später auch im „Benjamin Rush Bulletin" gut fundierte und detaillierte kritische Auseinandersetzungen mit psychoanalytischen Auffassungen. Leider wurden diese soliden Arbeiten oft nicht genügend beachtet und in manchen späteren Veröffentlichungen durch einfache Ablehnung ersetzt.

Aber auch bürgerliche Wissenschaftler nahmen in sorgfältig belegten Stellungnahmen an dieser Kontroverse teil. SLOAN z. B. prägte in einer vielbeachteten Arbeit den Ausdruck „Reduktionismus" zur Bezeichnung einer Konzeption, die die Vielfalt des Lebens auf hauptsächlich biologisch determinierte Trieb-Faktoren zu reduzieren sucht. Zweifellos ist es richtig, daß die lebenswichtigen Bedürfnisse ebenso wie die arterhaltenden eine wichtige Rolle in unserem Leben spielen. Aber als ebenso bedeutsam erweist sich die soziokulturell bedingte Art ihrer Befriedigung sowie die Herausbildung weiterer gesellschaftlich determinierter Bedürfnis-Hierarchien.

Auch von experimentell psychologischer Seite (BANDURA, KANFER, et al.) gab es Einwände gegen die Hauptthesen der Psychoanalyse, insbesondere wurde darauf verwiesen, daß eine triebbiologische Theorie zwar gute Interpretationen über bereits Vergangenes geben kann, was übrigens fast jede Theorie zu leisten vermag, aber in Schwierigkeiten gerät, wenn es darauf ankommt, zukünftige Vorgänge vorherzubestimmen.

Weiterhin wird die Erklärungsfähigkeit der Triebstruktur-Konzeption in Frage gestellt. Zitieren wir hierzu BANDURA:

„Die Grenzen dieser Art Analyse können illustriert werden anhand einer alltäglichen Tätigkeit, wie z. B. Lesen, das die Eigenschaften eines in hohem Maße motivierten Verhaltens aufweist. Man gibt große Summen aus für Lesematerial ... und man kann emotionell erregt werden, wenn Lesematerial (z. B. die Tageszeitung) ausbleibt.

... man könnte diese Lese-Aktivität auf die Wirkung eines „Lesetriebes" oder, was wahrscheinlicher ist, auf ein höheres Motiv zurückführen. Wenn man jedoch vorhersagen wollte, was Menschen lesen, wann, wie lange und in welcher Reihenfolge sie was lesen, würde man nicht nach Trieben suchen, sondern nach vorhergehenden Anreizen und erwarteten Vorteilen des Lesens sowie nach Bewußtseinsfaktoren, die das Leben beeinflussen."

Natürlich gibt es niemanden, der die Bedeutung biologischer Bedürfnisse oder Triebe leugnet. Es kommt aber in noch höherem Maße darauf an, die Bedeutung der Umweltfaktoren, der Mensch-Umwelt-Beziehungen, die die Bedürfnisbefriedigung gestalten, adäquat zu berücksichtigen, wenn wir das menschliche Verhalten in der Praxis bereifen wollen.

Die Entwicklung des Menschen auf der Grundlage zwischenmenschlicher Beziehungen und der damit im Zusammenhang stehenden gemeinsamen Arbeit, die Rolle der durch schöpferische Arbeit entstandenen Produktionsmittel, die Bedeutung der damit im Zusammenhang auftretenden inneren Widersprüche für die Gestaltung des gesellschaftlichen Zusammenlebens, die Entstehung von Klassengesellschaften und Klassenkampf, der schließlich zum Übergang in eine klassenlose Gesellschaft führt, das sind die wesentlichen Zusammenhänge, deren Erkenntnis für die Motivationsforschung sowie für das Begreifen des menschlichen Verhaltens überhaupt von erstrangiger Bedeutung sind. Aber gerade diese Erkenntnis konnte und durfte von Menschen, die im bürgerlichen Denken befangen sind (und dazu müssen alle Psychoanalytiker von Freud bis in die Gegenwart gerechnet werden) nicht berücksichtigt werden.

Gewiß wird man einwenden, es müsse doch möglich sein, das Versäumte nachzuholen und die gesellschaftlichen Einflußfaktoren nachträglich in das psychoanalytische System hineinzuarbeiten. Tatsächlich hat es vielfache Versuche gegeben, das zu tun. Aber alle diese Bemühungen sind letzten Endes immer wieder gescheitert. Sie mußten scheitern, weil es sich bei diesen gesellschaftlichen Einflußfaktoren eben nicht um ein peripheres Detail handelt, daß man einfügen oder weglassen kann. Dieser Komplex hat unmittelbar mit der zentralen Dynamik zu tun und seine konsequente Berücksichtigung verändert das ganze System völlig und von Grund auf. Vielleicht läßt sich das am Beispiel eines Triebes verdeutlichen, der in der psychoanalytischen Betrachtung eher zu kurz gekommen zu sein scheint bzw. auf den Paarungstrieb reduziert wurde. Bei vielen Tieren, insbesondere den höheren Säugetieren, zeichnet sich deutlich ein genetisch angelegtes Verhalten ab, das durch die Reihenfolge: Paarung, Zeugung der Jungtiere, Aufzucht und Lehre der Jungen, Entlassung der Heranwachsenden aus dem Familienverband, Gründung einer eigenen Familie durch die Jungtiere gekennzeichnet ist. Wir haben Grund zu der Annahme, daß das Bedürfnis nach einem solchen Verhalten auch beim Menschen in der biologischen Anlage vorhanden ist. Wenn wir aber sozialanthropologische Untersuchungen berücksichtigen, so finden wir eine außerordentlich große Vielfalt von menschlichen Verhaltensweisen, in denen die ursprüngliche Anlage kaum wiederzuerkennen ist. Da wird, um nur einige Extrembeispiele zu nennen, von Bevölkerungsgruppen berichtet, die so verelendet sind, daß sie ihre eigenen Kinder verkrüppeln, um besser Mitleid beim Betteln erwecken zu können. Man braucht nicht einmal sehr weit zu gehen, um von Kindermißhandlungen, Aussetzen von Neugeborenen usw. in den Tageszeitungen zu lesen. In eben diesen Ländern gibt es ebenfalls eine Bewegung unter Männern und Frauen, die für das Recht gleichgeschlechtlicher Partnerwahl eintreten. Wieder andere finden nie einen Partner, obwohl sie ihn noch so sehr begehren. Müssen wir nicht daraus den Schluß ziehen, daß für das Begreifen der Probleme dieser Menschen und ihres Verhaltens die Kenntnis, daß in der Anlage ein Bedürfnis zum Aufbau einer Familie existiert, uns nur relativ wenig zu sagen vermag. Viel wesentlicher, sowohl was das Begreifen als auch die Vorhersage ihres Verhaltens betrifft, ist dagegen die Kenntnis der sozioökonomischen Verhältnisse und Entwicklungsbedingungen, unter denen sie leben, selbstverständlich ohne daß die Kenntnis der biologischen Anlagen sich deshalb erübrigen würde.

Natürlich wissen das auch die Psychoanalytiker. Die guten Therapeuten unter ihnen berücksichtigen diese Faktoren auch in ihrer Praxis, vielfach allerdings, indem sie unbeabsichtigt ihre eigene sozialökonomische Situation als Standard-Vergleichsbasis nehmen. Im Mittelpunkt ihrer Theorie aber steht der zeitlose sogenannte „natürliche" Mensch, von animalischen Trieben bewegt, isoliert, oder zumindest nicht im Zusammenhang mit der wirklichen Gesellschaft und ihrem konkreten Arbeitsleben gesehen, im wesentlichen getrieben von dem Bedürfnis, seine Mitmenschen zu nutzen, um seine Triebe zu befriedigen.

Demgegenüber besteht das Wesen der dialektisch-materialistischen oder sozio-dynamischen Betrachtungsweise gerade darin, daß sie keinerlei Aussagen über den Menschen im allgemeinen, den Menschen an sich, den zeitlosen oder natürlichen Menschen machen kann, weil es diesen Menschen ja gar nicht gibt. Hier kommt es vielmehr darauf an, die konkreten Wechselbeziehungen des in einer bestimmten Zeitspanne in einem bestimmten geographischen Raum lebenden Menschen im Rahmen seiner Primärgruppen und seiner Gesellschaft zu erkennen. Dabei ist die Arbeit (die Art, wie der einzelne dazu kommt, seine Bedürfnisse zu befriedigen), und zwar zunächst, wie seine Eltern arbeiten und später, welche Rolle er selbst in der Gesellschaft spielt, von dominierender Bedeutung. Wie diese Arbeit aussieht, unter welchen Bedingungen sie geleistet wird und welche Beziehungen zu den Mitmenschen sie mit sich bringt, das hängt in hohem Grade vom Stand der Produktivkräfte und der Produktionsverhältnisse ab. Vom Gesichtspunkt einer vergleichenden historischen Betrachtung zeichnet sich der Trend ab, daß die ständige Höherentwicklung der Produktivkräfte und die damit einhergehende wachsende Beherrschung der Natur den Einfluß gesellschaftlicher Einflußfaktoren immer deutlicher hervortreten und zum dominanten verhaltenssteuernden Bereich werden läßt.

Zusammenfassend läßt sich sagen, daß das von FREUD vorgelegte Persönlichkeitskonzept infolge seiner biologistischen Grundannahmen insgesamt sehr einseitig und als Fundament einer Psychotherapie unbefriedigend ist. Dagegen muß seiner aus der Praxis abgeleiteten Neurosenlehre eine beachtliche historische Bedeutung zugeschrieben werden, wobei insbesondere eine Reihe neuer Akzente, z. B. Übertragungs-Gegenübertragungs-Problematik, hervorgehoben zu werden verdient.

III. Die praktische Wirksamkeit der Psychoanalyse

Für den Psychoanalytiker kommt es darauf an, zu erkennen, wie und wo die von FREUD postulierte normale Entwicklung von zwischenmenschlichen Beziehungen in der Kindheit gestört wurde. Diese Entwicklung beruht (nach FREUD) auf der Reifung der Sexualorgane, der dabei geweckten Bedürfnisse und der

Art ihrer Befriedigung (libidinale Kathexen). (Dabei spielen charakteristische, angeblich „natürliche" Krisensituationen, wie die Konkurrenz des Jungen mit dem Vater um die Gunst der Mutter („Ödipus-Komplex"), die Erkenntnis des Mädchens, daß sie kein männliches Glied hat („Penis-Neid"), die Angst des Jungen, sein Glied zu verlieren („Kastrationskomplex"), usw. eine wesentliche Rolle.) Der Psychoanalytiker verfolgt dann, wie die aus diesen Störungen entstehenden Kompensationsvorgänge die spätere Entwicklung vor, bzw. nach der Ehe beeinflussen und sich im Zusammenleben der Partner auswirken. Um Einblick in die dem Patienten selbst unbewußten Befürchtungen, Hoffnungen und Wünsche zu erhalten, bedient sich der Psychoanalytiker des Mittels der freien Assoziation. Dabei geschieht zweierlei: Der Patient öffnet sich rückhaltlos, enthüllt dem Therapeuten manchmal, ohne es zu merken, geheimste Gedanken und Gefühle. (Diesbezügliche Hemmungen werden als „Widerstand" analysiert.) Der Therapeut, vor dem der Patient auf einer Liege ruht, ohne ihn zu sehen, wird durch sein mehr oder weniger schweigendes Zuhören zum Mitwisser und durch den spärlichen Gebrauch bekräftigender oder tadelnder Bemerkungen zum Prototyp des Übergeordneten (des Vaters, des Herrschers usw.). Daß dieser ganze Prozeß sich in einer Situation abspielt, in der auch der spärliche Rest der konkreten Arbeitsbeziehungen des Patienten, die dieser vielleicht noch bei der Anamneseerhebung erwähnt hat, in den Hintergrund rückt, entspricht durchaus dem abstrahierend idealistischen Charakter der Gesamtkonzeption. (Marx und Engels konnten schon in der „Deutschen Ideologie" und den „Thesen über Feuerbach" nachweisen, daß auch eine Auffassung, die von materialistischen Grundannahmen ausgeht, in dem Moment philosophisch idealistischen Ideen Eingang gewähre, indem sie von ihrem historisch konkreten Gegenstand abstrahiert und von dem „Mensch an sich" dem „zeitlosen Mensch", „der menschlichen Natur" oder „dem menschlichen Charakter an sich" spricht.)

Der Patient des Psychoanalytikers befindet sich schnell in einer zwar von ihm selbst herbeigeführten aber nichtsdestoweniger eindeutigen Abhängigkeitssituation. Diese wird aber vom dominanten Partner (dem Therapeuten) (vorausgesetzt, daß er imstande ist, sich an die Freud'schen Regeln zu halten) in permissivem Respekt vor der Integrität des anderen gehandhabt. Diese eigenartige Autoritätsbeziehung ist insbesondere für Bürger eines kapitalistischen Landes (aber auf Grund des Weiterwirkens sogenannter kapitalistischer Schlacken bei manchen selbstherrlichen Leitern und „Familien-Oberhäuptern" sogar auch für nicht wenige unter uns) eine ganz und gar ungewöhnliche Situation. Milton Erickson u. a. konnten nachweisen, daß unerwartete und ungewöhnliche Situationen erstarrte Verhaltensweisen labilisieren, die Suche nach neuen Verhaltensmustern anregen und ein Umdenken begünstigen können. Es erscheint daher durchaus einer Untersuchung wert herauszufinden, welche Rolle beim Umlernen maladaptiver Verhaltensweisen schon allein eine den anderen respektierende, permissive Dominanz in gewissen Phasen des therapeutischen Prozesses zu spielen vermag (ohne daß diese Beziehung notwendigerweise die „freie Assoziation" des abhängigen Partners zur Voraussetzung hat). Andererseits ist noch keineswegs eindeutig nachgewiesen, ob es nicht therapeutisch wirkungsvoller ist, die tatsächliche Dominanz des Fachmannes gegenüber dem auf ihn angewiesenen Hilfesuchenden realistisch anzuerkennen, als sie, wie das von einigen Nachfreudianern praktiziert wird, in fragwürdiger Gleichheitssymbolik (Ausziehen des weißen Visitenmantels und anderen neuerdings vertretenen pseudodemokratischen Maßnahmen) zu vertuschen.

Selbstredend kann auch eine adäquate Analyse von Verhaltensstereotypen des Patienten, wie sie sich in der therapeutischen Beziehung zeigen, wobei die von FREUD beobachteten Übertragungsphänomene eine Rolle spielen dürften, nur dann Aussicht auf Erfolg haben, wenn sie grundsätzlich mit einer offenen Selbsteinschätzung der Rolle des Therapeuten (einschließlich evtl. Gegenübertragung wie Allmachtstreben, sexueller Unbefriedigtheit, Verliebtheit usw. des Therapeuten) einhergeht. Zweifellos kann ein Eingehen auf die Probleme des Patienten, das auf einer solchen Grundlage erfolgt, bedeutsame Konflikte aufdecken und Wege zur Behebung der damit verbundenen Schwierigkeiten aufzeigen. Es sollte in diesem Zusammenhang jedoch gesehen werden, daß die übersteigerte Prominenz der sexuellen Problematik, die in diesem Ansatz vielfach deutlich wird, am ehesten der Psyche des saturierten Großbürgertums entspricht, da dessen Bedürfnisse nach Nahrung, Wohnung, Kleidung, persönlichem Komfort usw. befriedigt sind. Die zentralen Probleme der Millionen von Unterprivilegierten in den kapitalistischen Ländern kann und will die Psychoanalyse ebensowenig sehen wie die Schwierigkeiten der Menschen, die unter dem Kolonialsystem leben oder sich soeben davon befreit haben.

Neben den erwähnten Einflüssen wirkt immer eine Vielzahl von weiteren Faktoren zusammen, um das psychotherapeutische Gespräch wirksam zu gestalten. Der Patient, der um Hilfe kommt, ist verzweifelt und enttäuscht. Er befindet sich in einer akuten Vertrauens- und Selbstvertrauenskrise. In dieser Situation erscheint der Therapeut, der keine Versprechungen macht, aber geduldig und verständnisvoll zuhört und den Patienten fühlen läßt, daß er ihn respektiert, wie „ein Fels in der Brandung". Durch seine Haltung vermittelt er dem Patienten neuen Mut und Selbstvertrauen. Manchmal genügt schon das, um kleinere Hürden, die man für unüberwindlich hielt, zu nehmen und dadurch Erfolgserlebnisse zu gewinnen.

Aber die eigentliche therapeutische Arbeit des Psychoanalytikers setzt hier ein. Ihm kommt es darauf an, den Patienten selber gewisse immer wiederkehrende Fehlhaltungen und Fehlauffassungen erleben und durchsichtig werden zu lassen. Dazu bedarf es vieler (meist weit über hundert) Therapie-Stunden. In ihnen zeigen sich sowohl in den freien Assoziationen des Patienten als auch in seiner Beziehung zum Therapeuten Einstellungen und Verhaltenstendenzen, die — ihm selbst zunächst unbewußt — ihren Ausdruck finden. Vorsichtig hilft der erfahrene Therapeut dem Patienten, diese unbewußten Einstellungen zu erkennen, ihre Ursachen aufzuspüren und sie in den Griff zu bekommen. Der durch seine Erfahrung mit vielen Patienten abgeklärte und gereifte Therapeut führt den Patienten behutsam an die Lösung seines Problems und stellt dabei gleichzeitig eine für den Patienten völlig neuartige und stützende Beziehung zu ihm her. Wie gesagt, läßt sich bei einer psychoanalytischen Grundeinstellung eine gewisse Einseitigkeit, die auf der zentralen Rolle des biologisch Triebhaften beruht und von den konkreten gesellschaftlichen Beziehungen weitgehend abstrahiert, allerdings kaum vermeiden. Ein zweiter schwerwiegender Faktor ist die Dauer der Behandlung und der Aufwand an teurer Zeit des Therapeuten. Gerade die genannten Faktoren sind der Grund dafür, daß diese Behandlung nur einer kleinen Zahl von gesellschaftlich gesicherten, wohlgestellten und zahlungsfähigen Patienten zugute kommen kann und wegen der darin enthaltenen Exklusivität für sozialistische Verhältnisse einfach nicht akzeptabel ist.

Für die wenigen allerdings, die unter kapitalistischen Bedingungen davon zu profitieren vermögen, kann die psychoanalytische Behandlung eine Hilfe sein. Ob diese Hilfe größer ist als die durch andere psychotherapeutische Methoden mögliche, darüber gibt es sehr auseinandergehende Auffassungen und noch keine eindeutige statistische Klärung. Viele Psychoanalytiker stehen nämlich auf dem Standpunkt, daß jeder behandelte Fall so einzigartig, die Probleme so individuell unterschiedlich sind, daß das Aufstellen einer Erfolgsstatistik nicht sinnvoll sei, solange man die Schwere einer psychischen Störung nicht objektiv ermitteln könne. Ebensowenig wie es etwa einen Sinn habe, Heilerfolge rein zahlenmäßig zu vergleichen zwischen einem Arzt, der primär leichtere Infektionskrankheiten behandele, und einem anderen, der Krebsoperationen durchführe. Dementsprechend reagierten diese Kreise auf die seinerzeit aufsehenerregenden Behauptungen englischer Verhaltenstherapeuten. Nach sorgfältigen statistischen Vergleichen von Erfolgsberichten, die von Psychoanalytikern gegeben wurden, und solchen, die durch psychotherapeutisch nicht vorgebildete Allgemeinpraktiker erhoben wurden, habe sich gezeigt, daß die letzteren etwa die gleichen Erfolge bei psychischen Störungen hätten wie jene und daß beide kaum besser wären als die spontane Besserungsquote. Natürlich verwiesen die Psychoanalytiker auf Fehler in der Untersuchung sowie auch darauf, daß es sich hier eindeutig um den Vergleich zweier nicht homogener Patientengruppen handle, da nur die schwereren Fälle einen Analytiker aufsuchten.

Auch wird von psychoanalytischer Seite der Einwand gebracht, daß das Symptom, mit dem der Patient zum Therapeuten kommt und dessen Besserung er sucht, zumeist nur der Ausdruck einer tieferliegenden Störung sei. Werde nur das Symptom behoben, so sei der Patient zwar vorübergehend zufriedengestellt, es käme aber auf Grund der tieferliegenden Störung bald wieder zu einer neuen evtl. veränderten Erkrankung (Symptomverschiebung), die u. U. noch störender sei als die erste Symptomatik. Es kommt daher darauf an, eine Kausalbehandlung der Störung durchzuführen. Diese sei langwierig, und es sei nicht immer leicht, den Patienten davon zu überzeugen. Dem wird entgegnet, daß bei einer großen Zahl neurotischer Störungen, bei denen Nachuntersuchungen nach erfolgter Symptombehebung durch Verhaltenstherapie durchgeführt wurden, Symptomverschiebungen oder erneutes Aufflackern der Symptomatik nicht häufiger aufgetreten seien als bei psychoanalytisch „kausal" behandelten Patienten. Außerdem erhebe — mit Ausnahme der Psychoanalytiker, die keine oder wenig Erfolgsuntersuchungen vorlegen könnten — kein Facharzt den Anspruch, spätere Rezidive auf Grund seiner Behandlung ein für allemal auszuschließen.

Soviel geht wohl aus diesen skizzenhaften Bemerkungen über die Erfolgsstatistik der psychoanalytischen Behandlung hervor, daß wir uns hier noch keineswegs auf wissenschaftlich fundierte Ergebnisse stützen können.

Das ganze Problem wird noch verworrener durch die Ermittlungen der Gesprächstherapeuten (ROGERS, TAUSCH, HELM), wonach die Wirksamkeit einer Therapie in allererster Linie von den sogenannten Therapeutenvariablen abhängt, also von der Echtheit, der Empathie, der Gefühlswärme und Ausdrucksfähigkeit usw. des Therapeuten. Demnach würde ein Therapeut, der diese notwendigen Persönlichkeitsvoraussetzungen in hohem Maße besitzt, bessere Erfolge haben, gleichgültig ob er psychoanalytische, verhaltenstherapeutische oder selbstgebastelte Methoden anwendet, als ein Therapeut, der diese Persönlichkeitszüge nicht besitzt oder erworben hat. Hinzu kommt schließlich noch, daß die anderen methodenunabhängigen Variablen, wie Persönlichkeit des Patienten, Art und Schwere der Symptomatik usw. ebenfalls eine Rolle spielen, die u. U. die Wirkung der Methode als solche verwischen, und daß darüber hinaus auch noch die besondere Art der Wechselbeziehung dieser Variablen, also ihre Interaktionen, von Bedeutung sind. Von dem Nachweis einer eindeutigen Überlegenheit etwa der psychoanalytischen Methode kann also gewiß keine Rede sein. Allerdings sind auch die Gegenbeweise nicht eindeutig erbracht worden. Es steht jedoch außer Zweifel, daß insbesondere beim Vorliegen eines starken Leidensdruckes bei gleichzeitiger sozialer Sicherstellung die Psychoanalyse, ausgeübt von einem fähigen Psychotherapeuten, allerdings mit großem Zeit- und finanziellen Aufwand verbunden, Erfolge aufzuweisen hat. Für den Leser, der selbst psychotherapeutisch tätig ist, bedarf es keiner besonderen Betonung, daß sich das Aufgabengebiet der eigentlichen psychoanalytischen Therapie vor allem auf die Behandlung neurotischer Störungen und spezieller Konfliktsituationen konzentriert. Bei einer Reihe anderer psychischer bzw. psychosomatischer Erkrankungen werden psychoanalytische Methoden in Kombination mit anderen therapeutischen Vorgehensweisen eingesetzt.

Die durch den Zeitaufwand und weitgehende Abstraktion von den gesellschaftlichen Bedingungen des Patienten bedingte Exklusivität der analytischen Behandlung hat dazu geführt, daß die Psychoanalytiker zwei bedeutsame methodische Veränderungen entwickelten: die psychoanalytische Kurztherapie und die psychoanalytische Gruppentherapie. Beide methodische Varianten beruhen ebenso wie die ursprüngliche Methode auf den oben beschriebenen Grundprinzipien. Die Kurztherapie konzentriert sich primär auf die Bewußtmachung maladaptiver Charakterzüge (Charakterpanzerung) und die Überwindung der ihr zugrunde liegenden Ichschwäche. Daher ist diese Form der Therapie, die sich steigender Beliebtheit erfreut und etwa zwanzig bis dreißig Therapiestunden erfordert, nach Meinung der Psychoanalytiker für die schwereren neurotischen Störungen nicht geeignet. Da die psychoanalytische Gruppenpsychotherapie nicht überall einheitlich gehandhabt wird, ist es schwer, in kurzen Worten dazu Stellung zu nehmen. Die von STROTZKA, H. E. RICHTER u. a. Psychoanalytikern im deutschsprachigen Raum entwickelten Methoden sind zweifellos erfolgreich und ermöglichen es dem Therapeuten, eine größere Zahl von Patienten zu erreichen und so die Exklusivität der Einzelbehandlung zumindest teilweise zu durchbrechen. Daß darüber hinaus mit dieser Art der Therapie in der Hand von erfahrenen und reifen Persönlichkeiten auch auf dem Gebiet der Gruppendynamik interessante Erkenntnisse gewonnen werden, deren Einbeziehung in unsere Psychotherapie von Bedeutung ist, sei angemerkt.

Es kann nicht Aufgabe dieser Arbeit sein, ausführlich auf alle Varianten und ihre oft sehr ansprechenden Neuentwicklungen, verbunden mit Kritiken der ursprünglichen (orthodoxen) psychoanalytischen Ausgangsposition, einzugehen. Hier sollte lediglich der Versuch gemacht werden, eine marxistische Stellungnahme zur Psychoanalyse, als einem Beispiel bürgerlicher Psychotherapie, vorzulegen. Wir können das Gesagte etwa folgendermaßen zusammenfassen:

- Die Methode Freuds wird auch gegenwärtig in kapitalistischen Ländern noch vielfach angewandt.
- Insbesondere bei der Behandlung neurotischer Erkrankungen kann sie auf Erfolge verweisen, die sich nach langdauernder Behandlung und größeren finanziellen Ausgaben von seiten der Patienten einstellen.
- Diese Erfolge beruhen einerseits auf sogenannten Therapeuten-Variablen, d. h. der Persönlichkeit und Erfahrung des Therapeuten, andererseits auf therapeutischen Einflüssen, die vielen modernen Therapie-Methoden gemeinsam sind (respektvolles Zuhören usw.). Spezifisch psychoanalytisch methodische Erfolgsquoten wurden bisher noch nicht wissenschaftlich haltbar vorgelegt.
- Zahlreiche von der psychoanalytischen Konzeption hervorgehobene Phänomene — wie Widerstand, Übertragung-Gegenübertragung — erscheinen dem Praktiker als gute begriffliche Reflektion häufig erlebter Verhaltensweisen, bedürfen aber noch einer genaueren wissenschaftlichen Aufhellung.
- Andere von der psychoanalytischen Theorie postulierte Begriffe und Prozesse (Komplexe) sind mehr spekulativ oder spiegeln spezifische gesellschaftliche Situationen und Bedingungen wider, ohne darüber Rechenschaft abzulegen oder diese Zusammenhänge klar zu erkennen.
- Zum gegenwärtigen Zeitpunkt gibt es keine überzeugenden Nachweise oder stichhaltige Belege dafür, daß etwaige therapeutische Erfolge die Richtigkeit des psychoanalytischen Konzeptes bestätigen könnten.

IV. Wissenschaftlich haltbare Komponenten des psychoanalytischen Therapie-Konzeptes

Aus dem bereits Gesagten wird deutlich, daß die Psychoanalyse die Entwicklung der Psychotherapie insbesondere dadurch vorantrieb, daß sie an Stelle einer statisch-deskriptiven atomistischen eine dynamisch-ganzheitliche Betrachtungsweise einführte. Darüber hinaus lenkte sie die Aufmerksamkeit erneut auf emotionelle und unbewußte Abläufe, die im Zeitalter des frühbürgerlichen Rationalismus in den Hintergrund getreten waren, sowie auf die vorrangige Bedeutung der Motivation für das Verhalten. Schließlich durchdrang sie das Therapeut-Patient-Verhältnis und schuf eine Systematik zu seiner Analyse. Diese bedeutsamen Fortschritte, ohne die eine umfassende psychotherapeutische Konzeption nicht denkbar ist, sind eine Errungenschaft der Medizin, die Freud zu verdanken ist.

Es entsprach dem Verhaftetsein Freuds in bürgerlichen Denkmodellen, daß er als Grundlage der von ihm entwickelten Dynamik des Verhaltens (Persönlichkeitstheorie) die biologischen Bedürfnisse des „natürlichen Einzelnen", des isolierten Menschen heranzog. MARX und ENGELS haben sich ja ausführlich mit dieser dem bürgerlichen Denken entsprechenden Fiktion auseinandergesetzt und nachgewiesen, daß es diesen isolierten Menschen nicht gibt, nicht nur weil jeder Mensch Prägung und Erfahrung seiner Kindheit und Jugend in sich trägt, sondern auch weil er in absoluter Isolation in keinem Alter als Mensch längere Zeit lebensfähig ist.

Diese fehlerhafte Ausgangsposition bestimmte und verfälschte auch den Inhalt der psychoanalytischen Dynamik. FREUD begriff das gesunde wie das krankhafte Verhalten gewissermaßen als Resultante verschiedener Trieb-Energien, die er zunächst als primär somatisch ansah, und ihrer durch Sexualpartner und gesellschaftliche Konstellationen ermöglichten Befriedigung, Ablenkung, Umlenkung, Hemmung und Unterdrückung. Obwohl FREUD wohl bis zuletzt von der materiell somatischen Grundlage dieser Trieb-Energien überzeugt war, gab er es schließlich auf, ihre bio-chemisch anatomischen Ursprünge aufzudecken. Angesichts der enormen Komplexität dieser Aufgabe äußerte er die Ansicht, daß die Lösung dieses Problems einer späteren Zeit vorbehalten bleiben müsse. So begnügte er sich damit, die Dynamik des menschlichen Verhaltens durch eine Analyse der psychischen Prozesse, die sich seiner Meinung nach auf der Grundlage der somatischen Trieb-Anlagen entfalten, zu enthüllen. Damit schuf er die Lehre von der Psycho-Dynamik. Die Geschlossenheit dieses Systems sowie seine scheinbare materialistische Ausgangsposition fasziniert bis in die Gegenwart einen Großteil bürgerlicher Psychotherapeuten. In der Vergangenheit gab es auch einige Marxisten, die sich von dem biologistischen, scheinbar materialistischen Charakter der Theorie täuschen ließen und nicht erkannten, daß die weitgehende Ausklammerung maßgeblicher gesellschaftlicher Einflüsse und Antriebe die wirklichen Verhältnisse verzerrt widerspiegelt, sie übermäßig vereinfacht und verfälscht.

Eine Systemtheorie, wie sie insbesondere von sowjetischen Kollegen (ANOCHIN, KABANOW usw.) sowie in den USA von der Palo Alto Gruppe BATESONS vertreten wird, bietet die Möglichkeit, die oben genannten Mängel der psychoanalytischen Konzeption zu korrigieren und insbesondere den gesellschaftlichen Beziehungen im Leben des heutigen Menschen das Primat einzuräumen, das ihnen bei der Erforschung des Verhaltens den biologischen Einflüssen gegenüber in steigendem Maße zukommt.

Allerdings sind auch die Kommunikationstherapeuten der Palo Alto Schule (ebenso wie seinerzeit FREUD) nicht in der Lage, die Bedeutung gesellschaftlich-ökonomischer Beziehungen angemessen bewerten und wissenschaftlich exakt analysieren zu können. Sie sind jedoch besonders deshalb von großer Bedeutung, weil sie durch sorgfältige Analysen der zwischenmenschlichen Beziehungen in den Primärgruppen (insbesondere der Familie) im Zusammenhang mit den von ihnen ermittelten biosozialen Funktionen der Primärgruppen imstande waren zu zeigen, daß psychopathologische Symptome vielfach Ausdruck einer Funktionsschwäche der Primärgruppe sind und daß folglich eine Therapie sich auf die Behebung dieser Funktionsschwäche (Familientherapie) konzentrieren müsse. Wenn dagegen, wie das bisher vielfach geschieht, durch ausschließliche therapeutische Einflußnahme auf den Symptomträger (dem schwächsten Glied in der Primärgruppe) bei diesem der Eindruck eigener Unzulänglichkeit noch verstärkt wird, so wird damit der Familiengruppe gewissermaßen ein Sündenbock angeboten, wodurch eine echte therapeutische Einflußnahme und Änderung der funktionellen Unzulänglichkeit erschwert oder sogar verhindert wird.

Die **systematische Analyse der therapeutischen Beziehung**, d. h. des Verhältnisses, das sich zwischen Therapeut und Patient entwickelt, wie es von FREUD konzipiert wurde, stellt zweifellos einen Fortschritt gegenüber dem leider noch gelegentlich anzutreffenden spontan impulsiven, oft wenig einfühlsamen und den Patienten unnötig belastenden Therapeutenverhalten dar. Allerdings erwies sich auch bei der psychoanalytischen Übertragungs- und Gegenübertragungs-Analyse die biologisch reduktionistische Ausgangsposition als nachteiliger Faktor. Sie führte zu einer übermäßigen Hervorhebung libidinöser Dominanz bzw. Submission, Tendenzen, die zweifellos existieren, aber wahrscheinlich bei vielen Erwachsenen durch soziogene Einflüsse nicht nur modifiziert, sondern maßgeblich geformt und durch diese oft an Bedeutsamkeit übertroffen werden. Analytiker, die orthodox das FREUDsche Konzept befolgen, übersehen daher oft wesentliche gesellschaftlich verursachte Verhaltenstendenzen bzw. interpretieren sie in libidinös kompensatorische Reaktionen um. Zu den **spekulativen Fehlinterpretationen** gehören vielfach die scheinbaren Erkenntnisse der bereits erwähnten „Komplexe" (Kastration, Ödipus usw.), die sicherlich unter früheren gesellschaftlichen Verhältnissen in bestimmten relativ kleinen Klassen und Schichten eine größere Rolle spielten, auch heute noch in Rudimenten zu finden sind, aber im Großen und Ganzen, wo die Psychoanalytiker sie zu sehen glauben, eher Ausdruck ungelöster sozio-ökonomischer Gleichberechtigung der Geschlechter bzw. ungünstiger Familienkonstellationen usw. sind.

Fruchtbar und der weiteren Erforschung wert scheint mir die analytische Auffassung von der „**Charakterpanzerung**", d. h., der persönlichkeitsspezifisch mehr oder weniger stereotypen Art und Weise, sich vor drohenden oder eingebildeten Gefahren der Umwelt abzusichern und zu verteidigen. Diese individuell unterschiedlichen Verhaltensmuster spielen normalerweise eine gesellschaftlich konstruktive Rolle, da sie z. B. Selbstbeherrschung, Disziplin, Echtheit, Einfühlungsvermögen und Kameradschaft mit beinhalten. Unter dem Einfluß ungünstiger innerer und äußerer Konstellationen kann es jedoch zu maladaptiven Extremen kommen, die nicht nur die Einsatzfähigkeit lähmen, sondern auch zu Isolierung und sonstigen Störungen zwischenmenschlicher Beziehungen führen können. In der psychotherapeutischen Beziehung zeigen sich derartig übermäßige Schutzreaktionen und lassen sich durch qualifiziertes Vorgehen systematisch abbauen. Zu erwähnen wären schließlich noch die von FREUD beobachteten und beschriebenen Verhaltensweisen bei Enttäuschungen und Frustrationen. FREUD stellte fest, daß viele Menschen individuell unterschiedliche, aber für den einzelnen charakteristische Reaktionsweisen gegenüber tatsächlich bereits eingetretenen Versagungen entwickeln. So sehen wir Verhaltensweisen, wie Vergessen, Schlafen, Leugnen der Enttäuschung; andere begehren auf, wieder andere suchen konstruktiv nach neuen Möglichkeiten, wie Ausweichen auf künstlerische oder wissenschaftliche Leistungen. Die Erkenntnis der Dynamik dieser Zusammenhänge ist — weitgehend unabhängig von der biologischen Grundhaltung – einer weiteren Erforschung und Einbeziehung in eine dialektisch materialistische Psychotherapie wert. Insbesondere erscheint mir eine Integration mit den Frustrationsuntersuchungen und Regressionsexperimenten der Gruppe um BARKER, KOUNIN, WRIGHT (Psychological. Ökologie) recht vielversprechend und therapeutisch wie konzeptionell bedeutsam.

Diese Arbeit kann und will keinerlei Anspruch auf erschöpfende Behandlung der Problematik erheben. Vielmehr handelt es sich um den Versuch, einige Markierungen abzustecken auf dem Weg, einen marxistischen Zugang zu den Erkenntnissen psychoanalytisch orientierter Kollegen zu finden.

Halten wie daher zusammenfassend fest:

1. Die von FREUD ausgearbeitete Persönlichkeitskonzeption ist für uns, als tiefgreifend mit den bürgerlichen Existenzbedingungen und ideologischen Vorbehalten verwoben, primär von historischem Interesse. Sofern heutige psychoanalytische Strömungen daran festhalten, sind sie Teil einer konservativen Ideologie und mit einer marxistischen Weltanschauung unvereinbar.
2. Die im Persönlichkeitskonzept FREUDs stark betonten Akzente von der Rolle des Unbewußten werden heute im Rahmen eines anderen Kontextes wissenschaftlich bearbeitet und müssen z. T. noch als offene Probleme betrachtet werden. (So wurde in der Sowjetunion eine interdisziplinäre Tagung in Tblissi zur Frage unbewußter Prozesse durchgeführt. Einige Bände mit interessanten Beiträgen wurden bereits veröffentlicht.) Bei der Erforschung unbewußter Prozesse kann es nicht um eine Übernahme FREUDscher Hypothesen gehen. Vielmehr kommt es darauf an, wissenschaftlich unterbaute konstruktive Lösungen zu finden.
3. Die von FREUD und seinen Schülern entwickelten Begriffe und Hypothesen zur Entwicklung von Neurosen, psychosomatischen Erkrankungen und Psychosen beruhen auf unmittelbaren klinischen Beobachtungen und repräsentieren in mancher Hinsicht rationale Leistungen, die allerdings infolge ihrer Vermischung mit stark spekulativen Verallgemeinerungen und ungenügend geprüften Annahmen an Wert verlieren. Nützliche Aspekte (wie z. B. der Begriff des unbewußten Widerstandes, Reaktionsbildung, Verdrängung, Somatisierung usw.) sind bereits weitgehend in moderne psychotherapeutische Konzeptionen und psychiatrische Krankheitslehren einbezogen. Entsprechende Weiterentwicklungen im Rahmen psychoanalytischer Denkrichtungen (beispielsweise der Ichpsychologie) verdienen eine sorgfältige Analyse, da sie einerseits einen Versuch darstellen, die analytische Konzeption an den gegenwärtigen Entwicklungsstand der Psychologie und Psychopathologie anzupassen, andererseits aber auch interessante Forschungsansätze enthalten.
4. Spezielle methodische Techniken, die von Psychoanalytikern entwickelt wurden, bedürfen noch einer genauen Prüfung auf ihre Wirksamkeit. Wenn es sich herausstellt (wie im Falle der Kurztherapie sowie bei manchen Ansätzen von RICHTER, STROTZKA u. a.), daß sie gute Voraussetzungen für ein

erfolgreiches therapeutisches Eingreifen bieten, sind sie ohne weiteres in wissenschaftlich fundierte methodische Entwicklungen integrierbar. Allerdings wird dabei ihre Einseitigkeit bzw. eine vereinfachende Darstellung, als seien diese methodischen Zugänge nur im Rahmen einer Psychoanalyse möglich, relativiert.

So lassen wir uns bei unserer Stellungnahme von folgenden Gesichtspunkten leiten:

- sachliche und achtungsvoll würdigende historische Analyse
- weltanschaulich-ideologische Abgrenzung, die wir gleichzeitig als Vertiefung des Begreifens von Zusammenhängen und Verbesserung bzw. Erweiterung der praktischen Wirksamkeit unseres Vorgehens verstehen
- konstruktive Übernahme aller Techniken und Methoden, die sich tatsächlich in der therapeutischen Praxis bewährt haben.

3.2.3. Vom psychoanalytischen Therapie-Konzept zur sozio-dynamischen Psychotherapie

I. Die Entwicklung des psychoanalytischen Therapie-Konzeptes vor dem Hintergrund der zeitgenössischen sozio-ökonomischen, kulturellen und wissenschaftlichen Situation

Der Hintergrund

Wissenschaftlicher Fortschritt entsteht auf der Grundlage des — vom Wissenschaftler verarbeiteten — zeitgenössischen Erkenntnisstandes und der kontinuierlichen Wechselbeziehungen zwischen spezifisch fachlichen und allgemein gesellschaftlichen Entwicklungen. Um die Bedeutung des psycho-analytischen Therapie-Konzeptes zu begreifen, ist es deshalb angebracht, kurz die zeitgenössische Szene zu beleuchten, die auf den jungen Freud einwirkte.

Um die Jahrhundertwende hat sich der Kapitalismus im Weltmaßstab durchgesetzt. Die fortschrittliche Rolle dieses Wirtschaftssystems ist im wesentlichen ausgespielt. Die allgemeine Krise, das Zeitalter des Imperialismus und die Epoche des Übergangs zum Sozialismus hat begonnen. Auffassungen und Wertsystem (Ideologie), die diesen Aufstieg der siegreichen Bourgeoisie begleitet und idealisiert hatten, werden immer dramatischer in Frage gestellt; z. B.

- die grundsätzliche Annahme, daß der einzelne dank seiner Persönlichkeitseigenarten sein Schicksal in der Welt bestimmt; daß also weder gesellschaftliche Verhältnisse, Tradition und Stand (Umweltbedingungen), noch „das blaue Blut“ (genetische Vererbung) sondern nur Charaktereigenschaften und die eigene Leistung dabei von Bedeutung seien.
  (Diese Auffassung (Individualismus) hatte u. a. die Forderung des wohlhabenden Bürgertums nach besserer Vertretung und Mitbestimmung ihres politischen Schicksals gerechtfertigt und zugleich die Ansprüche des Proletariats, der Bauernschaft und der Frauen begrenzt.)

— Auch der Glaube an die Vernunft des Menschen und den Sieg der Vernunft (Rationalismus), die es möglich mache, „das gute Leben", d. h. in erster Linie ein perfekt funktionierendes Wirtschaftssystem aufzubauen, gerät ins Wanken. Diese Auffassung hatte ja u. a. einen extremen Intellektualismus gefördert, der die Bedeutung von Emotion, Gefühl und Willen entweder gar nicht zur Kenntnis nahm oder, als er sie wenigstens in Betracht zog, davon ausging, daß sie von der Vernunft kontrolliert und gelenkt würde (Mannheim).
— Damit im Zusammenhang begann auch der Riß zwischen Geist und Körper, geistiger und körperlicher Arbeit sowie zwischen Theorie und Praxis immer weiter auseinander zu klaffen.
— Auf wissenschaftlichem Gebiet hatte Darwin den unumstößlichen Nachweis für die animalische Natur des Menschen erbracht. Seitdem verstärkt sich die Tendenz, den Menschen ausschließlich als biologisches Wesen zu sehen, d. h. den biologischen Ausgangspunkt der menschlichen Existenz und die bestimmenden (gesellschaftlichen) Einflüsse der Weiterentwicklung nicht zu differenzieren, sondern statt dessen „von der menschlichen Natur" zu sprechen, obwohl Marx und Engels bereits auf die Fehlerhaftigkeit dieser Betrachtungsweise hingewiesen hatten.

Diese und viele andere Komponenten, die zu Beginn des zwanzigsten Jahrhunderts charakteristisch für das Denken des Mittelstandes waren, wurden durch die tiefgreifenden ökonomischen und gesellschaftlichen Krisenerscheinungen des Kapitalismus ernsthaft in Frage gestellt.

Auch in Medizin und Psychologie treten die Schwächen und Widersprüche dieser weltanschaulichen Grundlagen immer deutlicher hervor. Aber Denkweise und Einstellungen werden selbst unter Druck unwiderlegbarer Beweise nur zögernd und schrittweise aufgegeben.

Es läßt sich nachweisen, wie in der Entwicklung der verschiedenen bürgerlichen Schulen in Psychologie und Psychotherapie (Psychoanalyse, Behaviorismus, Gestaltpsychologie usw.) jeweils die eine oder andere der oben skizzierten Bastionen bürgerlicher Weltanschauung aufgegeben, während gleichzeitig die übrigen um so hartnäckiger beibehalten werden. Daß allerdings die hier gezeigten soziodynamischen Zusammenhänge den Gründern der verschiedenen Schulen zumeist selbst nicht bewußt waren, sich also unbewußt durchsetzten, sei nur nebenbei bemerkt.

Zur Entstehung psychoanalytischer Pathogenese-Auffassungen

Im September 1866 eröffnete der junge bürgerliche Neurologe Sigmund Freud in Wien eine Praxis. Bei seinen Patienten, die durchweg, wie er selbst, aus wohlhabenden Kreisen stammen, wird er mit einer Vielzahl neurotischer Erkrankungen konfrontiert. Neurologisch begründete Therapie (Elektrotherapie, Hydrotherapie, Physiotherapie, Balneologie), die er anfänglich anwendet, hat kaum Erfolg. In der Erkenntnis, daß psychische Momente eine wesentliche, bisher von der Neurologie übersehene Rolle spielen, bemüht sich Freud, die Zusammenhänge zu begreifen und konzipiert zunächst eine naturwissenschaftliche Psychologie, die sich unmittelbar an die Gehirnanatomie anlehnt. Die komplizierte Problematik veranlaßt ihn jedoch bald zur Aufgabe des Versuchs, den psychischen Phänomenen neurophysiologische und hirnanatomische Substrate zuzuordnen. Ein Kernstück der Theorie, die er nun als Grundlage für seine Theorie entwickelt und Metapsychologie nennt, bildet die Erkenntnis, daß sich in den Symptomen seiner Patienten, jedoch auch in Träumen und den Fehlleistungen des täglichen Lebens das Wirken irrationaler, vielfach unbewußt ablaufender Vorgänge auspräge. Das Unbewußte, der sogenannte „Primärvorgang", ist für FREUD nicht nur der ursprüngliche oder Ausgangszustand der psychischen Entwicklung, er bleibt auch nach Herausbildung des Bewußtseins die entscheidende psychische Instanz. Inhalt des Unbewußten sind die Triebrepräsentanzen, Wünsche und Bedürfnisse. Diese Triebe definiert FREUD als psychischen Ausdruck von innersomatischen, ererbten Reizquellen. Karen HORNEY spricht in diesem Zusammenhang von FREUDS „Glauben in die Existenz einer biologisch determinierten Natur des Menschen" und KÄTZEL stellt fest:

„Auf diese Weise reduziert FREUD den Menschen ... auf ein isoliertes Einzelwesen, auf einen durch elementare Triebkräfte bewegten Organismus ...".

In einer früheren Untersuchung konnte ich zeigen, wie diese biologistische Betrachtungsweise, die den gesellschaftlichen Charakter des Menschen weitgehend unberücksichtigt läßt, auch von Psychoanalytikern als mangelhaft empfunden wurde. Jedoch schlugen alle Bemühungen, die gesellschaftliche Wirklichkeit im Rahmen des ursprünglichen psychoanalytischen Systems stärker zu berücksichtigen, letztlich fehl. Insbesondere die kooperative Tätigkeit, das Zusammenwirken der Menschen im Produktionsprozeß — dessen entscheidende Rolle für die Menschwerdung ENGELS in seiner bekannten Schrift nachwies — findet im psychoanalytischen Denken keine Berücksichtigung. Andere Menschen erscheinen primär als Mittel zur Triebbefriedigung bedeutsam. FROMM konnte überzeugend darlegen, daß FREUDS fester Glaube, die kapitalistische Gesellschaft sei die endgültige Form des menschlichen Fortschritts (also sein einseitiger bürgerlicher Klassenstandpunkt) einerseits, sowie eine Reihe gruppendynamischer Prozesse innerhalb der psychoanalytischen Organisation (die mit FREUDS Leiterpersönlichkeit und dem Klassencharakter der Mitglieder im Zusammenhang standen) andererseits, die radikale Weiterführung seiner schöpferischen Gedanken beeinträchtigte.

Doch trotz der aufgezeigten Unzulänglichkeiten ist es dem analytisch denkenden, unerhört feinfühlig beobachtenden und schonungslos wahrheitsliebenden Forscher FREUD gelungen, neue bedeutsame Zusammenhänge zu begreifen und damit die Grenzen des menschlichen Wissens über den Menschen wesentlich zu erweitern.

Während, wie METTE schreibt, im psychologischen Schrifttum die Aufmerksamkeit sich vorher fast ausschließlich auf die Frage richtete, wie sich geordnetes Denken vollzieht, gerieten durch die Arbeiten FREUDS Affektivität und nichtbewußte Vorgänge in den Brennpunkt der Betrachtung. Schon 1906 bekennt E. BLEULER, der Einfluß der Affektivität auf die Mechanismen des gesunden und kranken Denkens sei eigentlich erst durch FREUDS Arbeiten ins rechte Licht gesetzt worden. Von welch entscheidender Bedeutung diese Berücksichtigung affektiver, irrationaler, unbewußter Vorgänge und Konflikte für die therapeutische Beeinflussung psychischer, insbesondere neurotischer Störungen damals war, können wir, für die das inzwischen zur Selbstverständlichkeit wurde, kaum voll ermessen. Zweifellos gelang es FREUD, unter Berücksichtigung der von ihm klinisch beobachteten unbewußten und affektiven Prozesse, wichtige Zugänge zur Dynamik psychischer Abläufe zu erschließen. Solche psychischen Prozesse spezifischer Bewältigung von Konflikten wie Verdrängung, Vergessen, Projektion, Sublimierung, Reaktionsbildung sowie Reaktionen auf Frustrationen wie Aggression, Depression und Regression u. a. wurden von ihm detailliert beschrieben.

Da sich FREUD infolge seiner eigenen und der großbürgerlichen Herkunft der Mehrzahl seiner Patienten in erster Linie mit den Schwierigkeiten und Konflikten befaßte, die diese Kreise berührten, stieß er immer wieder auf gesellschaftliche Widersprüche auf dem Gebiet der Moral und Sexualität. Hier, wie auf so vielen Gebieten, hatte sich eine Kluft zwischen den ethischen Idealvorstellungen und Geboten einerseits und der Wirklichkeit des Kapitalismus andererseits aufgetan. Bis zu einem gewissen Grade hatte sich die bürgerliche Verteufelung der Sexualität zwar produktivitäts- und disziplinsteigernd bewährt. Aber im Laufe der Zeit traten als verheerende Folgen der doppelten Moral immer ausgeprägter auch bei den Begüterten psychische Störungen aller Art auf. Die spezifische (klassenmäßige) Rollenzuteilung gestattete einerseits dem männlichen Familienoberhaupt, sich seine sexuelle Erfüllung im vorehelichen Über-die-Stränge-schlagen mit „niederen" Mädchen bzw. auch nach der Heirat bei abhängigem Personal oder Prostituierten zu holen. Andererseits aber leugnete sie die sexuellen Bedürfnisse der Frau und leistete damit einer zersetzenden Trennung von hochwertiger Liebe und niedriger Sexualität Vorschub, die eine ungesunde hypokritische Moral erzeugte. Ohne sich darüber klar zu werden, daß diese Einstellung zur Sexualität auf Grund gesellschaftlicher Bedingungen entstanden war und aufrecht erhalten wurde, was kurze Zeit später von Sozialanthropologen (MALINOWSKI, MEAD, BENEDICT) eindeutig nachgewiesen werden konnte, blieb FREUD in der irrtümlichen Annahme, daß es sich bei diesem Widerspruch um den permanenten Konflikt zwischen natürlichem Instinkt und gesellschaftlichen Sanktionen handelte. Er zögerte jedoch nicht einen Augenblick, die von ihm erkannte Heuchelei, Engstirnigkeit und Herzlosigkeit vieler Sitten und Einstellungen zu sexuellen Fragen aufzuzeigen und mutig zu bekämpfen. (Allerdings scheint es ihm selber nie gelungen zu sein, das der doppelten Moral zugrunde liegende Vorurteil von der Minderwertigkeit der Frau in seinem eigenen Denken zu überwinden.) Durch sein unerschrockenes Eintreten für Offenheit und gegen die Verdrängung der Sexualität in der damaligen Gesellschaft geriet FREUD in Verruf als radikaler Gesellschaftskritiker und mußte manche persönliche Kränkung und Kritik seiner Auffassungen hinnehmen. Infolge seiner eigenen Befangenheit im bürgerlichen Denken und der Bedeutung der sexuellen Problematik in den Kreisen seiner Patienten blieb jedoch seine Sozialkritik im wesentlichen nur auf die Unterdrückung der Sexualität durch die Gesellschaft beschränkt. Seine biologistische Einstellung veranlaßte ihn zudem, häufigere sexuell motivierte Verhaltensdispositionen, die er in der Wiener Gesellschaft beobachtete (wie den Ödipuskomplex, Penisneid, Kastrationsangst, usw.), ohne Untersuchung ihrer gesellschaftlichen Ursachen als in der angeborenen Triebstruktur begründet, zu betrachten. FROMM meint in einer neueren Darstellung, FREUD habe, auf Grund seiner gedanklichen und gefühlsmäßigen Befangenheit in den Kategorien bürgerlicher Ideologie und seiner Erfahrung damit, gerade die Erkenntnis seiner Lehre besonders betont, die von der bürgerlichen Verbrauchergesellschaft am leichtesten verdaut werden konnte.

Eine Analyse späterer Veränderungen und Revisionen seiner Auffassungen lassen übrigens ebenfalls die FREUD zwar nicht immer bewußte, aber doch maßgebliche Wirkung sozioökonomischer und sozialpolitischer Einflüsse erkennen. So spielte z. B. bei der Weiterentwicklung seiner ursprünglichen Trieb-Dichotomie: Lustprinzip, Realitätsprinzip oder Geschlechts- und Selbsterhaltungstrieb zur Gegenüberstellung von Liebes- und Todestrieb (Aggression) das Erlebnis des ersten Weltkrieges eine maßgebliche Rolle.

Als weiteres Beispiel sei die Entwicklung der sogenannten „Ich-Psychologie" im Rahmen der orthodoxen Psychoanalyse erwähnt. HARTMANN, LÖWENSTEIN, KRIS, RAPAPORT, GILL u. a. betonten in Anlehnung an FREUD nach dem 2. Weltkrieg die Notwendigkeit, Komponenten des Ichs stärker zu beachten und dabei insbesondere die konfliktfreien Entwicklungen intellektueller u. a. Funktionen genauer zu erforschen. Damit näherten sie sich einerseits der akademischen Psychologie, andererseits lag in dieser Auffassung eine Zurückweisung radikaler Gesellschaftskritik und eine weiterführende Anpassung an den Geist des Kapitalismus. FROMM weist in einer Besprechung dieser Entwicklung auf den Zusammenhang mit der immer deutlicher werdenden Labilität des kapitalistischen Systems hin und meint, daß die Mehrzahl der Angehörigen des Mittelstandes in Anbetracht dieser Entwicklung konservativer werden, wobei die Psychoanalytiker keine Ausnahme bilden.

Ohne im Rahmen dieser Ausführungen auf weitere Einzelheiten des FREUDschen Pathogenese-Modells, wie etwa die verschiedenen Entwicklungsphasen der kindlichen Sexualität, einzugehen, läßt sich sagen, daß die Psychopathogenese von ihm im wesentlichen als Störung der normalen phasenhaften Entwicklung des Sexualtriebes aufgefaßt wurde. Er postulierte, daß auf Grund besonderer, meist vergessener, frühkindlicher Erlebnisse die Herstellung eines belastungsfähigen inneren Gleichgewichts zwischen den triebhaften Strebungen (ES), den Reflektionen der Anforderungen der gesellschaftlichen Realität (Ich) und den ethischen Wertmaßstäben (Überich) erschwert oder unmöglich gemacht werde.

Die Therapie

Die psychoanalytische Therapie ist dementsprechend bemüht, frühkindliche Traumata, welche die normale Triebentwicklung behindern, zu eruieren und dem Patienten bewußt zu machen. Dazu dienen die freie Assoziation in Gegenwart des Therapeuten und die Erinnerung an den nächtlichen Traum.

In der Beziehung, die sich bei der therapeutischen Arbeit zwischen Patient und Therapeut entwickelt, entdeckte FREUD zwei besonders wichtige Eigenarten, deren Berücksichtigung für den Erfolg seiner Therapie von größter Bedeutung waren: **Abwehr** und **Übertragung.** Um den gesellschaftlichen Anforderungen zu genügen, muß der Heranwachsende einen Teil seiner Sexualwünsche unterdrücken. Diese unakzeptablen Triebregungen werden verdrängt und bleiben unbewußt. Gegen etwaige Bewußtmachung richtet sich eine starke innere Abwehr, die sich u. U. auch gegen denjenigen richten kann, der eine solche Bewußtmachung fördert, also gegen den Therapeuten. Das Erstaunliche aber war, daß die Patienten die therapeutischen Bemühungen zwar einerseits mit Zurückweisung beantworteten, aber andererseits auch fast regelmäßig eine enge affektive Bindung zum Therapeuten erkennen ließen, die zwischen positivem und negativem Betroffensein schwankte. FREUD nahm an, daß es sich bei diesem Vorgang um eine Übertragung von Gefühlen zu bedeutsamen, nicht gegenwärtigen Bezugspersonen auf den Therapeuten handle und betrachtete es als eine der wichtigsten therapeutischen Aufgaben, dem Patienten seine Abwehr und Übertragungsgefühle und sein dadurch hervorgerufenes Verhalten bewußt zu machen. Derartige Verdrängungsvorgänge sind jedoch nicht nur charakteristisch für den psychisch Kranken, sie sind auch beim Gesunden zu erkennen. Die wesentliche Differenzierung ergibt sich für den Psychoanalytiker aus der Analyse der unterschiedlichen Verarbeitung des Ödipuskomplexes, d. h. der unbewußten Inzest- und Vatermordgelüste des heranwachsenden Mannes.

Die psychoanalytische Therapie entwickelte sich von Anfang an zu einer exklusiven Behandlungsmethode. Sie erfordert, abgesehen von hohem finanziellem Aufwand, vom Patienten eine beträchtliche verbale Artikuliertheit sowie die Fähigkeit zur Introspektion. Vom Therapeuten verlangte sie eine unverhältnismäßig langandauernde und intensive Zuwendung zum Patienten. So kamen fast nur Privatpatienten und auch diese nur in sehr beschränkter Zahl für eine derartige Behandlung in Frage. Dadurch aber zeichneten sich, wie METTE schreibt, für den Psychoanalytiker die sozialen Widersprüche der Gegenwart nur in recht blassen Konturen ab. Man befand sich sozusagen außerhalb des Klassenkampfgetümmels, wodurch die Blindheit gegenüber den sozialen Einflüssen naturgemäß noch verstärkt wurde.

Zur therapeutischen Effektivität

Trotz der überbetonten, ja, fast ausschließlichen Berücksichtigung von Konflikten und Frustrationen auf sexuellem Gebiet und obwohl die Psychoanalyse von einem Menschenbild ausgeht, wie es höchstens noch für das Neugeborene und für das Kleinkind zutrifft, das noch nicht wesentlich durch soziale Interaktionen berührt und verändert wird, kann der feinfühlige und erfahrene Psychotherapeut mit der psychoanalytischen Therapie dem Patienten, vorausgesetzt, daß dieser in relativ gesicherter Unabhängigkeit und in materiell günstigen Verhältnissen lebt, vielfach helfen, Ängste und gewisse Verhaltensstörungen zu überwinden. Zweifellos spielt dabei die emotionelle Beziehung, die sich im Laufe des ausgedehnten und engen persönlichen Kontaktes zwischen Patient und Therapeut entwickelt, eine entscheidende Rolle. Sicherlich ermöglicht auch die Analyse spezifischer maladaptiver Methoden der Gefahrenabwehr, der sogenannten „Charakterpanzerung“ und das Aufdecken von Übertragungsvorgängen und Wiederholungszwängen z. B. traumatisch empfundenen Beziehungen, insbesondere dem zur Introspektion Neigenden das Gewinnen neuer Einsichten und größerer persönlicher Freiheit im Umgang mit seinen Mitmenschen. Dabei darf jedoch nicht übersehen werden, daß es sich bei der Sexualproblematik, so wichtig sie im Einzelfall auch sein mag, letztlich doch nur um **ein** Segment aus dem Kreis lebenswichtiger Fragen handelt. Allerdings handelt es sich dabei um **die** Problematik, die dem materiall relativ gesicherten Angehörigen des Mittelstandes am deutlichsten spürbar wird. In den letzten Jahrzehnten gehen einige Psychoanalytiker dazu über, durch Behandlung der Problematik in Gruppen (Foulks) die Therapie einem größeren Patientenkreis zugänglich zu machen. Aber auch diese Erweiterung des Personenkreises, der für eine psychoanalytische Therapie in Frage kommt, ändert nichts an der relativen Exklusivität der Behandlungsmethode, noch an ihrer relativ sozialen Blindheit, die in einer ganzen Reihe von Fällen zu einem Arrangement zwischen Patient und Therapeut führt (Fromm), das alles beim Alten läßt, ohne dem Patienten zu eigener Veränderung zu helfen.

II. Auf dem Wege zur sozio-dynamischen Psychotherapie

Aus der vorhergehenden skizzenhaften Darstellung dürfte deutlich geworden sein, welcher Widerspruch die orthodoxe Psychoanalyse durchdringt. Da ist einerseits das Bemühen, die tieferen Schichten der Motivation des menschlichen Verhaltens aufzudecken, die Besonderheiten der gesunden und maladaptiven Überwindung von Schwierigkeiten, Konflikten und übermäßigen Belastungen zu erkennen und diese Einsichten zu nutzen, um den leidenden Patienten zu helfen — insgesamt also ein zutiefst humanistisches Anliegen. Da ist jedoch auf der anderen Seite das Verkennen der Bedeutung gesellschaftlicher Konditionierung und Interaktion für die Entwicklung des Menschen, damit im Zusammenhang das biologistische, mechanistisch-materialistische und letztlich idealistische Menschenbild, das sich nur allzu leicht und in vielfältigen Formen als ideologische Stütze für die Aufrechterhaltung des historisch überholten kapitalistischen Systems und seiner Ideologie ausnutzen ließ und läßt und dadurch objektiv eine antihumanistische Rolle spielt. Verschiedene Untersucher (Sève, Kätzel, Fromm) haben darauf verwiesen, daß im vorigen Jahrhundert die Hegelsche Konzeption ein ebensolches Doppelgesicht gezeigt habe und daß Karl Marx es verstanden habe, sie optimal zu nutzen, indem er „sie vom Kopf auf die Füße“ stellen konnte. Es fragt sich nun, ob wir in der Lage sind, mit dem psychoanalytischen Gedankengut ähnlich zu verfahren und es gewissermaßen von der animalisch mechanistischen auf die menschlich gesellschaftliche Stufe zu heben.

Halten wir fest: die von Freud in den Brennpunkt der Aufmerksamkeit gerückten affektiven, teilweise unbewußten Motivationskomponenten und Reaktionen des Individuums spielen zweifellos eine bedeutsame Rolle bei der Selektion der Wahrnehmung, der Lenkung der Denkprozesse und der Steuerung des Verhaltens. Sie sind daher für das Begreifen der Psychodynamik unerläßlich. Aber gerade weil das so ist, kommt es darauf an, die in der Freudschen Konzeption vorhandenen Fehlerquellen, spekulativen Elemente, Auslassungen und Blindpunkte zu eliminieren.

Zweifellos ist der Mensch bei seiner Geburt — wie FREUD das ganz richtig erkannte — ein Bündel von Bedürfnissen, Reflexen und angeborenen Reaktionsdispositionen, die z. T. erst später heranreifen. Aber von dem Moment seiner Geburt an beginnt die gesellschaftliche Umwelt, zunächst vermittelt durch Eltern und sonstige Bezugspersonen, diese natürliche Substanz maßgeblich zu formen. Dabei gestattet die besondere Formbarkeit der menschlichen Psyche auf Grund der höheren und höchsten Nerventätigkeit eine so hochgradige Beeinflussung, daß viele der ursprünglichen Bedürfnisse und Strebungen weitestgehend moduliert, modifiziert und zum Teil sogar völlig aufgehoben werden können. Das hat zur Folge, daß der erwachsene Mensch in weit höherem Maße durch seine soziale Umwelt als durch die natürliche Erbanlage geformt ist. Möglicherweise würden auch Psychoanalytiker dieser These zustimmen, soweit sie sich auf die Ich- bzw. Über-Ich-Komponente der Psyche, d. h. auf die Realitätskontrolle und das ethische Wertsystem bezieht. Schärfsten Widerspruch aber erhalten wir aus diesem Lager bei der Feststellung, daß sich die wachsende Dominanz gesellschaftlicher Einflüsse auch im Es, also den unbewußten, affektiven Komponenten der menschlichen Psyche durchsetze. Diesbezüglich kann es für die orthodoxe Psychoanalyse keinen Kompromiß geben, denn für sie handelt es sich um „ererbte psychische Bildungen", die „den Instinkten der Tiere entsprechen" (FREUD) und für die die Gesetze der Logik ihre Geltung verlieren, eben weil die Triebe nicht an der Realität orientiert sind.

Damit erhebt sich die Frage: Lassen sich die Konzeptionen FREUDs über das Unbewußte mit den gültigen Prämissen wissenschaftlicher Erkenntnisse in Einklang bringen?

Ohne den Versuch einer umfassenden Darstellung machen zu wollen, seien einige Gesichtspunkte zum Inhalt und zur Dynamik unbewußter Abläufe angeführt, die sich aus dem heutigen Wissensstand ergeben.

Einige Ausführungen zum Inhalt unbewußter Abläufe

Bekanntlich unterschied FREUD zwischen den Trieben, die unmittelbar der Lebenserhaltung dienten und denen, die sich auf die Fortpflanzung richteten. Dabei ging er davon aus, daß die ersteren unmittelbare Befriedigung forderten und daher keine dynamisch wirksame Rolle zu spielen vermochten, während der Fortpflanzungstrieb auf Grund seiner potentiellen Eigenart, die Befriedigung hinauszuschieben, die Möglichkeit zu einer Reihe dynamisch wirksamer Wandlungen, wie Sublimation, Unterdrückung, Verdrängung, Verkehrung in das Gegenteil (Reaktionsbildung), Projektion usw. bot.

Diese Betrachtungsweise trägt der realen Komplexität der menschlichen Psyche nicht Rechnung. Sie geht von einer mechanistischen Auffassung bezüglich der Befriedigung lebensnotwendiger Bedürfnisse, von einem „alles oder nichts" Prinzip aus. Das mag zwar dem Denken des wohlhabenden Bürgers nahe liegen, existiert aber in der Praxis nicht. Sicherlich stimmt es, daß man völlig ohne Luft, ohne Nahrung, ohne Flüssigkeit usw. nicht lange leben kann und daß es diesbezüglich auch nicht viel Bewegungs- und Spielraum gibt. Wohl aber kann man, wie die Mehrheit der unter kapitalistischen Bedingungen Lebenden lange Jahre mit ungenügender Nahrung, in verunreinigter Luft usw. existieren, wobei das Streben nach Verbesserung dieser elenden Lebensbedingungen durchaus eine Motivation bilden kann, die sowohl in bezug auf Wandlungsfähigkeit als auch in Punkto Energiefreisetzung dem libidinalen Antrieb in nichts nachsteht.

Auch hat die Forschung in hochindustrialisierten Gesellschaften nachgewiesen, daß sich z. B. der Rahmen der für Selbst- bzw. Gesunderhaltung notwendigen Bedürfnisbefriedigung kontinuierlich erweitert. Es bilden sich ständig noch neue Bedürfnisse heraus, die ebensowenig wie der Sexualtrieb eine unaufschiebbare Befriedigung erfordern. Erinnert sei in diesem Zusammenhang an die aufregende Forschung auf dem Gebiet der sensorischen Reizverarmung, sowie die noch bedeutsameren aber doch relativ vernachlässigten Untersuchungen zur sozialen Reizverarmung. Selbst das von Ribble und später von Spitz klinisch beobachtete und in neuerer Zeit experimentell nachgewiesene Bedürfnis des neugeborenen und frühkindlichen Organismus nach „Nestwärme“ und Liebkosungen dürfte sich kaum völlig auf libidinöse Impulse reduzieren lassen. Ein weiteres fundamentales Bedürfnis des Menschen, von dem in der psychoanalytischen Literatur kaum etwas zu finden sein dürfte, dreht sich um den Komplex der gesellschaftlich-kooperativen Arbeit, Leistung und damit verbunden Erfolg und Anerkennung. Diese Beispiele mögen genügen, um zu zeigen, wie mangelhaft die ausschließliche Hervorhebung libidinöser und evtl. noch destruktiver Impulse der Komplexität der Wirklichkeit Rechnung trägt.

Zur Dynamik des Unbewußten

Wie libidinale Triebe entsprechend der psychoanalytischen Konzeption, so wirken auch die im Vorhergehenden erwähnten vielfältigen Bedürfnisse und damit indirekt auch die gesellschaftlichen Verhältnisse, denen sie entstammen, motivierend und steuernd auf die psychischen Abläufe, ohne daß sich der einzelne vielfach dessen bewußt wird. So konnten Mannheim und Pastore u. a. den Einfluß der sozialen Umwelt maßgeblicher Forscher auf ihre wissenschaftliche Theoriebildung nachweisen. Keupp, Hollingshead und Redlich, Fried, Wulff, Deppe, Thom und Weise u. a. konnten ebenfalls den bis dahin nicht berücksichtigten Einfluß der sozialen Verhältnisse der Psychiater auf ihre Pathogenese-Auffassungen und sogar auf empirisch-klinische Befundermittlungen aufzeigen. Wir erkennen hier das Wirken von dem Individuum unbewußten gesellschaftlichen Einflüssen. In welcher Beziehung stehen nun diese unbewußt wirkenden gesellschaftlichen Determinanten zu den ebenfalls unbewußten biologischen Trieb-Faktoren der Freudschen Konzeption?

Da Freud mit dem dialektischen Denken offensichtlich wenig vertraut war, konzipierte er bewußte und unbewußte Vorgänge als diametral entgegengesetzt. Die einen waren all das, was die anderen nicht waren. Gehorchte z. B. das Bewußte den Gesetzen der Logik, des zeitlichen Nacheinander und reflektierte die gesellschaftliche Realität, so war das Unbewußte unlogisch und gesellschaftsunabhängig. Die Untersuchung des Begreifens, des kindlichen Spiels und der menschlichen Tätigkeit zeigt demgegenüber eine Durchdringung dieser

Gegensätze in einer Entwicklung, in der sich zugleich aus dem ursprünglich Unbewußten die kontinuierliche Zunahme bewußter Erkenntnis anbahnt. Diese Entwicklung verläuft ungleichmäßig, wobei insbesondere affektiv-emotionelle Vorgänge lange unbewußt bleiben und daher gewissermaßen unkontrolliert die psychische Verarbeitung der Umweltbeziehungen beeinflussen. Bewußtwerdung verläuft jedoch nicht nur in einer Richtung. Verschiedene Einflüsse können dazu führen, daß bereits Bewußtes wieder unbewußt abläuft. Konflikte, Unvereinbarkeit neuer Erkenntnisse mit bereits erarbeiteten Gesamtkonzeptionen, d. h. stark affektiv gefärbte kognitive Vorgänge, können ebenso das Vergessen begünstigen, wie eine verhältnismäßig große Zahl neuer Eindrücke.

Kaum bestreitbar ist die Erkenntnis, daß die menschliche Existenz es notwendig macht, nach der Herausbildung des Bewußtseins als bewußtes Sein, d. h. als bewußte Widerspiegelung des Selbst und der Umweltbeziehungen auf der Basis kooperativer Arbeit und der Sprache diese höchste Fähigkeit optimal zu nutzen und daher gezielt einzusetzen. Dabei zeichnet sich jedoch die Tatsache ab, daß die Bestimmung von Richtung und Umfang der Aufmerksamkeitszuwendung sowie die Einstellung des Wachheitsgrades zum großen Teil noch von unbewußten emotionellen Vorgängen gelenkt wird. Abgesehen von dieser emotionellen Beeinflussung der selektiven Wahrnehmung und Bewußtseinszuwendung spielt die Einstellung oder dauerhafte Verhaltensdisposition auch eine Rolle als vorwiegend unbewußtes zentralnervöses Arrangement menschlicher Verhaltenspräferenzen. Derartige Einstellungen äußern sich in charakteristischen Verhaltensweisen, vorausgesetzt, daß eine Situation gewisse Schlüsselreiz-Konstellationen aufweist.

Alle diese vielfältigen unbewußten Faktoren erweisen sich jedoch bei näherer Betrachtung nicht als universell und ausschließlich biologisch determiniert, sondern vielmehr als Niederschlag der konkreten gesellschaftlichen Beziehungen des Individuums. Diesbezüglich konnte bereits Locke wesentliche Wirkfaktoren aufdecken, als er schrieb:

„Es gibt nichts Alltäglicheres als Kinder, die Zusammenhänge aufnehmen ... die Eltern, Kindergärtnerinnen oder andere in ihrer Umgebung ihrem harmlosen und unvoreingenommenen Verständnis dargelegt und nach und nach eingetrichtert haben. Schließlich (gleichgültig, ob diese Zusammenhänge wahr oder falsch sind) werden sie durch lange Gewohnheit und Erziehung derartig fest geprägt, daß es keine Möglichkeit gibt, sie wieder zu entfernen. Wenn die Menschen dann herangewachsen sind und feststellen, daß Überzeugungen dieser Art so lange schon in ihrem Gedächtnis sind, wie ihr ganzes Erinnerungsvermögen zurückreicht ... so betrachten sie sie als Maßstab, als Richter zwischen Wahrem und Falschem und als Autorität, deren Urteil sie bei allen möglichen Kontroversen anrufen."

Immer wieder beobachten wir, daß derartige frühkindliche Erfahrungen, obwohl sie später scheinbar aus dem Bewußtsein verschwinden, das adaptive Verhalten tiefgreifend beeinflussen. Das zeigt sich manchmal in Verhaltensstereotypen, die so charakteristisch sind, daß die nächsten Mitmenschen praktisch vorhersagen können, was geschieht, während der Betreffende selbst völlig nichtsahnend ist. Derartige frühe Erlebnisse können zu Kristallisationspunkten werden, um die sich eine ganze Lebenshaltung rankt. Dann hängt es davon ab, ob diese Eindrücke die gesellschaftlichen Widersprüche und Beziehungen richtig widerspiegeln und ob die Information adäquat verarbeitet wurde. Ist das der Fall, so wird das Entstehen unbewußter Einstellungen gefördert, die die Beziehungen zwischen dem Betreffenden und seiner Umwelt optimieren und einen Teil der Bewußtheitszuwendung für neue bedeutsame Probleme freisetzen. Trifft das nicht zu, so entwickeln sich Keimzellen für Störungen in den zwischenmenschlichen Beziehungen und für pathogene Tendenzen.

Soziale Analysen psychoanalytischer Auffassungen über unbewußte Verhaltenstendenzen (Ödipus-, Kastrationskomplex, Penisneid usw.) wiesen in ihnen die charakteristischen Widersprüche der Wiener bürgerlichen Gesellschaft um die Jahrhundertwende nach. Darüber hinaus gelang es neueren Untersuchungen (MANNHEIM, ICHHEISER u. a.) zu zeigen, daß es ein typisches Merkmal des Status quo der kapitalistischen Gesellschaft ist, die dynamische Bedeutung der sozialen Widersprüche und Entwicklungstendenzen zu leugnen u. a. auch dadurch, daß man ihre Widerspiegelung in der menschlichen Psyche nicht zur Kenntnis nimmt. Lassen sich diese psychischen Phänomene nicht mehr verbergen, so wird der Versuch gemacht, sie wenigstens als Ausdruck biogenetischer Dispositionen darzustellen, um so die wirkliche Dynamik der sozialen Widersprüche durch eine biologisch-soziologische Pseudodynamik zu ersetzen.

Soziodynamische Psychotherapie

Aus dem Gesagten wird deutlich, daß eine Psychotherapie, deren Anliegen es ist, die Psychodynamik zu berücksichtigen und dabei auch die Wirkung unbewußter Faktoren entsprechend zu würdigen, den Patienten nicht ausschließlich als isoliertes Einzelwesen in der eigenartigen Abhängigkeit, die für die psychoanalytische Beziehung charakteristisch ist, behandeln darf. Zwar können auch Beobachtungen unter diesen Umständen wichtige Einblicke gestatten, doch erlauben sie nur selten, die Komplexität der multifaktoriellen Pathogenese zu erkennen. Hier kommt es vielmehr darauf an, zusätzlich den Patienten in seiner täglichen Arbeits- und Lebenssituation direkt zu sehen, bzw. in möglichst analogen Konstellationen zu beobachten. Auch erscheint es wichtig, weitere Besonderheiten des zwischenmenschlichen Kontaktes zu erfassen, wobei sowohl verbal-intellektuelle als auch manuell-arbeitsmäßige Kommunikations-Präferenzen zu berücksichtigen sind. Unsere klinische Praxis hat gezeigt, daß vielfach unbewußte Fehlauffassungen, ursprünglich auf der Basis von Fehlinterpretationen entstanden, autosuggestiv verstärkt werden und zu systemartigen Verallgemeinerungen Anlaß geben, die dann zu weiteren Fehlinterpretationen und Verhaltensschwierigkeiten führen. Wir nennen sie systemartige autosuggestive Fehlauffassung (SAF). Das Begreifen dieser und anderer psychodynamischer Zusammenhänge ist für den Patienten, der zumeist hochgradig verunsichert und von Gefühlen der eigenen Inadäquatheit bedrückt ist, am ehesten in einer Atmosphäre des Vertrauens, des gegenseitigen Respekts und echter Zuneigung möglich. Die Schaffung einer solchen Atmosphäre im Rahmen eines aktiven Einsatzes für das gemeinsame Ziel, sei es in der individuellen (dyadischen) oder in der Gruppen-Psychotherapie, ist ein Hauptanliegen der soziozentrierten Psychotherapie. Dabei kann insbesondere bei verbal ausdrucksfähigen Patienten in der Aufwärmungsphase und zur Herstellung einer Vertrauensbasis die „nichtdirektive" Methode (ROGERS, TAUSCH usw.) wirkungsvoll eingesetzt werden. Das zu erreichende Ziel ist die Überwindung von Schwierigkeiten, die sich einer optimalen Kooperation bei der Schaffung gesellschaftlich wertvoller Ressourcen entgegenstellen, dazu gehört neben der Erkenntnis sozialer Hemmfaktoren und Störmomente die Entwicklung der Ausdrucksfähigkeit in der zwischenmenschlichen Kommunikation und der Liebesfähigkeit im persönlichen Leben. Daß dabei auch verhaltenstherapeutische Methoden erfolgreich angewandt werden, bedarf wohl kaum der Erwähnung.

3.2.4. Sozialadaptive Lernvorgänge in der psychotherapeutischen Begegnung

Bei der Auseinandersetzung zwischen verschiedenen psychotherapeutischen Schulen und Konzeptionen treten in steigendem Maße lerntheoretische Gesichtspunkte in den Vordergrund. Immer mehr setzt sich die Auffassung durch, daß wir es bei psychischen Störungen mit erlernten maladaptiven Verhaltensstereotypen zu tun haben. Ziel und Zweck der Psychotherapie ist es demzufolge, einen Umlernprozeß einzuleiten und die maladaptiven Einstellungen und Gewohnheiten zu verändern.

Hier bieten sich Anknüpfungspunkte für experimentelle Untersuchungen einerseits und wechselseitige Beeinflussung mit pädagogisch-psychologischen und lerntheoretischen Forschungen andererseits. Besondere Bedeutung erhält dabei die jedem Psychotherapeuten bekannte Tatsache, daß bei der Psychotherapie weder das Angebot von Informationen noch das Erlernen bestimmter Fertigkeiten die entscheidende Rolle spielt, daß es vielmehr darauf ankommt, eine emotionale Bereitschaft zum Lernen und Umdenken zu schaffen oder, umgekehrt ausgedrückt, den inneren Widerstand gegen eine kognitive Umstrukturierung zu überwinden.

Dabei wird jedoch darauf verwiesen, daß diesbezügliche Untersuchungen noch verhältnismäßig spärlich sind. So sagt z. B. MEYER, daß der moderne Behaviortherapeut vor dem Dilemma stehe, entweder, gestützt auf eindeutige experimentell belegte theoretische Grundlagen, nur wenige — noch dazu selten vorkommende — psychopathologische Erscheinungen (wie scharf abgegrenzte Phobien) behandeln zu können oder durch Ausweitung seines therapeutischen Wirkens unter Anwendung simplifizierter und experimentell nicht bewiesener Lernmodelle die Grenzen zwischen Theorie und Empirie zu verwischen.

Nur stichwortartig einige Schwierigkeiten, die sich der Entwicklung eines wissenschaftlichen Fundamentes für die Psychotherapie bisher entgegenstellten:

Es fehlte an einer adäquaten neurophysiologischen Konzeption, die es erlaubt hätte, dem somatopsychischen Doppelcharakter aller psychischen Prozesse und den daraus resultierenden Wechselbeziehungen gerecht zu werden.

Gewiß gab es eine Reihe mehr oder weniger globaler Bekenntnisse zur psychophysiologischen Einheit und Ganzheit (GOLDSTEIN, ANGYAL, HEBB usw.); auch zeugt die wachsende Zahl entsprechender Arbeiten von den Bemühungen der Physiologen und Neurologen, in die Zusammenhänge psychophysiologischer Vorgänge einzudringen. Jedoch nicht nur die Gestaltpsychologen, sondern auch Schüler PAWLOWS beklagen den Molekularcharakter vieler physiologischer Arbeiten und den Mangel physiologischer Kenntnisse vom Wirkungsmechanismus komplexer psychischer Einwirkungen und zielstrebiger umfassender Verhaltensabläufe (sogenanntes molares Verhalten).

In der Zwischenzeit wurde von ANOCHIN eine physiologische Konzeption des funktionellen Systems als Einheit der Anpassungsintegration vorgelegt. (Abb.)

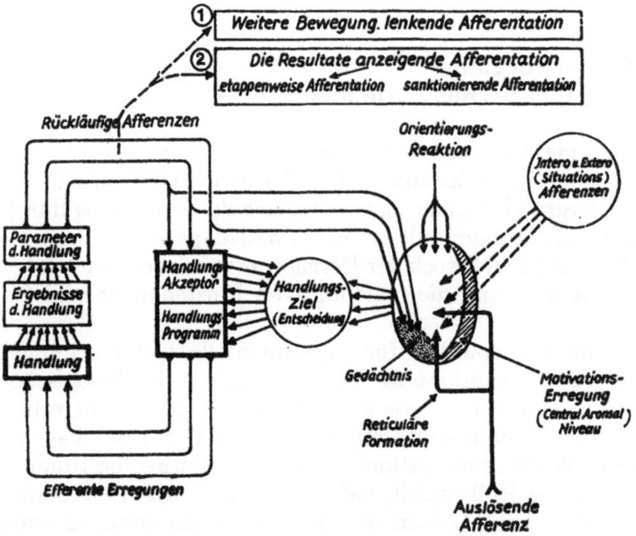

Schema zum funktionellen System von ANOCHIN

Ohne hier auf die vielen interessanten Einzelheiten dieses experimentell unterbauten Modells näher eingehen zu können, sei hervorgehoben, daß damit erstmalig die Möglichkeit geboten wird, die Transmission komplexer psychosozialer Einflüsse auf das integrierte organische Geschehen und das entsprechende Verhalten des Menschen zu begreifen. Im Zentrum des ANOCHINschen Systems steht der ganzheitliche, zielgerichtete Verhaltensakt, der Ablauf und Charakter der physiologischen Teilvorgänge maßgeblich beeinflußt. Gegenüber der zentralen Bedeutung des mehr oder weniger unitären bedingten Reizes bzw. des summativen dynamischen Stereotyps im PAWLOWschen System und der peripher ablaufenden Afferenzintegration HULLS betont ANOCHIN den zentralen Komplexcharakter der Synthese aller Afferentationen, der sogenannten Afferenzsynthese (Abb. S. 185), die noch durch die ständig eintreffenden Re-Afferenzen erweitert wird.

Selbstverständlich werden die Physiologen selber letztlich über Wert oder Unwert des ANOCHINschen „Funktionellen Systems“ zu befinden haben. Zweifellos bietet jedoch diese Konzeption viele Ansatzpunkte für eine Integration psychologischer, insbesondere auch ganzheitspsychologischer und physiologischer Erkenntnisse, und gerade diese brauchen wir dringend zur Entwicklung einer umfassenden und effektiven Theorie der Psychotherapie. Eine ausschließlich psychologische Betrachtungsweise des psychotherapeutischen Prozesses ist ebenso inadäquat und vergibt ebenso viele therapeutische Chancen wie eine rein physiologische Pathologie, die psychische Momente unberücksichtigt läßt. Nur eine Integration psychologischer und physiologischer Erkenntnisse vermag eine optimale Indikationsstellung der verschiedenen psychotherapeutischen Methoden zu gewährleisten. Nur so wird es möglich, die ganze

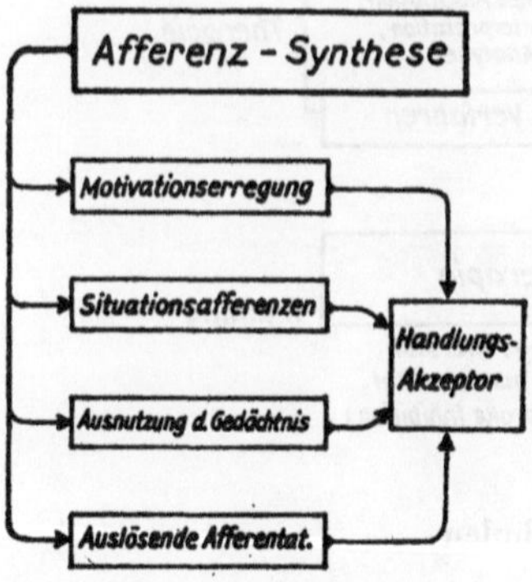

Schema zur Afferenzsynthese (ANOCHIN)

Skala moderner psychotherapeutischer Verfahren einschließlich der Kombination mit Psychopharmaka, Arbeitstherapie usw. optimal einzusetzen. Es braucht wohl nicht betont zu werden, daß aus dieser Sicht die Notwendigkeit echter Gemeinschaftsarbeit zwischen Physiologen und Psychologen, Ärzten und klinischen Psychologen ein übriges Mal erhellt wird.

Weiteres Hindernis eines schnellen wissenschaftlichen Vordringens in der Psychotherapie ist die Zersplitterung, der oft haarspalterische Kampf der verschiedenen psychotherapeutischen Schulen untereinander.

Ausgehend von der Bedeutung sozialadaptiver Lernvorgänge in der psychotherapeutischen Begegnung, lassen sich die Ansatzpunkte der verschiedenen psychotherapeutischen Methoden gegenüberstellen (Abb. S. 186).

Während zunächst die Unterschiede der Verfahren zu scharfen Auseinandersetzungen führten, zeigten sich in der Praxis nach und nach mehr Gemeinsamkeiten. Alle Systeme schaffen eine Lernsituation, die sich in vielem ähnelt: Sie entwickeln zunächst eine Atmosphäre des Vertrauens zwischen Patient und Therapeut. Sie erheben die Psychoanamnese und überzeugen den Patienten, daß er mit seinem Problem nicht allein ist, sondern daß ihm ein fachkundiger Helfer zur Seite steht. Sie vermindern den Druck und die Spannung, unter der er sich befindet, und sie helfen ihm zumindest zeitweise, aus der konfliktvollen

Situation herauszukommen und Zeit zum ruhigeren Nachdenken zu finden. Außerdem tragen sie fast immer dazu bei, das Selbstvertrauen des Patienten zu stärken und ihm neuen Mut zu geben. Kurz, die Psychotherapeuten aller Schulen tun vieles, was dazu beiträgt, eine gute Lernatmosphäre zu schaffen.

Tatsächlich gibt es Untersuchungen, die nachweisen, daß nicht die spezifische Schulmeinung des Therapeuten, sondern seine Menschenkenntnis und Erfahrung den Erfolg seiner Behandlung bestimmen (RACHMAN).

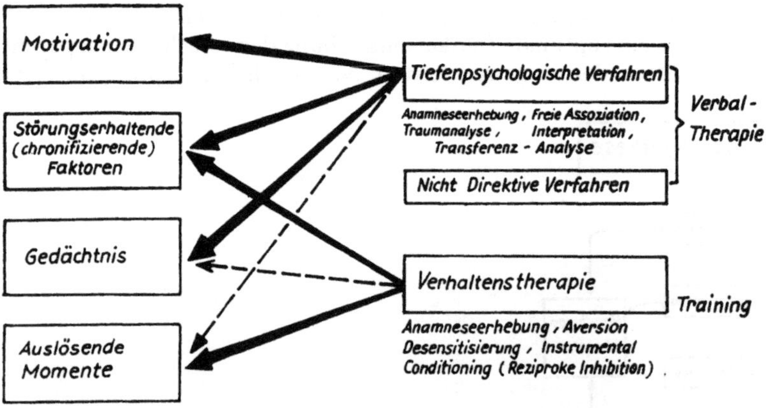

Ansatzpunkte verschiedener psychotherapeutischer Schulen

In zunehmendem Maße werden in der jüngsten Zeit die Gemeinsamkeiten der verschiedenen Schulen stärker in den Vordergrund gerückt und damit günstigere Voraussetzungen für das methodische wissenschaftliche Eindringen in die Psychotherapie geschaffen. Tatsächlich gibt es ja bereits einen großen Fundus empirisch erarbeiteter Kenntnisse: zum widerspruchsvoll wechselnden, aber in seiner Folge vorhersagbaren Einfluß der psychotherapeutischen Beziehung auf die Bereitschaft des Patienten zur Aufnahme neuen Gedankengutes und zur selbstkritischen Analyse seiner sozialen Eröffnungs- und sonstigen Rollenspiele (BERNE); zur Wirkung verschiedener durch die therapeutische Begegnung bedingter Empfindungen und Haltungen des Therapeuten auf den Patienten; zum unterschiedlichen Einfluß der individuellen und der Gruppenbegegnung bezüglich der Entstehung von Emotionen und Bindungen.

Bei einer Betrachtung der von uns in der psychotherapeutischen Begegnung angebahnten Lernvorgänge stellten wir fest, daß wir größere und schnellere Lernerfolge bei der Verbesserung zwischenmenschlicher Verhaltensweisen und Einstellungen (also z. B. bei der Überwindung ehelicher, familiärer oder beruflicher Konflikte) hatten als bei der Veränderung solcher persönlichen Symptome wie Polydypsie, Polyphagie, Suchten, Anorexie, Beklemmungserscheinungen, Angst usw. Diese letzteren sind vielfach Ausdruck weitgehend verfahrener und oft auswegslos erscheinender zwischenmenschlicher Konfliktsituationen und stellen so dem therapeutischen Vorgehen gewissermaßen ein zusätzliches Hindernis entgegen. Der Therapeut befindet sich in einer wenig beneidenswerten Zwickmühle; versucht er, dem Patienten beim Abbau des Symptoms zu helfen, so stößt er auf Widerstand, da die zwischenmenschlichen Schwierigkeiten, aus denen heraus sich das Symptom als zwar ungünstiger sozialadaptiver Ausweg entwickelt, weiterbestehen. Konzentriert er sich aber zunächst auf die zwischenmenschlichen Schwierigkeiten, so drängt ihn das scheinbar autonom weiterbestehende Symptom in die Defensive und den Patienten nicht selten zum Therapeutenwechsel.

Die Aufzählung könnte fortgesetzt werden. Aber wenn auch diese und viele andere Fakten erkennbar und nachweisbar sind, so fehlt doch die wissenschaftlich fundierte, verbindende Theorie. Zweifellos wird man sich in der ganzen Welt in verstärktem Maße bemühen, nachdem einige der eingangs erwähnten Hindernisse fortfallen, schnell voranzugehen.

Ein Problem sei noch kurz angeschnitten: Es ist bisher in der Psychotherapie mehr oder weniger verpönt, dem Patienten bei der Behebung äußerer Schwierigkeiten zu helfen. Der Therapeut beschränkt sich vielmehr darauf, dem Patienten klarzumachen, warum er mit diesen äußeren Schwierigkeiten nicht fertig wird. Wir sind in einer Reihe von Fällen bewußt von diesem Prinzip abgegangen, haben mit dem Patienten und seinem Vorgesetzten, seinen Kaderleitungen oder anderen Bezugspersonen aktuelle Konflikte geklärt, um ihm zunächst eine gewisse Erleichterung zu schaffen. Dabei sehen wir vielfältige Möglichkeiten, die dem Psychotherapeuten durch enge Zusammenarbeit mit den sozialen Gruppen, denen der Patient beruflich oder privat angehört, gegeben sind. (Daß das nur mit der vorher eingeholten Einwilligung des Patienten geschieht, braucht nicht betont zu werden.)

Gerade in Anbetracht der Menge der zu berücksichtigenden Faktoren kann die Forschung auf diesen Gebieten nicht von einem Psychologen oder auch nicht von einem Kollektiv mit größtem Erfolg durchgeführt werden. Vielmehr wäre es empfehlenswert, wenn sich eine größere Gruppe von Kollegen vornähme, ein scharf abgegrenztes therapeutisches Problem — etwa in Form einer Arbeitsgemeinschaft — gemeinsam mit klinisch tätigen Ärzten, Physiologen und Soziologen in Angriff zu nehmen.

3.2.5. Zur Beurteilung psychotherapeutischer Beziehungen und ihrer Wirkung

Eine wissenschaftliche Analyse psychotherapeutischer Prozesse wird um so vordringlicher, je mehr das Bedürfnis nach Psychotherapie anwächst und das gesellschaftliche Prestige des Psychotherapeuten steigt. Auf die Dauer kann nur eine wissenschaftlich fundierte Erkenntnis des Wirkungsmechanismus — der Dynamik — einer psychotherapeutischen Beziehung Antwort auf die quälende, selbstkritische Frage geben, die sich jeder von uns immer wieder neu vorlegt: „Wende ich hier wirklich die wirksamste Methode an, um dem Patienten zu helfen? Gibt es nicht vielleicht etwas Besseres?“ Darüber hinaus spüren wir die unausgesprochene Fragestellung: „Ist ein methodisches Vorgehen, das so viel Zeitaufwand und so wenig moderne Technik erfordert, heute noch vertretbar? Läßt sich nicht hier, wie in so vielen Bereichen der Medizin — wie man heute so schön sagt —, eine Umprogrammierung pathologischer Reaktionsschablonen effektiver durch den Einsatz elektronischer Meß- und Regelelemente im Störbereich bewirken?"

Bemühungen um die Klärung dieser Fragen reichen zurück bis in das 19. Jahrhundert. Um so erstaunlicher ist es, daß eine Durchsicht der einschlägigen Literatur uns kaum eindeutige Fakten und Gesetzmäßigkeiten der zugrunde liegenden Dynamik liefert.

Es gibt eine größere Anzahl von klar definierten Erfolgsbeobachtungen und Vergleichen unterschiedlicher Behandlungsmethoden. Dabei handelt es sich zumeist um relativ eng begrenzte Fragestellungen wie die psychotherapeutische Behebung eines phobischen Symptoms oder einer kortiko-viszeralen Entgleisung. Derartige Untersuchungen liefern zweifellos wichtige empirische Befunde, die eine gewisse Verallgemeinerung erlauben. Leider gestatten aber solche Arbeiten meist nur in ganz geringem Maße eindeutige Rückschlüsse auf den Wirkungsmechanismus psychotherapeutischer Maßnahmen.

Neben derartigen bewußt eingeengten Untersuchungen, die sich der psychotherapeutischen Problematik gewissermaßen von der Peripherie her nähern, gibt es eine Reihe von Arbeiten, die sozusagen das Kernproblem aufrollen.

Bei einer Durchsicht der Arbeiten, die sich mit dieser Fragestellung befassen, kann man sich des Eindruckes nicht erwehren, daß die kühnen Forscher, die es wagten, dieser Kernfrage der menschlichen Natur auf den Grund zu gehen, mit einer babylonischen Sprachverwirrung geschlagen wurden. Neben den verschiedenen Schulen psychoanalytischer, tiefenpsychologischer und daseinsanalytischer Prägung, die jede ihre eigene Terminologie haben, gibt es Vertreter einer vorwiegend rational bestimmten Konzeption, bedingt-reflektorische Auffassungen verschiedener Schattierungen, somatopsychische Grundeinstellungen und soziozentrische Auffassungen. Alle wollen gleichermaßen dem Patienten helfen, alle sind überzeugt, daß nur sie die einzig richtige Erkenntnis gewonnen haben. Aber nicht nur sprechen alle diese unterschiedlichen Schulen eine andere Sprache, sie gehen auch von anderen Voraussetzungen aus. Während die einen subjektiv psychologische Kriterien als Maßstab der Gesundung betrachten, berücksichtigen andere psychophysische oder sozialökonomische Leistungskriterien, wieder andere betrachten die Art der zwischenmenschlichen Kontakte als maßgeblichen Index, während eine weitere Gruppe die Beseitigung funktioneller oder organischer (z. B. Ulkus) pathologischer Symptome als einzig objektives Kriterium gelten läßt.

Dementsprechend sind auch alle Erfolgsstatistiken, da sie zudem noch von uneinheitlichen Ausgangserkrankungen der Patienten ausgehen und die Erfolgskriterien überdies in den meisten Fällen von den sicherlich nicht ganz unvoreingenommenen Therapeuten selber beurteilt wurden, mit mehr als dem sprichwörtlichen Körnchen Salz zu genießen. Dennoch scheint es mir der Mühe wert, kurz auf eine vor Jahren von TOURNEY veröffentlichte Zusammenstellung einzugehen. In unserer Sprache hätte TOURNEY wahrscheinlich von einem Weltstandsvergleich gesprochen.

Results of Psychotherapy

Source	Type of therapy	Number of cases	Percent recovered or markedly improved
Bernheim (1887)	hypnosis and suggestion	50	84 ←
Jacobson (1929)	rest and relaxation	79	77
Maudsley Hospital (1935)	eclectic psychotherapy	1,711	64
Ross (1936)	eclectic psychotherapy	1,089	77
Landis (1938)	psychotherapy in hospital	119	87 ←
Knight (1941)	psychoanalysis	660	56
Denker (1946)	general practice	500	90 ←
Miles (1951)	psychoanalytic psychotherapy	62	58
Brill and	separation from service	140	64
Beebe (1955)	electric psychotherapy	86	56
Wolpe (1958)	behavior therapy	210	90 ←
Fact Finding Committee (Brody, 1962)	psychoanalysis	210	60
Lazarus (1963)	behavior therapy	408	78
Marks and Gelder (1965)	behavior therapy	20	60
Heilbrunn (1966)	psychoanalysis and psychotherapy	173	45

Zusammenstellung von Psychotherapie-Ergebnissen (Tourney)

Mit über 80% Heilungen oder bedeutenden Besserungen erscheint neben der Bernheimschen Hypnose Landis mit stationärer Psychotherapie und Wolpe mit Behavior-Therapie. Aber interessanterweise stellte auch Denker eine ebenso hohe Erfolgsrate bei psychotherapeutisch nicht vorgebildeten Allgemeinpraktikern fest. Dabei bleibt offen, ob diese Erfolgsstatistiken und die ebenfalls relativ großen Erfolge mit der Jacobsonschen Entspannungsmethode sowie mit der elektrischen Psychotherapie von Ross und der Behavior-Therapie (Lazarus) auf die Überlegenheit der angewandten Methode, unterschiedliche Auswahl der Patienten oder die optimistischere Einstellung der Beurteiler zurückzuführen sind. Die von Wolpe und Lazarus angeführten hohen Erfolgszahlen mit der Behavior-Therapie konnten übrigens von Marks und Gelder in einer sorgfältig kontrollierten Untersuchung nicht bestätigt werden. Mit der Behavior-Therapie konnten diese Autoren nur eine Besserung in 60% der Fälle nachweisen.

Immerhin spricht viel für die Feststellung Tourneys, daß neue therapeutische Methoden vielfach als „therapeutische Revolution" auftreten mit einem eigenen Vokabular und einem mythenumwobenen genialen Entdecker. Persönliche Ausbildung in seiner therapeutischen Methode verleiht besondere Fähigkeit und Anerkennung. Meist, wenn solche Methoden eingeführt werden, werden Erfolgsresultate von 90% und mehr vorgelegt. Diese sinken dann im Laufe der Zeit ab. Tourney stellt fest, daß die bisherigen Übersichten übereinstimmend

keine wesentlichen Unterschiede bezüglich der Erfolgschancen bei unterschiedlichen theoretischen Ausgangspunkten ermitteln konnten, wobei der allgemeine Erfolgsbereich etwa zwischen 60 und 65% liegt, was gegenüber der von Tourney u. a. erwähnten spontanen Remissionsrate von 40—60% nicht sehr hoch erscheint. Diese u. a. auch von Eysenck erwähnte spontane Remissionsrate von 40—60% wird von zahlreichen internationalen Autoritäten ernsthafter Kritik unterworfen. Dabei erscheinen die als Ausgangspunkt dienenden Kriterien der Neurose viel zu weit gesteckt und zahlreiche Fälle von neurotischen Reaktionen bzw. leichten reaktiven neurotischen Störungen mit einzuschließen, bei denen eine solche Remissionsrate möglich ist. Verantwortliche Klinikleiter berichten jedenfalls übereinstimmend, daß sie bei unbehandelten Neurosen (d. h. z. B. den auf den Wartelisten vorgemerkten Patienten) nur in ganz seltenen Ausnahmefällen eine Remission beobachtet hätten.

Wenn wir uns weiter vor Augen halten, daß alle neu eingeführten therapeutischen Methoden, auch physikalische und pharmakologische Methoden (Kardiazol-, Elektro-, Insulin-Schock) und bis zu einem gewissen Grade auch aus dem Ausland stammende Heilmittel zu Beginn ihrer Einführung eine relativ hohe Erfolgsquote aufweisen, die nach ihrer Etablierung meist beträchtlich absinkt, eine Tendenz, zu der einerseits sicher der Enthusiasmus der Neuerer, andererseits aber auch die gesteigerte Erwartung der Patienten beiträgt, so wird deutlich, daß gegenwärtig der Psychotherapieerfolg, wie zahlreiche Untersucher (Frank, Gliedman, Imber et al., Whitehorn u. Betz) meinen, weitgehend von Patienten- und Therapeuten-Variablen abhängt und wenig oder gar nichts mit den theoretischen Grundlagen der Behandlung zu tun hat.

Diese für die Entwicklung der Psychotherapie so kritische und Ihnen zweifellos bekannte Situation wird hier nicht erwähnt, um Pessimismus oder Nihilismus zu verbreiten, sondern um daran zu erinnern, daß wir als Psychotherapeuten gewohnt sind, angesichts einer Krisensituation, mit der der Patient zu uns kommt, zunächst einmal Abstand zu nehmen, um einen größeren Überblick zu gewinnen und dadurch Lösungsmöglichkeiten zu entdecken, die der Patient in seinem persönlichen Einbezogensein selber nicht sieht. Dementsprechend scheint es mir auch hier notwendig, den Blickwinkel auszuweiten und die Frage zu stellen: Woher resultiert diese Krise in der Psychotherapie-Forschung, oder wenn wir sie als Symptom betrachten, was liegt ihr zugrunde?

Man erkennt unschwer im Hintergrund der Kontroversen die ungelöste Problematik des Geist-Körper-Dualismus. Es ist ja nicht damit getan, daß man ein Bekenntnis zur Einheit von Geist und Körper ablegt — das gehört heute sozusagen zum guten Ton —, vielmehr kommt es darauf an zu erkennen, wie diese Einheit realisiert ist, und diese Erkenntnis auch in der Forschungskonzeption anzuwenden.

Nun hat schon Friedrich Engels in seiner Dialektik der Natur mit großer Klarheit über die hierarchisch gegliederten Integrationsstufen der Natur gesprochen und die dialektischen Gesetzmäßigkeiten ihrer gegenseitigen Durchdringung bzw. die spezifisch neuen Gesetzmäßigkeiten auf qualitativ höherem Niveau aufgezeigt. Heute, 100 Jahre danach, ist aber die überraschende Tatsache zu verzeichnen, daß dieses Kernstück der materialistischen Dialektik, dessen Bedeutung insbesondere für die Biowissenschaften kaum zu überschätzen ist, gerade auf dem hier zur Diskussion stehenden Gebiet ein fast vergessenes Aschenbrödeldasein fristet und selbst in der physiologischen und psychologischen Fachliteratur der sozialistischen Länder relativ selten erwähnt wird. Vor etwa einem halben Jahrhundert versuchten die Berliner Gestaltpsychologen einen neuen Ansatz zu finden, aber da ihnen die Gesetze der Dialektik fremd und ENGELS diesbezügliche Arbeit nicht bekannt waren, mußten sie nach erfolgreichem schöpferischen Beginnen auf halbem Wege stehen bleiben.

Um die vorrangige Bedeutung der dialektischen Betrachtungsweise für die Psychotherapieforschung aufzuzeigen, gestatten Sie mir, diesen Komplex etwas ausführlicher darzustellen. So wie die Natur hierarchisch gegliederte Integrationsstufen erkennen läßt, so begreifen wir auch als wesentlichen Aspekt der Organisation biologischer Organismen den hierarchischen Charakter der verschiedenen Funktionsstufen (Abb. S. 192).

So ist beispielsweise die spezialisierte Zelle, sagen wir der Magenschleimhaut, gleichzeitig auf mehreren unterschiedlichen Funktionsstufen engagiert. Einmal ist sie als Einzelzelle mit dem eigenen Zellstoffwechsel beschäftigt, zum anderen ist sie als Teil eines spezialisierten Organs z. B. an der Sekretion beteiligt, zum Dritten ist sie als Teil des Gesamtorganismus der Einwirkung von nerval-humoralen, metabolismusfördernden oder hemmenden, ja u. U. auch noxischen Einflüssen ausgesetzt usw. Jedem dieser unterschiedlichen Aspekte entsprechen spezifische Forschungsmethoden oder Systemanalysen.

Oder nehmen wir das Problem der sexuellen Tumeszenz und Detumeszenz: Auf molekularem Niveau finden wir wiederum die Einzelzellen des Sexualapparates mit ihrem individuellen Zellstoffwechsel und charakteristischen Veränderungen entsprechend der jeweiligen metabolischen Phase. Auf physiologischer Stufe stoßen wir auf das Bedürfnis nach Abreaktion, das direkt durch physische Stimulation (Friktion, Ipsation) befriedigt werden kann. Auf den psychologischen Stufen verschmilzt dieses Bedürfnis nach organischer Abreaktion mit dem Bedürfnis nach intimem menschlichen homo- bzw. heterosexuellen und erotischen Kontakt, während dann schließlich die soziologischen Gegebenheiten die speziellen Besonderheiten des Kontaktes determinieren. Denken wir nur an die unterschiedlichen Wertnormen bezüglich der Anbahnung ehelicher bzw. außerehelicher Beziehungen des 17. im Vergleich zum 20. Jahrhundert oder der afrikanischen im Vergleich zu europäischen Kulturkreisen. So finden wir in jedem menschlichen Verhalten eine vielgliedrige hierarchische Organisation, deren unterschiedlicher Systemcharakter nicht nur eine Schöpfung des analytischen Denkens ist, sondern sich auch in Onto- und Phylogenese sukzessiv herausbildet und übrigens in traumatischen Situationen wieder zerfallen kann.

Tatsächlich gab es, bis die Dialektik einen Weg wies, um die vielseitige Wechselbeziehung hierarchisch verschachtelter Systeme als Wesen des Lebendigen zu begreifen, keinen Weg, diese Organisation des vollen Lebens wissenschaftlich zu erfassen. Bis in die Gegenwart bemühen sich viele Wissenschaftler, angesichts der Schwierigkeit das Wesen der hierarchischen Funktionsstufen zu erfassen, eine Grundlage, ein Fundament zu finden, von dem aus es möglich wäre, die Prozesse der höheren oder niedrigeren Strukturen und Funktionsstufen zu begreifen.

Zum hierarchischen Charakter verschiedener Funktionsstufen in biologischen Organismen

Integrationsstufe	Beispiele	
Molekuläre Stufe	Physikalische Chemische Biochemische	Grundlagen des Metabolismus und der Funktionsspezifität
Zelluläre Stufe	Zell-Metabolismus und Vermehrung Spezifität der Struktur (Histologie) und Funktion der Zelle	
Physiologische Stufe	Spezifische Struktur und Funktion der einzelnen Organe und Organsysteme und ihr Zusammenwirken im Gesamtorganismus	
Psychologische Stufe I	Subj. Widerspiegelung der Organismus-Umwelt-Beziehung I.	Wahrnehmung Reaktivität Emotion Gedächtnis
Psychologische Stufe II	Subj. Widerspiegelung der Organismus-Umwelt-Beziehung II.	Sprache Denken Fühlen Wollen Selbstkonzept Bewußtes Handeln
Soziologische Stufe	Wirkung vom Einzelnen unabhängiger gesellschaftlicher Gesetzmäßigkeiten	Einstellung Werte Grenzen
Psychologische Stufe III Persönlichkeit Gesellschaftliche Rolle	**Gesamtverhalten** Erkenntnis der gesellschaftlichen und biologischen Entwicklungslinien und bewußte Stellungnahme	Zielrichtung Ablenkbarkeit Festigkeit Wirkung

Lange Zeit hindurch galt die Zelle als die wesentliche Grundeinheit der Struktur und Funktion des menschlichen Organismus. Von ihrem Wirken aus — so nahm man an — sei es möglich, alle Vorgänge im Organismus, sowohl die subzellulären molekularen als auch die physiologischen und psychologischen Prozesse, zu begreifen. Diese Auffassung, die später Reduktionismus genannt wurde, konnte nicht der ganzen Komplexität der menschlichen Krankheitsproblematik Rechnung tragen und konnte weder solche bedeutsamen subjektiven Erscheinungen wie Angst und Zwang noch die verschiedenen zwischenmenschlichen Beziehungsweisen und ihre körperlichen Auswirkungen erklären. Interessanterweise erfolgte der Angriff gegen die Omnivalenz der Zellularpathologie aus drei unterschiedlichen Richtungen:

Die Psychoanalyse und andere tiefenpsychologische Schulen suchten die Dynamik der psychischen Entwicklung und ihrer Störungen als Resultate der Trieb-Entwicklung und -Kanalisierung zu erfassen. Dabei stellten die triebhaften Bedürfnisse als Quelle der Motivation nur eine schmalspurige Verbindung zur physiologischen Integrationsstufe dar, die dann in der „psychosomatischen" Medizin durch teils spekulative, teils auf Grund wertvoller empirischer Beobachtungen notwendig gewordene „ad hoc"-Konstruktionen erweitert wurde. In keinem Fall gelang es jedoch, die Brücke zur sozialen Integrationsstufe zu schlagen.

Neben Vertretern der Theorie einer von der höheren und niederen Integrationsstufe relativ isolierten Psychodynamik bot die Auffassung von der ganzheitlich organismisch-psychischen Einheit, der sogenannten organismischen Schule, eine neuartige Alternative zur Zelltheorie. Wie die Gestalt-Schule (mit der sie verwandt war) konnte jedoch auch die organismische Schule trotz interessanter Ansätze auf die Dauer keine umfassenden Alternativen bieten, weil sie nicht imstande war, den Übergang vom molaren Niveau zu den submolaren und atomaren Stufen zu finden, wobei die organismische Schule ebensowenig wie die Psychoanalyse die Beziehung zur gesellschaftlichen Stufe in den Griff zu bekommen vermochte.

Der dritte Gegner erwuchs der Zellular-Position aus der entgegengesetzten Richtung. Vertreter der molekularbiologischen Forschung äußerten die Auffassung: eine Grundlage, von der aus man alle höheren Stufen erkenne, könne lediglich die unterste Integrationsstufe bieten. Sehr bald zeigte sich jedoch, daß es nicht möglich war, von der molekularen Ebene her alle Aspekte der Analyse der gesunden und kranken Funktion anzugehen, weil es auf Grund der Gesetzmäßigkeit der molekularen Stufe allein keinen Weg zur Erkenntnis der qualitativ höheren (d. h. zusätzlichen neuen Gesetzmäßigkeiten unterworfenen) Verhaltensweisen geben kann.

In neuerer Zeit suchte man einen Ausweg aus diesem Dilemma, indem man den Spuren Rashewskis, McCulloghs, Pitts und Wieners folgend vermittels der Automaten-Analoga, der Kybernetik, die Lebensvorgänge in den Griff zu bekommen trachtet. Über 20 Jahre nach Entstehung der kybernetischen Konzeption schreibt der bekannte amerikanische Mathematiker Robert Rosen:

„Zweifler haben aufgezeigt, daß nicht ein einziger Aspekt zentralnervöser Tätigkeit eindeutig auf Grund der Auffassung vom neuralen Netzwerk erklärt werden konnte. Das mag stimmen, aber die Überzeugungskraft dieses Formalismus ist so groß, daß er unser gegenwärtiges theoretisches Denken über die Tätigkeit des ZNS völlig durchdrungen hat. Ich glaube, der Grund für diese Überzeugungskraft liegt darin, daß es sich hier im Grunde um eine Neuformulierung der Zelltheorie für das ZNS handelt, wodurch ein Fundament in der ZNS-Hierarchie geboten wird."

Wenn die Kybernetik in ihrer jetzigen Form tatsächlich eine verschleierte Zelltheorie ist, so dürfen wir auch von daher kaum eine adäquate Analyse des vielschichtigen Kausalgefüges neurotischer Störungen und sonstiger psychonervaler Maladaptationen erwarten, weil es vom zellulären Ansatz bei aller Bedeutung, die diesem auf zellulärer und physiologischer Ebene so interessanten Vorgehen zukommt (Hassenstein), keinen genügenden Zugang zu den wesentlichen Zusammenhängen des psychosozialen Verhaltens geben kann. Abgesehen davon, daß die heute praktizierte Psychotherapie sich — wie gezeigt — vielfach in einem abstrakten sozialen Raum vollzieht, übersieht sie oft auch die Veränderungen, die sich in der Zeit abspielen.

Auf dem 8. Internationalen Psychotherapie-Kongreß konnte der Referent darauf verweisen, daß „ödipale" (= antagonistische Generations-) Konflikte, wie sie FREUD in den höheren sozialen Schichten der Wiener Gesellschaft der Jahrhundertwende antraf, heute in einem sozialistischen Staat kaum zu erwarten sind, ebenso wie sich die soziale Rolle der Frau von Grund auf verändert hat.

So sind wir also nach dieser flüchtigen theoretischen Übersicht erneut mit der Frage konfrontiert: „Was können wir zur Überwindung dieser Krise in der Psychotherapieforschung beitragen?"

Aus dem vorher Gesagten ergibt sich, daß es nicht genügt, sich darauf zu beschränken, in Analyse und Psychotherapie lediglich die Funktionsstufe zu berücksichtigen, auf der die maladaptiven Erscheinungen offenkundig werden. Wir wissen sehr genau, daß auf Grund von vielfach nur schwer erkennbaren, teilweise unbewußten Schwierigkeiten und Konflikten in höheren Funktionsstufen krankhafte Symptome auf einer niederen Ebene zur Ausbildung gelangen können (denken wir nur an das Ulkus-Geschehen).

Umgekehrt können aber auch Ereignisse einer niedrigeren Stufe, beispielsweise hereditäre, also subzelluläre Momente, zur Symptombildung beitragen. In der Psychotherapie beschränken wir uns jedoch vielfach auf bestenfalls zwei Funktionsstufen. Natürlich gelangen auch gegenwärtig schon **neben** den psychotherapeutischen Methoden eine ganze Reihe physikalischer (Physiotherapie, Arbeitstherapie, Diätetik usw.) und biochemischer (Pharmaka) Maßnahmen zur Anwendung, aber von wenigen Ansätzen abgesehen gibt es kaum ernsthafte Bemühungen, diese verschiedenartigen Möglichkeiten zu einem einheitlichen Therapiesystems zu integrieren.

Das Gros der gegenwärtig angebahnten psychotherapeutischen Beziehungen vollzieht sich dagegen auf einer mehr oder weniger künstlich isolierten psychologischen Ebene. Das Eingreifen eines persönlich nicht unmittelbar betroffenen Fachmanns bringt immer eine gewisse Loslösung aus dem lebendigen Zusammenhang, eine Art Laborsituation, mit sich. Aber diese Abstraktion wird in psychotherapeutischen Beziehungen, wie sie gegenwärtig hauptsächlich praktiziert werden, auf die Spitze getrieben. Meist handelt es sich um rein psychisch-zwischenmenschliche Beeinflussung, bei der z. B. der psychoanalytisch tätige Arzt nicht nur persönlich jede körperliche Untersuchung ablehnt, sondern durch die dem Patienten auferlegte Bedingung, während der Dauer der Therapie keine wesentlichen Veränderungen privater oder beruflicher Natur herbeizuführen, auch eine relativ künstliche Konstanz der gesellschaftlichen Umwelt erzielt, d. h. die Bedingungen, die u. U. die Symptome hervorgebracht haben, aufrecht erhält. Abgesehen davon wird selbst die Analyse zwischenmenschlicher Beziehungen dort, wo sie vordergründig durchgeführt wird, wie z. B. in der Washington School of Psychiatry (SULLIVAN, MULLAHY usw.) unter völliger Abstraktion von der gesellschaftlichen Umwelt unternommen.

Die Entwicklung der Lehre von der höheren Nerventätigkeit, insbesondere auch die Arbeiten ANOCHINS, die Erkenntnisse der marxistischen Soziologie und die dialektische Anwendung der klinischen und sozialpsychologischen Forschungsergebnisse zeigen einen Weg aus der Krise der Psychotherapie, indem sie die psychotherapeutische Beziehung als Teil eines umfassenden Umstellungsprozesses erkennen lassen. Der im vorhergehenden aufgezeigten hierarchischen Struktur und Funktion der Beziehungen des menschlichen Organismus mit seiner Umwelt kann nur ein System von gezielten physiologischen, psychologischen und gesellschaftlichen Umstellungen entsprechen, das den Patienten in die Lage versetzt, seinen Problemen erfolgreicher zu begegnen.

Dabei gibt es eine Reihe empirischer Erkenntnisse und Praktiken, deren sinnvolle Integration mit psychotherapeutischen Maßnahmen zu einem einheitlichen System eigentlich auf der Hand liegt.

1. Gegenwärtig befinden wir uns in einem Entwicklungsstadium, charakterisiert durch das besondere Interesse, das unsere Staatsführung den Problemen des Gesundheitswesens entgegenbringt, in dem es dringend notwendig wird, alle Möglichkeiten des sozialistischen Gesellschaftssystems zu nutzen und eine Psychotherapie-Optimierung zu realisieren.

Dabei kommt es darauf an, all die Faktoren gezielt und integriert einzusetzen, deren psychotherapeutische Wirksamkeit experimentell oder klinisch nachgewiesen wurde.

Beeinflussungsmöglichkeiten bei einem zeitlich begrenzten, aber konzentrierten Zusammenlegen in einer psychotherapeutischen Gemeinschaft bietet eine gute Grundlage für eine systematische Psychotherapie.

Durch eine derartige Heraushebung aus dem Alltag wird nicht nur der Widerstand gegen eine Umstellung verringert und eine Einstellungsänderung erleichtert, sondern überdies auch eine hervorragende Gelegenheit geboten, um individuell gezielte und kollektive psychotherapeutische Einwirkungen zur Geltung kommen zu lassen.

Bei Berücksichtigung psychotherapeutischer und ökonomischer Erwägungen böte sich hier die Entwicklung einer systematischen Staffelung von ambulanter Betreuung bei leichten Fällen und zur Nachbehandlung, einer speziellen Ganztagsbetreuung (Tagesklinik) und voller stationärer Aufnahme an. Dabei ließe sich ermitteln, inwiefern ein einheitliches System psychotherapeutischer Umerziehung, das massiert in mehrwöchentlichen Zyklen zum Einsatz kommt, wirksamer ist als eine lang ausgedehnte Behandlung.

2. Gegenwärtig werden bei stationärer psychotherapeutischer Behandlung vielfach zahlreiche physikalische und psychologische Behandlungsmethoden als Zusatzverfahren eingesetzt, z. B. in bestimmten Fällen verlängerter Schlaf,
Einsatz geeigneter hydrotherapeutischer und physiotherapeutischer Möglichkeiten,
Arbeitstherapie
Musiktherapie,
Einsatz pharmazeutischer Mittel usw.

Diese Behandlungsmethoden werden noch recht häufig neben der Psychotherapie isoliert als allgemein gesundheitsfördernd eingesetzt. Ein integriertes System psychophysiologischer Umstellungsmaßnahmen erfordert dagegen die gezielte Abstimmung aller Verfahren nach Zielstellung und Dauer im Hinblick auf eine optimale Umstellungsförderung. In anderen Worten, das zu erreichende

Ziel der Einstellungsänderung muß wie ein roter Faden, dem Patienten erkennbar, alle therapeutischen Maßnahmen verbinden.

3. Differenzierte Psychotherapie unter sozialistischen Bedingungen erfordert ferner die systematische Nutzung der ganzen Reichhaltigkeit unserer gesellschaftlichen Möglichkeiten. Auch jetzt schon unternimmt der eine oder andere Psychotherapeut gelegentlich zusammen mit dem Patienten Maßnahmen zur gezielten Beeinflussung der gesellschaftlichen Umwelt des Patienten (in der Familie, im Freundeskreis, am Arbeitsplatz oder im Wohnbezirk). Aber oftmals gilt doch noch das Tabu der traditionellen Psychotherapie, das die Anwendung derartiger Maßnahmen durch den Psychotherapeuten ablehnt.

Gerade angesichts der vorher dargelegten Erwägungen sollten wir uns vor Augen führen, daß die Tabuierung systematischer Einbeziehung der gesellschaftlichen Umwelt des Patienten in ein aktiv veränderndes Psychotherapieprogramm dem rationalistischen bürgerlichen Denken entspricht und in unserer sozialistischen Gegenwart nicht nur antiquiert ist, sondern die therapeutische Wirksamkeit in hohem Maße einschränkt.

Eine Psychotherapie in der sozialistischen Gesellschaft wird dagegen dazu führen, daß Therapeut und Patient zusammen einen Plan aufstellen, der konkrete Schritte und Varianten zur Verbesserung der Situation und zur Veränderung des Verhaltens des Patienten enthält und gewährleistet, daß systematisch Erfolgserlebnisse das Selbstvertrauen und die gezielte Leistungsfähigkeit des Patienten erhöhen.

4. Von großer Bedeutung erscheint mir in diesem Zusammenhang schließlich noch eine Frage, die auf dem Symposium der Gesellschaft für ärztliche Psychotherapie und der Gesellschaft für Physiotherapie in Neu-Fahrland angeschnitten wurde: Die systematische Integration unserer Erkenntnisse auf dem Gebiet der Psychotherapie mit den gegenwärtig in unserem hochentwickelten Kur- und Bäderwesen angewandten Heilverfahren.

Gewiß zeichnen sich schon jetzt Tendenzen in dieser Richtung ab, aber eine verstärkte Berücksichtigung psychonervaler Vorgänge während der Heil- und Erholungskuren und ein dementsprechender Einsatz psychotherapeutischer Maßnahmen würde zusätzliche Reserven erschließen.

Zur Schaffung eines integrierten Systems psychotherapeutischer Maßnahmen, wie es in Umrissen im Vorhergehenden dargestellt wurde, sind noch eine Reihe von Hindernissen zu überwinden. Alte Vorurteile und verknöcherte Auffassungen spielen dabei eine hemmende Rolle. Hierbei werden insbesondere die jungen Kollegen eine wichtige Aufgabe zu übernehmen haben, denn sie sind am besten befähigt zu erkennen, daß in einer sozialistischen Gesellschaft nicht nur auf ökonomischem und politischem Gebiet neue Potenzen erwachsen, sondern daß dies ebenso für das Gebiet der Psychotherapie zutrifft.

3.2.6. Soziologische Betrachtungen zu Persönlichkeitsauffassungen in der Psychotherapie

Psychotherapeuten der Gegenwart wissen, daß in Denken und Verhalten ihrer Patienten Motive, Einstellungen und innere Konflikte zum Ausdruck kommen, die den Betreffenden selber nicht bewußt sind. Es ist eines der großen Verdienste S. FREUD's, die Aufmerksamkeit der Fachwelt auf die Dynamik dieser „unbewußten" Vorgänge gelenkt und die therapeutische Potenz ihrer Bewußtmachung aufgezeigt zu haben.

Demgegenüber muß es wie eine eigenartige Ironie erscheinen, daß es einer großen Zahl bürgerlicher Psychotherapeuten bisher noch nicht gelungen ist, sich der weitgehend verschleierten Einflüsse bewußt zu werden, die ihr eigenes psychotherapeutisches Denken und Handeln maßgeblich mit formen und dessen Wirkungsbreite einschränken. Dabei ist in erster Linie an weltanschauliche Einflüsse und Persönlichkeitsauffassungen sowie die ihnen zugrunde liegenden Lebensbedingungen zu denken. Viele Kollegen akzeptieren die bürgerlich idealistische bzw. metaphysisch materialistische Betrachtungsweise, mit der sie aufwuchsen, kritiklos als selbstverständlich, um so eher, als sie sie ja auch in der Ausbildung, den Medien und im Kollegenkreis antreffen, so daß der Eindruck entsteht, diese Auffassung sei allgemeingültig und zeitlos. Dabei gibt es bereits eine Reihe wissenschaftlicher Nachweise, daß eine unterschiedliche weltanschauliche Einbindung die Beziehung zwischen Therapeuten und Patienten ernsthaft erschweren, wenn nicht gar unmöglich machen kann.

Bereits ein halbes Jahrhundert vor FREUD wiesen K. MARX und F. ENGELS nach, daß die eigene Position in den Produktionsverhältnissen weitgehend das Denken und Handeln des einzelnen bestimmen, ohne daß ihm das jeweils bewußt zu werden braucht. Aus dieser marxistischen Feststellung ergibt sich für jeden, der auf das Denken anderer Einfluß nehmen will, die Notwendigkeit, sich über die Grundlagen seiner Persönlichkeitsauffassung, seines Wertsystems und seiner Motive Klarheit zu verschaffen oder, wie es der bürgerliche Soziologe ISCHHEISER nennt, eine „Sozioanalyse" durchzuführen. Selbst wenn man die Notwendigkeit der kritischen Analyse des eigenen Standpunktes nicht ohne weiteres einsieht, ist eine historische Betrachtung der Veränderung im Denken und Handeln der Psychotherapeuten geeignet, den bürgerlichen Mythos einer zeitlosen weltanschaulichen Grundlage der Psychotherapie zu erschüttern und einen tieferen Einblick in verschleierte Zusammenhänge zu gewähren. Es soll deshalb der Versuch unternommen werden, einige markante Aspekte der Entwicklung von Persönlichkeitsauffassungen und psychotherapeutischen Methoden in unserem Kulturraum hervorzuheben. Es würde allerdings den Rahmen dieser Arbeit überschreiten, wollten wir die Wirkung der vielfältig verschlungenen Wechselbeziehungen zwischen sozial-ökonomischen Entwicklungen, technischem und wissenschaftlichem Fortschritt, speziell auch dem Fortschritt in der Medizin, sowie der Durchsetzung humanistisch-ethischer Auffassungen auf die Veränderung von Persönlichkeitsauffassungen und psychotherapeutischem Herangehen detailliert untersuchen. So müssen wir uns mit einer mehr skizzenhaften Diskussionsgrundlage begnügen:

Zur vorbürgerlichen Persönlichkeitsauffassung und „Psychotherapie."

Noch im 17. und 18. Jahrhundert sah man den einzelnen als Produkt eines Schöpfungsaktes. Der Lebensweg war durch den moralischen Auftrag des Schöpfers vorgezeichnet. Jedes Abweichen von dieser Vorgabe (Ketzerei) hatte — soweit sie nicht bereits von kirchlichen oder weltlichen Autoritäten bestraft wurde — eine entsprechende göttliche Vergeltung zur Folge (körperliche Schädigung oder psychische Störung). Die Therapie bestand folgerichtig in der Isolierung des Sünders und Austreibung des Bösen. Es war schon ein Fortschritt, daß die psychisch Kranken im 17. Jahrhundert nicht mehr mit den kriminellen Straftätern zusammengepfercht, sondern, wie beispielsweise im berüchtigten „Pesthof" von Hamburg, mit „Armen und Kranken, Blödsinnigen und Verälterten" aufbewahrt wurden.

Da gab es kaum eine Möglichkeit zur ursächlichen Untersuchung der Krankheit oder einer gezielten Behandlung. Der Arzt konnte seine Macht über Leben und Tod der ihm wehrlos ausgelieferten Patienten sowohl zur Bestrafung als auch zur suggestiv therapeutischen Beeinflussung nutzen. Kein Wunder, daß unter diesen Umständen psychisch kranke Patienten wie wilde Tiere im Käfig gegen Eintrittsgeld am Sonntag besichtigt werden konnten und auf vielfältige Weise — aus angeblich therapeutischen Überlegungen — gequält und ausgebeutet wurden.

Die Frühbürgerliche Entwicklung

Mit dem Aufsteigen des Bürgertums setzte sich die Auffassung durch, daß die Welt von Vernunft regiert werde. Einem jedem sei es möglich, dank der seiner biologischen Konstitution entsprechenden Vernunft seinen Platz im Leben, Glück und Zufriedenheit zu finden. Der Gedanke einer göttlichen Schöpfung weicht nach und nach dem bürgerlichen Rationalismus, gegenüber dem mystisch religiösen Glauben setzt sich das abstrakt rationale Denken, die Logik experimentell nachgewiesener Zusammenhänge durch. LANGERMANN, PINEL, RUSH u. a. stellen Grundsätze zur Behandlung psychisch Kranker nach rational medizinischen Gesichtspunkten auf. Es werden erste Krankenhäuser für psychiatrische Patienten gebaut. Allerdings bleibt die Einstellung der Öffentlichkeit zur Geisteskrankheit nach wie vor weitgehend durch Angst, Aversion und Unverständnis gekennzeichnet. Der Therapeut hat auf Grund seiner Anerkennung als „Irrenarzt" absolute Entscheidungsgewalt über die Anwendung „therapeutischer Maßnahmen", die nur sehr langsam von den Schlacken der „Sündenaustreibung" befreit werden. Die Stellung des Patienten bleibt nach wie vor durch passive Unterordnung und willigen Gehorsam gekennzeichnet. Das Los der psychisch Kranken in den staatlichen Asylen und Krankenhäusern hat sich zwar im Vergleich zur Feudalzeit etwas verbessert, bleibt aber nach wie vor — trotz des Wirkens einsatzbereiter ärztlicher Reformer — menschenunwürdig.

Persönlichkeitsauffassungen und Psychotherapie-Methoden in der Epoche des Imperialismus

Zu Beginn unseres Jahrhunderts hat das Bürgertum alle wesentlichen Kommandostellen besetzt, der Kapitalismus tritt in das Stadium des Imperialismus ein, die Weltmärkte sind aufgeteilt, die fortschrittliche Rolle der Bourgeoisie ausgespielt. Die Auffassung von einer vernünftigen Welt, in der jeder seinen Fähigkeiten und Interessen entsprechend Platz findet, werden durch die harte

Realität widerlegt. Das Gerede vom Sieg der Vernunft klingt hohl und unglaubwürdig im Angesicht von Kriegen, Krisen, wirtschaftlichen Katastrophen und den damit verbundenen Zusammenbrüchen zahlloser Unternehmen, der Massenarbeitslosigkeit und dem Millionen-Sterben auf den Schlachtfeldern. Mit dem Rationalismus gerät auch der Intellektualismus des Bürgertums ins Wanken, der Glaube an die Vormachtstellung einer geistigen, auf Vernunft basierenden Elite. Fließbandarbeit, Akkordlohn, Arbeitslosigkeit und steigende Ausbeutung verschärfen die Kluft zwischen intellektueller und manueller Arbeit. Das Elend der Proletarier provoziert immer größere Widerstandsaktionen, in denen sich die ganze Hilflosigkeit der „geistigen Führer" des Bürgertums enthüllt.

Aber Wissenschaft und Technik erleben einen unerhörten Aufschwung. Der Nachweis der animalischen Abkunft des Menschen (Ch. Darwin) trägt dazu bei, den Einfluß religiöser Schöpfungsauffassungen weiter zu verringern, verstärkt aber andererseits den Stellenwert der biologischen „Natur" des Menschen. Der biologische Fortschritt, insbesondere auch die rapide Entwicklung der naturwissenschaftlichen Medizin, fasziniert viele bürgerliche Wissenschaftler derart, daß sie den Menschen in erster Linie als biologisches Wesen ansehen. Die These Marx', daß der Mensch ein gesellschaftliches Wesen sei, kommt in den Kreisen der bürgerlichen Wissenschaft zunächst nicht zum Zug.

Überall in den kapitalistischen Ländern entstehen psychiatrische Kliniken und Großkrankenhäuser, in denen Ärzte das Wesen der Geisteskrankheiten erforschen und vielfältige Therapie-Methoden anwenden, ohne allerdings imstande zu sein, das Stigma der „Klapsmühle", der Isolierstation zu löschen.

Die Fortschritte der Medizin bei der Bekämpfung der Epidemien lenken den Blick stärker auf neurotische Störungen. Das Fragwürdigwerden des bürgerlichen Weltbildes, das Hervorheben biogenetischer Anteile an der Persönlichkeitsentwicklung begünstigen die Betonung irrationaler, biologisch determinierter Antriebe. Eine solche Konzeption leuchtet um so mehr ein, als das Verhalten der Neurotiker nicht mehr rational intellektuell zu verstehen ist.

So entstanden eine ganze Reihe unterschiedlicher bürgerlicher Persönlichkeitstheorien und Psychotherapiemethoden. Es ist charakteristisch, daß jede dieser Konzeptionen, entwickelt zur Zeit des Zerfalls des bürgerlichen Rationalismus, jeweils unterschiedliche Komponenten dieser Geisteshaltung über Bord wirft.

Insbesondere vier Aspekte des Rationalismus verdienen unsere Aufmerksamkeit in diesem Zusammenhang:

1. Individualismus, der Glaube, daß der einzelne selber sein Los bestimmt.
2. Intellektualismus, die Auffassung, daß Gefühle und unbewußte Vorgänge im Vergleich zur Logik eine ganz untergeordnete Rolle spielen.
3. Elementarismus und Abstraktionismus, wobei quantitatives Wissen als Grundlage der Entdeckung von Gesetzmäßigkeiten unabhängig von ihrer praktischen Bedeutung als Wesen der Wissenschaft angesehen werden.
4. Ahistorizismus: Die Tendenz, Vorgänge losgelöst von ihrer historischen Entwicklung zu betrachten.

Die Dynamik der Persönlichkeitsentwicklung und Therapie wird z. B. von den psychoanalytischen Richtungen in der Konfrontation biologischer Triebe mit den Realitätsbedingungen (Familie und weitere Umwelt) zentriert, wobei insbesondere der Intellektualismus teilweise fallen gelassen wird.

Die Gestalt-Schulen gehen von einem angeborenen, inneren Ordnungs- oder Organisationsprinzip aus (dessen Entsprechung W. Köhler auch in physischen und chemischen Vorgängen nachzuweisen versuchte: Isomorphismus), das zur Abrundung (closure) drängt. Hier wird der atomistische Elementarismus aufgegeben zugunsten einer Auffassung vom Menschen „als Ganzes". Da dieses Ganze aber vielfach ein abstraktes, unhistorisches Konzept blieb, war es für die therapeutische Praxis zunächst kaum von Bedeutung.

Patient-zentrierte Therapie-Methoden betrachten die angeborene Tendenz zur Selbstverwirklichung (self actualization) als Motor der Persönlichkeitsentwicklung bzw. der therapeutischen Veränderung.

Während in den bisher genannten Auffassungen die angeborene biologische Konstitution in hohem Maße die Persönlichkeitsentwicklung bestimmt, erscheint der biologische Kern der Persönlichkeit aus der Sicht der Behavior- oder Verhaltenstherapeuten weniger vorgeformt, amorpher. Hier wird ein Spektrum möglicher Verhaltenstendenzen angenommen, aus dem durch unterschiedliche Umweltkonstellationen jeweils einige wenige ausgewählt und bekräftigt werden, so daß sie schließlich für die betreffende Persönlichkeit charakteristisch werden. Dementsprechend läßt sich auch der gewünschte therapeutische Effekt durch eine gezielte Auswahl geeigneter Umweltkonstellationen gewährleisten. Hier wird tatsächlich der Individualismus aufgegeben, nicht der einzelne (d. h. seine angelegte Intelligenz) ist Herr seines Schicksals, sondern irgendeine zufällige Konstellation von Umwelteinflüssen; so wird der Mensch zu einem komplizierten neuro-elektrisch adaptierenden Mechanismus, der von „außen" in Bewegung gesetzt wird.

Alle diese Persönlichkeits- und Psychotherapie-Konzepte erwähnen die gesellschaftliche Umwelt als mehr oder minder wichtigen Einfluß, dabei handelt es sich jedoch zumeist um gesamtgesellschaftlich unbedeutende, den Patienten unmittelbar betreffende, symptombeeinflussende Details kleiner und kleinster Gruppenbeziehung. Nach dem Zusammenhang zwischen derartigen Mikro-Konstellationen und der gesamtgesellschaftlichen Entwicklung, in der sie entstanden, wird von keiner dieser Schulen gefragt. Eine Gemeinsamkeit besteht in der Auffassung der meisten bürgerlichen Psychotherapieschulen, daß das Symptom, die fehlerhafte Verhaltensweise des einzelnen, losgelöst von seiner Umgebung, im Sprechzimmer des Therapeuten behandelt werden kann, wobei das gesprochene Wort, die intellektuell-emotionale Einflußnahme des überlegenen geistigen Fachmanns das wesentliche Agens ist.

Die zweifellos vorhandenen Erfolge dieser bürgerlichen Psychotherapien sind jedoch, wie neuere Untersuchungen vermuten lassen, weniger auf die unterschiedlichen Methoden als vielmehr auf die Persönlichkeitsvariablen der Therapeuten sowie auf die Tatsache, daß die meisten zahlenden Patienten aus gleichen oder ähnlichen bürgerlichen Mittelklassen-Verhältnissen wie der Therapeut selber kommen, zurückzuführen.

Die wachsenden Zahlen derjenigen, die unter der Last übermäßiger Umweltbelastungen zusammenbrechen, die Millionen Entwurzelter, aus ihrer Heimat Vertriebener oder Ausgewanderter, die unabsehbar sich vermehrenden Arbeitslosen, die religiös und rassisch verfolgten Minderheiten, sie alle stehen vor psychologischen und gesundheitsgefährdenden Konflikten und Problemen, ohne daß es in der Macht eines Psychotherapeuten stünde, ihnen zu helfen. Gewiß, den meisten fehlen auch die finanziellen Mittel, einen Therapeuten aufzusuchen, aber selbst wenn sie es tun könnten, wäre er nicht imstande, ihnen zu helfen.

Die Entwicklung während der allgemeinen Krise des Imperialismus

In der Erkenntnis dieser Zusammenhänge greifen vor allem unter der Jugend des Bürgertums Skepsis und Mißtrauen gegenüber den maßgeblichen wissenschaftlichen Leitlinien und Konzeptionen insbesondere auf politisch-ökonomischem und sozialem Gebiet um sich. Aber auch Medizin und Psychologie bleiben davon nicht verschont. So zeichnen sich unter dem Druck dieser gesellschaftlichen Entwicklung eine Reihe eigenartiger Differenzierungstendenzen in bürgerlichen Psychotherapeutenkreisen ab:

Die **„orthodoxen"** Kollegen suchen berufliche Sicherheit und moralische Rechtfertigung in der Interpretation und wortgetreuen Befolgung der Gedanken des Gründers ihrer jeweiligen Schule oder Bewegung. Dabei finden sie einen Platz in der innerschulischen Hierarchie sich gegenseitig stützender Gleichgesinnter.

Reformer bemühen sich, besonders krass hervortretende Widersprüche zwischen Postulaten ihres spezifischen Psychotherapie-Systems und der gesellschaftlichen Realität auszugleichen bzw. zu überwinden. So erwachsen aus der psychoanalytischen Schule die verschiedenen Neo-analytischen Auffassungen, aus der Verhaltenstherapie die Cognitive Verhaltenstherapie usw. Obwohl aufgrund der kritischen Auseinandersetzung wesentliche Prinzipien der Ausgangssysteme fallengelassen, größere Realitätsnähe und Effektivitätssteigerung erzielt werden, bleiben auch in den Reformbewegungen wesentliche Grundlagen der bürgerlichen Persönlichkeitsauffassung weiter bestehen.

Radikalere Psychotherapeuten unterschiedlicher Schattierungen (von Kesselmann bis Laing) verurteilen die Gegenwartspraxis der Psychotherapie, weil sie bewußt oder unbewußt dazu beitragen, „die Machtstruktur des Establishments" zu erhalten und zu festigen. In diesem Sinne äußert sich Ch. Lash, wenn er feststellt, der moderne Amerikaner sei narzistisch, er habe das Vertrauen in die Einrichtungen und Führer der Gesellschaft verloren und erkenne mehr und mehr, daß die bürgerliche Kultur destruktiv sei und wenig echte Werte enthalte. Der konkurrierende Individualismus werde immer skrupelloser und dekadenter. Der neue Narziß, das Endprodukt des bürgerlichen Individualismus, sei ängstlich, unsicher und bedürfe ständiger Unterstützung. Diese finde er — allerdings verfälscht — in der Welt der Therapeuten. Diese verstärkten seine Hilflosigkeit, anstatt sie zu beseitigen, indem sie ständig die Notwendigkeit fachlicher Qualifikation für die Fragen der Lebensführung hervorheben. So werde das Vertrauen des einzelnen in seine eigene Fähigkeit, das Leben zu meistern, noch untergraben. Eltern trauen sich nicht mehr zu, ihre Kinder ohne ständige Fachberatung richtig zu erziehen. Liebende können sich nicht einmal mehr ohne die Hilfe der Sexuologen lieben. So sei der wachsende Einfluß der Psychiatrie und Psychologie eine neue Form kapitalistischer Kontrolle über Individuum und Familie.

Sozialpsychiatrisch engagierte Reformer (H. E. Richter, das Ehepaar Tausch u. a.), unzufrieden mit der relativen sozialen Wirkungslosigkeit ihres schulgemäßen therapeutischen Handelns, versuchen, durch gezielte Einflußnahme auf „Unterprivilegierte und Randgruppen" diese zu befähigen, erfolgreicher für ihre eignen Interessen einzutreten.

Psychotherapeutischer Eklektizismus und Methodenkombination wird in steigendem Maße praktiziert. Ebenso breitet sich neben der Individual-Behandlung die **Gruppenpsychotherapie** schnell aus. Zunächst führte die, durch die hohen Kosten einer Einzeltherapie bedingte, Exklusivität zur Einführung unterschiedlicher Gruppenpsychotherapie-Methoden. In den letzten Jahrzehnten griff deren Verbreitung schnell um sich. Obwohl dadurch der Kreis potentieller Nutznießer der Psychotherapie beträchtlich erweitert wurde, wirkte diese Methode in den kapitalistischen Ländern kaum über den Mittelstand hinaus. Jedoch führte die Beschäftigung mit und die Analyse von Gruppenprozessen zur Entdeckung neuer therapeutischer Wirkfaktoren, der „Gruppendynamik".

Pseudotherapeutische Bewegungen und Gruppen: Das wachsende Interesse an Gruppenvorgängen machte diese allerdings auch zum Ansatzpunkt kommerziell-spekulativer Demagogien. Zahlreiche Sekten und Vereinigungen religiöser, pseudoreligiöser, ja sogar faschistoider Provenienz proklamieren, daß sie durch transzendentale Meditation eine „psychische Wiedergeburt" oder auch nur ein sinnerfülltes Leben anstreben, während sie in Wirklichkeit den egoistischen Finanz- und Machtbestrebungen ihrer Gründer dienen, soweit sie nicht sogar in den Dienst ausgesprochen krimineller Gruppen gestellt werden. Ob nicht sogar Schüler von F. Perls, dem geachteten Gründer der Gestalttherapie-Schule, kommerziellen Versuchungen erlegen sind, läßt sich von hier aus nicht mit Sicherheit feststellen.

Die hier aufgezeigte bunte Vielfalt zahlloser Psychotherapie-Schulen, die nur angedeutet werden konnte, verhüllt eine tiefe Krise der bürgerlichen Humanwissenschaften. Diese kommt auch in der mangelnden Integration des psychotherapeutischen Gedankengutes in die Medizin zum Ausdruck, die nach wie vor weitgehend reduktionistisch-organismisch orientiert bleibt und trotz zahlreicher einzelner Ansätze noch nicht zu einer bio-sozio-psychologischen Betrachtungsweise vorgedrungen ist.

Die Entwicklung einer marxistischen Persönlichkeits- und Psychotherapie-Konzeption

Nach dieser kritischen Skizzierung der historischen Entwicklung der Psychotherapie in der kapitalistischen Welt wäre es beglückend, eine harmonische Entwicklung im Sozialismus aufzeigen zu können. Das ist jedoch weder real noch wäre es dialektisch. Tatsächlich gab es eine fast ununterbrochene Folge heftiger Auseinandersetzungen, in deren Verlauf eine marxistische Persönlichkeitsauffassung und Psychotherapie-Methodik graduell Gestalt annahm. Oft wurden gerade spekulative und einseitig bürgerliche Auffassungen von Therapeuten übernommen und vehement propagiert, die selber noch im bürgerlichen Denken befangen waren, während umgekehrt überzeugte Marxisten gelegentlich aufgrund abstrakt-theoretischer Überlegungen und Extrapolationen einseitige Schlußfolgerungen zogen, die einen engen Praxisbezug vermissen ließen. Auf diese Weise gewann z. B. eine Zeitlang ein physiologischer Reduktionismus oder Biologismus die Oberhand und hemmte die Entwicklung psychotherapeutischer Ansätze. Auch interdisziplinäre Spannungen z. B. zwischen Psychiatern und anderen Fachärzten, die in steigendem Maße für die Psychotherapie aufgeschlossen sind, zwischen Ärzten und Psychologen usw., bildeten einen noch keineswegs vollständig untersuchten Störfaktor. Trotz dieser zeitweiligen Hindernisse erkennen wir heute die Grundzüge einer marxistischen Psychotherapie.

Erste Bemühungen zur Herausarbeitung eines marxistischen Persönlichkeitsbildes gehen zurück bis in das vorige Jahrhundert. Mit dem Aufbau des Sozialismus in der Sowjetunion und dem Erstarken kommunistischer Parteien in den hochentwickelten Industrieländern zeigte sich ein bedeutender qualitativer Aufschwung dieser Bestrebungen. Die bereits von F. Engels gegebenen Hinweise bezüglich der Rolle der Arbeit wurden systematisch aufgegriffen und führten zu bedeutsamen Erkenntnissen, die von Rubinstein, Leontjew, Mjassitschew u. v. a. dargestellt und systematisch ausgebaut wurden. In diesem Bereich liegen wohl auch die wesentlichen Unterschiede zwischen bürgerlichen und marxistischen Ansätzen. Während der bürgerliche Psychotherapeut danach strebt, seinen Patienten zu helfen, fehlerhafte Wahrnehmungen, Auffassungen und Einstellungen zu korrigieren, wobei insbesondere dem therapeutischen Gespräch die Hauptrolle und den anderen Therapie-Arten wie Arbeitstherapie, Bewegungstherapie, Kreative Therapie, Entspannungstherapie usw. nur eine zweitrangige Bedeutung zukommt, liegt der Schwerpunkt der marxistischen Psychotherapie auf der Wiedereingliederung des Patienten in die Gesellschaft. Dabei spielt die Arbeit eine Schlüsselrolle, obwohl natürlich auch hier das therapeutische Gespräch — sowohl einzeln wie in der Gruppe — bedeutsam ist. Überspitzungen des bürgerlichen Intellektualismus, insbesondere das Primat verbalintellektueller therapeutischer Beeinflussung, aus dem sich dann gewissermaßen als Gegenreaktion der Glaube an die schöpferisch einsichtsfördernde Wirkung emotionaler Konfrontation und Frustration entwickelte, können bei einer Psychotherapie, in der die Arbeit eine dominierende Rolle spielt, erst gar nicht aufkommen.

Entsprechend der Zielstellung marxistischer Psychotherapie wird die Aktivität des Patienten — nicht nur seine intellektuelle Bewußtwerdung und Einsichtsgewinnung — in hohem Maße stimuliert. Zwar gibt es das in den letzten Jahrzehnten insbesondere bei einigen verhaltenstherapeutischen Varianten (Individual-Therapie Leonhard's), kann aber noch keineswegs als allgemeingültige Tendenz angesehen werden. Ähnlich verhält es sich mit der Abstinenz bzw. der aktiven Intervention des Therapeuten. Selbst Neo-Analytiker, wie P. Wachtel, wenden sich gegen den in vielen bürgerlichen Psychotherapie-Ansätzen vertretenen Standpunkt der Neutralität des Therapeuten und er minimalen Intervention. Er weist nach, daß diese Auffassung auf einer Selbsttäuschung beruht, als könne es überhaupt je eine solche Neutralität und Nichtintervention geben. Das geht seinerseits auf die bürgerlich individualistische Auffassung zurück, „daß jeder Mensch mit seinen Schwierigkeiten selbst fertig werden müsse". Demgegenüber realisiert der marxistische Psychotherapeut nicht nur eine distanzierte Empathie, sondern verhält sich in entsprechenden Situationen auch solidarisch mit seinem Patienten.

Auch wird der Patient — ähnlich wie bei der sich neuerdings auch im Westen schnell entwickelnden Familientherapie — als integrierender Teil seiner Primärgruppen (Familien, Schulklasse, Arbeitsgruppe usw.) betrachtet. Folglich muß auch seine Symptomatik als Störung im Gesamtsystem dieser Gruppenbeziehungen erkannt und behandelt werden. Dabei kommt es darauf an, die Funktion und Wechselbeziehung der Gruppen des Patienten zu anderen Gruppen und insbesondere im Rahmen des ökonomischen und gesellschaftspolitischen Gesamtsystems zu verstehen. Dazu muß der Therapeut allerdings imstande sein, seine eigene gesellschaftliche Stellung und daraus resultierende Voreingenommenheiten, Einseitigkeiten und Restriktionen bewußt zu erkennen.

In dem Maße, in dem sich eine marxistische Psychotherapie-Methodik herauszubilden beginnt, wird es deutlich, daß zu ihrer Abrundung ebenso wie zur Effektivitätssteigerung die positiven Erkenntnisse und effektiven Techniken der bürgerlichen Psychotherapie sorgfältig analysiert und, soweit effektiv, voll mit integriert werden müssen. Sowohl die Psychotherapeuten der sozialistischen Länder als auch die Marxisten in einer Reihe von westlichen Ländern haben diese voneinander unabhängigen Aufgaben bereits von zahlreicher Seite her in Angriff genommen. Es ist ein Gebot der Stunde, die systematische Koordination dieser Arbeiten und vor allem auch den Informationsfluß darüber schnell zu verbessern. Die Schaffung der Arbeitsgemeinschaft für Psychotherapeuten sozialistischer Länder hat diesbezüglich zweifellos einen begrüßenswerten Anfang gemacht. Es kommt jetzt darauf an, den nächsten Schritt zu tun und die interessierten Kollegen zusammen mit in dieser Richtung arbeitenden marxistischen Philosophen und Soziologen im Rahmen eines internationalen Symposiums, unter Einbeziehung der Genossen Psychotherapeuten kapitalistischer Länder enger zusammenzubringen.

3.2.7. Zur Entstehung psychotherapeutischer Konzepte und Methoden

Die Behandlung körperlicher und seelischer Leiden hat eine Entwicklungsgeschichte, die so weit zurückreicht, wie die Menschheit selbst. Seit annähernd einem Jahrhundert werden jedoch in zunehmendem Maße spezifische psychotherapeutische Methoden angewandt, die den Anspruch auf Wissenschaftlichkeit erheben. Es ist gewiß eine lohnende und interessante Aufgabe, sich detailliert mit den bedeutsamsten dieser Konzeptionen, die sich zu Schulmeinungen verdichtet haben, auseinanderzusetzen.

Hier geht es jedoch darum, die inzwischen kaum noch überschaubare Vielfalt psychotherapeutischer Schulen in ihrer globalen Entwicklung und Bewegung zu verfolgen. Ich werde mich dabei hauptsächlich auf Entwicklungstrends bürgerlicher Schulen konzentrieren und nur abschließend einige Bemerkungen zur sowjetischen Psychotherapie machen, da wir Gelegenheit haben, darüber direkt aus berufenem Munde Näheres zu erfahren.

Neben der dem Rationalismus des Bürgertums entsprechenden „Rationalen Psychotherapie“, die den Patienten mit Logik und überzeugenden Argumenten zu beeinflussen suchte, d. h. an seinen Verstand appellierte, entwickelten sich als erste moderne Psychotherapie-Schulen die Hypnose-Schulen von Nancy (LIÉBAULT, BERNHEIM) und Paris (CHARCOT) sowie die Suggestion (COUÉ, BAUDOIN). Dabei lag der Schwerpunkt ausgesprochen auf der Beseitigung der pathologischen Symptomatik, wie sie der Patient erlebte. Ihnen folgten zu Beginn unseres Jahrhunderts analytische Schulen mit dem Anspruch einer kausalgenetisch oder dynamisch orientierten Krankheitserkenntnis und entsprechenden ganzheitlichen Behandlungsmethoden, die die Gesamtpersönlichkeit berücksichtigen.

Daß sich die Analytiker zerstritten und in verschiedene Schulmeinungen aufspalteten, ist ein Ausdruck der Kompliziertheit der untersuchten Zusammenhänge, der in diesem Kontext nicht weiter berücksichtigt werden kann.

Schon bald erhielten die analytischen Schulen, die die älteren rationalen und hypnosuggestiven Methoden zunächst weitgehend verdrängten, eine kräftige Herausforderung von seiten der sich in den USA entwickelnden Behavior-(Verhaltens-)Therapie. Auf den Erkenntnissen PAWLOWS und davon abgeleiteten psychologischen Lerntheorien fußend, entsprach diese Konzeption gleichzeitig der amerikanischen pragmatischen Geisteshaltung.

Bereits in der hier dargestellten Entwicklungsspanne (bis etwa 1930) war es fast unmerklich zu einer Loslösung der Psychotherapie aus dem Gesamtbereich der klassischen Schulmedizin gekommen. Waren die französischen Hypnose-Schulen unter der Leitung anerkannter ärztlicher Lehrstuhlinhaber noch voll in der Medizin integriert gewesen, so begannen die psychoanalytischen Schulen in eigenartiger Ambivalenz zur offiziellen Medizin, der sie sich gerne zugehörig gesehen hätten, von der sie aber weitgehend abgelehnt wurden, in eine periphere Igelstellung zurückzuweichen. Man versuchte zwar den Kontakt zur Gesamtmedizin dadurch aufrecht zu erhalten, daß die Ausübung der Analyse im wesentlichen approbierten Ärzten vorbehalten blieb, wodurch auch juristisches Eingreifen offizieller Ärztevertreter von vornherein unterbunden wurde, jedoch beschränkte sich der eigentliche Behandlungsablauf weitestgehend auf die psychische Beeinflussung des Patienten, wobei man sich im Laufe der Zeit immer ausschließlicher auf neurotische Störungen konzentrierte. Die Behavior- bzw. Verhaltenstherapie schwächte schließlich in jugendlichem Radikalismus die letzten dünnen Fäden, die die Psychotherapie noch an die Schulmedizin banden, indem sie den „zweifelhaften“ Beweis antrat, daß psychische Behandlung auch außerhalb von Gesundheitseinrichtungen erfolgreich durchgeführt werden konnte. „Zweifelhaft“, weil aus gewichtigen Gründen die Psychotherapie nur in voller Integration im Gesundheitswesen ihrer Rolle gerecht zu werden vermag.

Um die nun folgende Entwicklungsphase zu begreifen, müssen wir uns zwei Tatsachen vor Augen führen:

— Infolge der sich zuspitzenden Widersprüche innerhalb der kapitalistischen Gesellschaft, ständig verstärkter Unsicherheit und Isolierung des einzelnen,

Entwurzelung und Verelendung von Millionen, Fraglichwerden etablierter Wertsysteme usw. nahm die Zahl psychischer Störungen kontinuierlich zu. Die Erfolgsquoten der verschiedenen Psychotherapiemethoden, soweit sie überhaupt ermittelt wurden, lagen kaum über 60—70%.

— Die hohen finanziellen Einnahmen vieler psychoanalytisch arbeitender Ärzte und der praktisch nicht zu bewältigende Zustrom ständig neuer Patienten ließ deutlich eine Marktlücke — d. h. das Bestehen einer zahlungsfähigen Käuferschicht für die Ware „Psychotherapie" — erkennen.

Das führte entsprechend der ökonomischen Gesetzmäßigkeiten des Kapitalismus zu einer Flut recht unterschiedlicher Psychotherapieangebote. Neue psychotherapeutische Schulen schossen wie Pilze aus dem Boden. Diese pseudopsychologischen Schulen wie Dianetics, Orgon, Primal Scream, Encounter usw. wurden teilweise mit großem Reklameaufwand in Szene gesetzt. Daneben warben semireligiöse und andere Randgruppen, angefangen von den „Christian Science"-Jüngern, Yogis, Father-Divine-followers, bis zu den auf so tragische Weise berühmt gewordenen „Jim-Jones-children" um Unterpriviligierte, die sich eine analytische Psychotherapie finanziell nicht leisten konnten. Diese viele Millionen zählenden Gruppierungen brachten den Initiatoren oft unglaublich hohe Einkünfte ein, aber die einzelnen „Unternehmen" erwiesen sich nicht nur in ihrer Mehrheit als kurzlebige Sumpfblüten, sondern verursachten auch in zahlreichen Fällen schwerste Schäden.

Neben dem Boom spekulativer Schulen und Randgruppen gab es jedoch auch einige neue Richtungen und methodologische Neuerungen, die unser Augenmerk verdienen. So erhielt die fast in Vergessenheit geratene Hypnotherapie — die lediglich in der Sowjetunion kontinuierlich und systematisch weiter gefördert worden war — auch im Westen wieder neuen Impetus durch das engagierte Wirken zahlreicher Psychiater und Psychologen in den USA, (Erickson, Barber, Hilgard usw.), England (Hartland) und Frankreich, (Gachkel, Chertok u. a.). In diesem Zusammenhang ist auch das Autogene Training des Berliner Arztes J. H. Schultz zu erwähnen, das nach dem Krieg zu weltweiter Verbreitung gelangte. In der DDR wurden diese Methoden von Klumbies und Mitarbeitern, Marchand, Crodel u. a. angewandt und weiterentwickelt. Sie werden gegenwärtig im Rahmen der Sektion Hypnose und Autogenes Training in der Gesellschaft für ärztliche Psychotherapie der DDR fortgeführt.

Von besonderem Interesse, weil sie einen qualitativen Entwicklungssprung bedeuten, sind die neu entstandenen Richtungen der Soziosomatik, Kommunikationstherapie und Systemtheorie.

Diese Konzeption, die wir umfassend als „soziodynamisch" bezeichnen können, betrachten psychische Störungen des einzelnen im wesentlichen als Ausdruck einer Entwicklungsschwierigkeit in sogenannten Primärgruppen. (Primärgruppen sind solche Gruppen, in denen man häufig von Angesicht zu Angesicht zusammenkommt, also Familien, Schulklassen, Arbeitsgruppen, Wohngemeinschaften usw. im Unterschied zu Sekundärgruppen wie Stadtbezirk, Universität, Krankenhaus, Nation usw., denen man sich auch zugehörig fühlt, ohne sich im einzelnen persönlich zu kennen). Jede Primärgruppe hat mehr oder weniger klar abgegrenzte Funktionen und speziell reservierte Gruppengebiete, die ebenso wie die noch kleinere Familien- oder Privatsphäre des einzelnen mit höflichen Gesten, giftigen Blicken und anderen Sanktionen gegen etwaige unerwünschte Eindringliche verteidigt werden. Diese Gruppengrenzen halten nicht nur Fremde draußen, sondern auch die Mitglieder drinnen und wahren so die soziale Kohäsion. Wie lebenswichtig die soziale Kohäsion ist, läßt sich am besten ermessen, wenn man beobachtet, welch schwere Störungen isolierte Individuen erleiden. Die soziale Kohäsion bietet insbesondere in der modernen Gesellschaft die entscheidende Voraussetzung zur Befriedigung psychischer und physischer Bedürfnisse. Sie wird durch genetisch angelegte, gesellschaftlich modifizierte Bindungen zementiert. Darüber hinaus entwickelt jede soziale Institution ein System der Verhaltenskontrolle, bestehend aus Regeln, Normen und Wertungen, die durch Sanktionen gesichert werden. In vielen Fällen kommt es gar nicht erst soweit, es genügt schon die Drohung mit einer Sanktion oder die Ingangsetzung der Einleitungsschritte. (Dazu gehört auch die Schuldzuschreibung). Methoden der sozialen Bindung und Kontrolle, ebenso wie die spezifische Bedeutung der Funktion der Primärgruppen für das einzelne Gruppenmitglied wurden erst in den letzten Jahren Gegenstand wissenschaftlicher Untersuchungen. Dabei hatte bereits FREUD auf die Bedeutung dieser Bindungs- und Kontrolltechniken in der Erziehung des Kleinkindes hingewiesen.

Ebenso wie der einzelne Teil der Primärgruppen ist, sind diese wiederum Komponenten größerer Sekundärgruppen. Ökonomische Widersprüche und Spannungen in und zwischen den Gruppen tragen dazu bei, daß Primärgruppen ihre Funktion nicht adäquat erfüllen können und in Schwierigkeiten geraten. Unter solchen Umständen wird den Ausweichtendenzen der Gruppenmitglieder durch fesselnde Bindungstechniken oder Kontrollmethoden, Schuldzuschieben usw. entgegenwirkt. Vielfach werden dabei die ohnehin schwächsten Mitglieder der Gruppe besonders belastet, ihre Defekte über Gebühr vergrößert und in den Brennpunkt gerückt, um so von der Problematik der Gesamtgruppe abzulenken.

Soziodynamische Psychotherapie-Schulen betrachten die Analyse der in und zwischen Primärgruppen ablaufenden Vorgänge als vorrangig für das Verständnis des psychisch gestörten Patienten und pathogenetischer Zusammenhänge. Eine Psychotherapie, die persönlichkeitszentriert ihr Augenmerk primär auf den einzelnen Patienten richtet, setzt sich nach Auffassung soziodynamisch orientierter Therapeuten der Gefahr von zwei Fehlgriffen aus:

1. Wenn der Therapeut bewußt oder unbewußt die Partei der Primärgruppenautorität ergreift und davon ausgeht, daß das Problem „in dem Patienten selbst“ liege, werde die pathogene und auch letztlich der Gruppe schadende Sündenbocksituation noch verstärkt, die einengende Bindung an die Gruppe, ebenso wie die Schuldgefühle des Patienten vertieft. Er erlernt dann Selbstkritik als Lebensweise und wird nicht befähigt, das wirkliche Kontextproblem zu erkennen.
2. Wird der Patient ausschließlich in dem Gefühl bestärkt, daß ihm unverdient Schaden zugefügt wird, verschiebt sich zwar die Last der Verantwortung vom Patienten auf einen anderen Sündenbock, man hilft ihm aber nur, von der schuldgefühlhaften (neurotischen) auf die schuldfreie (paranoide) Seite überzuwechseln.

Soziozentrierte Psychotherapeuten haben in den letzten Jahren Aufsehen erregende Analysen soziodynamischer Prozesse vorgelegt. An anderer Stelle berichteten wir über die klassisch gewordenen Untersuchungen zur Doppelbindungssituation (Bateson, Jackson, Haley, Weakland), die die Strategie der neuen Psychotherapie maßgeblich beeinflußten. Erickson, Haley, Watzlawick, Schwäbisch, Siems, Mann u. a. analysierten häufig angewandte pathogene Methoden der Konfliktbewältigung und erarbeiteten neue Strategien für solche Fälle.

Die soziodynamische Kontextbetrachtungsweise wurde auch auf die Rolle der Psychotherapie selbst gerichtet. Untersuchungen ermittelten, welche vielfach schädlichen Folgen die diagnostische Etikettierung, die ja in erster Linie dazu führen soll, daß der Patient die richtige Behandlung erhält, im Gefolge hatten. Scheflen kommt zu der Schlußfolgerung, daß Psychologen und Psychiater, ob sie das wollen oder nicht, die Hohenpriester der Mittelklassenkultur im Kapitalismus geworden sind. Auch in Italien, Frankreich und Südamerika betrachten insbesondere die jüngeren Psychiater und Psychotherapeuten ihre Fachbereiche als Teil der bürgerlichen sozialen Kontrollmaschinerie (Kessel). So erklären sie auch die vielfach unbeabsichtigt strafende Natur psychotherapeutischer Maßnahmen (von der Schockbehandlung bis zu übersteigerten Frustrationsmethoden). Im Ergebnis dieser Analysen werden Arzt und Klinischer Psychologe vor die Entscheidung gestellt, eine eigene Stellung zu den gesellschaftlichen Vorgängen zu beziehen. Sie stehen, wie Scheflen sagt, vor der Wahl:

— der bürgerlichen Tendenz zu folgen und gesellschaftliche Probleme mechanistisch als Auswirkung kleinerer Vorgänge auf den unteren Integrationsebenen zu betrachten; etwa wie es die persönlichkeitszentrierten Auffassungen tun mit Hilfe organismischer Merkmale, Persönlichkeitseigenarten oder suborganismischer Konzepte, wie denen des Triebes das Verhalten des einzelnen zu erklären und gesellschaftliche Vorgänge lediglich als Summe des Verhaltens des einzelnen anzusehen. Wenn wir derartig individuelle Merkmale betonen, üben wir Druck auf diejenigen aus, die schon immobilisiert sind. Wir erhalten und verstärken ihre Fesseln.
— Er kann aber auch im Gegensatz zur herrschenden bürgerlichen Auffassung gesellschaftliche und individuelle Vorgänge maßgeblich aus Widersprüchen im gesellschaftlichen Kontext erklären und im Zeitalter des Systemdenkens das vielfältige Zusammenspiel von Wirkungen auf mehreren Ebenen zu verstehen suchen.

Diese skizzenhaften Ausführungen sollten andeuten, wie sich innerhalb der psychotherapeutischen Forschung und Klinik selbst unter den Bedingungen des Kapitalismus eine wesentliche neue Richtung entwickelt, die, über den Rahmen des einzelnen hinausgehend, den sozialen Bezug in den Mittelpunkt stellt.

Während ein Teil der psychotherapeutischen Szene der bürgerlichen Welt sich in dieser methodenkritischen und begrifflich umfassenderen Weise entwickelt, hat der Fortschritt auch vor den Anhängern der ausschließlich somatisch orientierten Medizin nicht Halt gemacht. Die Wartezimmer der Internisten, Gynäkologen, der Dermatologen, Allgemeinpraktiker und anderer Fachärzte sind ständig bis zu einem Drittel mit Patienten „ohne organischen Befund“ besetzt. Immer mehr Ärzte erkennen, daß die Ablehnung der Psychotherapie, als nicht zur Medizin gehörend, voreilig gewesen war und die Psychotherapie mit den anderen medizinischen Fachbereichen Hand in Hand gehen müsse. Man streckte zunächst Fühler aus, dann wurden Brücken geschlagen. Den ersten Lehrstühlen für Psychotherapie an medizinischen Hochschulen und Universitäten folgten bald weitere Lehrstühle für Psychoanalyse sowie solche für Verhaltenstherapie und jetzt auch sogar schon für Kommunikationspsychotherapie und Systemtheorie (PALO ALTO).

Damit war nach einer längeren Zeit, in der die Psychotherapie am Rande der Medizin existiert hatte, die Grundlage für eine neuerliche volle Integrierung in die Gesamtmedizin gegeben, wie sie im Interesse der Patienten aller Fachbereiche der Medizin erforderlich ist.

Die sowjetische Psychotherapie hat im Einklang mit dem dialektischen Begriff von der Persönlichkeit, der von der zentralen Rolle der gesellschaftlichen Tätigkeit ausgeht, eine rehabilitative soziodynamische Psychotherapie entwickelt, wobei z. B. im Bechterew-Institut (Leningrad) die therapeutische Rolle der Arbeit besonders betont wird, während am Lehrstuhl des Moskauer Zentralinstituts für ärztliche Weiterbildung besonders die Förderung hypnotherapeutischer Methoden im Vordergrund steht. Sicherlich haben wir von dieser Entwicklung, die sich in enger Anlehnung an den gesamtgesellschaftlichen Fortschritt in den einzelnen Sowjet-Republiken vollzog, wegen ihrer verwirrenden Vielfalt zu wenig Kenntnis genommen. Im Gegensatz zur eben geschilderten Situation der Psychotherapie im Westen, vollzog sich die Entwicklung der sowjetischen Psychotherapie in stetiger enger Integration im Rahmen der Gesamtmedizin, wobei es auch nicht zu einer Einengung auf die Neurosenbehandlung kam. In neuester Zeit durchdringt systemtheoretisches Denken die sowjetische Medizin (KABANOW). Dbaei zeigen sich weitgehende Parallelen mit den eben erwähnten soziodynamischen Auffassungen westlicher Kollegen. Die sowjetischen Kollegen haben jedoch den Vorteil, daß sie ungehindert auch die wesentlichen, über die unteren Sekundärgruppen hinausgehenden gesamtgesellschaftlichen Zusammenhänge mit berücksichtigen und erwähnen können, während man im gleichen Fall den westlichen Kollegen unter dem Vorwand, sie seien mit unwissenschaftlichen politischen Vorurteilen belastet, die finanzielle Unterstützung entzieht. Daß, nebenbei bemerkt, bei dieser Entwicklung der Psychotherapie in der SU dem Psychologen als Mitglied des Therapie- und Rehabilitations-Kollektivs ein bedeutsamer Platz zufällt, wissen wir aus den Mitteilungen der Leningrader Kollegen.

Fassen wir zusammen: Die Entwicklung der Psychotherapie läßt eine Reihe abgrenzbarer Phasen erkennen. Bei der Entwicklung von den symptomzentrierten (ersten Hypnoseschulen) zu den persönlichkeitszentrierten psychodynamisch-analytischen, den verhaltens- und gesprächstherapeutischen Konzeptionen wurde vorübergehend die Integration der Psychotherapie in die Gesamtmedizin gestört, wobei sich simultan die Psychotherapie in steigendem Maße auf die Behandlung von Neurosen beschränkt. In neuerer Zeit erleben wir die aus verschiedenen Richtungen kommende Erkenntnis der maßgeblichen Bedeutung des sozialen Kontextes. Unter dem Druck der steigenden Neurotisierung, auf Grund der sich zuspitzenden Widersprüche im Kapitalismus sowie der wachsenden Erkenntnis sozio- und psychogener Komponenten somatischer Erkrankungen, bahnt sich auch bei der somatisch orientierten Medizin eine größere Aufgeschlossenheit gegenüber der Psychotherapie an. Damit besteht die Möglichkeit einer Integration der Psychotherapie als Querschnittsgebiet in die gesamte Medizin, wie sie in der Sowjetunion seit langem besteht. Nur so aber wird ein wirkungsvoller Einsatz dieser bedeutsamen therapeutischen Ansätze in allen medizinischen Fachbereichen real erreichbar.

3.2.8. Zu einigen Entwicklungstendenzen in Forschung und Praxis der Psychotherapie

Soma und Psyche

Seitdem die Psychotherapie ihren Platz unter den wissenschaftlich begründeten Heilmethoden beansprucht, steht sie mit der Problematik Körper — Geist im Brennpunkt oft sehr heißer Kontroversen. Bis in die Gegenwart wird der Einwand geltend gemacht, daß eine psychische Einwirkung doch nur eine sehr begrenzte Veränderung pathologischer Abläufe bewirken könne. Diese Auffassung geht einher mit einer Hervorhebung hereditärer und endogener Krankheitsursachen bzw. mangelnder Berücksichtigung pathogener Umwelteinflüsse, insbesondere sozialer Stress-Faktoren.

Die Tendenz zur Unterbewertung gesellschaftlich bzw. psychisch bedingter Einflüsse und zur Reduktion dieser komplexen Vorgänge auf molekulare (z. B. biochemische, physiologische oder biologische) Gegebenheiten zeigt sich nicht nur in der Medizin, sondern scheint charakteristisch für zahlreiche Wissenschaftsgebiete. So spricht Horstmann geradezu von einer „gegenwärtigen Renaissance des Reduktionismus", die er aus dem verschärften Kampf imperialistischer Ideologen gegen den dialektischen Materialismus herleitet. Hollitscher macht entsprechende Ausführungen über den reduktionistischen Biologismus und Psychologismus in seiner interessanten Studie.

Andererseits erlauben aber die hochspezialisierten neuentwickelten Laboratoriumsmethoden und biophysikalischen Apparaturen eine genaue Registrierung quantitativ eindeutiger biochemischer, elektrophysiologischer und sogar histologischer Veränderungen, die durch das gesprochene Wort und averbale psychische Einwirkungen hervorgerufen werden, und unterstreichen dadurch wirkungsvoll die Bedeutung der Psychotherapie.

Reduktionismus oder soziozentrische Auffassung

Der ideologische Angriff gegen das Vordringen marxistischer Auffassungen richtet sich jedoch nicht nur von außen auf die Psychotherapie, er dringt auch tief in die fachlichen Diskussionen und theoretischen Konzeptionen der Psychotherapeuten selber ein. Indem der positivistische Reduktionismus eine bewußte Vereinfachung (Tiermodell, S-R-Modell usw.) — die durchaus eine legitime und wichtige Zwischenstufe im wissenschaftlichen Erkenntnisprozeß sein kann — als Endstufe darstellt und damit den wesentlichen Bereich des qualitativen Umschwungs physischer Bewegung in psychische und soziale Vorgänge völlig außer acht läßt, untergräbt er trotz oder gerade wegen oft beeindruckender Teilerfolge die Wirksamkeit der gesamtwissenschaftlichen Analyse und den Erfolg ihrer Anwendung in der Praxis. Das trifft auf individualtherapeutische Methoden ebenso zu wie auf behavioristische. Ist es doch im Prinzip nicht entscheidend, ob die direkten sozialen Umweltbeziehungen des Patienten nicht genügend Beachtung erhalten (wie bei den hauptsächlichen individualzentrischen Ansätzen) oder ihre innere Widerspiegelung vernachlässigt wird wie bei den Behavioristen.

Dementsprechend kann weder eine symptomzentrierte noch eine individualzentrische Psychotherapie, bei Anerkennung der positiven Leistungen, die sie auf Teilgebieten durchaus zu erzielen vermögen, gezielt alle qualitativen Veränderungen physiologischer, psychologischer und sozialer Prozesse in die Wege leiten, die eine wesentliche Besserung der Beziehung des Patienten zu seiner Umwelt erfordert. Ein soziozentrisches Bezugssystem, wie es in den Prager Psychotherapie-Thesen gefordert wurde, vermag dagegen die sozialen Reizkonstellationen zu berücksichtigen, deren vorrangige Wirkung in einer Reihe bedeutsamer Untersuchungen eindringlich demonstriert wurde.

So konnte SACKETT in einer glänzenden tierexperimentellen Untersuchung nachweisen, daß Isolation von wesentlichen frühen „sozialen“ Kontakten dauerhafte Schäden im „sozialen“, sexuellen und mütterlichen Verhalten hervorrief. Damit wurden die sensationellen humanmedizinischen Beobachtungen SPITZ', ORNSTEIN' u. Mitarb. bestätigt, wonach soziale Deprivation und Isolation, genau wie sensorische Reizverarmung, Mangel an adäquater Stimulation bestimmter Areale der Formatio reticularis mit sich bringen und dadurch zum Ausgangspunkt abnormaler Verhaltensweisen werden.

So setzt sich selbst unter kapitalistischen Bedingungen die Erkenntnis durch, daß eine stärkere Berücksichtigung sozialer Interaktion Vorbedingungen zur weiteren Steigerung psychotherapeutischer Wirksamkeit ist. In diesem Sinne stellen neben WULFF, DEPPE und anderen Mitarbeitern der Zeitschrift „Argument“ auch FÜRSTENAU und SPIEGELBERG die Forderung, daß eine praxisnahe Psychotherapieforschung sich nicht auf die Patienten-Psychotherapeuten-Beziehung beschränken darf, sondern die verschiedenen sozialen Bezüge und Abhängigkeiten des psychotherapeutischen Feldes sowie gesellschaftlich geprägte Denk- und Motivationschablonen, Erwartungen und Verpflichtungen des Patienten, aber auch des Therapeuten mit berücksichtigen und erforschen muß. Daß die Zugehörigkeit der Patienten zu verschiedenen sozialen Klassen selbst solche scheinbar rein wissenschaftlichen Fragen, wie Diagnose und Prognosestellung sowie Therapieindikationen, weitgehend beeinflußt, wiesen HOLLINGSHEAD u. REDLICH in ihrer großen Untersuchung nach.

Auf die Begegnung Arzt—Patient direkt eingehend, stellt SEIDLER fest, daß der weiße Kittel, die unleserliche Schrift, lateinische Floskeln, volle Wartezimmer und der Aufmarsch bei Chefvisiten magisch rituelle Formen der Arzt-Patient-Beziehung seien, die aus längst vergangenen Zeiten stammen und aus der ärztlichen Position als Geheimnisträger resultieren. Diese noch immer charakteristischen Verhaltensweisen drängen aber notwendigerweise den Patienten in eine Abhängigkeits- und Unsicherheitshaltung, die das Arzt-

Patient-Verhältnis gegenwärtig belastet und einengt. Als interessante Nebenbemerkung sei die versuchte Emanzipation eines Patienten erwähnt, der nach längerer Behandlung gegen „diese Abhängigkeit, dieses Untertänigkeitsverhältnis“ rebellierte und mit einem Tonbandgerät zur Behandlung kam, um das Verhalten seines Therapeuten auf Tonband festzuhalten (SARTRE). Vor allem die Stellung des Patienten in der Gesellschaft, seine Arbeit, sein Geschlecht und viele andere gesellschaftliche Einflüsse und damit im Zusammenhang stehende Wertnormen und Rollenerwartungen (SÈVE) finden in Struktur und Ablauf der therapeutischen Beziehung ihren vielfach unerkannten Niederschlag.

Trotz der Bedeutsamkeit dieser Tendenzen und den gelegentlich anzutreffenden soziozentrischen Auffassungen (insbesondere in psychotherapeutischen Kreisen, die der fortschrittlichen Arbeiterbewegung nahestehen) wird gegenwärtig die Psychotherapieforschung und -praxis der kapitalistischen Länder geprägt von einer Flut behavioristisch-symptomatischer und individualtherapeutischer Methoden und Techniken, während in den sozialistischen Ländern die soziozentrische Orientierung, die durchaus in der Lage ist, u. a. auch behavioristische und individual-therapeutische effektive Verfahren zu integrieren, an Boden gewinnt.

Ein Überblick über einzelne Schulmeinungen ergibt folgendes Bild

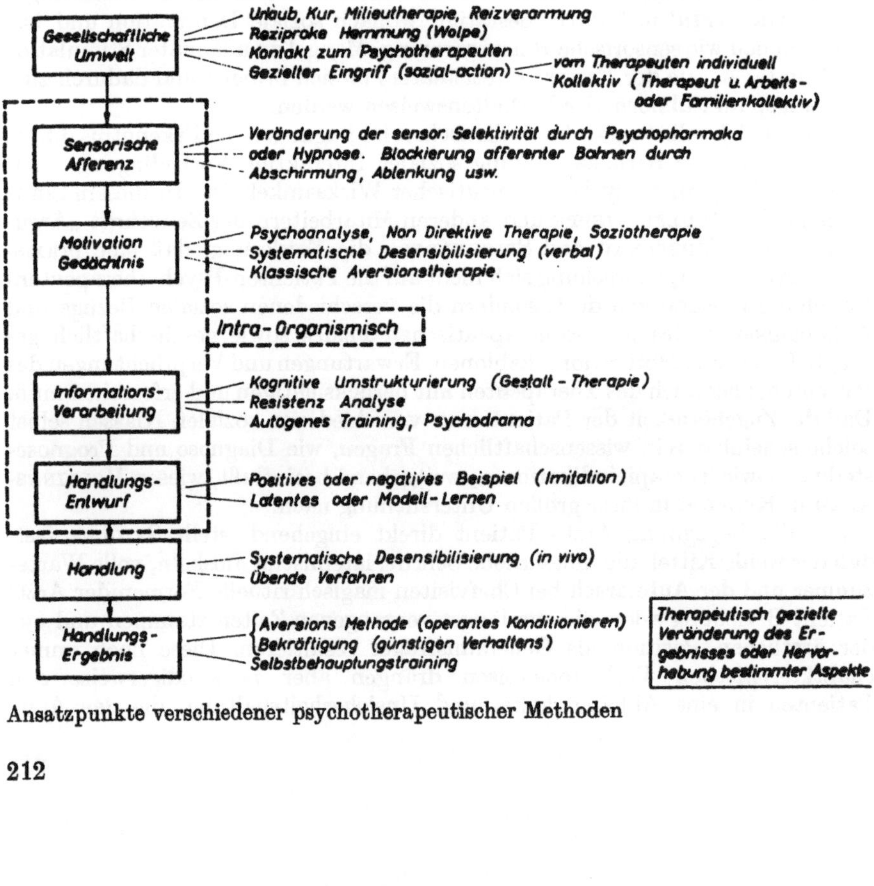

Ansatzpunkte verschiedener psychotherapeutischer Methoden

Verhaltenstherapie

Ohne die den verhaltenstherapeutischen Methoden zugrunde liegenden positivistischen Ideen zu akzeptieren, ist es zweifellos notwendig, diese Verfahren auf ihre therapeutische Effektivität und evtl. Möglichkeit der Einbeziehung in eine komplexe soziozentrische Behandlung zu prüfen.

Ganz besonders beeindruckend ist die Welle neuer verhaltenstherapeutischer Apparate und Techniken, die aus den USA und England, aber auch aus der Sowjetunion kommend, in der Literatur ihren Niederschlag finden (WOLPE u. LAZARUS). Eine reichhaltige Palette von Aversionsmethoden in Kombination mit Emetika und anderen Pharmaka oder auch mit punitivem Elektroschock bzw. akustischen oder visuellen Störeinflüssen offeriert schnelle und verläßliche Entwöhnung von maladaptiven Verhaltensschablonen (von der Enuresis bis zu den Suchten). Eine nicht minder umfangreiche Auswahl neu entwickelter Desensitisierungsverfahren verspricht Entängstigung für neurotische Ängste ebenso wie für Phobien und Versagensängste. Der Vorteil zeitlich kurzer Dauer der Behandlung werde noch vergrößert durch die weitgehende Ausschaltung der Notwendigkeit für den Psychotherapeuten, sich ausführlich mit dem Patienten zu befassen. Verschiedene Apparaturen, die unter Bezeichnungen, wie „automatisierte Desensitisierung bei minimaler Therapeutenintervention", vorgestellt werden, sollen dem Patienten gestatten, seine Ängste ohne wesentliche Hilfe von außen selbst abzubauen. Gleichfalls in diese Kategorie gehören die vielfältigen Elektro-Schlaf- und Radio-Schlaf-Geräte, die in der Sowjetunion und in vielen westlichen Ländern sehr verbreitet sind.

Interessant – wenn auch weniger im Gespräch als die bisher genannten Methoden sind weiterentwickelte Behaviormethoden der Stärkung des Selbstbewußtseins, das sogenannte „self assertion-Training" (SALTER, YARNELL).

Bei den meisten behaviortherapeutischen Methoden handelt es sich im wesentlichen um instrumentelle Konditionierungsmethoden mit unterschiedlichem, oft recht teurem apparativen Aufwand, wie er sich im Tierexperiment bewährt hat. Während EYSENCK und RACHMANN anfänglich mit dem polemischen Anspruch des Wissenschaftsmonopols in der Psychotherapie (auf Grund ihrer lerntheoretischen Orientierung) auftraten, kann man jetzt eine realistischere Haltung beobachten. So finden sich gegenwärtig viele kritische und selbstkritische Untersuchungen von Verhaltenstherapeuten (BESCH, MEYER u. CHESSER, KANFER u. PHILLIPS).

Auch zeigt sich, daß verhaltenstherapeutische Verfahren zahlreiche Variablen mit einbeziehen (FÜRSTENAU, GÖRRES), deren therapeutische Wirksamkeit empirisch belegt, aber wissenschaftlich nicht geklärt ist, z. B. die besondere Art der Beziehung zum Psychotherapeuten (COHEN). Außerdem gehen in dem Maße, in dem auch diese Methode zur Routine wird, die Erfolgsziffern der Verhaltenstherapie zurück (COHEN) und unterscheiden sich kaum noch von denen anderer psychotherapeutischer Ansätze. (Viele der nachgewiesenen „Erfolge" wurden zudem mit verhaltenstherapeutischen Methoden bei psychisch unauffälligen „normalen" Personen erzielt, die lediglich eine einzige eng umgrenzte Angst (z. B. vor Spinnen, Fröschen, Schlangen) haben.)

Trotz dieser Einschränkungen und trotz der prinzipiellen Einwände gegen das reduktionistische System des Behaviorismus und seines Monopolanspruchs auf psychotherapeutischem Gebiet verdienen zwei positive Beiträge dieser Schulen besondere Erwähnung: Erstens das Bemühen, wissenschaftlich fundierte Erkenntnisse und Methoden in der Psychotherapie bewußt zur Anwendung zu bringen und zweitens die Entwicklung einer Reihe von spezifischen Methoden und Techniken, die in dem Maße, in dem sie sich als effektive Vermittler einer symptomatischen Besserung erweisen, durchaus eine wertvolle Bereicherung unseres Methodenarsenals sind. Das letztere trifft auch auf die Biofeedback-Methode zu. Diese Methode der Wahrnehmbarmachung interozeptorisch subliminaler Veränderungen zur direkten Bekräftigung eines adaptiven Verhaltens stellen ebenso wie die verschiedenen suggestiven Verfahren, mit denen sie sich übrigens sehr erfolgreich kombinieren lassen, ein Querschnittsgebiet zwischen dem ausgesprochen molekular symptomatischen, dem individualzentrischen wie dem soziozentrisch-psychotherapeutischen Ansatz dar.

Eine weitere Methode, die in das Grenzgebiet zwischen Verhaltens- und Individualtherapie fällt, ist die sogenannte Katharsis oder Abreaktion psychischer Erregung. Ursprünglich Domäne der Psychoanalyse, wurde ihr therapeutischer Wert später von den Psychoanalytikern in Frage gestellt, dagegen wurden Modifikationen auch von anderen Schulen übernommen und behaviortherapeutisch unter Bezeichnungen wie Extinktion bzw. Habituation, neuerdings auch Implosion systematisiert. Eine physiologische Interpretation der Psychokatharsis oder der „reproduktiven Erlebnisse (ASSATIANI)" wurden von ATANASOV vorgelegt. Auch eine neuere modische Modifikation, die sogenannte „Schrei-Therapie" (JANOW) sei kurz erwähnt.

Zeigte sich im Vorhergehenden schon, daß heute keine starre Grenze Verhaltenstherapie und individualzentrische Methoden trennt, obwohl ja die Behavioristen von WATSON, über HULL bis zu EYSENCK ausgezogen waren, der individualzentrischen Psychotherapie den Gnadenstoß zu geben, so muß nun noch nachgetragen werden, daß in einigen Fällen sogar eine enge Integration beider Systeme verwirklicht wurde.

Individualzentrische Psychotherapie

Wenn auch die individualzentrische Psychotherapie nicht mit einer Welle apparativer Neuerungen aufwartet, die der der Verhaltenstherapie entspricht, so erkennt man doch auch hier eine Tendenz zur Objektivierung z. B. durch Ton- und Videotonband. Das führte gleichzeitig zu der neuartigen Methode, das individualzentrische psychotherapeutische Ziel der Selbstkonfrontation durch die technisch möglich gewordene Konfrontation mit dem eigenen Verhalten im Ton- bzw. Videoband voranzutreiben (SUESS). Im Rahmen eines kurzen Überblicks ist es hier nur möglich, einige Wesenszüge aufzuzeigen, ohne die vielen methodischen Neuentwicklungen auch nur aufzuzählen. Wichtig erscheint die Tendenz, von der individuellen Langzeittherapie, die ja ursprünglich der Prototyp psychoanalytischer Behandlung war, weitgehend abzugehen zugunsten einer Kurz- oder Fokaltherapie, die über die symptomatische Behandlung hinaus auf die Veränderung fokaler defensiver maladaptiver Einstellung hinarbeitet. Dabei werden in steigendem Maße sowohl gezielte Suggestiv- als auch Entspannungsmethoden eingesetzt. Aber nach wie vor bleibt in der individualzentrischen Behandlung die persönlich und sozial bedeutungsvolle Begegnung zwischen Psychotherapeuten und Patienten das wesentliche Merkmal dieses Prozesses. Insbesondere wird diese Beziehung geprägt durch die besondere Rollenkombination des Therapeuten, der in jedem Fall als nahestehender Mitmensch, als Fachmann und als Repräsentant der Gesellschaft fungiert. Leider ist es nicht möglich, im einzelnen auf die vielfältigen Modifikationen einzugehen, mit denen im Verlauf der Psychotherapie der eine oder andere Aspekt hervorgehoben bzw. u. U. in der multiplen Psychotherapie von verschiedenen Therapeuten übernommen wird. Deutlich zeichnet sich — abgesehen von der Tendenz, Übergang auf Kurztherapie — die Neigung ab, von der Einzelbehandlung zur Behandlung von Patientengruppen überzugehen. Dabei bedient sich der Psychotherapeut in zunehmendem Maße auch sogenannter „Zusatz"-(adjunctive)-Methoden, wie Arbeitstherapie, Physiotherapie, Musiktherapie, Bibliotherapie usw. Einerseits ermöglicht die dabei gegebene konkrete Zielsetzung das Erleben von Teilerfolgen und Bekräftigungen und fördert in zwar unterschiedlicher, aber sich ergänzender Weise eine gewisse, durch den aktiven Einsatz bedingte emotionelle Umstimmung, andererseits bietet die dabei geschaffene Gruppensituation insbesondere bei eindeutiger und realer Zielstellung eine günstige Voraussetzung zur Überwindung von Kontaktschwierigkeiten.

Ist bei den symptomzentrierten verhaltenstherapeutischen Ansätzen vor allem in den letzten Jahren eine rapide Entwicklung neuer Apparaturen und technischer Kombinationen zu verzeichnen, so beachten wir zur gleichen Zeit auf dem Gebiet der individualzentrischen Psychotherapie eine Vielfalt neuer gruppentherapeutischer Methoden. Neben den älteren Formen der Gruppentherapie gibt es zahlreiche Modifikationen des Psychodramas, neue Verfahren zur Erleichterung verbaler und nonverbaler Ausdrucks- und Kommunikationsbeziehungen in der Gruppe (Junova et al.), Sensitivity- oder Encounter-Gruppen, psychotherapeutische Urlaubs- und Reisegruppen und sogar Gruppen für befristete gemeinsame Lebensgestaltung.

Abgesehen von den verschiedenen Formen der Grupppentherapie werden in steigendem Maße auch die näheren Bezugspersonen des Patienten mit in die Behandlung einbezogen. In der Kinderpsychotherapie hat sich dieses Prinzip bereits soweit durchgesetzt, daß seine Nichtbeachtung schon fast als Kunstfehler gilt. Aber auch in der Erwachsenenpsychotherapie haben sich neue Formen der Familientherapie (insbesondere bei psychotischen Patienten) als sehr fruchtbar erwiesen. Ferner hat sich herausgestellt, daß psychogene Störungen verheirateter Patienten vielfach Symptome gestörter Kommunikation zwischen den Ehepartnern sind, die erfolgreich in einer Ehepaar-Therapie behandelt werden (Richter).

Außerdem werden in letzter Zeit des öfteren neue Wege beschritten, um in der Gruppe zu einer schnelleren Behebung von Kontaktschwierigkeiten und übermäßigen Hemmungen im Ausdruck und Verhalten zu gelangen. Die wohl bedeutsamste Entwicklung in dieser Beziehung ist die Marathon-Sitzung, eine viele Stunden dauernde ununterbrochene Gruppenpsychotherapie. Dabei werden infolge des intensiven Kontaktes bei gemeinsamer Zielstellung und der relativen Ermüdung (die u. U. auch noch durch zusätzliche Frustrationen, wie pausenlose Sitzung, Rauch- und Eßverbot usw., verstärkt wird) viele, die unmittelbare Kontaktanbahnung störende Selbstkontrollen, die sich im Lauf des Lebens herausgebildet haben (vorübergehend) beschleunigt abgebaut. Eine ähnliche Wirkung soll in einigen Einrichtungen ebenfalls durch sogenannte gemeinsame „trips" (Verabreichung psychodelischer Pharmaka) erzielt werden. Auch gibt es einige Berichte, wonach mit gegenseitiger Hypnose der Gruppenmitglieder ähnliche Effekte erhalten werden.

Soziozentrische Psychotherapie

Oft entsteht der Eindruck, daß durch den Übergang zur Gruppentherapie bereits der Schritt von der individualzentrischen zur soziozentrischen Psychotherapie vollzogen sei, da ja die Gruppenbehandlung den Patienten in einer sozialen Umwelt erfaßt. So einfach ist diese Problematik aber nicht zu bewältigen. Es ergibt sich also die Frage nach den Kriterien, die eine soziozentrische Psychotherapie von reduktionistischen Formen der Behandlung unterscheiden.

Lucien Sève verdanken wir den erneuten Hinweis, daß es nicht genügt, derartige Mosaiksteine zusammenzutragen; es gilt vielmehr, daß Organisationsprinzip, die Dynamik des Ineinandergreifens, zu erkennen. Sève verweist auf die Analogie, daß bis zu Marx zahlreiche Einzelheiten und Kausalitätsbeziehungen der bürgerlichen Ökonomie wohl bekannt waren, aber erst die Entdeckung der Quelle des Mehrwerts habe die Gesetzmäßigkeiten der kapitalistischen Gesellschaft enthüllt und damit die Voraussagbarkeit der Entwicklung ermöglicht.

In diesem Zusammenhang wird es notwendig sein, die Frage zu prüfen, wie wir unsere Auffassung vom Primat des Organismischen mit dem Verständnis der Rolle der Gesellschaft in Einklang bringen können. Sicherlich sind wir alle überzeugt davon, daß der Mensch in erster Linie Naturwesen und seine biologische Konstitution das Primäre ist. Auf der Basis marxistischer Analysen kommt Sève jedoch zu der Auffassung, daß gegenwärtig nicht das biologische, sondern das gesellschaftliche Wesen des Menschen, also das Ensemble seiner gesellschaftlichen Beziehungen die entscheidende **Grundlage für Erkenntnis und Beeinflussung des Verhaltens** des konkreten Individuums bildet. Danach wäre klar, daß ohne Anspruch auf Vollständigkeit das entscheidende Merkmal soziozentrischer Psychotherapie die Erkenntnis ist, daß der Patient **primär** durch die besonderen, von seinem Willen unabhängigen sozio-ökonomischen Verhältnisse, unter denen er aufwächst und lebt, geprägt wird.

Damit wird keineswegs die selbstverständliche Bedeutung genetischer und anderer organischer Faktoren geleugnet. Es wird jedoch hervorgehoben, daß die Entwicklung der menschlichen Gesellschaft zur ständig wachsenden Dominanz gesellschaftlicher Einflüsse über die biologischen Wirkfaktoren führt, so daß, um ein Beispiel zu geben, nicht nur äußere Körperformen, wie Gestalt der Lippen, der Füße, des Schädels, Häufigkeit von Lordosen usw., weniger von genetischen als von gesellschaftlichen Faktoren abhängen, sondern auch Ernährung, Gesundheitszustand, Lebensdauer usw. und nicht zuletzt die Gesamtentwicklung der Psyche des Menschen (im Unterschied zu der des Tieres) stärker von gesellschaftlichen als von anatomisch-physiologischen Bedingungen geprägt wird. Diese Erkenntnis, deren Richtigkeit wir im sozialistischen Alltag immer aufs neue bestätigt finden, führt zu folgenschweren Konsequenzen in der Psychotherapie. Denn ebenso wie wir die vielseitige Entwicklung der schöpferischen Fähigkeiten in unserem Land zu Recht der Einwirkung politökonomischer Veränderungen zuschreiben, müßten wir uns dann beim Auftreten psychischer Störungen nach den primär dafür verantwortlichen gesellschaftlichen Bedingungen fragen. Dabei kann man nur einen partiellen Aufschluß erwarten, wenn wir in unserer Analyse lediglich von einer sozialen Substruktur wie der Familie oder gar von der Zufallszusammenstellung einer Therapiegruppe ausgehen.

Vielmehr kommt es darauf an, die Hauptwidersprüche der Entwicklung und der sozialökonomischen Gesetzmäßigkeiten zu erfassen, um ihre Auswirkung auf das Verhalten des Patienten zu begreifen. Eine Sozioanalyse wird über die Anschuldigung elterlichen und sonstigen mitmenschlichen Fehlverhaltens hinausgehend die in der gesellschaftlichen Klassensituation sowie der vertikalen und horizontalen Mobilität der Familie begründeten Einstellungs- und Wertnormen aufzeigen und die daraus entstehenden Konflikte vor dem Hintergrund der gesellschaftlichen Gesamtentwicklung sehen, um daraus dann ein den Fähigkeiten des Patienten entsprechendes Aktionsprogramm abzuleiten. Sicher wäre es auch verfehlt, zu folgern, es genüge einfach, die ökonomischen und sozialen Gesetzmäßigkeiten zu erfassen, obwohl das ein wichtiger erster Schritt ist. Darüber hinaus kommt es vielmehr darauf an, zu erkennen, wie die Widersprüche der ökonomischen Entwicklung detailliert im subjektiven Lebensraum des Patienten reflektiert werden. Unter kapitalistischen Bedingungen ist das relativ einfach: hier sind es die Produktionsverhältnisse in erster Linie, die die gesellschaftliche Weiterentwicklung bremsen. Die daraus resultierenden Auswirkungen des Widerspruchs zwischen gesellschaftlicher Produktion und privater Aneignung lassen sich in Erscheinungen, wie Konkurrenzneid, Vereinsamung, übertriebenem Ehrgeiz, Unsicherheit, Aggression usw., bis in die privateste Sphäre hinein verfolgen und als neurotisierende Faktoren erkennen.

Bei uns ist das viel komplizierter: hier sind die Produktionsverhältnisse im Einklang mit der Entwicklung der Produktivkräfte und begünstigen die optimale gesellschaftliche Weiterentwicklung, z. B. die weitere Erhöhung der Produktivität.

Sicherlich wäre es auch eine zu große Vereinfachung, wollten wir lediglich feststellen, daß in erster Linie veraltete, aus dem Kapitalismus stammende Einstellungen, Denkgewohnheiten und Gefühle bei uns den Fortschritt hemmen. Auch die Entwicklung der sozialistischen Gesellschaft kennt die ihr eigentümlichen Widersprüche und Schwierigkeiten. Allerdings sehen wir selten einen Patienten, dessen Schwierigkeiten nicht im aktiven oder passiven Zusammenhang mit schlechter Leitungstätigkeit, mangelndem Gemeinschaftsgeist, konfliktvollen sozial-ethischen Normativen und sonstigen Überresten der oben erwähnten, durch den Kapitalismus geförderten negativen Persönlichkeitsmerkmale zu sehen ist. Und wie sehr diese Tendenzen bei Anerkennung des gewaltigen Fortschritts, den wir hier gegenüber der BRD schon gemacht haben, selbst noch in unseren Familien, in den ehelichen Beziehungen, in der Kindererziehung usw. zum Ausdruck kommen, erkennen wir an den leider nur zu berechtigten Klagen der Frauen über noch immer auftretende Schwierigkeiten bei der Durchsetzung der Gleichberechtigung, die eine beträchtliche Umstellung sowohl der Frauen als auch der Männer beinhaltet.

Unter diesem Blickwinkel wird deutlich, daß Psychotherapie nicht zu passiver Adaptation führen darf, die für den Patienten wie für die Gesellschaft gleichermaßen schädlich wäre. Vielmehr kommt es darauf an, dem Patienten zu helfen, seine Schwierigkeiten im Gesamtzusammenhang zu begreifen, einen Weg zu ihrer Überwindung zu suchen, dabei taktisch richtig vorzugehen und vor allem ein gleichgesinntes Kollektiv geeigneter Bundesgenossen zu finden. Dabei ist die Orientierung wesentlich, daß derartige Veränderungen Zeit und Geduld erfordern und nur schrittweise zu erreichen sind.

Fassen wir zusammen: Psychogene Erkrankungen äußern sich als Störung der Umweltbeziehungen. Die letztliche Ursache ist aber nicht in organischen oder psychischen Prozessen zu suchen, obwohl diese zweifellos mitbeteiligt sind, vielmehr erkennen wir als Wurzel der neurotisch gestörten Umweltbeziehung die Widersprüchlichkeit gesellschaftlicher Kräfteverhältnisse und Entwicklungstendenzen. Eine Psychotherapie, die nur das Symptom bekämpft oder lediglich eine intrapsychische Umstrukturierung bewirkt, kann u. U. vorübergehende Erleichterung bringen, sie beseitigt die eigentlichen Ursachen nicht und führt vielfach zu passiver Adaptation an entwicklungshemmende Umweltbedingungen. Demgegenüber hilft soziozentrische Psychotherapie dem Patienten, seine Schwierigkeiten im Gesamtzusammenhang zu begreifen und einen Weg zu beschreiten, auf dem er zur Abstellung der Ursachen beiträgt und Verbündete sucht und findet. Dabei ist es durchaus vereinbar, mit dieser Zielstellung alle möglichen Mittel zur symptomatischen Besserung und zur intrapsychischen Harmonisierung anzuwenden. Ja, eine solche therapeutische Strategie ist nicht nur möglich, sondern notwendig, weil nur sie den Patienten befähigt, das oft langwierige Aktionsprogramm zu realisieren.

In der soziozentrischen Behandlung wird die Schaffung eines positiven Rapports dadurch bedeutend erleichtert, daß der Patient in erster Linie als Mitstreiter für gesellschaftliche Verbesserung akzeptiert wird, der lediglich inadäquate Methoden zur Durchsetzung der gemeinsamen Zielstellung benutzt hat.

Bei der Realisierung unserer Aufgabenstellung werden wir im Interesse der Patienten die wirkungsvollsten Methoden der Behavior- und der Individualtherapie ebenso übernehmen, wie wir auf dem Gebiet der industriellen Technik die effektivsten verfügbaren Methoden anwenden. Dabei sollten wir nicht übersehen, daß es auch bei uns erfolgreiche originelle Ansätze gibt. Durch die weitere Entwicklung sozioanalytischer und soziozentrischer Methoden haben allerdings die sozialistischen Länder die Möglichkeit, neue exklusive therapeutische Potenzen zu erschließen, da die Entwicklung dieser Ansätze in kapitalistischen Ländern einfach aus dem Selbsterhaltungsinteresse des Establishments weitgehend gehemmt wird.

3.2.9. Kurze Bemerkung zu einigen unbewußten Einstellungen von Psychotherapeuten

Bekanntlich ist es eines der großen Verdienste Sigmund FREUDS, die Aufmerksamkeit der Fachwelt auf die Dynamik der „unbewußten" Einflüsse im Denken und Verhalten des Menschen gelenkt und die therapeutische Potenz ihrer Bewußtmachung aufgezeigt zu haben.

Es gibt wohl keinen unter uns, der nicht die Wirkung von Übertragung und Gegenübertragung erlebt hätte. Ganz sicher haben wir alle auch die Motivationspotenz libidinöser Frustration verspürt.

Aber neben derartigen, mehr durch internale Konflikte und Spannungen verursachten, unbewußten Vorgängen wissen wir heute um die vielfach noch einschneidenderen unbewußten Einflüsse von Umwelt-Konstellationen. Seit Karl MARX feststellte, daß gesellschaftlich-ökonomische Lebensbedingungen letztlich das Bewußtsein, Einstellung und Handeln des einzelnen bestimmen, hat es zahllose Beweise für die Richtigkeit dieser These gegeben.

Viele bürgerliche Psychotherapeuten und eine Reihe psychotherapeutischer Schulen bemühen sich um die Bewußtmachung bzw. um die Erkennung der Gesetzmäßigkeiten, der unbewußten Wirkung der oben erwähnten internalen Einflüsse, im eigenen Leben und im Leben ihrer Patienten. Aber nur wenige gehen mit gleichem Elan daran, die weitgehend verschleierten Umwelteinflüsse aufzudecken, die **ihr** Denken, d. h. auch ihre psychotherapeutische Auffassung und Methodik maßgeblich mit formen.

Abgesehen davon, daß Erziehungs- und Studieneinflüsse bürgerlicher Wissenschaftler eine bürgerliche Weltanschauung propagieren und als zeitlos darstellen, gibt es in der kapitalistischen Welt auch vielfältige Sanktionen gegen die Propagierung einer dialektisch-materialistischen Einstellung. THOM, WEISE und viele andere haben wiederholt auf die Zähigkeit hingewiesen, mit der sich das traditionelle organisch-biologische Krankheitsmodell der bürgerlichen Medizin behauptet.

Auch auf dem Spezialgebiet der Psychotherapie sind die maßgeblichen Elemente der Weltanschauung des Bürgertums außerordentlich zählebig. Obwohl die Auffassung von einer „vernünftigen" neuen Welt, die das Bürgertum schaffen wollte, längst von den Realitäten der Weltkriege, Krisen und Massenarbeitslosigkeit zerschlagen wurde, halten sich wesentliche Teile des bürgerlichen Rationalismus. Es ist frappierend zu sehen, wie die verschiedenen bürgerlichen Psychotherapieschulen jeweils einige Wesenszüge dieser Denkweise opfern, dabei jedoch um so intensiver an dem Restlichen festhalten.

Diese Überlegungen, die auf Hinweise K. MANNHEIM's zurückgehen, haben eine unmittelbar psychotherapeutische Relevanz, weil jedes Festhalten am bürgerlichen Rationalismus notwendigerweise ein Sich-Verschließen gegenüber dem dialektischen Materialismus, d. h. einen Teilverlust des Kontaktes mit der gesamtgesellschaftlichen Realität bedeutet.

Ich habe in den Ihnen vorliegenden Ausführungen aufzuzeigen versucht, mit welchen Schwierigkeiten die noch längst nicht abgeschlossene Entwicklung einer marxistischen Persönlichkeitstheorie und einer dialektisch-materialistischen Psychotherapie zu kämpfen hat und wie die sich herausbildenden Umrisse dieser Konzeption aussehen. In diesem Entwicklungsprozeß werden, wie bei allen Qualitätssteigerungen, die positiven Erkenntnisse und wirksamen Techniken der bisherigen Psychotherapie-Methoden, insbesondere der bürgerlichen Psychotherapie-Schulen in doppeltem Sinn aufgehoben, d. h. einerseits mit aufgenommen, andererseits aber durch den neuen Kontext, in dem sie integriert werden, verändert. Das wesentliche Neue der marxistischen Psychotherapie liegt in der Erkenntnis der, dem bürgerlichen Rationalismus fremden, dialektischen Wechselbeziehungen: Individuum—Gesellschaft, Theorie—Praxis, Organismus—Umwelt, Unbewußtes—Bewußtsein und dem Verständnis der Einheit dieser Gegensätze. Das bedeutet praktisch, daß neben den positiven Erkenntnissen und Methoden der bürgerlichen Psychotherapie, die auf Stärkung des „Ich", wie z. B. des Selbstvertrauens, der Angstbewältigung, der Kommunikationsfertigkeit, der Kreativität usw. gerichtet sind, die weiteren und engeren gesellschaftlichen Konstellationen intensiv analysiert und die Einflüsse dieser Variablen bewußt gemacht werden. Eine solche Erkenntnis kann für den Patienten niemals lediglich abstrakt theoretische Kenntnisnahme bedeuten, sondern ist realitätsnah, handlungsorientierend, also einstellungsändernd und aktivierend. Der Beginn direkten Handelns führt zu weiterreichender Einsicht und zur Erkenntnis zuvor verborgener Aspekte des Selbst. Vielleicht kann man sogar die These aufstellen, daß die wesentlichen Persönlichkeitsänderungen auf Verhaltensänderung folgen. Wir stimmen voll mit dem Psychoanalytiker Wachtel überein, wenn er eine aktive Intervention des Psychotherapeuten fordert, sich gegen den Standpunkt minimaler Intervention wendet, der für die klinische Praxis in der psychoanalytischen Tradition und für weite Bereiche der als „klientzentriert", „humanistisch" oder „existentiell" bezeichneten Therapien charakteristisch war, und schreibt:

„Wenn der Therapeut Desensibilisierung oder ähnliche Methoden verwendet, um der Person dabei zu helfen, sich dem auszusetzen, was sie ängstlich vermieden und/oder rationalisiert hat; wenn er ihr hilft, Begegnungen in ihrem alltäglichen Leben zu planen und zu strukturieren, die wahrscheinlich belohnend sind und ihrer Entwicklung dienen; wenn er den Patienten darin unterstützt, sich des Rollenspiels zu bedienen und neue Verhaltensweisen in der sicheren Umwelt des Behandlungszimmers zu erproben; wenn er ihm ganz deutlich macht, daß er einen Schritt getan hat, der ihn aus seinem Dilemma herausführt; und wenn er ihn wissen läßt, daß er (der Therapeut) sich darüber freut, dann kann er wesentlich dazu beitragen, daß die Aneignung neuer Verhaltensweisen, die zu neuen Einsichten führen, weniger den Charakter einer Herkulesaufgabe hat, die nur wenige leisten können."

Wachtel stellt fest, daß — obwohl Wärme und Zuwendung heute in weit stärkerem Maße akzeptiert werden als zu der Zeit, da Frustration eine bedeutende Rolle in den Schriften zur psychoanalytischen Technik spielte, so herrsche doch immer noch die Auffassung vor, daß eine ‚hilfreiche Hand' das therapeutische Unterfangen lähme oder einschränke. „Unterstützende Therapie" negativ vorbelastet, werde nur angewandt, wenn man die Möglichkeit des Patienten für eingeschränkt halte.

„Wenn Änderungen von ‚innen'", führt Wachtel aus, „in den Blick gerückt, wenn be-

tont wird, daß der Therapeut dem Patienten nicht zeigen dürfe, wie er mit bestimmten Problemen fertig werden könne, und daß er ihm keine Fertigkeiten beibringen oder unmittelbare Anstrengungen zur Erleichterung seiner Angst unternehmen dürfe — dann scheint mir dies den außerordentlich individualistischen Geist widerzuspiegeln, der unsere Kultur kennzeichnet. Obgleich psychoanalytisch arbeitende Therapeuten in vielerlei Hinsicht zur Gesellschaftskritik tendieren, vertreten die meisten, zumindest implizit, eines der fundamentalen ... Dogmen unserer (d. h. kapitalisitischen — A.K.) Gesellschaft — die tief verwurzelte Überzeugung, daß jeder Mensch mit seinen Schwierigkeiten selbst fertig werden müsse. ... Die Anomie (Mangel an klaren ethischen Richtlinien) und die Haltung des ‚ich will damit nichts zu tun haben' und als Folge z. B. die Angst, daß man sich nicht mehr auf die Straße trauen kann, weil niemand einem bei Gefahr zu Hilfe kommen wird — ist die Kehrseite jener Moral, derzufolge jeder Mann für sich selbst verantwortlich sei.
Im politischen Bereich stimmt der (selbstsüchtige, mitleidlose und engherzige) Geist des „Meine Eltern haben sich aus dem Elend herausgestrampelt, ohne daß ihnen irgend jemand geholfen hat; sollen diese Leute es doch auch tun; es wird ihnen gut tun" die Szene. Das psychotherapeutische Feld wird natürlich stärker von den humanen Aspekten bestimmt. Doch ich glaube, daß es Parallelen gibt, die gewöhnlich nicht bemerkt werden, und daß viele Therapeuten einen der wichtigsten Glaubenssätze unserer kapitalistischen Gesellschaft — unwissentlich verteidigen, wenn sie so nachdrücklich behaupten, daß Änderung nur auf autonomem Handeln beruhe, und die Notwendigkeit unmittelbarer Hilfe von anderen verächtlich abtun."

Ich wollte mit diesem ausführlichen Zitat zeigen, wie auch in den Reihen bürgerlicher Psychotherapeuten, in diesem speziellen Fall bei den Psychoanalytikern (aber ebensolche Beispiele lassen sich auch von anderen Schulen bringen), Erkenntnisse wachsen, die sich durchaus unseren marxistischen Auffassungen annähern. Wenn wir die Schlußfolgerungen aus der bisherigen Entwicklung der Psychotherapie ziehen und bei der Weiterführung unserer Arbeit von einem konsequent dialektisch-materialistischen Ansatz als dem realitätsnächsten ausgehen, wird es nicht mehr notwendig sein, im Nachtrab westlicher Methodenentwicklungen zu bleiben.

Vor den Psychotherapeuten der sozialistischen Länder, die in dieser Beziehung bereits wichtige Pionierarbeit geleistet haben, steht jetzt u. a. die nächste Aufgabe, das Gebäude einer dialektisch-materialistischen Psychotherapie zu vollenden.

3.2.10. Probleme der Durchsetzung einer ausgewogenen soziologisch-psychologischen und biologischen Auffassung im sozialistischen Gesundheitswesen

Es gibt in der medizinischen Fachliteratur kaum noch Arbeiten, die sich zu einer dualistischen Geist-Körper-Auffassung bekennen. Selbst in programmatischen Erklärungen westlicher Fachvertreter ist von der „dialektischen Einheit von organischen und psychischen Vorgängen" die Rede. Leider muß man jedoch feststellen, daß sowohl in theoretischen Arbeiten als auch in der Praxis weiter Kreise der Ärzteschaft noch ein eng am Symptom haftendes somatisch molekularistisches Fachdenken anzutreffen ist. Demgegenüber stellt schon die Auffassung, die den Organismus als organische Einheit begreift, zweifellos einen bedeutsamen Schritt nach vorn dar. Dabei rückt naturgemäß das Organ in den Vordergrund, das Ablauf und Integration der innerorganismischen physischen Prozesse reguliert und auf Grund seiner afferenten und efferenten Kontakte zur Umwelt auch der Befriedigung der vitalen Bedürfnisse des Individuums (Nahrungsaufnahme, Homöostase, Gefahrenabwehr) zu dienen vermag und schließlich gleichzeitig der Ort ist, an dem die psychischen Prozesse ablaufen: das zentrale Nervensystem.

Obwohl gerade auf dem Gebiet der zentral-nervalen Regulation in unserer Generation große wissenschaftliche Erkenntnisse zusammengetragen wurden, gibt es doch noch viele unbekannte Beziehungen und Regulationselemente. Aber zweifellos beginnt das ganzheitliche Denken immer stärker auch in scheinbar abseits liegende Spezialgebiete einzudringen. Als Beispiel sei nur die Verwendung von Psychopharmaka in allen medizinischen Fachgebieten angeführt.

Doch vermag die ganzheitliche physiologische Betrachtung des kranken Organismus noch nicht, der ganzen Komplexität des Krankheitsgeschehens Rechnung zu tragen. Dazu muß vielmehr auch die soziale Verknüpftheit des menschlichen Lebens und die damit im Zusammenhang stehenden psychischen Abläufe berücksichtigt werden. Ohne die großen Erfolge in Abrede zu stellen, die von der bürgerlichen Medizin z. B. bei der Bekämpfung vieler epidemischer Infektionserkrankungen erzielt wurden, verweisen fortschrittliche Wissenschaftler auf den ständig wachsenden Einfluß sozialer Determinanten auf menschliches Leben und Gesundheit. Die klassische medizinische Praxis, die den Ablauf organischer Teilfunktionen am isolierten Organismus überprüft, läßt die soziale Problematik des Patienten weitgehend außer Betracht oder überläßt ihre Berücksichtigung im besten Fall der Intuition und Erfahrung des Hausarztes oder der Fürsorgerin.

Zweifellos hat der westdeutsche Kollege DEPPE recht, wenn er schreibt:

„Solange naturwissenschaftliche Medizintheorie sich streng am Begriffsrahmen pathophysiologischer Kausalität orientiert, wo sie freilich den neutralen Regeln der Retorte folgen kann, solange läßt sich ihr Anspruch auf totale Heilung — schon in der Theorie — nicht einlösen, denn sie abstrahiert von denjenigen auslösenden und chronifizierenden Krankheitsfaktoren, die durch gesellschaftliche Wertsetzung bedingt sind ... Die zunehmende Zahl der ‚Fälle', die entgegen wachsendem naturwissenschaftlichen Aufwand therapieresistent bleiben, da ihre tatsächliche Ätiologie mit den derzeitig dominierenden Mitteln nicht allein geklärt werden kann, sind Symbol jener Medizin, die in der immer schnelleren Parzellierung und Reproduktion des status quo ‚heißzulaufen' droht."

Wenn auch das kapitalistische System, das so zahlreiche pathogene Umweltbedingungen zwangsläufig hervorbringt, bei uns beseitigt ist, so sind doch vielfältige Nachwirkungen und sogenannte Schlacken noch recht langlebig. Abgesehen davon, geht auch die rapide Weiterentwicklung der sozialistischen Produktionsverhältnisse — denken wir nur an den wissenschaftlich-technischen

Fortschritt — für den einzelnen keineswegs ohne Spannungen und Konflikte ab. Dabei ist zu berücksichtigen, daß in dem Maß, in dem die Entwicklung der menschlichen Gesellschaft fortschreitet, der Einfluß sozialer Strukturen und Beziehungen auf Psyche und Organismus des einzelnen zunimmt. Daher liegt es im Interesse einer Effektivitätssteigerung der Medizin, die biologistisch-reduktionistischen Tendenzen schnell zu überwinden. Es kommt darauf an, die Gesamtheit pathogener Noxen, also auch die psychosozialen bzw. zwischenmenschlichen Störeinflüsse, zu erkennen, um entsprechend reagieren zu können.

Eine Analyse der Entwicklungstendenzen des Gesundheitswesens muß zu der Erkenntnis führen, daß der sich abzeichnende qualitative Sprung in der Wirksamkeit der gesundheitlichen Betreuung der Bevölkerung auf drei Voraussetzungen beruht:

1. der systematischen Berücksichtigung des Einflusses sozialer Wirkfaktoren auf die Gesundheit des einzelnen Bürgers;
2. der Einbeziehung psychischer Abläufe als Bindeglied zwischen diesen sozialen Wirkfaktoren und den ganzheitlichen physiologischen Reaktionen;
3. der graduellen Verlagerung des Schwergewichts der medizinischen Betreuung von Therapie auf Prophylaxe.

Aus dem Gesagten geht hervor, daß die Psychotherapie — neben Fachgebieten wie Sozialhygiene, Sozialpsychiatrie u. a. — im gegenwärtigen Entwicklungsstadium des Gesundheitswesens eine entscheidende, das Entwicklungstempo mitbestimmende Aufgabe zu erfüllen hat. Gerade weil die Psychotherapie in stärkerem Maße als manche anderen medizinischen Fachgebiete mit übergreifenden physiologisch-psychologisch-soziologischen Problemen konfrontiert wird, ist sie prädisponiert, die Tendenzen zur Reduktion gesellschaftlich bzw. psychisch bedingter komplexer Vorgänge auf molekulare, physiologische oder biologische Gegebenheiten zu überwinden und kann so zum Schrittmacher des Neuen im sozialistischen Gesundheitswesen werden.

Wenn wir davon ausgehen, daß jeder menschliche Verhaltensakt auf einer vielgliedrigen hierarchischen Organisation beruht, die durch spezifische Muster auf der subzellulären, der physiologischen, der biologischen, psychologischen und sozialen Ebene charakterisiert ist, so sind diese hierarchischen Integrationsstufen nicht eine künstliche Schöpfung fantasiebegabter Denker, sondern vielmehr ein Abbild der tatsächlichen onto- und phylogenetischen Entwicklung, deren Regression und Desintegration übrigens auch in traumatischen Situationen zu beobachten ist.

Bis die materialistische Dialektik einen Weg wies, um die vielseitige Wechselbeziehung hierarchisch verschachtelter Funktionsebenen als Spezifik des Lebendigen zu begreifen, bestand keine Möglichkeit, die Einheit von Geist und Körper bzw. das Wesen psychophysischer Gesundheit und Krankheit voll zu erfassen. Aber damit ist die Entwicklung der Wissenschaft noch nicht abgeschlossen. Kein Mensch lebt außerhalb der Gesellschaft, daher sind auch seine psychophysischen Funktionslagen nur aus der dialektischen Wechselbeziehung mit seiner sozialen Umwelt zu begreifen.

Allerdings stoßen neue Erkenntnisse vielfach auf Widerstand, bis sie sich durchzusetzen vermögen. Die Zellularpathologie war trotz der bedeutenden

Fortschritte, die sie repräsentierte, nicht imstande, der Komplexität des menschlichen Krankheitsgeschehens voll Rechnung zu tragen, da sie die Einheit und Unterschiedlichkeit psychischer Prozesse (wie Angst, Zwang, Depression usw.) und der entsprechenden organischen Abläufe nicht zu konzipieren vermochte. In ähnlichen Schwierigkeiten befinden sich viele neuere psychotherapeutische Schulen bei der Aufgabe, die Brücke zwischen den physiologischen, psychologischen und sozialen Integrationsstufen zu schlagen.

Die wachsende Zahl von Patienten, deren Schwierigkeiten in hohem Maße durch sozialen Stress mit verursacht wurden, erfordert immer dringlicher die Erhöhung psychotherapeutischer Effektivität, wie sie nur auf der Grundlage einer Theorie möglich ist, die physiologische, psychologische und soziologische Erkenntnisse integriert.

Aus Gründen, deren Darlegung den Rahmen dieser Bemerkungen sprengen würde, ist es nur in einem sozialistischen Gesundheitswesen möglich, einer solchen Theorie zum Durchbruch zu verhelfen und was noch wichtiger ist, ihre praktische Realisierung zu bewerkstelligen. Damit wird auch auf dem Gebiet der gesundheitlichen Betreuung ein Punkt erreicht, an dem die Besonderheit der sozialistischen Gesellschaft ihr einen jener Entwicklungsvorsprünge schafft, deren Summierung schließlich die Überlegenheit des Sozialismus eindeutig besiegeln wird.

Die Koordinierung der Bemühungen der Psychotherapeuten aller sozialistischen Länder wird dazu beitragen, dieses Ziel schneller zu erreichen.

3.2.11. Zum Entwicklungsstand der Psychotherapie

(Eröffnungsrede des damaligen Vorsitzenden der Gesellschaft für ärztliche Psychotherapie zum 10. Kongreß, Erfurt, 1982.)

Der gegenwärtige Entwicklungsstand der Psychotherapie ist so vielgestaltig, daß eine adäquate Darstellung in der gebotenen Kürze nicht möglich ist. Einige Wesenszüge seien jedoch kurz skizziert:

Als in den fünfziger und sechziger Jahren in einer Reihe westlicher Länder der sogenannte Psycho-Boom, das flutartig anschwellende Interesse für psychologische Erkenntnisse, Psychotherapie und verwandte Gebiete einsetzte, wurde nicht nur die Forschung angekurbelt, es entstanden auch zahlreiche neue Schulen mit z. T. sehr interessanten Erkenntnissen. Das daneben auch eine ganze Anzahl sektiererischer Wunderheiler (die sogenannte lunatic fringe, die verrückten Randgruppen) den Aufwind nutzten, ist bekannt.

Trotz des beträchtlichen Einflusses, den psychotherapeutische Erkenntnisse damals auf breitere Bevölkerungskreise gewannen, wurde der überwiegende und vor allem auch der maßgebliche Teil der Ärzteschaft von dieser modischen Woge nicht erfaßt. Garfield kommt in einer hochinteressanten Analyse zu der Schlußfolgerung, daß in der Gegenwart

„die westliche Medizin fortfährt, die gesellschaftlich bedingten Ursachen der Erkrankung zu verdunkeln, indem sie Diagnose und Behandlung fast ausschließlich auf die biologischen Subsysteme des Individuums ausrichtet. Pathogene Umweltbedingungen, gefährliche und belastende Arbeitsverhältnisse ... usw. werden systematisch herabgespielt."

Das sei keineswegs dem Zufall überlassen, sondern systematisch gefördert worden, seitdem der von Rockefeller- und Carnegie-Forschungsgeldern getragene „Flexner" Bericht (1910) die Notwendigkeit einer strikt reduktionistischen, monokausalen pathogenetischen Auffassung aufgezeigt habe. In seiner Studie über den Einfluß der Rockefeller-Stiftung stellt Brown fest, daß mit seltenen Ausnahmen Rockefeller-Forschungsgelder medizinische Untersuchungen nur dann gefördert hätten, wenn sie sich nicht mit dem Einfluß sozialer Bedingungen auf Gesundheit und Krankheit befaßten. Nun wird es natürlich immer schwieriger, die primären Gefährdungsfaktoren der Gesundheit: gesellschaftliche Widersprüche und inhumane Lebensbedingungen, verursacht durch den Machtkampf imperialistischer Monopolgruppen, völlig zu negieren. Neuere medizinische Auffassungen, sei es nun die ökologische Medizin, die Ganzheitsmedizin oder die Psychotherapie, müssen notgedrungen in stärkerem Maße auf die psychosozialen Faktoren der Gesundheit eingehen. Wenn es nicht gelingt, überzeugend in die Formalistik auszuweichen, werden, Garfield zufolge, die psychosozialen Faktoren auf andere Art von jedem weiteren gesellschaftlichen Zusammenhang losgelöst. Die Aufmerksamkeit wurde auf die Rolle der Persönlichkeit, des Verhaltens und des Lebensstils gerichtet, die konkreten gesellschaftlichen, politischen und wirtschaftlichen Bedingungen, die unmittelbar die Entstehung der Krankheit begünstigen und diese auch aufrechterhalten, würden nur selten berücksichtigt.

So existieren also Anfang der 80er Jahre neben der nach wie vor soliden Front biologistisch orientierter Mediziner die psychotherapeutischen Schulen der verschiedenen Schattierungen, die bei prinzipieller Anerkennung der Bedeutung psychosozialer Einflüsse, von den realen Erscheinungsformen dieser Einflüsse weitgehend abstrahieren.

Gegenwärtig verfolgen wir nun besorgt, wie sich die verschärften Spannungen, die Zuspitzung internationaler Widersprüche, verursacht durch den Konfrontationskurs machtvoller Finanzkreise des Westens, auf die Situation unserer Fachkollegen im Westen auszuwirken beginnen. Die mit den enormen Rüstungsausgaben gekoppelten Kürzungen sozialer Dienste, Massenentlassungen infolge Einführung neuer Techniken, verschärfter Konkurrenzkampf der Multis, das alles hat tiefgreifende Auswirkungen auf unser Fach:

Auf dem 2. Kongreß für Psychologie und Psychotherapie in Westberlin erhielten die Teilnehmer einen Kongreß-Katalog. Darin hieß es:

„In der Bundesrepublik kippt gegenwärtig das sozialpolitische Gesamtklima um. Die Abschaffung von Arbeitsförderungsmaßnahmen verschärft bei unseren Berufsgruppen die Arbeitslosigkeit. Streichungen bei psychosozialen Diensten zwingt viele Einrichtungen zur Aufgabe."

Das bedeutet nicht nur weniger und inadäquate Hilfe für viele Patienten und prospektive Patienten bei steigenden Schwierigkeiten, das heißt auch steigende Kriminalität, drakonischere Strafmaßnahmen und nicht zuletzt auch

Verlust des Arbeitsplatzes für viele Kollegen. Bereits dieser Tage berichteten westliche Publikationen, daß allein in der BRD von 15000 Diplom-Psychologen 12% (oder jeder 8.) arbeitslos sind. Dabei werden in den nächsten 3 Jahren weitere 10000 diplomieren.

Angesichts dieser Entwicklung wird auch der Konkurrenzkampf der unterschiedlichen psychotherapeutischen Schulmeinungen immer schärfer. Eine westdeutsche Monatsschrift berichtet, daß in der BRD „mehr als 100 psychotherapeutische Organisationen mit z. T. mehreren Forschungs-, Aus- und Fortbildungsinstituten“ um Patienten werben. Dieser Zeitschrift zufolge habe man es bisher zumeist vermieden, sich gegenseitig zu verunglimpfen. Erfolgsuntersuchungen, soweit sie überhaupt durchgeführt wurden, blieben zumeist auf methodenspezifische Erfolgsuntersuchungen beschränkt, d. h. man stellte bestenfalls fest, ob die jeweilige Psychotherapie ihre methodische Wirkung (Bewußtmachung des Unbewußten, Lösung von Übertragungskonflikten, Selbstexplorationssteigerung, Selbstkontrolle usw.) erzielte, nicht aber allgemeine Erfolge wie Besserungsraten, Symptombehebung, subjektive Erleichterung usw. Um so mehr kam es nun, der Zeitschrift zufolge, zu gegenseitigen Angriffen mit Vorwürfen der Ineffektivität, ja sogar der Schädigung des Patienten. Mit kaum verhohlener Schadenfreude verfolgen natürlich auch die biologistisch orientierten Ärzte das Gerangel. Die früher von EYSENCK geäußerten Zweifel an der Wirksamkeit der Psychotherapie werden in neuer Form vorgebracht.

Glücklicherweise handelt es sich bei den erwähnten Schwierigkeiten zunächst noch um Entwicklungstrends, keineswegs bereits um universell gewordene Gegenwartsrealität. Insbesondere die finanzkräftigen und etablierten Psychotherapeuten liquidieren weiter Traumsummen und schlafen ungestört, ja manchen Forschungseinrichtungen fließen Rüstungsgelder zu. Aber die Krisenzeichen sind unübersehbar.

Vom Westen gesehen, erscheint der Entwicklungsstand unserer Psychotherapie in der DDR zunächst uninteressant und rückständig, vergleichbar etwa mit dem Hollands oder Norwegens. Vielleicht übersieht eine solche Betrachtungsweise jedoch einige nicht unwesentliche Faktoren. Wir haben erst viel später als die westlichen Länder mit dem systematischen Aufbau psychotherapeutischer Methoden sowie entsprechender Aus- und Weiterbildungsmöglichkeiten begonnen. In den zwei Jahrzehnten dieses Aufbaus haben wir uns theoretisch und praktisch bedeutsame Technologien sowohl westlicher Abkunft als auch solche der befreundeten sozialistischen Länder zu eigen gemacht. Wir haben diese psychotherapeutischen Methoden jedoch nicht einfach nur übernommen, sondern wir haben sie verarbeitet und mit unserer dialektisch-materialistischen Auffassung vom Menschen, die sich grundsätzlich von allen bürgerlichen Psychologie- und Psychotherapie-Konzeptionen unterscheidet, in Einklang gebracht. Das sagt sich einfach so dahin, ist aber in Wirklichkeit ein sehr komplizierter Prozeß. Es hat dabei sicherlich auch manchmal persönlich motivierte Konflikte gegeben, die sich hinter sachlichen Begründungen verbargen. Es ist auch erwähnenswert, daß insbesondere in der Anfangszeit manche Kollegen westliche Methoden deshalb erkundeten und übernahmen, weil sie von allem Westlichen fasziniert waren. Unabhängig von ihren damaligen persönlichen Motiven erfüllten sie eine wichtige Aufgabe. Viele von uns haben durch die psychotherapeutische Praxis und die sich ständig intensivierende theoretische Durchdringung unseres Fachgebietes erkannt, daß das dialektisch-materialistische Menschenbild hervorragend geeignet ist, als Grundlage und Ausgangspunkt für realistische Konzeptionen der Sano- und Pathogenese zu dienen. Je mehr wir die Grenzen und Schwierigkeiten der verschiedenen bürgerlichen Schulmeinungen bei der Klärung praktischer therapeutischer Fragestellungen erkennen, gleichgültig, ob es sich um psychoanalytische, verhaltenstherapeutische, kognitive oder transaktionelle Theorien handelt, um so deutlicher wird die Überlegenheit der differenzierten dialektisch-materialistischen Betrachtungsweise. Aber es kommt noch etwas anderes hinzu. Auch ein großer Teil der nicht psychotherapeutisch tätigen Ärzteschaft bei uns war, ebenso wie ihre westlichen Kollegen, und gewiß nicht unbeeinflußt von den erwähnten gezielt geförderten Untersuchungen des FLEXNER-Berichts und seiner Nachfahren, einem rein organischen Krankheitsmodell verpflichtet. Eine wachsende Zahl dieser Kollegen kommt jedoch, sowohl auf Grund eigener praktischer Erfahrungen als auch durch die engere Vertrautheit mit marxistischen Gedankengängen, zu der Erkenntnis, daß zur erfolgreichen Behandlung vieler Krankheiten neben dem Wissen um physiologische und pathophysiologische Zusammenhänge, dem auf den Körper gerichteten ärztlichen Handeln, auch das Verständnis der Wirkungsmechanismen psychologischer und pathopsychologischer Vorgänge sowie deren gezielte Beeinflussung von großer Bedeutung ist. Diese Einsicht veranlaßt eine ständig wachsende Zahl dieser Kollegen, mit Interesse die Entwicklung unseres Fachgebietes zu verfolgen. Das hat auch dazu geführt, daß sich eine Reihe medizinisch-wissenschaftlicher Gesellschaften an uns wandten, um mit uns gemeinsam Tagungen durchzuführen oder unsere Kollegen zu bitten, während eines oder mehrerer Tage Probleme der Psychotherapie auf ihrem Kongreß zu behandeln. So ist es dann auch nicht erstaunlich, wenn einer unserer profiliertesten Psychotherapeuten, der jahrzehntelang Mitglied unseres Vorstandes war, vor einigen Jahren zum Vorsitzenden der Gesellschaft für Innere Medizin gewählt wurde, oder wenn der langjährige Vorsitzende der Gesellschaft für Neurologie und Psychiatrie selber früher psychotherapeutisch tätig war. Ich erwähne diese Tatsache, weil gerade in einer vertrauensvollen Zusammenarbeit besondere, nur dem Sozialismus eigene Reserven der Gesundheitsbetreuung liegen. Erwähnung verdient in diesem Zusammenhang, daß wir auch in Partei- und Staatsapparat Verständnis für unsere Aufgaben und vielseitige Unterstützung finden.

Seit Jahren bestehen in der Sowjetunion Lehrstühle für Psychotherapie. Auch bei uns wurde an der Akademie für ärztliche Fortbildung eine Dozentur für Psychotherapie geschaffen. Die Zulassung des Zweitfacharztes für Psychotherapie und des Fachpsychologen der Medizin gehen in die gleiche Richtung.

Ich glaube, daß die Gemeinschaften, die bei uns verschiedene psychotherapeutische Methoden bearbeiten (sie werden in unserer Gesellschaft durch Sektionen und Arbeitsgemeinschaften repräsentiert), sich gegenüber manchen Psychotherapie-Schulen des Westens, sowohl was die Zahl der Kollegen als auch den Aufbau des theoretischen Gebäudes betrifft, wie Einfamilienhäuser gegenüber Wolkenkratzern ausnehmen. Manche Kollegen sind allerdings der

Meinung, ich stelle unser Licht zu sehr unter den Scheffel. Wichtig ist, daß unsere Häuser solide gebaut sind, daß wir nicht von Krisen und inneren Existenzkämpfen zerrissen werden; daß wir im Einklang mit unseren primär organisch tätigen Ärztekollegen vorangehen. So können wir die Zuversicht haben, daß unsere fachliche Entwicklung kontinuierlich aufwärts geht und es uns immer besser gelingen wird, die Krankheiten und Leiden unserer Mitmenschen zu beheben, durch die Senkung des Krankenstandes und durch unseren Beitrag zum persönlichen Wohlergehen unserer Mitbürger die Produktivität zu steigern und so das unsere zu tun, damit der Friede gewahrt bleibt.

3.3. Erfolgsmessung

3.3.1. Zur Problematik der kortiko-viszeralen Tonusregulierung

Die nach außen wirksamen Anpassungsprozesse des Organismus an seine Umwelt, die insbesondere mit Hilfe des zentralen Nervensystems und der Motorik ausgeführt werden, sind auf das engste gekoppelt mit entsprechenden intraorganismischen Adaptationen, wie sie beispielsweise in der vegetativ-humoralen Steuerung der Homöostase und den verschiedenen Phänomena der Emotion ihren Ausdruck finden. Es besteht eine so enge Wechselwirkung zwischen diesen Funktionen, daß jede Veränderung einer Aktivität, z. B. der höheren Nerventätigkeit, eine korrespondierende Veränderung aller anderen nach sich zieht.

Zahlreich sind die Bemühungen um eine genaue elektronische Registrierung dieser komplexen Anpassungsvorgänge, die als Mosaik kortikaler, subkortikaler motorischer Potentialschwankungen und vegetativ-humoraler Veränderungen gesehen werden. Die Komplexität der erwähnten Wechselbeziehungen läßt jedoch eine auch nur annähernd vollständige Aufzeichnung, selbst bei Anwendung modernster Polygraphen, einfach noch nicht zu.

Beim gegenwärtigen Stand der Forschung können wir lediglich eine quantitative Bestimmung des Hemmungs- und Erregungszustandes vornehmen, d. h. wir können ermitteln, ob im Vergleich zur Ausgangslage die Erregungs- bzw. Hemmungsmomente zunehmen, ob entsprechend Muskeltonuserhöhung und Sympathikotonus vorwiegen oder Muskeltonussenkung und Vagotonus das Bild stärker bestimmen. In dieser Hinsicht kann man z. B. den Funktionszustand der Muskulatur in seiner Gesamtheit als Index betrachten; konnte doch festgestellt werden, daß der Muskeltonus im täglichen Aktivitäts-Passivitäts-Zyklus (wie er z. B. im Myogramm zu registrieren ist, ebenso wie die entsprechenden Schwankungen des kardiovaskulären Systems am Ballistokardiogramm) als sinusförmige Kurve erscheint. Heilbehandlung läuft vielfach darauf hinaus, diese mehr oder weniger rhythmischen normalen Tonusschwankungen in ihren normalen Grenzen wiederherzustellen, wenn soziale biologische oder physische Noxen eine pathologische Abweichung hervorgerufen haben.

Eine beträchtliche Literatur befaßt sich mit den zahlreichen, teilweise recht einschneidenden kurzfristigen Veränderungen der Tonuslage, wie sie im Gefolge schnellwirkender Pharmaka, Hypnose, aber auch durch psychische Schockwirkung usw. auftreten. Auch über den langdauernden Einfluß der Applikation stark wirkender Pharmaka und sozialer Momente (von der psychischen und physischen Überbelastung im Beruf bis zur Schlaftherapie) gibt es zahlreiche Untersuchungen.

Viel spärlicher ist demgegenüber das Schrifttum, das sich mit der Wirkung der weniger spektakulären, graduellen Tonusregulierung befaßt, wie sie durch leichte Sedierung, gezielte Milieuveränderung, Arbeitstherapie usw. geboten werden. Dabei wird der unvoreingenommene Beobachter immer wieder überrascht von der Wirkung, die gerade mit diesen Methoden bei genauer Indikationsstellung zu erzielen ist. Es wäre ohne weiteres möglich, hier an Hand einer umfangreichen Kasuistik die Erfolge derartiger Einflußnahmen bei den verschiedenartigen in unserer Klinik behandelten inneren Erkrankungen aufzuzeigen. Hier soll jedoch der umgekehrte Weg gegangen werden. Denn ebenso wie der eindeutig nachweisbare Erfolg einer Behandlung die therapeutische Wirksamkeit attestiert, so kann auch der eindeutig nachweisbare Schaden unter Umständen den Umfang der Beeinflussung ausweisen. Dann kommt es allerdings darauf an, die Indikationsstellung so einzuengen, daß die Methode immer mehr zum Vorteil angewandt und etwaiger Schaden in steigendem Maße ausgeschlossen wird. Die Garantie, daß eine therapeutische Methode keinen Schaden anrichtet, hat man ja nur, wenn 1. die Methode überhaupt unwirksam ist, d. h. also, wenn sie auch nichts nützt, oder 2. ihre Indikationsbreite genau abgesteckt ist.

Wir hoffen, mit der vorliegenden Kasuistik einen kleinen Beitrag in Richtung auf das Letztgenannte machen zu können:

Patient R. kam 24jährig zur Aufnahme in unsere Klinik mit essentieller Hypertonie in labilem Stadium (max. 180/140 mm Hg, wobei eine nephrogene Komponente nicht auszuschließen war) und leichter Hyperthyreose (Grundumsatz im Langversuch schwankte zwischen +14 und −14; dabei zeigte sich erhöhte Avidität im Radio-Jod-Test bei nicht wesentlich beschleunigter Ausscheidung).

Seit dem 17. Lebensjahr leidet der Patient unter Kopfschmerzen, Herzsensationen mit Unruhegefühl, rascher Erschöpfbarkeit, allgemeinem Zittern, Reizbarkeit, Kopf- und Magendruck. Damals sei erstmalig eine Blutdruckerhöhung festgestellt worden. Eine Durchuntersuchung in einer Universitäts-Klinik führte Kopfschmerzen und Blutdruckschwankungen auf psychogene Momente zurück und ergab keinen Anhalt für eine organische Erkrankung. Seither Konsultation bei verschiedenen Ärzten, auch eine Kneippkur in Berggießhübel ohne wesentlichen Erfolg.

Bei der Aufnahme in unserer Klinik klagt der Patient über Unsicherheitsgefühl, Leistungsminderung, Zittern am ganzen Körper, mitunter stockende Sprache, Unruhegefühl, Tachycardien, manchmal Schwindelzustände und vor allem bei Erregung Druckgefühl in den Schläfen und der Magengegend.

Eine sorgfältig durchgeführte internistische Diagnostik erbrachte keinen zusätzlichen pathologischen Befund. Es wurde festgestellt, daß der Patient im ganzen einen unruhigen und wehleidigen Eindruck macht, seine Beschwerden überbewertet und sich übermäßig auf alle möglichen Körpersensationen konzentriert, wobei er selbständig Zusammenhänge konstruiert, von denen er sich nur schwer oder gar nicht abbringen läßt.

Psychologisch gesehen ist der Patient ein labiler, äußerlich passiv-gefügiger, 24jähriger junger Mann, dessen intellektuelle Leistungen durchaus im Rahmen der Streuungsgrenzen des Durchschnitts der erwachsenen Bevölkerung liegen. Infolge verschiedenartiger Erziehungseinflüsse kam es jedoch bei ihm zu einer charakterlichen Fehlentwicklung: der Reifungsprozeß, in dessen Verlauf man ein überpersönliches Wertsystem, eine moralische Haltung, entwickelt, die es möglich macht, in wachsendem Maße Hindernisse zu überwinden und sich sukzessiv größere und weiter entfernt liegende Ziele zu setzen, kam bei dem Patienten nicht zur vollen Entfaltung. Statt dessen prägte sich bei ihm die Tendenz aus, allen größeren psychischen und körperlichen Belastungen auszuweichen und sich mit auftauchenden Problemen und Schwierigkeiten nicht ernsthaft, verantwortungsvoll und zielbewußt auseinanderzusetzen, sondern vielmehr impulsiv und zu sehr auf unmittelbare Gratifikation bedacht, vorzugehen bzw. sich durch hypochondrische Reaktionen und dramatisierende Wehleidigkeit aus der Affäre zu ziehen. Diese Tendenzen wurden dadurch bekräftigt, daß es ihm bisher meist gelang, durch Krankschreibung von zahlreichen schwierigen Aufgaben und Verpflichtungen (Oberschule, verschiedene Arbeitsstellen, Fachschule usw.) befreit zu werden. Infolgedessen kam es zu einer Entwicklung, die aus lauter angefangenen und nicht zu Ende geführten Bestrebungen besteht. Daß sein Selbstvertrauen dabei auf einen Tiefstand gelangte, was mit einem überhöhten Anspruchsniveau einhergeht, ist selbstverständlich. Daß er mit einem solchen Verhalten bei vielen Menschen auf keine Sympathie stößt, wird nicht verwundern. Man ist daher kaum erstaunt, wenn er berichtet, daß er sowohl bei seinen Vorgesetzten als auch bei seinen Mitarbeitern unbeliebt ist und von ihnen veralbert wird. Der Grad seiner Egozentrizität und die Beziehungslosigkeit, mit der er seinen Mitmenschen gegenübertritt, wird deutlich, wenn er z. B. im Tagesraum — ohne sich um die Anwesenheit anderer ruhebedürftiger Patienten zu kümmern — mit einem fast psychotisch anmutenden Autismus in stupider Eintönigkeit Eisenbahngeräusche lautstark imitiert.

Mitte vorigen Jahres heiratete der Patient eine um 1 Jahr jüngere Postangestellte. Die sich bald einstellenden Eheschwierigkeiten spitzten sich bis zu tätlichen Angriffen auf seine Frau zu. Wiederum war eine Situation herangereift, in der der Arzt helfen mußte.

Nach 2monatigem Klinikaufenthalt und leichter Sedierung ist der Patient gelockert und entspannt, fühlt sich besser und auch die Blutdrucklage hat sich gebessert. Nur noch vereinzelt treten Blutdruckspitzen bis 150/110 mm Hg auf.

Die Entlassung aus der Klinik wird ins Auge gefaßt. Erneut tritt eine Verschlechterung der Blutdrucklage mit häufiger Anspannung bis maximal 170/130 mm Hg auf. Nach einer 7tägigen Sanaesthin-Kur zeigt sich dann plötzlich im EKG, das bis dahin völlig normal war, ein WPW-Syndrom.

Diese Reizleitungsstörung wurde bisher allgemein als eindeutig organisch bedingt angesehen. Das Auftreten oder Verschwinden eines beständigeren WPW-Syndroms aus psychischen Gründen konnte bisher noch nicht beobachtet werden.

NITSCHKOFF gelang jedoch der Nachweis, daß das WPW-Syndrom sowohl durch Einwirkung sympathiko- und parasympathikomimetischer Pharmaka als auch durch Auslösung entsprechender unbedingter vegetativer Reflexe willkürlich zum Verschwinden gebracht werden konnte (KATZENSTEIN u. NITSCHKOFF). Es leuchtet ein, daß gerade in diesem Fall die Feststellung einer evtl. Psychogenie und des funktionellen Charakters der Reizleitungsstörung von großer Bedeutung waren. Stand es doch außer Zweifel, daß das Vorliegen einer — noch so geringfügigen — wirklichen organischen Schädigung die ohnedies beträchtliche charakterliche Fehlsteuerung des Patienten in bedrohlichem Maße verstärken und zum Ansatzpunkt der Ausbildung einer Rentenneurose werden würde.

Wir stellten uns daher die Frage, ob es nicht möglich sei, durch eine ausgesprochen psychisch-verbale Reizung, d. h. durch das selektive Ansprechen von Assoziationen des 2. Signalsystems, ähnliche Wirkungen zu erzielen wie sie der Kardiologe mit Sympathikomimetika erreicht hatte. Es ist uns kein Fall bekannt, in dem es gelang, eine so verhältnismäßig begrenzte Veränderung kardialer Reizleitungsvorgänge (wie das beim WPW-Syndrom der Fall ist) durch verbale Stimulierung des akustischen Analysators und der dadurch miterregten kortikalen und subkortikalen Strukturen zustande zu bringen. Außerdem war das Herangehen an diese Fragestellung mit einer Reihe methodischer Schwierigkeiten verbunden. Infolge der Charakterstruktur des Patienten hielten wir eine hypnotische Beeinflussung, d. h. die hypnotische Herbeiführung eines Erregungszustandes mit nachfolgender Auflösung der Erregung, nicht für angebracht und mußten daher auf diese elegante Methode verzichten. Auch kam es selbstverständlich nicht in Frage, den Patienten durch die Provozierung einer stärkeren Erregung ohne Hypnose zu traumatisieren bzw. ihm einen Vorwand zu neuerlichen Krankheitssymptomen zu liefern. Schließlich mußten wir berücksichtigen, daß wir den sehr lebhaften und impulsiven Patienten während der EKG-Ableitung möglichst wenig zum Sprechen veranlassen durften, da bei seiner unbeherrscht gestikulierenden Redeweise leicht eine Verschiebung der Elektroden und in jedem Fall eine Interferenz von Muskelpotentialen aufgetreten wäre, die das EKG unbrauchbar gemacht hätte.

Wir erklärten daher dem Patienten, es sei eine EKG-Ableitung unter einer gewissen psychischen Belastung erforderlich. Infolge der angeführten Einschränkungen konnten wir jedoch von vornherein nur mit einer verhältnismäßig geringfügigen Belastung rechnen und waren daher wenig optimistisch bezüglich der Möglichkeit, eine sichtbare Wirkung zu erzielen. Aber das Resultat übertraf unsere Erwartungen.

Die Registrierung geschah in der folgenden Weise: Der Versuchsleiter, der sich am Bett des Patienten befand, war durch eine Sprechanlage mit der elektronischen Registrierzentrale verbunden. Im Versuchsraum selbst registrierte ein Tonband jedes gesprochene Wort. Tonband und EKG wurden gleichzeitig angesprochen, so daß eine Synchronschreibung gewährleistet war.

Die Abbildung 1 zeigt das EKG des Patienten im Ruhezustand mit deutlich ausgeprägtem WPW-Syndrom.

Die folgende Abbildung 2 ist das EKG des Patienten ebenfalls noch im Ruhestand (verlangsamte Registrierung), aber nachdem wir ihn von der Notwendigkeit informiert hatten, ein psychisches Belastungs-EKG zu schreiben. Das Bild hat sich verändert. Das WPW-Syndrom hat hier die Form eines Bigeminus angenommen, der durchgehend während der ganzen Belastungssituation registiert wird und diesen Charakter weder bei psychischer Belastung noch bei Beruhigung verliert. Der Patient wird dann an eine Konfliktsituation erinnert, die er selbst einige Tage vorher gesprächsweise erwähnt hatte (Abb. 3)

Es zeigt sich ein sichtbarer Spannungsabfall und ein verändertes Bild nicht

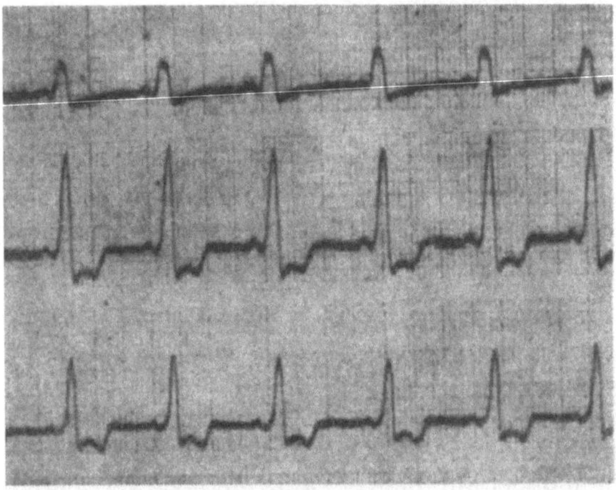

Abb. 1. EKG im Ruhezustand mit deutlich ausgeprägtem WPW-Syndrom

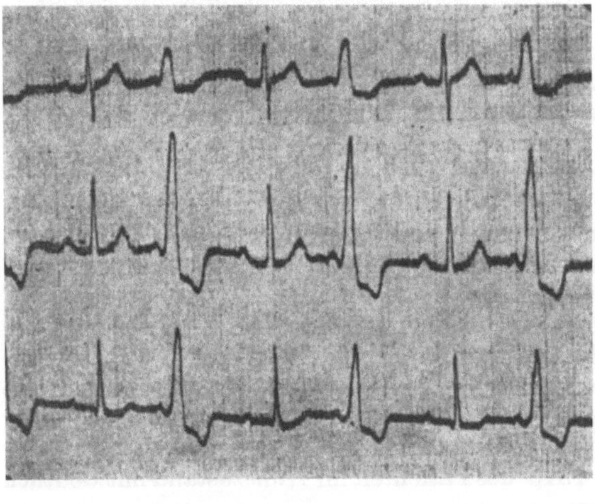

Abb. 2. EKG im Ruhezustand (verlangsamte Registrierung) nach der Information des Pat., ein psychisches Belastungs-EKG zu schreiben

nur bezüglich der Amplitude, sondern auch in der insgesamt geringeren Deformierung. Es handelt sich bei diesem Bild nicht mehr um eine Schenkelblockform.

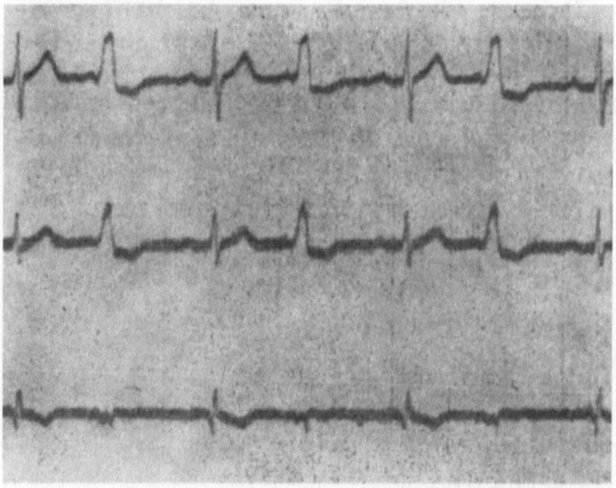

Abb. 3. Erinnerung an eine Konfliktsituation

Während der ganzen Zeit, in der die Konfliktsituation beschrieben wird, wobei der Patient lediglich zuhört, bleibt diese Veränderung des WPW-Syndroms bestehen. In einer unmittelbar anschließenden ablenkenden Unterhaltung stellt sich erneut die zu Beginn gefundene Form des WPW-Syndroms wieder her (Abb. 4).

Gleich danach versuchten wir dann, den Patienten an eine andere Konflikt-

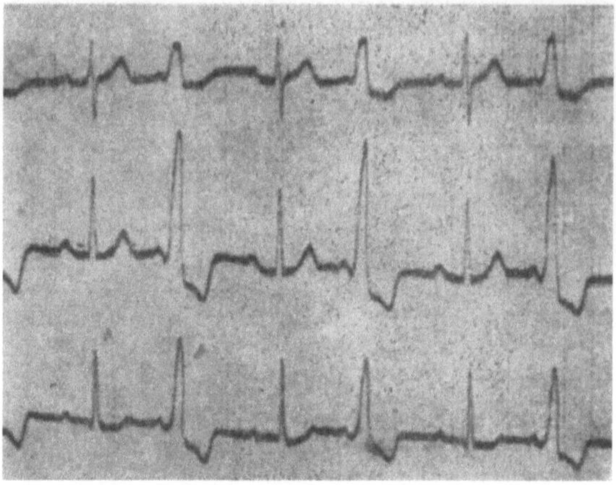

Abb. 4. Während der ablenkenden Unterhaltung

situation zu erinnern (Abb. 5), und wiederum zeigte sich eine deutliche Veränderung des WPW-Syndroms (Verschwinden der Schenkelblockform).

Auch eine Belastung des Patienten durch die Aufforderung, eine Rechenaufgabe zu lösen, die bei einer anderen Gelegenheit vorgenommen wurde, zeigte (Abb. 6—7), daß, solange der Patient mit dem Rechnen beschäftigt war und unter Prestigedruck arbeitete, das WPW-Syndrom restlos verschwand.

Wir werteten die angeführten Veränderungen als eindeutigen Nachweis einer möglichen kortikalen Beeinflussung des WPW-Syndroms. Damit war allerdings noch gar nichts über die tatsächliche Ätiologie dieses plötzlich auf-

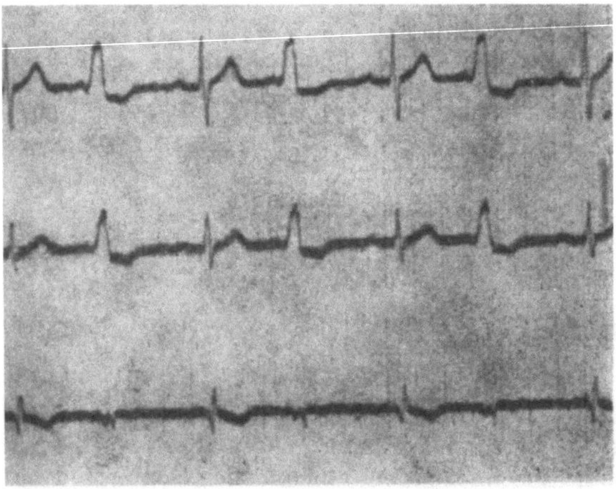

Abb. 5. Erinnerung an eine andere Konfliktsituation

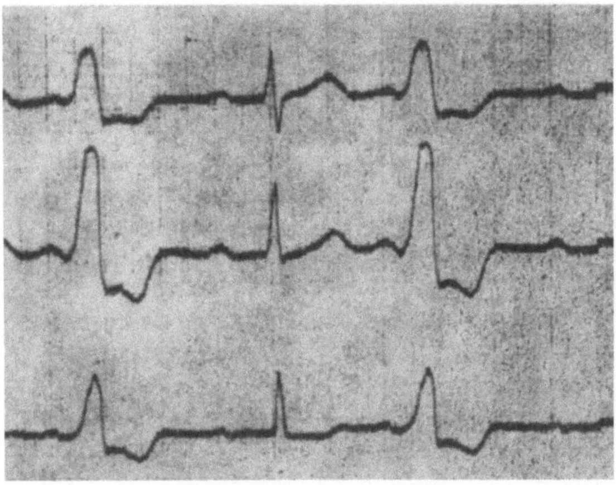

Abb. 6. Vor Beginn des Rechnens

getretenen Geschehens gesagt, ebensowenig wie die Frage: „Handelt es sich hier um eine funktionelle oder eine organischer Störung?“ entschieden war.

Wir standen also nach wie vor vor dem Problem: Muß man diesen EKG-Befund als krankhaft bewerten und damit die Charakterfehlentwicklung des Patienten weiter bekräftigen oder ist man berechtigt, ihn zu vernachlässigen? Nach reiflicher Überlegung und Beratung der erwähnten experimentellen Befunde mit den beteiligten Ärzten wurde dem Patienten schließlich folgendes gesagt: Es habe sich auf Grund der EKG-Untersuchung gezeigt, daß er zuviel Rücksicht auf sich selber nehme und sich zu schnell durch leichte körperliche Sensationen beunruhigen und entmutigen lasse. Es bestünde jedoch kein Anlaß zur Besorgnis; im Gegenteil, sein Herz arbeite besser und leistungsfähiger, wenn er zielbewußt und systematisch arbeite und insbesondere auch vor Verantwortung und Anstrengungen geistiger Art nicht zurückschrecke.

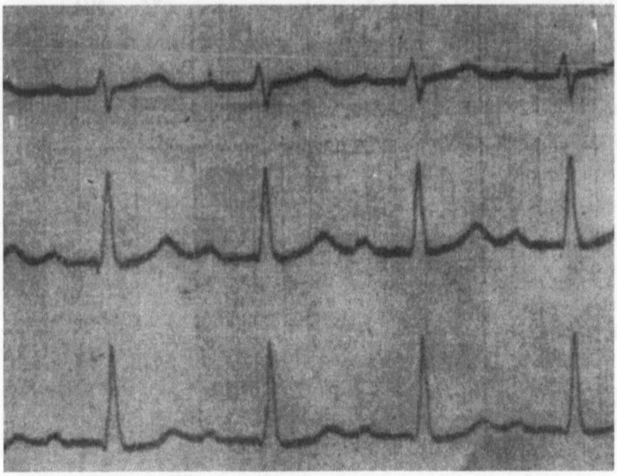

Abb. 7. Während des Rechnens

Nach seiner Entlassung wurde der Patient in 14tägigen Abständen über einen Zeitraum von 8 Monaten zur EKG-Kontrolle bestellt. Schon bei der zweiten Nachuntersuchung (nach 4 Wochen also) war das EKG wieder normalisiert. Einmal wurde gegen Ende des zweiten Monats noch ein WPW-Syndrom gesehen, seitdem sind alle Kontrollen normal.

Wie lassen sich nun die beobachteten Tatsachen zusammenfügen und erklären? Das völlige Verschwinden des WPW-Syndroms, nachdem der Patient seine Arbeit wieder aufgenommen hatte, erbringt wohl einwandfrei den Nachweis dafür, daß es sich bei der 2 Monate lang nachweisbaren Anomalie um eine funktionelle Störung gehandelt haben muß (die möglicherweise durch gewisse konstitutionelle Anomalien, Kentsches Bündel, begünstigt wurde). Das Auftreten dieser funktionellen Störung zu einem Zeitpunkt, zu dem die Tonuslage des Patienten auf einem niedrigen Niveau stand, ihr Verschwinden nach der Arbeitswiederaufnahme (Tonuserhöhung), die experimentell erbrachten Hinweise für den korrektiven Einfluß sympathikomimetischer Reize und erregender, d. h. tonussteigernder psychischer Einflüsse deuten daraufhin, daß wir es hier mit einem Geschehen zu tun haben, das in unmittelbarem Zusammenhang mit der Tonussenkung steht und auf kortikale Einflüsse anspricht.

Wir können uns auf den Nachweis dieser spezifischen kortikoviszeralen Beziehung als einer individuellen Besonderheit beschränken.

Aber wenn auch die besondere Art der Symptomatik ein nur für unseren Patienten R. charakteristisches Phänomen darstellt, so erscheint uns das Auftreten der Störung unter der Tonussenkung zu einem Zeitpunkt, an dem die Entlassung in Aussicht genommen wird, doch als ein Geschehen, das über den Einzelfall hinaus für eine ganze charakterlich scharf begrenzte Gruppe von Patienten bedeutsam ist.

Schon vor mehr als 10 Jahren hatten wir uns mit der Problematik psychiatrischer Patienten, die vor der Entlassung aus dem Krankenhaus stehen, beschäftigt (Katzenstein). Dabei waren wir auf den eigenartigen Konflikt gestoßen, unter dem viele dieser Patienten nach längerdauerndem Aufenthalt im Krankenhaus zu leiden haben. Widerwillig hatten sie sich in der Klinik eingelebt, und je unerbittlicher sie an die Klinik gefesselt waren, um so verlockender erschien ihnen die Außenwelt. Rückte jedoch der Zeitpunkt der Entlassung heran, so erschien ihnen die Geborgenheit der Klinik in neuem Licht, während nun die realen Schwierigkeiten und Probleme der Außenwelt wieder stärker gegenwärtig wurden und das idyllische Bild, das ihnen vorschwebte, als von Entlassung noch keine Rede sein konnte, zu verdrängen begannen. Die Angst vor dem Leben nach der Entlassung fand ihren Niederschlag in eingebildeten und echten Krankheitssymptomen.

Diese Problematik, hinter der man unschwer den Konflikt zwischen dem Wunsch nach passiver Geborgenheit und dem Streben nach aktiver Bewährung erkennt, ist keineswegs nur auf psychiatrische Patienten beschränkt. Man kann wohl sagen, daß jeder Patient nach langdauerndem stationären Aufenthalt dasselbe Dilemma in mehr oder minder starkem Maße verspürt. Normalerweise hat jedoch der praemorbid psychische Gesunde vor seiner Erkrankung so viele Gratifikationen für den Einsatz in seinem gewohnten Kreis, so viele Bestätigungen seines Selbstwertgefühles erhalten, daß ihm der Auszug aus der vertraut gewordenen Klinik in sein gewohntes Dasein nicht nur nicht schwer fällt, sondern sogar freudig begrüßt wird.

Anders verhält es sich jedoch bei den Menschen, die — wie unser obenerwähnter Patient — charakterlich fehlentwickelt sind. (Man nannte derartige Charakterstörungen früher oft Psychopathen. Wir vermeiden diesen Terminus, weil ihm noch zu sehr der Eindruck des Erblich-Konstitutionellen anhaftet. In Wirklichkeit gibt es keine ernsthafte Untersuchung, der es gelungen wäre, hier den Anteil des Konstitutionellen von der Milieuschädigung genau abzugrenzen.)

Der charakterlich fehlentwickelte Mensch ist innerlich so unsicher, daher so egozentrisch, daß er nicht imstande ist, überpersönliche Werte als Richtlinien seines Handelns zu entwickeln und sein Verhalten selbstkritisch zu korrigieren. (Ein Prozeß, der sich normalerweise schon in der Kindheit zunächst passiv anbahnt und dann etwa um die Pubertätszeit aktiv weitergeführt wird). Infolgedessen findet ein in seiner Charakterentwicklung derartig Gestörter auch nicht die Kraft, sukzessiv größere Hindernisse zu überwinden und sich größere Perspektiven zu setzen. Stattdessen wird ein Großteil der Bemühungen darauf verwandt, allen Schwierigkeiten möglichst unmittelbar und ohne Berücksichtigung späterer Folgen aus dem Wege zu gehen (sei es durch geistige oder physische Hochstapelei, durch hypochondrische Reaktionen, durch impulsives Sichgehenlassen, abwegiges Verhalten usw.).

Natürlich kommt es bei einer solchen Haltung zu ständigen Reibereien mit den Mitmenschen. Das kurzsichtige Ausweichen vor Spannungen bringt ständig neue Spannungen mit sich, vor denen wiederum die Flucht ergriffen wird. Daher sehen wir häufig, daß ein Mensch, dessen Leben nach einem solchen dynamischen Stereotyp abläuft, auch vor seiner Erkrankung — selbst wenn er zeitweilig erfolgreich war — verhältnismäßig wenig wirkliche Erfolge, wenig Liebe und kaum eine Bestätigung seines Selbstwertgefühls erlebte; kein Wunder, daß es ihn nicht sehr in diese für ihn freudlose Umwelt zurückzieht. So ist es weiter nicht erstaunlich, daß solche Menschen nach anfänglich erfolgreicher Behandlung in der Klinik gerade dann mit neuen oder alten Symptomen aufwarten, wenn von Entlassung die Rede ist.

In unserer Klinik sahen wir in den letzten Jahren zum Zeitpunkt der Entlassung, der selbstverständlich verschoben werden mußte, das Auftreten kardiovasculärer Störungen, eine ausgesprochene Simulation, ein hebephrenes Verhalten, verstärkt wiederauftretende Kopfschmerzen usw. usw. Derartige Störungen treten mit fast fahrplanmäßiger Sicherheit bei den — prozentual glücklicherweise wenigen — Patienten auf, bei denen, ebenso wie bei unserem obenerwähnten Patienten R., das Vorliegen einer Charakterfehlentwicklung vorher in der psychologischen Untersuchung festgestellt wurde. Der kritische Zeitpunkt für das Auftreten solcher Symptome beginnt, nachdem dem Patienten gegenüber die ersten Andeutungen über seine in absehbarer Zeit erfolgende Entlassung gemacht werden. Zu diesem Zeitpunkt ist infolge des Aufenthaltes in der Klinik eine Veränderung der Tonuslage nach der einen oder anderen Richtung erreicht.

Ganz allgemein konnten wir beobachten, daß mit dem Absinken des Tonus (zumindest innerhalb der bei uns üblichen Grenzen) eine erhöhte Zuwendung zum Körpergeschehen und gesteigerte Sensitivität einhergehen. Für den durchschnittlichen Patienten wird die Erwähnung der Möglichkeit einer „Entlassung in absehbarer Zeit" zum Signal für die Vorbereitung auf die Rückkehr in die gewohnte Umgebung, wobei selbst beim Vorhandensein von Schwierigkeiten und Konflikten die angenehmen Aspekte im allgemeinen überwiegen.

Für den in seiner charakterlichen Entwicklung gestörten Patienten, für den das Vermeiden jeglicher Spannung zum vorherrschenden dynamischen Stereotyp geworden ist, erscheint die bevorstehende Entlassung als eine unmittelbare Bedrohung des relativ spannungsarmen Zustandes, und schon allein der Hinweis darauf kann die für den Patienten charakteristischen Spannungsabwehr-Reaktionen ins Spiel bringen. Das entstehende Mißverhältnis zwischen Erregung und Hemmung im Hinblick auf den kortikalen Tonus dieser Patienten und die gesteigerte Sensitivität begünstigen dann, wie wir es in dem vorliegenden Fall zeigen konnten, das Auftreten kortikoviszeraler Störungen.

Daher dürfte es sich empfehlen, gerade bei derartigen Patienten vorher abzugrenzen, ob einer therapeutischen Tonussenkung mit anschließender Eutonisierung oder einer gezielten Tonussteigerung, z. B. durch rechtzeitig einsetzende Arbeitstherapie und andere rehabilitative Maßnahmen, der Vorzug zu geben ist. Außerdem sollte man von Fall zu Fall abwägen, ob die evtl. durch eine stationäre Behandlung zu erwartenden Vorteile die infolge der unvermeidlichen Veränderung der Tonuslage möglicherweise auftretenden kortiko-visceralen Störungen aufwiegen bzw. ob nicht einer ambulanten Behandlung (u. U. ohne Krankschreibung) der Vorzug gebührt.

3.3.2. EEG-Untersuchungen unter der Hypnose

In dem Maße, in dem der praktische Wert der Hypnose allgemeine Anerkennung findet, tritt — ebenso wie bei anderen psychotherapeutischen Methoden — die Frage in den Vordergrund, was geschieht physiologisch in der Hypnose, welche Veränderungen gehen vor sich, worauf beruht der therapeutische Wirkungsmechanismus der Hypnose? Insbesondere interessiert die Frage: „Welche Veränderungen vollziehen sich in den verschiedenen zerebralen Regionen?"

Die Elektroenzephalographie erschien besonders geeignet, um Aufschluß über diese Fragen zu geben. Aber nach einigen Jahrzehnten der Forschung auf diesem Gebiet scheint die Gesamtausbeute doch verhältnismäßig geringfügig zu sein. Insbesondere stellten diejenigen Untersucher, die eine Übersicht und kritische Auswertung der Hypnose-Literatur unternahmen, wie Grasilnek u. Hall, Chertok u. Kramarz, Stokvis, Weitzenhofer u. a., fast einmütig fest, daß ein Vergleich der unterschiedlichen Resultate der Hypnoseforschung zu der Schlußfolgerung führt, daß im Grunde genommen nichts als eindeutig bewiesen oder eindeutig widerlegt gelten kann, da die Befunde vielfach so gegensätzlicher Natur sind, daß sie nicht in Einklang zu bringen seien.

Ein großer Teil der Forscher hat sich insbesondere mit einem Teilproblem der oben angeschnittenen Thematik befaßt, das schon vor Beginn des Jahrhunderts die Wissenschaftler bewegte: „Ist die Hypnose physiologisch ein Schlaf- oder Wachzustand?" Schon bevor die Möglichkeit bestand, Hirnströme aufzuzeichnen, hatten Forscher wie Binet, Bernheim, Forel u. a. die Auffassung vertreten, daß es sich bei der Hypnose um einen Schlafzustand handle, während andererseits Autoritäten wie Braid, Bramwell, Hull, Heidenhain, Verworn u. a. die Meinung vertraten, daß der hypnotische Zustand ein Wachzustand sei.

Mit der Einführung der EEG-Methodik wurde diese Kontroverse keineswegs beigelegt. Nach wie vor gab es eine Reihe von Forschern, die Platonow, Zynkin, Galperin, Tschugunow, Darrow u. a., die die Meinung vertraten, daß beim Schlaf und bei der Hypnose ähnliche EEG-Kurven registriert wurden.

Auf der anderen Seite finden insbesondere Franke, Stokvis, Loomis, Harvey u. Hobart ebenso wie Blake u. Gerard, Ford, Jaeger, True, Stephenson u. a. keinen Unterschied in den EEG-Kurven des Wachzustandes und der Hypnose.

Auch SIRNA, DYNES, BARKER u. BURGWIN stellten bei der experimentellen Hypnose fest, daß die Induktion in keinem Fall von einer signifikanten Veränderung der prähypnotischen Alphabilder begleitet war.

Wie lassen sich nun diese widersprüchlichen Resultate erklären? Bei einer Untersuchung dieser Frage wird deutlich, daß hier eine Reihe von Faktoren und methodologischen Besonderheiten verquickt sind, die eine Vergleichbarkeit der Resultate erschweren. So werden in vielen Untersuchungen

1. keine genauen Induktionsmethoden beschrieben.

   Dabei ist jedoch von Bedeutung, ob in der Induktionsmethodik Schlaf suggeriert wird oder lediglich Entspannung.
2. infolge der Schwierigkeit und Zeitdauer derartiger Untersuchungen meist nur Einzelfälle angeführt, wobei 10 Versuchspersonen schon ein relatives Maximum darstellen.
3. in vielen Arbeiten große individuelle Unterschiede erwähnt, ohne den Versuch einer Analyse der Streuungsfaktoren.
4. auf den Vergleich mit einer entsprechenden langen Kontrollsituation verzichtet.

Eine ganze Reihe neuerer Arbeiten wie die von ARNOLD, FUJISAWA u. SUHARA, GIESLER, HEIMANN u. SPOERRI, KATZENSTEIN, KRAKORA, ISRAEL u. ROHMER, MARENINA, CHERTOK u. KRAMARZ führen zu der Schlußfolgerung, daß in der Leerhypnose, in der nicht ausdrücklich Schlaf suggeriert wird, die EEG-Aufzeichnung durchaus dem Wach-EEG entspricht, solange die Induktion noch im Gange ist; nach Beendigung der Induktion, wenn der Patient weiter ruht, zeigen sich vielfach Schlaf-EEGs.

Wir fanden z. B. bei keiner von über 100 Versuchspersonen während der Hypnoseinduktion das Auftreten von Delta-Wellen und Spindeln im EEG, dagegen wurden 45% solcher Schlafbilder registriert, nachdem der Versuchsleiter nach beendeter Induktion den Raum verlassen hatte. Damit dürfte die These von WHITE, derzufolge es sich bei der Hypnose um einen Einschläferungsprozeß handelt, der auf einem bestimmten Niveau zwischen Wach- und Schlafzustand durch die Worte des Hypnotiseurs aufgehalten wird, eine weitere Bestätigung gefunden haben.

Dennoch ist mit dieser Feststellung die Frage danach, was physiologisch in der Hypnose geschieht, keineswegs weiter geklärt.

Im Laufe einer größeren Untersuchung hatten wir Gelegenheit, uns mit dem potentiellen Beitrag einer EEG-Ableitung in der gegenwärtigen üblichen Form bekanntzumachen. Eine Reihe von Schwierigkeiten zeigten sich bereits bei der methodischen Projektierung und Durchführung dieser Untersuchungen. Beispielsweise ist das Problem der Analyse der Aufzeichnungen und des Papierverbrauchs bei einer Schreibgeschwindigkeit von 3 cm pro Sekunde außerordentlich groß, würde man doch bei einer einstündigen Ableitung etwa 108 m für einen einzigen Patienten schreiben. Wir halfen uns, indem wir die sogenannte Time-Sampling-Methode benutzten, und zwar leiteten wir 1 Minute ab und pausierten dann 4 Minuten während der Induktion, die etwa 30 Minuten dauerte, leiteten während der folgenden halben Stunde 1 Minute ab und pausierten 10 Minuten.

Ein weiteres Problem ergab sich aus der Befestigung der Elektroden, die vor allem bei längerer Ableitungsdauer dem empfindlicheren Patienten infolge des Drucks eine gewisse störende Unannehmlichkeit verursachten.

Die Möglichkeit für den Versuchsleiter, ohne Ablenkung mit der Versuchsperson allein im Raum zu bleiben, obwohl gleichzeitig EEG-Ableitungen vorgenommen wurden, konnte infolge der besonderen Einrichtung unseres Instituts relativ einfach gelöst werden. Nach dem Anlegen der Elektroden und nach einer kurzen Probeaufzeichnung konnte die EEG-Assistentin vom akustisch getrennten Nebenraum aus das EEG registrieren.

Unsere Methodik sah außerdem eine einstündige Kontrollableitung vor. Diese wurde unter den gleichen Bedingungen und zur gleichen Zeit vorgenommen wie die am folgenden Tag angesetzte experimentelle Hypnoseableitung; lediglich war während der Kontrollableitung der Versuchsleiter nicht im Raum anwesend.

Schon in Voruntersuchungen hatte sich, wie von anderen Autoren bereits dargelegt, auch bei uns herausgestellt, daß weder eine Veränderung der Stimmungslage der Versuchsperson, noch eine Konzentration auf interorezeptive Vorgänge (wie z. B. auf das Schweregefühl, das Wärmegefühl usw.) analysierbare Veränderungen am EEG hervorbrachten.

Dennoch und trotz der auf Grund der Literaturübersicht erhaltenen negativen Aussichten zeigte sich bei Beginn der Untersuchungen, als die erste Versuchsperson unter elektrobiologischer Aufzeichnung in Hypnose versetzt wurde, bei dem Versuchsleiter eine Art Goldrausch; wider besseres Wissen hoffte er doch, mit dieser Methodik Einblicke in den physiologischen Wirkungsmechanismus der Hypnose zu erhalten. Nach einer sorgfältigen Analyse aller Aufzeichnungen — durchgeführt von der EEG-Abteilung unseres Hauses unter Leitung von Dr. H. Mitschke — mußte diese Hoffnung allerdings als unbegründet fallengelassen werden.

Wenn wir jedoch auch keine genaueren Hinweise auf spezifische physiologische Vorgänge unter der Hypnose vermittels des EEG erhalten konnten, so stellte sich doch heraus, daß wir im EEG-Bild einen objektivierbaren, d. h. vom Bewußtsein der Versuchsperson und des Versuchsleiters unabhängigen Index für den Grad der Entspannung und des Schlafes erhielten, einen Index, wie er insbesondere im Zustand der Katalepsie (den wir bei unseren Versuchspersonen erzielten) auf keine andere uns bekannte Art und Weise zu erhalten ist.

Hatten wir doch gleichzeitig bei allen Versuchspersonen ein Aktogramm aufgezeichnet, in dem jede Bewegung, die über die Stärke eines tiefen Atemzuges hinausging, als Ausschlag registriert wurde. Dabei konnten wir uns auf die von uns vorher gemachte Beobachtung stützen, derzufolge der normale Schläfer etwa alle 20 Minuten eine derartige Bewegung ausführt. Bei unseren Versuchspersonen — sowohl in der Hypnoseinduktionszeit als auch in der darauffolgenden halben Stunde, während der der Versuchsleiter den Raum verlassen hatte — wurden derartige Bewegungen nicht registriert. Vielmehr war das Aktogramm als solches so einheitlich unbewegt, daß es als Index des Entspannungsgrades keine Hinweise zu geben vermochte. Erwähnt sei hier, daß auch in der Kontrolluntersuchung die Aktogramme ebensolche Unbeweglichkeit registrierten, wobei die Beobachtung der Versuchspersonen beim Anlegen des Pulsabnehmers, daß schon eine leichte Bewegung eine Verschiebung und unter Umständen die Unbrauchbarkeit der Aufzeichnung mit sich brachte, zunächst zu dieser Unbeweglichkeit (der sogenannten Gefälligkeitskatalepsie) in der Kontrollsituation geführt haben dürfte.

Die Tatsache, daß im EEG eindeutig drei Entspannungsgrade unterschieden werden konnten (Vigilanz, Entspannung und Schlaf), machte es möglich, eine Beziehung zwischen dem so ermittelten Entspannungsgrad und den subjektiven Aussagen der Versuchsperson zu ermitteln. Dabei zeigte es sich, daß 74% unserer Versuchspersonen ihren Entspannungsgrad weitgehend richtig beurteilten. Bei 21% der Versuchspersonen stellte sich allerdings heraus, daß — obwohl im EEG eindeutig Hinweise für zeitweiligen Schlaf existierten — die Versuchspersonen subjektiv das Gefühl hatten, nicht geschlafen zu haben. Das bestätigt die ja auch in der Klinik gemachten Beobachtungen, derzufolge Patienten gelegentlich angeben, kein Auge zugetan zu haben, obwohl eindeutige Hinweise für das Gegenteil vorliegen.

Interessanterweise stellten sich jedoch die Entspannungs- und Schlafzustände keineswegs nur unter der experimentellen Hypnosesituation ein, sondern auch, und zwar in etwa gleichem Maße bereits in der Kontrollsituation am vorhergehenden Tage, in der keine verbale Hypnoseinduktion gegeben wurde. Es zeigte sich lediglich, daß die Versuchspersonen (45%), die unter der Hypnose einschliefen, nachdem der Versuchsleiter den Raum verlassen hatte und die Induktion sozusagen beendet war, in der Konstrollsituation zum Teil bereits früher Anzeichen des Schlafs im EEG aufwiesen. Wir zogen daraus die Schlußfolgerung, daß sich in der Voruntersuchung aus der Gefälligkeitskatalepsie heraus ein Trancezustand entwickelt habe, der, weil er nicht durch Verbalreize arretiert wurde, in Schlaf überging.

Auf Grund unserer Untersuchungen kommen wir so zu der Schlußfolgerung, daß das EEG, in der heute allgemein üblichen Form aufgezeichnet, kaum Anhaltspunkte bieten dürfte, um den physiologischen Wirkungsmechanismus der Hypnose zu enthüllen.

Dagegen ermöglichen die vermittels des EEG bei geeigneter Methodik erhaltenen objektivierbaren Kriterien des Entspannungsgrades die Analyse einer Reihe interessanter und klinisch bedeutsamer Beziehungen.

3.3.3. Erfahrungen mit der Aufzeichnung elektrobiologischer Daten als Methode zur Ermittlung individueller Unterschiede in der Hypnose

Gegen Ende der zwanziger Jahre hatte die Elektronik so große Fortschritte gemacht, daß erstmalig die systematische Beobachtung und Registrierung zentral-nervöser Abläufe als elektro-biologisches Geschehen möglich wurde. Eine ständig zunehmende Zahl von Wissenschaftlern bemühte sich, auf diesem Weg tieferen Einblick in die Dynamik der Nervengrundprozesse zu gewinnen.

Im Rahmen dieser Ausführungen werden wir uns jedoch nur mit den elektrobiologischen Veränderungen befassen, die speziell im Gefolge der besonderen sensomotorischen Konstellationen auftreten, die durch erstmalige verbale Leerhypnose-Induktion zustande kommen. Die Hypnose erscheint besonders geeignet zur Untersuchung kortiko-viszeraler Zusammenhänge, weil sie als offensichtlich psychischer Reizkomplex bedeutende somatische Veränderungen mit sich bringt. Allerdings wirkt sich die außerordentliche Komplexität der hypnogenen Variation zunächst als Nachteil aus gegenüber den Methoden, die primär mit unidimensional quantifizierbaren physikalischen oder chemischen Einwirkungen arbeiten.

So gibt es wohl keinen Wissenschaftler, der die Hypnose zur Veränderung des Ausgangszustandes anwendet, der sich nicht gelegentlich gewünscht hätte, statt dessen als Variable ein genau zu dosierendes Pharmakon geben zu können. Auch bei der Auswertung der hypnogenen Veränderungen gibt es zahlreiche Schwierigkeiten, sind doch dabei vielfältige Momente zu berücksichtigen, die die Hypnose-Wirkung so unterschiedlich gestalten können, wie z. B. die Art der Induktion, Persönlichkeit der Versuchsperson, Charakter des Versuchsleiters und viele andere Faktoren. Sicherlich läßt sich daher auch ein Teil der vielen widersprüchlichen Untersuchungsergebnisse erklären, die wir gerade auf diesem Gebiet in der Literatur finden.

So stellen Crasilneck und Hall in einer Übersicht über zehn Jahre Hypnoseforschung fest, daß angesichts der großen Zahl bekannter Einflüsse, die selbst bei den besseren kontrollierten neueren Untersuchungen wirksam werden, keine der Hypnosewirkungen ernsthaft als bewiesen oder als widerlegt angesehen werden kann.

Chertok und Kramarz kommen in ihrer Übersicht über Hypnose- und EEG-Arbeiten in den Vereinigten Staaten, der Sowjetunion, der ČSSR, der Schweiz und in beiden deutschen Staaten ebenfalls zu der Schlußfolgerung, daß die Resultate der Forschung auf diesem Gebiet noch keineswegs eindeutig sind.

Auch Stokvis findet, daß die Befunde der verschiedenen Untersucher nicht miteinander im Einklang stehen.

Bei einem sorgfältigen Studium der einschlägigen Literatur bis in die Gegenwart kommt man unweigerlich zu der Einsicht, daß die Hypnoseforschung noch gehemmt wird durch methodologische Schwierigkeiten. Insbesondere wirken folgende Momente hemmend:

1. Sofern nicht ausgesprochene Einzelfälle beschrieben werden, beziehen sich die veröffentlichten Arbeiten in der Regel auf nicht mehr als 5 bis 6 und nur in ganz wenigen Ausnahmen auf mehr als 10 Versuchspersonen.
2. In vielen Arbeiten (siehe Polzien, Reiter, Schultz, Chertok u. Kramarz, Karotkin, Marenina, Streltschuk, Platonow u. a.) wird das Auftreten großer individueller Unterschiede hervorgehoben. Diese individuell unterschiedliche Reaktionsweise geht jedoch bei der Darstellung der Ergebnisse meist verloren, selbst in den Arbeiten, in denen sie vorher erwähnt wurde, da man sich darauf beschränkt, nur die durchschnittliche Reaktion anzugeben und die Einzelwerte bzw. die Streuung wenig beachtet.
3. In kaum einer Arbeit wird der Versuch gemacht, die Streuungsfaktoren näher zu analysieren, im besten Fall werden sie auf den vagen Begriff „geringere oder größere Suggestibilität“ zurückgeführt.

Angesichts dieses Tatbestandes wird deutlich, daß unsere jetzige Kenntnis vom Wirkungsmechanismus hypnotischer Suggestion keineswegs ausreicht, um die systematische Anwendung hypnogener Variationen bei der Untersuchung kortikoviszeraler Zusammenhänge optimal erfolgreich zu gestalten. Auch bei

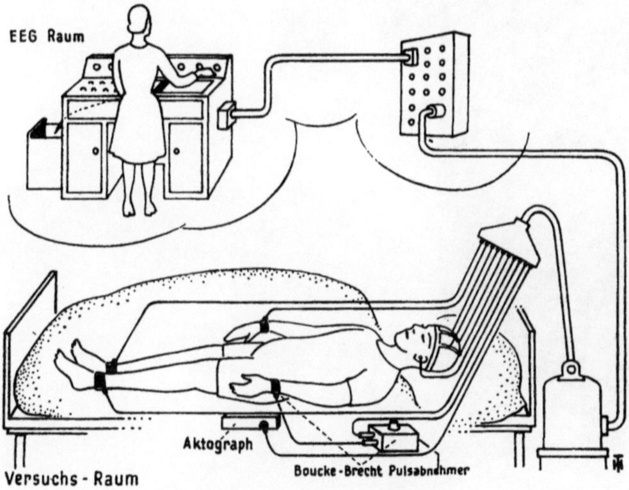

Schema der elektrophysiologischen Ableitung

unseren eigenen Untersuchungen elektrobiologischer Veränderungen (Abbildungen) unter der Leerhypnose, die wir an über hundert Versuchspersonen

Hypertoniker	48
Diabetes mellitus	14
vegetativer Erschöpfungszustand	25
verschiedene innere Erkrankungen	19

Anteil der männlichen und weiblichen Patienten gleichmäßig verteilt 52:54 durchführen konnten, beeindruckte vor allem die außerordentlich große Streubreite der Reaktionen. So fanden wir im EEG beispielsweise nicht nur in den ersten Minuten, sondern durchgehend vorwiegend Desynchronisation, Depression der Alpha-Wellen und Auftreten von Beta-Wellen bei etwa einem Drittel der Patienten (Abb. S. 245). Bei etwa 25% der Patienten fanden wir vorwiegend Alpha-Wellen und bei annähernd 45% der Patienten vorwiegend Delta-Wellen und Spindeln nach Ende der verbalen Induktion (Abb. S. 246).

Am EKG sahen wir als eine wesentliche Auswirkung der Hypnose eine Änderung der Herzfrequenz. Bei annähernd 80% fanden wir nach etwa 10 Minuten eine durchschnittliche Abnahme der Herzfrequenz um 10 Schläge pro Minute, bei etwa 5% der Patienten keine Veränderungen der Herzfrequenz und bei annähernd 15% der Patienten zeigte sich eine Beschleunigung der Herzfrequenz um etwa 4 Schläge pro Minute.

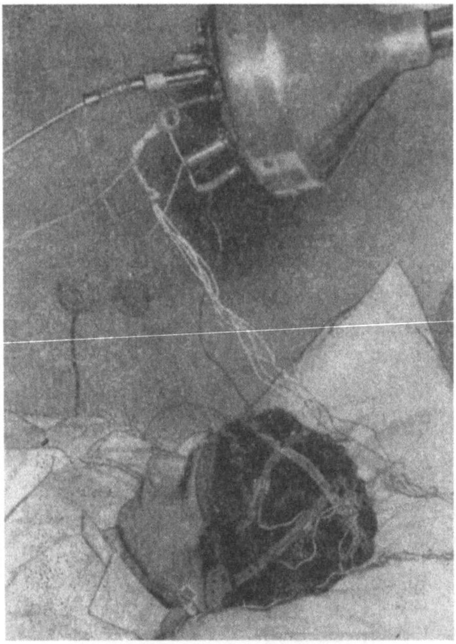

Befestigung der Kopfelektroden

Schon anhand dieser wenigen Ergebnisse läßt sich verdeutlichen, welche verschiedenartigen Möglichkeiten der Darstellung derartiger Ergebnisse existieren. So könnte man beispielsweise die 30% Versuchspersonen, die vorwiegend mit Desynchronisation, Depression der Alpha-Wellen und Auftreten der Beta-Wellen in der Hypnosesituation auch nach der Induktion reagierten, zunächst einfach abstreichen, indem man sie als unhypnotisierbar oder schwer hypnotisierbar ausklammert. Man könnte auch am EKG, anstatt eine differenzierte Angabe der Veränderung der Herzfrequenz zu bringen, die durchschnittliche Veränderung der Herzfrequenz ermitteln, die natürlich infolge des Hinzukommens der 15% Beschleunigungen und der 5% unveränderten Frequenzen sich etwas erhöhen würde, aber nach wie vor eine Frequenzsenkung beinhaltet. Es erscheint mir jedoch so, als ob eine derartige Darstellung gerade bedeutsame individuelle Varianten übersieht, deren Kenntnis u. U. einen tieferen Einblick in den Mechanismus der Hypnosewirkung vermitteln kann. Auch bei Ableitungen anderer peripherer Funktionen, bei denen nicht die elektrobiologischen Veränderungen direkt gemessen wurden, fanden wir gleichermaßen bedeutsame individuelle Unterschiede.

So wurde beispielsweise bei Messungen mit der HENSELschen Wärmesonde schnell deutlich, wie individuell unterschiedlich die periphere Durchblutung auf Suggestion reagiert. Während die Kurve bei einigen Versuchspersonen keine

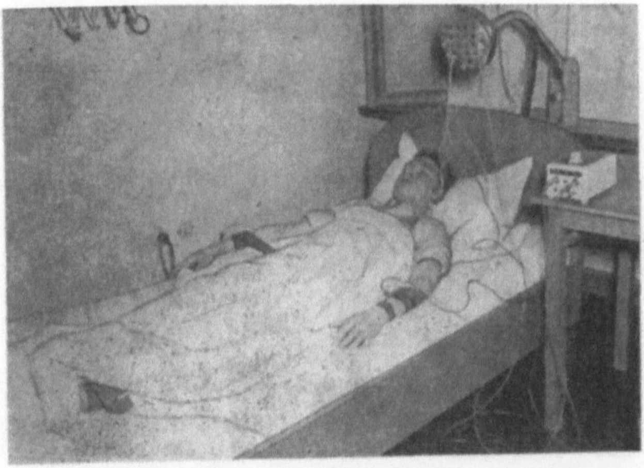

Gesamtansicht der elektrophysiologischen Ableitungen

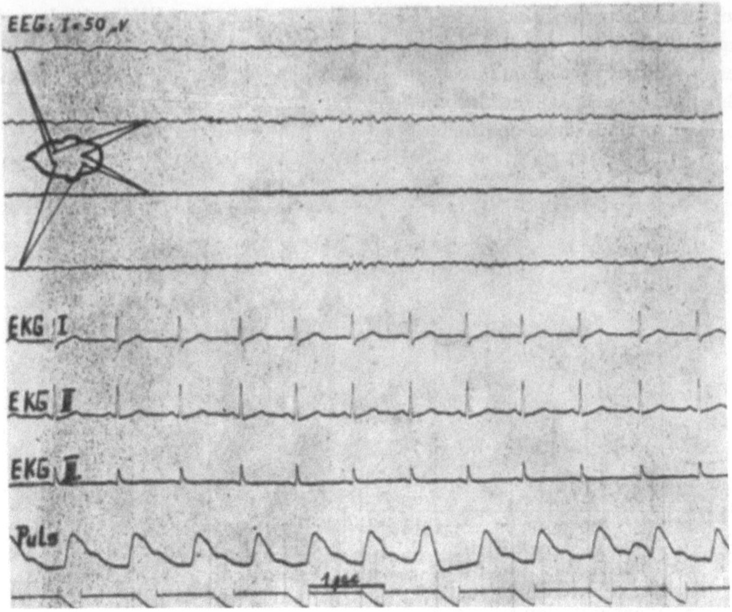

Elektrophysiologische Ableitung zu Beginn der verbalen Induktion. Dieses EEG zeigt ein Mischbild aus flachen, unregelmäßigen Alpha- u. Theta-Wellen. Das EKG weist eine Linkslage bei einer Frequenz um 70 pro Minute und Zeichen einer beiderseitigen Hypoxämie bzw. hypoxämischen Myocardschaden auf

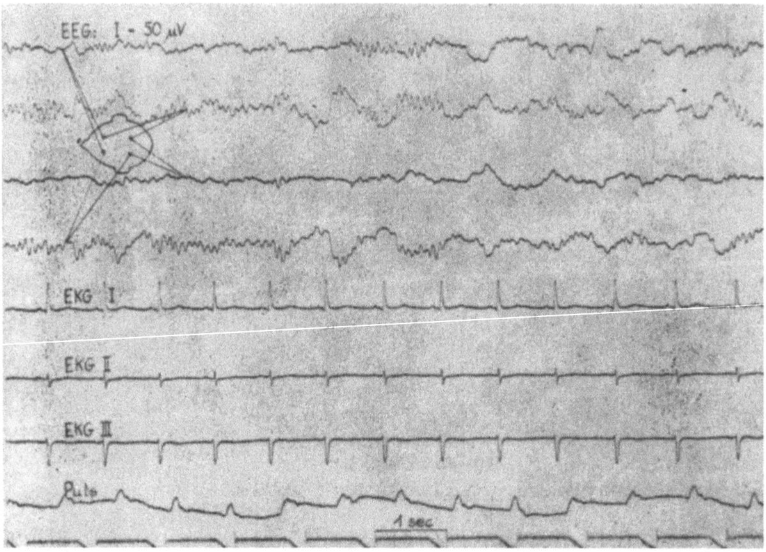

Elektrophysiologische Ableitung nach Ende der Induktion; der Versuchsleiter hatte den Raum verlassen. Bemerkenswert sind die deutlichen Schlafwellen. Das EEG zeigt langsame 1 pro Sekunde Delta-Wellen mit Spannungshöhen bis über 100 Mikrovolt und teilweise aufgelagerten um 10 pro Sekunde rhythmischen Alpha-Wellen. Im Vergleich zum EKG, das zu Beginn der verbalen Induktion abgeleitet wurde, sind Frequenz und Lage unverändert. P_1 und P_2 sind etwas deutlicher positiv

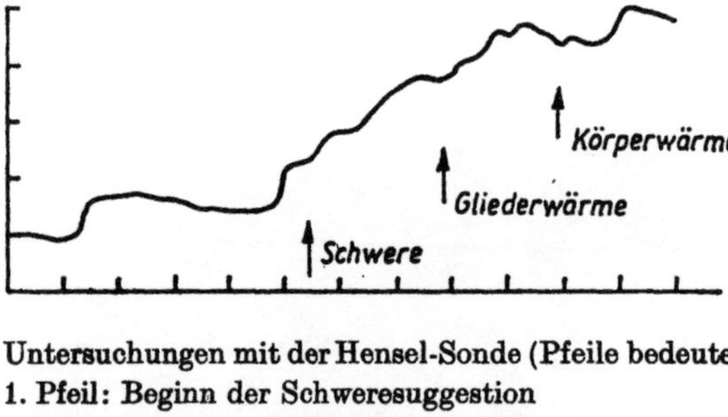

Untersuchungen mit der Hensel-Sonde (Pfeile bedeuten Beginn der jeweiligen Suggestion)
1. Pfeil: Beginn der Schweresuggestion
2. Pfeil: Suggestion: Wärme in den Gliedern
3. Pfeil: Suggestion: Wärme im Körper

Hier sieht man, wie wir es häufig fanden, daß bei der Suggestion der Körperwärme die Wärme in den Fingern nicht weiter anstieg, sondern sogar eine Tendenz zum Abfall zeigte sichtbaren Veränderungen bei Wärmesuggestion aufwies, sahen wir bei anderen folgende Bilder (Abb. S. 246—247).

Die introspektiven Berichte der Versuchspersonen wiesen ebenso große individuelle Unterschiede auf. Nehmen wir nur zwei Maßstäbe, so finden wir

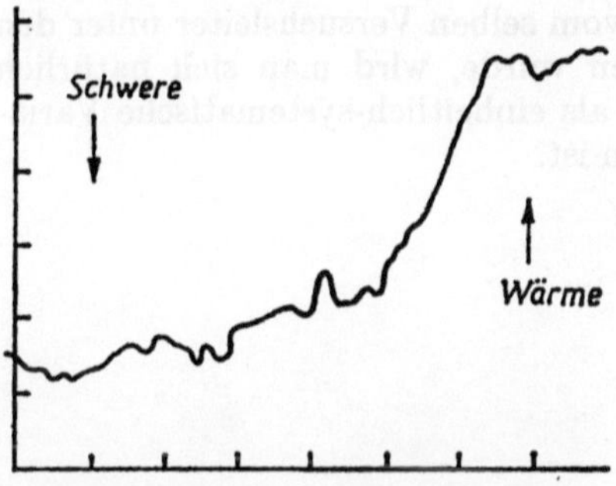

Untersuchung mit der Hensel-Sonde
1. Pfeil: Beginn der Schweresuggestion
2. Pfeil: Suggestion: Wärme in den Gliedern

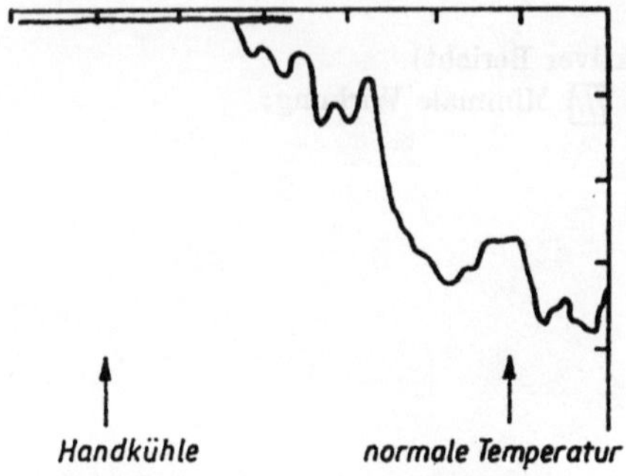

Untersuchung mit der Hensel-Sonde
1. Pfeil: Suggerierung von Kühlung der Hand
2. Pfeil: Allgemeine Ruhe und normale Temperatur der Hand wird suggeriert

erstens, daß — obwohl den Versuchspersonen keinerlei Hinweis auf Schlaf gegeben wurde und sie auch nicht aufgefordert wurden, ihn in den introspektiven Berichten zu erwähnen — 40% aller Versuchspersonen das Eintreten des Schlafes (21%) bzw. sein Ausbleiben (19%) kommentieren. Zweitens ergibt sich auf Grund einer quantitativ wertenden Analyse der introspektiven Berichte (Abb. S. 248) bei

18% der Versuchspersonen eine maximale Wirkung,
62% der Versuchspersonen eine gute Wirkung,
12% der Versuchspersonen eine minimale Wirkung,
8% der Versuchspersonen keinerlei Wirkung.

Nebenbei bemerkt, bestätigt diese Aufstellung auch die aus der Literatur bekannte Auffassung, daß wir keineswegs berechtigt sind, die 30% der Versuchspersonen, bei denen keine Anzeichen der Entspannung im Hirnstrombild auftraten, als nichthypnotisierbar anzusehen.

Angesichts derartiger individueller Unterschiede, die auftraten, obwohl praktisch der gleiche Wortlaut der Induktion vom selben Versuchsleiter unter den gleichen räumlichen Bedingungen gegeben wurde, wird man sich natürlich fragen, ob denn die Hypnose überhaupt als einheitlich-systematische Variation des Ausgangszustandes zu gebrauchen ist.

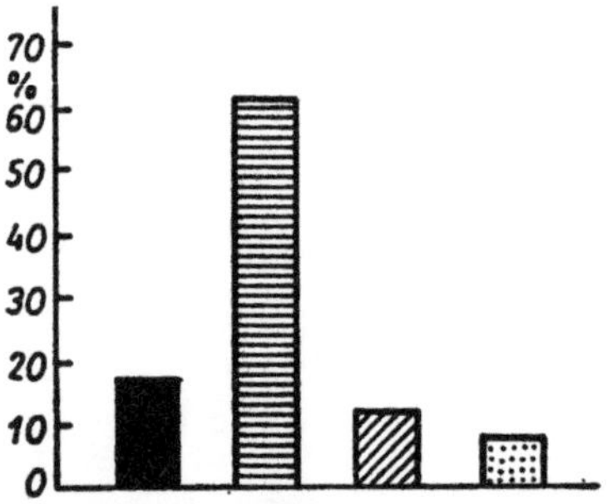

Entspannende Wirkung der Hypnose (subjektiver Bericht)
Maximale Wirkung; Gute Wirkung; Minimale Wirkung; Keine Wirkung

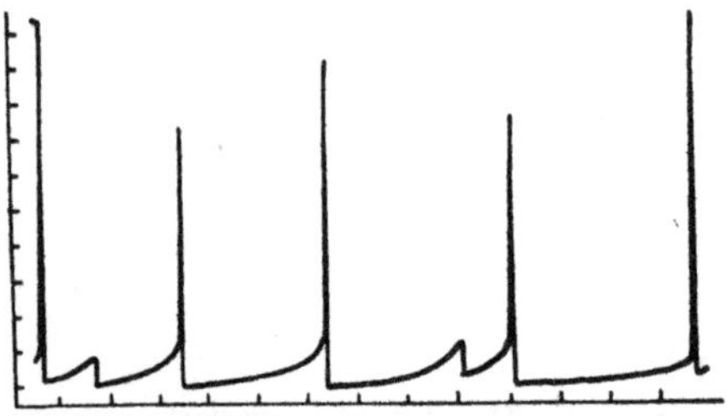

Leichter Schlaf

In diesem Zusammenhang ist es notwendig darauf hinzuweisen, daß wir neben den individuellen Unterschieden auch gewisse Gemeinsamkeiten registrieren konnten.

So zeigte das Absinken der motorischen Aktivität, wie wir sie mittels Aktographen registrierten, eine bemerkenswerte Einheitlichkeit bei allen Versuchspersonen, eine über die im normalen Schlafzustand festgestellte Ruhe hinausgehende Immobilität (Abb. S. 248—250). Auch wurden Delta-Wellen und Spindeln bei unseren Versuchspersonen in keinem Fall registriert, während der Versuchsleiter noch sprach oder sich im Raum befand, vielmehr kam es während dieser Zeit allgemein zu einer Depression und Desynchronisation der Alpha-Wellen. Erst nachdem der Versuchsleiter den Raum verlassen hatte, traten Delta-Wellen und Spindeln (Anzeichen des Schlafs) auf.

Es gab also zweifellos gewisse gemeinsame Reaktionstendenzen auf die Hypnose-Induktion, aber die individuellen Besonderheiten waren doch so bedeutsam, daß sie nicht zu übersehen waren.

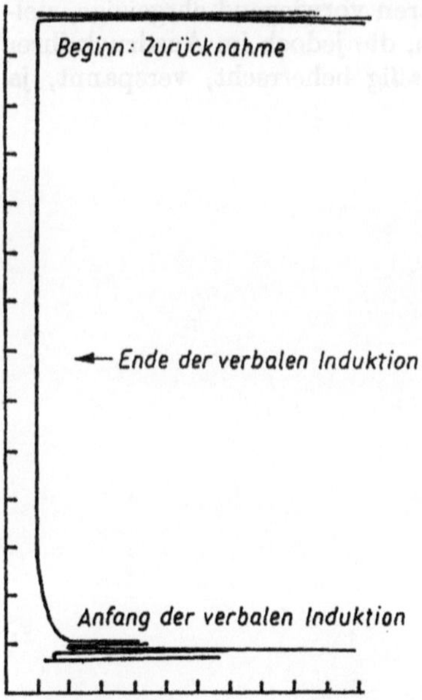

Das übliche Bild während der Hypnose

In unserem Versuch, die Streuung der elektrobiologischen Reaktionen zu analysieren, gingen wir von Hypothesen aus, die wir auf Grund unserer klinischen Beobachtungen gebildet hatten. So hatten wir bemerkt, daß Patienten mit essentieller Hypertonie im allgemeinen günstiger auf hypnotische Suggestionen reagierten als Patienten mit neuro-vegetativen Erschöpfungszuständen. Tatsächlich zeigte sich bei den (entsprechend den in unserer Klinik zur Behandlung kommenden Krankheitsbildern) aufgestellten Gruppen, daß die Hypertoniker und Diabetiker in signifikantem Maße besser entspannten als die Patienten mit vegetativen Erschöpfungszuständen und den anderen behandelten inneren Erkrankungen. Der größte Unterschied zeigte sich dabei zwischen Hypertonikern auf der einen Seite und Patienten mit vegetativen Erschöpfungszuständen auf der anderen Seite. Ein Vergleich der Hypertoniker mit der vegetativen Erschöpfungsgruppe erschien daher am ehesten geeignet, Hinweise über Komponenten hypnotischer Suggestibilität zu erbringen.

Andererseits ließ sich die Tatsache nicht übersehen, daß bei den Hypertonikern, ebenso wie bei den Diabetikern, 25% der Patienten in einem Vigilanzzustand blieben, d. h., daß sie durch die Hypnose anscheinend nicht beeinflußt wurden. Es erschien daher notwendig, vor einem Vergleich der Hypertonikergruppe (als der Gruppe mit der höchsten Suggestibilität) mit einer anderen Gruppe zuerst festzustellen, wodurch bei einem Viertel dieser Gruppe eine Unempfindlichkeit für Suggestion hervorgerufen wurde. Wiederum griffen wir auf unsere klinische Erfahrung zurück. Wir hatten in unseren psychologischen Untersuchungen bei Hypertonikern zwei hauptsächliche Charakterstrukturen gesehen. Die Mehrheit unserer Hypertoniker waren vorwiegend ehrgeizige, zielstrebige, im allgemeinen erfolgreiche Menschen, die jedoch im Ausdruck ihrer Gefühle gehemmt, in ihrem Verhalten übermäßig beherrscht, verspannt, ja

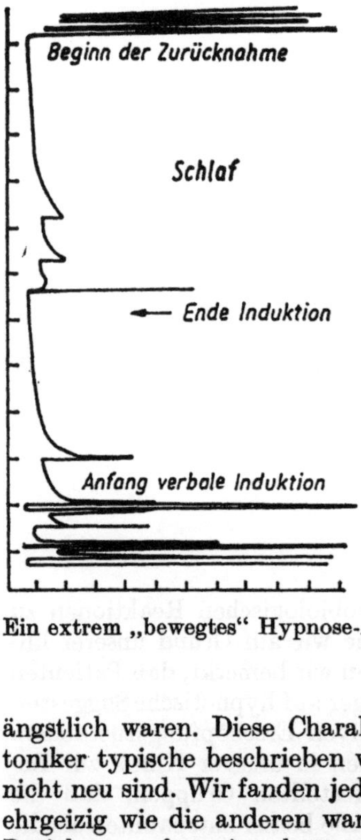

Ein extrem „bewegtes" Hypnose-Aktogramm

ängstlich waren. Diese Charakterstruktur ist häufig als die für den Hypertoniker typische beschrieben worden, so daß unsere Ergebnisse diesbezüglich nicht neu sind. Wir fanden jedoch auch Hypertoniker, die, obgleich sie ebenso ehrgeizig wie die anderen waren, keinerlei Erfolg in beruflicher und sozialer Beziehung aufzuweisen hatten. Infolge ungünstiger persönlicher oder Umweltbedingungen waren sie relativ unreif geblieben, auch fehlte ihnen die notwendige Kontrolle und Selbstbeherrschung sowie die Fähigkeit zu weiterer Zielsetzung und Motivierung durch größere Perspektiven. Sie zeigten mehr oder weniger ausgesprochen egozentrische Tendenzen, wobei eine übertriebene Aufmerksamkeit auf das Geschehen im eigenen Organismus gerichtet wurde, so daß es zu zahlreichen hypochondrischen Klagen kam.

Angesichts dieser zwei unterschiedlichen Charakterstrukturen analysierten wir die aufgetretenen Reaktionsunterschiede, wie sie sich am EEG gezeigt hatten, innerhalb der Hypertonikergruppe. Dabei fanden wir die Schläfer weitgehend bei den erfolgreichen, zielstrebigen, übermäßig beherrschten Hypertonikern, während sich die Vigilanzreaktionen in der Gruppe der erfolglosen, schlecht beherrschten und emotionell labilen Hypertoniker häuften. Nachdem wir durch unsere Analyse festgestellt hatten, daß diese Charakterunterschiede eine gewisse Rolle bezüglich der Reaktion auf die Hypnose spielen, blieb zu prüfen, ob die Unterschiede, die wir bei den vier Krankheitsgruppen gefunden hatten, nicht einfach eine Widerspiegelung des Vorkommens einer unterschiedlichen Anzahl unreifer, egozentrischer Charaktere in den verschiedenen Gruppen war. Tatsächlich war die Anzahl solcher Charaktere in der vegetativen Erschöpfungsgruppe größer als in der Hypertoniegruppe. Wir verglichen daher die Gruppen miteinander, nachdem wir alle egozentrischen Charakterfehlentwicklungen ausgeschlossen hatten. Nach wie vor zeigte es sich, daß über zwei Drittel der Hypertoniker und Diabetiker EEG-Schlafkurven nach der Induktion aufwiesen, während nur ein Fünftel der vegetativen Erschöpfungszustände solche EEGs zeigten. Ein Blick auf die Gruppe mit verschiedenen inneren Erkrankungen, in der gleichfalls weniger als ein Drittel Schlafkurven auftraten, enthüllt die Inhomogenität dieser Gruppe. So zeigt es sich, daß die Hyperthyreotiker nicht imstande waren bzw. beträchtliche Schwierigkeiten hatten zu entspannen, während Patienten mit Magen- und Darmgeschwüren z. B. relativ leicht entspannten.

Wir fanden also bei der Analyse der EEG-Daten, daß Hypertoniker und Diabetiker im allgemeinen auf hypnotisch suggerierte Entspannung besser reagieren als Patienten mit vegetativen Erschöpfungszuständen. Die geringste Entspannungsfähigkeit zeigten egozentrische Persönlichkeiten, die fast alle Vigilanzreaktionen in allen Gruppen hervorbrachten.

Wenn wir die Resultate unserer Analyse verallgemeinern wollten, so könnte man die nachprüfbare Hypothese formulieren, daß Versuchspersonen mit starken inneren Hemmungen (der Motorik) besser auf eine anfängliche hypnotische Induktion reagieren als solche mit weniger stark entwickelten Hemmungen. (Dabei ist es durchaus möglich, ja, es kommt nicht selten vor, daß eine bemerkenswerte Enthemmung der vegetativen Reaktionen gleichzeitig verbunden ist mit einer ausgeprägten Hemmung im motorischen Bereich).

Nach dieser Diskussion der EEG-Daten seien in einigen Worten die Resultate unserer Analyse der auseinandergehenden EKG-Kurven (Frequenzsenkung bei der Mehrheit, Frequenzerhöhung bei einer kleinen 15%-Minderheit) aufgezeigt. Natürlich hätte man annehmen können, daß eine enge Beziehung besteht zwischen hypnotischer Entspannung und allgemeiner Verlangsamung der Herzfrequenz. Demnach hätte man erwartet, daß die erhöhten Herzfrequenzen bei den nichtentspannten Charakterfehlentwicklungen zu finden gewesen wären. Unsere Daten bestätigen jedoch diese Annahme nicht, vielmehr zeigt es sich, daß hier kompliziertere Beziehungen vorliegen. Veränderungen des Herzrhythmus, obwohl die allgemeine Tendenz eindeutig eine Senkung unter der hypnotischen Induktion aufwies, schien weitgehend von der Ausgangsfrequenz abzuhängen. Versuchspersonen mit niedrigen Ausgangswerten zeigten einen Frequenzanstieg unter der Entspannung, während diejenigen mit höheren Ausgangswerten eine Frequenzsenkung aufwiesen. Die Veränderungen bewegten sich im allgemeinen in Richtung auf einen Rhythmus zwischen 54 und 74/min.

Unsere Darstellung hatte das Ziel, aufzuzeigen, daß es möglich ist, bei der Auswertung der hypnotischen Reaktionsmuster über Vergleiche von Durchschnittszahlen hinauszugehen, und daß eine Analyse der Streuung, selbst wenn sie noch unvollständig ist, neue Zusammenhänge aufzeigen und zu einer Vertiefung des Verständnisses führen kann.

3.3.4. Erfolgsuntersuchungen bei einer komplexen Psychotherapie essentieller Hypertoniker

mit E. Kriegel u. I. Gaefke

Bei der Genese zerebro-viszeraler (psychosomatischer) Erkrankungen spielen Umweltbelastungen und deren persönlichkeitsspezifische psychische Verarbeitung eine wesentliche Rolle. Diese Feststellung ist durch umfangreiche tierexperimentelle Untersuchungen, klinische Erfahrung und zahlreiche epidemiologische Studien gesichert.

Dennoch sind Forschung und Therapie dieser Störungen gegenwärtig weitgehend auf physiologisch-neurologische und biochemische Veränderungen konzentriert. Ohne die Gründe für diese Sachlage, die an anderer Stelle besprochen wurde, hier anzuführen, sei hervorgehoben, daß bei der Diagnostik vielfach die Umweltbeziehungen des Patienten wenig beachtet werden. So ist es für die überwiegende Mehrheit aller bisherigen physiologisch-neurologischen, biochemischen und selbst für viele traditionelle psychologische Untersuchungsverfahren charakteristisch, daß sie ihre Stichproben von Probanden bzw. Patienten unter Laboratoriumsbedingungen, d. h. mehr oder weniger von der normalen Umwelt losgelöst, entnehmen. Da die Normwerte im allgemeinen an der ruhenden bzw. von der üblichen sozialen Umwelt weitgehend isolierten Versuchsperson ermittelt werden, kommt es mitunter zu fehlerhaften diagnostischen Aussagen, wenn Probanden nicht abschalten und ihre akuten Umweltprobleme unbeabsichtigt in der Untersuchungssituation weiterwirken.

Schwerwiegender als das unerwünschte Eindringen von Umwelteinflüssen in die Laboratoriumssituation ist die Kehrseite dieser Problematik, die darin besteht, daß Laboruntersuchungen gegenwärtig kaum einen Zugang zur systematischen Erschließung der für die Psychotherapie so wichtigen Umweltrelationen, insbesondere der zwischenmenschlichen Beziehungen des Patienten, gewähren können.

Natürlich soll und kann diese Feststellung die Bedeutung der Labormethoden, ohne die die Fortschritte der modernen Medizin überhaupt nicht denkbar wären, in keiner Weise schmälern. Andererseits müssen jedoch die auf der Grundlage neuerer Erkenntnisse sichtbar werdenden Lücken und Grenzen der Laboratoriumsuntersuchungen durch Verfahren ergänzt werden, die einen tieferen Einblick in die Umweltbedingungen des Patienten und deren konstruktive und destruktive Konstellationen gestatten.

Eine Auswertung von Beobachtungen und statistischen Erhebungen, die speziell dieses Ziel verfolgen, führten wir bei 500 Hypertonikern durch. Dabei konnten wir feststellen, daß bei diesem Personenkreis eine — gegenüber Normotonikern — signifikante Hypersensibilität auf belastende psychosoziale Konstellationen existiert, eine Hypersensibilität, die gepaart ist mit charakteristischen maladaptiven Verhaltensweisen und daher zu einer Verstärkung der belastenden Konflikte führt. So unterscheiden sich beispielsweise Hypertoniker auf dem 1%-Niveau von Normotonikern in der Bevorzugung passiv-submissiver Reaktionsweisen im täglichen Leben, obwohl sie diese Reaktion, also die übermäßige Kontrolle ihrer impulsiv-aggressiven Regungen, in diesen Situationen gleichzeitig als inadäquat ablehnen. Ein solches Verhalten vermeidet zwar die vielfach übermäßig schweren Sanktionen und Gegenreaktionen, die eine offen aggressive Reaktion nach sich ziehen könnte und wird infolgedessen (operant) bekräftigt, auf der anderen Seite wirkt die echte oder vermeintliche Kränkung aber je nach Stärke und Verwundbarkeit des Selbstbewußtseins mehr oder minder lange Zeit nach, wobei konfliktreiche Zweifel über die eigene Reaktion und Fantasien antagonistische Einstellungen und Aktionstendenzen mobilisieren. Sie wirkt aber auch auf den Kränkenden, der entweder wirklich (oder zumindest anscheinend) dazu neigt, in Zukunft wiederum in ähnlicher Form vorzugehen und dadurch den Konflikt noch zu vertiefen. So entwickelt sich ein eigenartiger innerer Konflikt, dessen Charakteristikum es ist, daß beide antagonistischen Haltungen bekräftigt werden und infolgedessen chronifizieren. Folkow und Rubinstein konnten nachweisen, daß derartige Spannungen zu permanenten Blutdruckerhöhungen führen können, selbst wenn sie subjektiv kaum wahrgenommen werden.

Neben dieser Art der Umweltbeziehung oder Charakter-Rüstung (character armour) fanden wir bei Hypertonikern gehäuft die Tendenz, negative oder ungünstige Ereignisse und Entwicklungen zu antizipieren und überhaupt eine Wahrnehmungsselektion zu treffen, bei der die negativen oder unerfreulichen Eindrücke übermäßig in den Vordergrund treten.

Derartige Verhaltensweisen werden aber nicht nur bei Hypertonikern angetroffen, sondern kommen bei zerebro-viszeralen Erkrankungen häufiger vor. Daher untersuchten wir, ob es möglich ist, durch gezielte Einwirkungen auf diese konfliktintensivierenden maladaptiven Verhaltenstendenzen die Blutdruckauslenkung bei Hypertonikern tatsächlich günstig zu beeinflussen. Das erschien uns insofern besonders interessant, als ja gerade zerebro-viszerale Erkrankungen eine glänzende Möglichkeit bieten, die psychotherapeutische Wirksamkeit, deren Bestimmung soviel Schwierigkeiten macht, exakt zu ermitteln. So ist z. B. die ungünstige permanente Blutdruckauslenkung des Hypertonikers bisher nur unbefriedigend therapeutisch zu beeinflussen. Die Wirksamkeit einer komplexen psychotherapeutischen Methode, die sich dieses Ziel stellt, wäre daher genau in mmHg bzw. in prozentualer systolischer und diastolischer Blutdrucksenkung zu quantifizieren.

Bei der Ausarbeitung unserer Methode verdanken wir insbesondere den hochinteressanten Untersuchungen von N. Ach und D. H. Uznadze wertvolle Anregungen. Abgesehen von den Schülern des letzteren (Prangischwili, Boshowitsch, Kon), hat auch Baust die Bedeutung des Faktors ‚Einstellung‘ für den Blutdruck eindrucksvoll nachgewiesen:

„Ein Schmerzreiz führt bei einem decerebrierten Tier zu einer Entladung im Sympathicus und damit zu einem Blutdruckanstieg. Dieser Effekt wird, da das Tier ja decerebriert ist, ausschließlich über den Hirnstamm vermittelt. Setzt man hingegen am wachen, intakten Tier einen Schmerzreiz, so besteht die Reflektion im kardiovaskulären System durchaus nicht immer in einem Blutdruckanstieg. Je nachdem kann es zu einer Steigerung, zu einem Abfall oder zu gar keiner Veränderung des Blutdrucks kommen."

BAUST vertritt in diesem Zusammenhang die Meinung, daß hier die „innere Einstellung" des Tieres gegenüber dem Reiz eine Rolle spiele, also „Faktoren, die bis heute neurophysiologisch nicht analysierbar sind."

Diese Auffassung bestätigend, wiesen WILLIAMS und EICHELMAN nach, daß nach schockinduzierter Aggression gepaarter Ratten der Blutdruck signifikant absank, während einzelne Ratten bei gleichen Schocks einen signifikanten Blutdruckanstieg aufwiesen.

Um die erwähnten maladaptiven Einstellungen der Hypertoniker zu beeinflussen, entwickelten wir eine Methode komplexer Psychotherapie (Psy KT), die auf folgenden Faktoren beruht:

1. Herstellung einer vertrauensvollen Patient-Therapeuten-Beziehung. (Dieser eigentlich selbstverständliche Faktor wird hier ausdrücklich angeführt, da er vielfach in verhaltenstherapeutischen Untersuchungen, in denen er ebenfalls als versteckte Variable wirksam ist, unberücksichtigt bleibt.)
2. Erhebung der Anamnese und Sozioanalyse.
3. Kurz- bzw. Suggestiv-Behandlung störender Symptome wie Angst und Unruhe, Schlaflosigkeit u. ä.
4. Bewußtmachung negativer Antizipation und negativer Wahrnehmungsselektion als Begleiterscheinung mangelnden Selbstvertrauens (systemartige autosuggestive Fehlauffassung (SAF)) resultierend aus ungünstigen Umweltkonstellationen und Erlebnissen, Begreifen gesamtgesellschaftlicher Kausalzusammenhänge dieser Schwierigkeiten.
5. Systematisches Training positiver Wahrnehmungsselektion und gezielter Orientierung auf positive Umweltanforderungen.
6. Gezielte Steigerung der Aktivität, des Selbstbewußtseins und der Eigeninitiative.
7. Autogenes Training mit teilweiser heterosuggestiver Bekräftigung.
8. Aufstellung konkreter beruflicher und privater (relativ kurzfristiger) Ziele.
9. Bewährung (in arbeits- und gruppentherapeutischen Situationen sowie bei der Durchsetzung beruflicher und privater Zielsetzungen).

Die kurzfristige Wirkung dieser komplexen Beeinflussung ermittelten wir zunächst anhand der Blutdruckveränderung im Verlaufe eines heterosuggestiv bekräftigten Autogenen Trainings. Dabei fanden wir bei 33 Versuchspersonen (Männliche Hypertoniker des Schweregrades I im Alter von 16 bis 40 J. ($\bar{x} = 29$)) signifikante Blutdrucksenkungen sowohl systolisch als auch diastolisch (Abb.).

Wir prüften dann, wie sich dieses Ergebnis zu Veränderungen unter zeitlich gleicher Entspannung bei nicht therapeutisch angeleiteten Patienten verhält. Dazu stellten wir 10 Patienten, die lediglich die Aufforderung erhielten, sich im Trainingsraum bequem auszuruhen und zu entspannen, 10 Patienten mit entsprechenden Blutdruckausgangswerten bei ihrem ersten Autogenen Training gegenüber.

Wir fanden, daß sich die Patienten mit heterosuggestiv bekräftigtem Autogenen Training schon in der ersten Trainingssitzung hochsignifikant sowohl in bezug auf die systolische als auch die diastolische Blutdrucksenkung von der Kontrollgruppe unterschieden (Abb.).

Bedeutsamer als diese kurzfristigen Veränderungen erschien uns jedoch die Ermittlung langfristiger Kreislaufveränderungen im Gefolge der komplexen psychotherapeutischen Behandlung. Wir verglichen zu diesem Zweck den

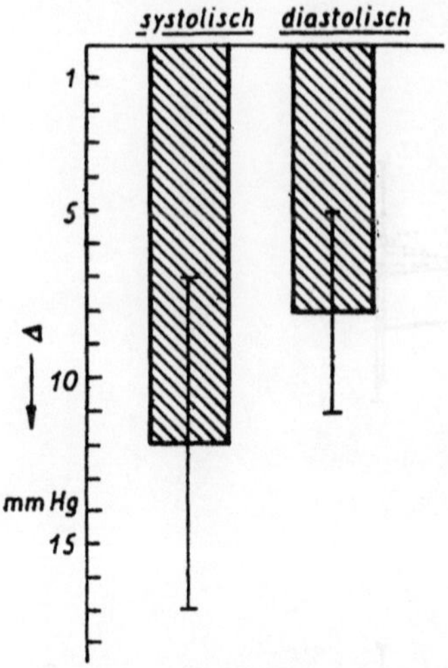

Senkung des Blutdruckes bei jugendlichen essentiellen Hypertonikern I
(Differenz zwischen Messung vor AT und Messung nach AT – n = 33)

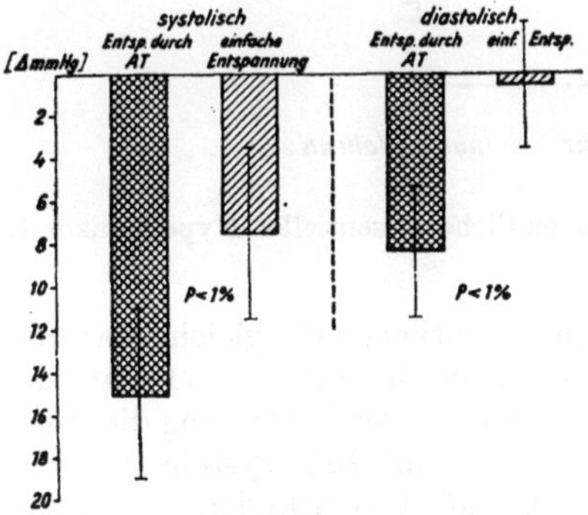

Vergleich der Blutdrucksenkung:
Entspannung durch „autogenes Training“ (n = 10).
Einfache Entspannung (Kontrolle) (n = 10)

Blutdruckverlauf einer Gruppe von 46 komplex, aber ausschließlich psychotherapeutisch behandelten hypertonen Patienten (im Alter von 16—40 J. ($\bar{x} = 31$)) mit zwei ausschließlich medikamentös und drei kombiniert behandelten Gruppen. Es handelte sich dabei um Patienten des Schweregrades I, die stationär relativ gut entspannten.

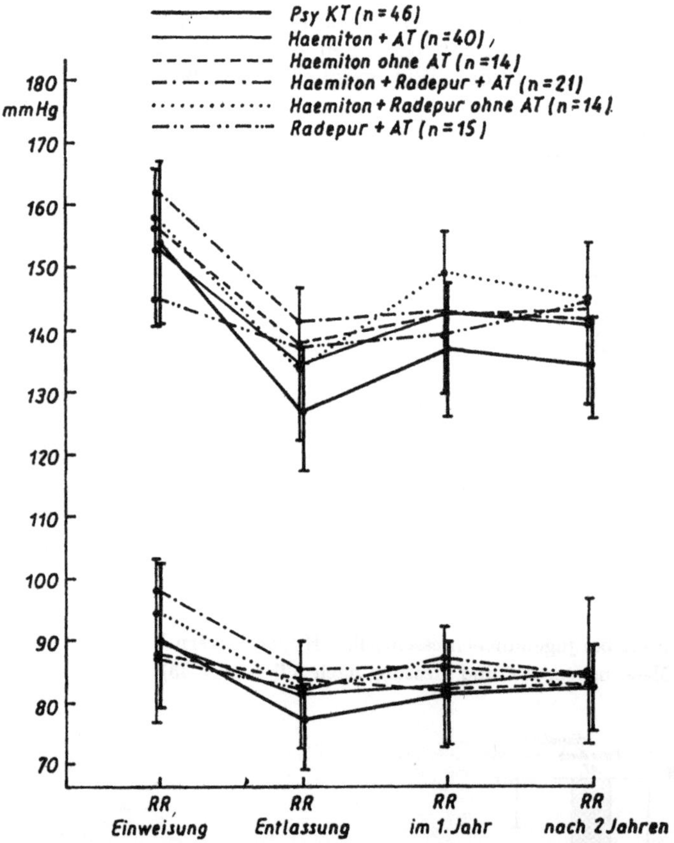

Vergleich der verschiedenen Therapiegruppen jugendlicher essentieller Hypertoniker I.

Obwohl die systolische Ausgangslage im wesentlichen die gleiche war (die Einweisungsblutdruckwerte unterschieden sich nicht signifikant — bis auf die mit Radepur und „AT" behandelte Gruppe), lagen bei der Entlassung die Blutdruckwerte der komplexen Psychotherapiegruppe (mit 18% systolischer und 14% diastolischer Senkung) signifikant niedriger als die der anderen Gruppen. Nach einem Jahr lagen die Blutdruckwerte der komplexen Psychotherapiegruppe weiterhin signifikant niedriger als 2 der 5 Vergleichsgruppen und nach 2 Jahren konnte wiederum eine signifikant niedrigere Blutdrucklage der komplexen Psychotherapiegruppe gegenüber allen anderen Gruppen festgestellt werden (Abb.).

Diastolisch waren dagegen nicht so bedeutsame Unterschiede festzustellen. Zur Zeit der Entlassung lag der Blutdruck der ausschließlich von uns behandelten Gruppe signifikant niedriger als der von 3 der 5 Kontrollgruppen, jedoch zeigte nach 1 Jahr, ebenso wie nach 2 Jahren, die Blutdrucksenkung keine statistische Signifikanz mehr gegenüber den ebenfalls noch erniedrigten Blutdruckwerten der anderen Gruppen, obwohl der Blutdruck unserer Behandlungsgruppe nach wie vor am niedrigsten lag.

Die komplexe Psychotherapie, deren Effektivität wir untersuchten, erwies sich also schon nach relativ kurzfristiger Anwendung (20—25 Std.) als blutdruckwirksam. Dabei ist die hier beschriebene Psychotherapie nur ein Segment der von uns angestrebten umfassenderen Komplextherapie. Diese beinhaltet außer den beschriebenen Methoden eine gruppentherapeutische Behandlung, die auf der Integration von Gruppengesprächen, Arbeits- und Physiotherapie beruht.

3.3.5. Die Psychotherapie der essentiellen Hypertonie

mit E. Kriegel u. I. Gaeke

Es ist sinnvoll, bei der Behandlung des essentiellen Hypertonikers auf die Umweltbelastung und ihre individuelle Verarbeitung einzuwirken, um die zur Genese und Chronifizierung beitragenden psychosozialen Störkomponenten möglichst zu verringern.

Die Therapie des Hypertonus bietet darüber hinaus eine einzigartige Möglichkeit zur Effektivitätsmessung (systolische und diastolische Blutdruckveränderungen in mm Hg) — diesem besonders schwierigen Problem jeder Psychotherapie. Seit Anfang der 70er Jahre (Elder u. a., Katzenstein u. a., Patel, Redmond) hat sich eine ständig wachsende Zahl von Untersuchern systematisch mit der Wirkung gezielter psychotherapeutischer Intervention in der Frühphase der Hypertonie auf den Verlauf dieser Erkrankung beschäftigt.

Die Vielzahl gegenwärtig praktizierter psychotherapeutischer Vorgehensweisen läßt sich grob in drei Kategorien einordnen:

1. Die symptomatischen Therapien, als deren Hauptvertreter die **Verhaltenstherapie** genannt zu werden verdient (Basler, Benson et al., Kanfer, Kanfer und Goldstein, Miller, D. Shapiro et al., A. P. Shapiro) zielen bekanntlich auf die Beeinflussung spezifischer Verhaltensweisen, die mit der Symptomatik oder dem Syndrom direkt verknüpft sind bzw. es hervorrufen. Aus dieser Sicht wird der essentielle Hypertonus als relativ isoliertes Produkt eines fehlerhaft bekräftigten zerebral-vegetativen Lernprozesses angesehen, der, ähnlich wie eine Gewohnheit, bei der primär die Willkürmotorik beteiligt ist, durch Konditionierung (also eine Art korrektiver Bekräftigung) verändert werden kann.
2. Die **persönlichkeitszentrierten** therapeutischen Methoden (z. B. verschiedene

analytische Verfahren, Gesprächspsychotherapie, kommunikative Psychotherapie usw.) erstreben primär eine Beeinflussung der zugrunde liegenden Entwicklungsstörung, die zur Herausbildung der pathogenen Verhaltensschablone geführt hat (v. EIFF). Dabei wird die Störung (also in unserem Fall das Hypertoniegeschehen) als integrierender Bestandteil der Lebensgeschichte des Patienten und seiner Persönlichkeitsentwicklung angesehen, so daß jede therapeutische Veränderung des Hochdrucks als Eingriff in ein homöostatisches System zu betrachten ist. Den in den 50er und 60er Jahren gelegentlich beschriebenen verheißungsvollen Erfolgsstatistiken nach Behandlung in psychoanalytischen Sitzungen, die sich über Jahre erstreckten (STOKVIS), sowie nach kurzfristigerer verhaltenstherapeutischer Konditionierung (PRICK) konnten im Untersuchungszeitraum keine gleichermaßen günstigen Replikationen gegenübergestellt werden. Wie das nach Einführung neuer therapeutischer Methoden häufig der Fall ist, hat auch hier der erste therapeutische Überoptimismus einer gewissen Resignation Platz gemacht (OSTFELD).

Interessant ist, daß auch die persönlichkeitszentrierten psychodynamischen Methoden in letzter Zeit in zunehmendem Maße das Vokabular psychologischer Lerntheorien benutzen und die Psychotherapie als einen — wenn auch weitgehend un- oder unterbewußten — Lernprozeß ansehen, in dem der Therapeut vor allem auf Grund seiner einfühlend interpretierend, klärenden Beziehung zum Patienten diesen befähigt, Ängste und Widerstände gegen notwendige Veränderung zu überwinden und adäquatere, reifere Anpassungsweisen zu erlernen (MARMOR, VON RAD, WACHTEL).

3. Die **soziozentrierte** Psychotherapie sieht das Verhalten des einzelnen sowie seine bevorzugten Stress-Bewältigungsmethoden (oder individuelle Art und Weise auf Belastungen zu reagieren) weitgehend von der Gemeinschaft bestimmt, in der er aufwächst (BRÄUTIGAM, KATZENSTEIN, KATZENSTEIN et al., KEUPP, KILIAN, KÖHLER, ROSCH, SCHULMAN, STROTZKA). Daher wird bei voller Anerkennung der Erkenntnisse verhaltenstherapeutischer und persönlichkeitszentrierter Untersucher den sozioökonomischen Einflüssen im weitesten Sinne wesentliche Bedeutung beigemessen. Die Entwicklung und funktionelle Effektivität der sozialen hierarchisch gegliederten Einheiten (Familie, Berufsgruppe, soziale Schicht, Klasse, Nation) folgt bekanntlich den Gesetzmäßigkeiten komplexer Interaktionen. Dabei setzen sich die Entwicklungstendenzen der höheren Einheiten, die letztlich Ausdruck ökonomischer Gesetzmäßigkeiten sind, mit entsprechenden Modifikationen auch in den unteren bzw. kleineren Gruppen durch. Daß neben diesen Haupttendenzen in allen sozialen Einheiten noch ein hohes Maß an individuellen Besonderheiten besteht, Eigenarten, die vielfach so sehr ins Auge fallen, daß sie die maßgeblichen Haupttendenzen in den Hintergrund treten lassen, was insbesondere bürgerliche Soziologen und neuerdings auch persönlichkeitszentrierte Psychotherapeuten dazu verführt, sie für das Wesentliche zu halten, ist seit MARX zur Genüge bekannt. Die Lockerung vieler traditioneller Zwänge (wie sie sich in der freien Berufswahl, der Freizügigkeit, dem Wahlrecht, der Religionsfreiheit usw. ausdrücken) kann die Tatsache nicht vertuschen, daß Verhalten und Entwicklung des einzelnen weitgehend durch

die erwähnte soziale Einflußkonstellation geformt wird und daß jeder Versuch, sich diesem Einwirkungsbereich zu entziehen, eine Skala sozialer Sanktionen nach sich zieht, die u. U. bis zur Vernichtung führt.

Während die persönlichkeitszentrierte Auffassung die Verflechtung neurotischer Verhaltensweisen, Erziehungsfehler und persönlicher Schwächen der Eltern als hauptsächliche exogene Noxen ansieht und Störungen in der Entwicklung der angelegten Fähigkeiten des Patienten als Hauptansatzpunkte der Psychotherapie betrachtet, erscheint vom soziozentrischen Standpunkt etwaiges traumatisierendes Verhalten der Eltern und anderer Bezugspersonen eingebettet in den größeren sozialen Kontext und in seinem Beziehungsgefüge weitgehend von den Widersprüchen im gesellschaftlichen Bereich determiniert. Dementsprechend greift die soziozentrierte Psychotherapie simultan an mehreren Ansatzpunkten an: Sie übernimmt von der persönlichkeitszentrierten Psychotherapie deren intra- und interpersonelle Ansätze, versucht aber darüber hinaus nicht nur dem Patienten die sozialen Zusammenhänge einsichtig zu machen und so unangebrachte Schuld und Minderwertigkeitsgefühle zu entkräften, sondern auch durch gezielte gruppentherapeutische Aktivitäten den zwischenmenschlichen Kontext graduell zu verändern bzw. die kommunikativen Möglichkeiten des Patienten zu erweitern.

Noch bis in die Anfänge der 70er Jahre bekämpften sich die Anhänger der unterschiedlichen Behandlungsmethoden. Sie bemühten sich, die Effektivität der eigenen Methode nachzuweisen und die der anderen zu diskreditieren. Dann begann etwa in der Mitte der abgelaufenen Dekade eine Annäherung und gleichzeitige Anwendung verschiedener Methoden. Man erkannte, daß unterschiedliche Methoden unter Berücksichtigung der Persönlichkeitsstruktur des Patienten und individueller Therapeutenvariablen optimale Erfolge erzielen konnten.

So fanden Sloane et al. wenig Effektivitätsunterschiede, wenn die Patienten durch hochqualifizierte Therapeuten behandelt wurden, gleichgültig nach welcher der genannten Methoden vorgegangen wurde. Ein therapeutischer Faktor, der in den meisten Fällen wirksam wird, besteht in der Anwendung der Entspannungstechniken.

Als Entspannungsmethoden werden dabei allgemein die progressive Relaxation (nach Jacobson) sowie das Autogene Training (nach J. H. Schultz) verwandt. Außerdem gelangen noch heterosuggestive Ruhehypnosen zur Anwendung. Bei derartigen Entspannungsübungen treten, wenn sie fachgerecht durchgeführt werden, je nach den Ausgangswerten, Blutdrucksenkungen von 8 bis 10% systolisch und 6 bis 8% diastolisch auf (Bali, Byassee, Deabler et al., Frankel et al., Katzenstein u. a., Aivazyan, Khramelashvili, Zaitsew).

Eine Methode zur Verstärkung des Effektes der Entspannung beruht auf dem Einsatz von Biofeedback-Geräten (Bertilson et al., Blanchard et al., Budzynski et al., Engel u a., Gaefke, Kamiya et al., Katzenstein, Kriegel, Leish, Olten, Vaitl). Indem der Patient kontinuierlich (akustisch oder optisch) über den Grad der erreichten Entspannung informiert wird, lernt er schneller, die Entspannung gezielt zu vertiefen und erhält außerdem eine objektive Bekräftigung (Erfolgserlebnis). Als Indikation dienen dabei Muskelspannung (Myogramme, Myophone), psychogalvanischer Hautreflex (Relaxometer), Hautdurchblutung (Thermophone) und schließlich EEG (Alpha Sensor). Eine Wirkung dieser Geräte ist zweifellos feststellbar, dabei ist jedoch noch nicht eindeutig geklärt, welcher Anteil dieser Wirkung auf Suggestion (Placebo-Effekt) beruht.

Diesen Methoden, in denen der Patient bewußt aktiv entspannt, steht die apparative passive Entspannung gegenüber, wie sie z. B. durch den Elektroschlaf (Hadlick et al., Iwanow-Muromski, Rabitschew, Sergejew) erzeugt wird. Dabei wird die durch den künstlich vermehrten Schlaf herbeigeführte unbedingte Blutdrucksenkung generalisiert. Sowjetische Autoren haben mit dieser Methode beeindruckende Ergebnisse erzielt und sie in die klinische Praxis überführt.

Ein zweiter wichtiger Einfluß, der in steigendem Maße auch von den Verhaltenstherapeuten erkannt wird, liegt in der Herstellung einer vertrauensvollen Patient-Therapeut-Beziehung, in der der Therapeut sich in die emotionale Problematik des Patienten einfühlt.

Eigene Erfahrungen und Behandlungsergebnisse

Auf der Grundlage dieser Erkenntnisse haben wir uns bemüht, jugendliche essentielle Hypertoniker komplex psychotherapeutisch (also soziozentriert) zu beeinflussen. In diesem Zusammenhang interessierte uns die Frage nach der Effektivität dieser Behandlung.

Wir verfolgten den Blutdruckverlauf von essentiellen Hypertonikern (I) im Alter zwischen 16 und 40 Jahren bei einem Durchschnittsalter von 29 Jahren (s. S. 254). Es handelte sich also um relativ jugendliche Menschen, deren Blutdruck sich bald nach der stationären Aufnahme verhältnismäßig gut entspannte. Wir stellten insgesamt 7 Gruppen mit unterschiedlichen Behandlungsweisen zusammen. In jedem Fall begann die Behandlung frühestens nach 14tägigem stationären Aufenthalt. Diese Zeit diente zur Eingewöhnung und zur Durchführung der vielfältigen diagnostischen Untersuchungen. Wir verglichen 2 Gruppen (Replikation) mit ausschließlich soziozentrierter (komplexer) psychotherapeutischer Betreuung mit 2 Gruppen, die antihypertensive pharmakologische Therapie und 3 Gruppen, die kombinierte pharmakologische Behandlung und symptomzentrierte Psychotherapie erhalten hatten. Verglichen wurden die systolischen und diastolischen Blutdruckwerte zur Zeit der Aufnahme und Entlassung sowie bei zwei Nachuntersuchungen jeweils ein und zwei Jahre nach der Entlassung. Die Resultate bestätigten unsere früheren Befunde, wonach ein gezieltes soziotherapeutisches (komplexes) Vorgehen bei der Mehrheit dieser Patienten eine eindeutige therapeutische Wirkung erzeugt, eine Wirkung, die quantitativ durchaus der einer medikamentösen Behandlung entspricht.

Eine Erhöhung der therapeutischen Effektivität sahen wir sowohl im Blutdruckverhalten als auch im Sozialverhalten, wenn der therapeutische Prozeß um eine ambulante Phase erweitert wurde. In dieser Phase, in der sich die Patienten bereits wieder an ihrem Arbeitsplatz befanden, standen psychotherapeutische Gruppenaktivitäten und der Einfluß auf soziogenetische Störfelder in Familie und Arbeitskollektiv im Mittelpunkt. Wir kombinierten Kreislauftraining, Nonverbales Training, Gruppengespräche und Entspannungstherapie mit Autogenem Training in Kombination mit bildhafter Vorstellung in jeder Übungseinheit (à 2 Std/Woche) über einen Zeitraum von 8—10 Wochen (KRIEGEL u. a.)

Während der Entspannung mit dem Antogenen Training konnten wir mittels rheographischer Ableitung bereits nach drei Wochen Übungszeit eine verbesserte Hirndurchblutung nachweisen (ENDERLEIN et al., GAEFKE et al., KRIEGEL et al.)

War unsere Aufmerksamkeit anfangs primär auf die Blutdrucksenkung konzentriert, so untersuchten wir in der Folge zunehmend auch die Bedeutung simultaner subjektiver Einstellungsänderungen und Motivationen.

Bei einer Analyse der Erfahrungsberichte bei über 1000 unserer Patienten wurde deutlich, daß die Wirkung der Therapeut-Patient-Beziehung auf Compliance und Einstellungsänderung kaum hoch genug eingeschätzt werden kann.

Weiter gewannen wir eindeutige Hinweise dafür, daß gezielte psychische Aktivierung und das selbständige Weiterführen der Übungen des Autogenen Trainings eine wichtige Voraussetzung für den Erfolg der Psychotherapie ist. Wurde das anfänglich vernachlässigt, so blieb meist auch der Erfolg aus.

Um im Verlauf unserer Therapie auftretende subjektive Veränderungen und ihre Beziehungen zur Blutdrucksenkung zu erfassen, gingen wir dazu über, eine Reihe von standardisierten Fragebogen zu verwenden, um einen Einblick in die häufig verschleierten Prozeßvariablen zu gewinnen. Dabei konnten wir feststellen, daß oft erst nach mehrfacher Teilnahme an Therapiesitzungen und selbständigem Üben ein positiver Einstellungswandel einsetzte, der sich in größerer Gelassenheit und niedrigeren Blutdruckwerten manifestierte, zugleich auch eine verstärkte Motivation zur Mitarbeit und selbständigen Weiterführung anzeigte. So ergaben sich z. B. am:

— I C L — Interpersonal Check List—:
  . eine signifikante Erhöhung des ‚Dominanztrebens‘,
— F P I—Freiburger Persönlichkeitsinventar—:
  . eine signifikante Verminderung der ‚Psychosomatischen Gestörtheit‘ (Nervosität),
  . eine signifikante Verminderung der ‚Erregbarkeit‘,
— J A S—Jenkins Activity Survey—:
  . eine signifikante Verminderung des ‚Aggressiven Ehrgeizes‘ (hard driving)
— P P K V—Psychopathologisches Kurzverfahren—:
  . eine signifikante Verminderung der ‚Hypochondrie‘-Tendenz

Diese Ergebnisse, die sich auch im Gespräch mit den Patienten eindeutig bestätigten, lassen den inneren Wandel erkennen, der sich während der Therapie allmählich vollzogen hat und mit der andauernden Blutdrucksenkung simultan verläuft.

Die Anwendung des von uns erarbeiteten Modells während einer Kur wurde in einer Kooperation mit dem Volksheilbad Bad Liebenstein untersucht. Die ausschließlich nichtmedikamentös geführten Patienten wurden vor der Kur, nach Abschluß der Kur und in einer Nachsorgeuntersuchung nach 6 Monaten medizinisch und psychologisch in unserem Zentralinstitut untersucht. Während der sechs Monate nach der Kur führten die Patienten die während der Kur erlernten Methoden selbständig, d. h. ohne zusätzliche therapeutische Anleitung, weiter. Die von uns erhobenen Daten bestätigen den Erfolg der Anwendung unserer Methodenkombination einer Komplexen Psychotherapie auch in Kureinrichtungen (in Zusammenarbeit mit I. Keiderling).

Besonders bemerkenswert ist bei diesen Daten u. a., daß die Blutdruckwerte 6 Monate nach der Kur signifikant im systolischen und diastolischen Bereich niedriger (129/80 mmHg) liegen als unmittelbar nach Abschluß der Kur.

In einer Untersuchung über die Wirkung der komplexen Psychotherapie bei Hypertonikern in der ambulanten ärztlichen Praxis kommt Loesch zu analogen Ergebnissen wie wir.

Die Anwendung unserer Methode in anderen Einrichtungen und unter ambulanten Bedingungen bringt allerdings auch Probleme und Schwierigkeiten mit sich, von denen hier zwei erwähnt werden sollen:

- Die Psychotherapieforschung hat Persönlichkeitseigenschaften und fachliche Qualifikation des Therapeuten als wesentliches Agens stärker in den Vordergrund gerückt. Dabei geht es neben Einfühlungsvermögen, Echtheit der Gefühlsäußerung und anteilnehmender Wärme vor allem auch um klinische Erfahrung und Verständnis sozio-psychodynamischer Zusammenhänge. Bei der Überführung ist es jedoch unvermeidlich, auch Kollegen einzubeziehen, die noch nicht diese Qualifikation erworben haben. Dadurch ergeben sich manchmal zeitraubende Trainingsaufgaben.
- Die Einteilung von Patienten in ‚Responder und Nonresponder', wie sie in letzter Zeit auch von einigen Psychotherapeuten im Interesse ihrer therapeutischen Effizienz vorgenommen wird, ist — bis zum Beweis des Gegenteils — unserer Ansicht nach eine Verschiebung der Verantwortung: das Nichtreagieren eines Patienten auf eine psychotherapeutische Einflußnahme ist eine Frage der psychotherapeutischen Beziehung und des psychotherapeutischen ‚know how's', das vom Therapeuten durch selbstkritische Analyse und Veränderung seines Herangehens und Einsatzes entsprechender Methoden zu überwinden ist.

Die Entwicklung, Anwendung und Effektivitätskontrolle unseres psychotherapeutischen Systems und seiner praxiswirksamen Ergebnisse in der Herz-Kreislauftherapie auch außerhalb unserer Klinik war nur möglich durch eine klinische Vorgehensweise, die natur- und gesellschaftswissenschaftliche Erkenntnisse integriert. Damit trägt unser methodischer Ansatz den gerade in dieser Beziehung stark gestiegenen Bedürfnissen eines Großteils der Bevölkerung nach umfassender Berücksichtigung ihrer Lebenssituation Rechnung.

Neue Ansätze

In fortgeschrittenen Ländern wird gegenwärtig die Bedeutung somatischer Therapie ebensowenig in Frage gestellt wie die Notwendigkeit ihrer Ergänzung durch Psychotherapie. Die Zeit des Ausschließlichkeitsanspruchs der einen oder anderen Seite, der der vorwissenschaftlichen Periode und den Anfängen der wissenschaftlichen Entwicklung angehörte, ist vorbei. Das heißt aber nicht, daß sämtliche Vorurteile und zählebigen Denkgewohnheiten, die sich zum Nachteil des Patienten und der Gesellschaft auswirken, mit einem Mal verschwunden wären. Im Gegenteil: Unreale monokausale pathogenetische Auffassungen weichen um so langsamer, je schwieriger die tatsächlichen Komplexitäten multifaktorieller Genese und progressiver Interaktion ätiopathogenetischer und chronifizierender Wirkungsmechanismen zu begreifen sind.

Richter verweist darauf, daß physische und psychische Risikofaktoren, selbst dort, wo sie — wie beim Herzinfarkt — eindeutig zu ermitteln waren, unterschiedlich behandelt werden. Er beschränkt sich auf alle nicht kontroversen peripheren Risikofaktoren des Herzinfarktes wie Fettkonsum, Auswahl der Nahrungsfette und körperliche Bewegung, ohne auf die tieferliegenden Einflüsse in der BRD wie Arbeitslosigkeit und Unsicherheit einzugehen und stellt dann fest, daß diese Faktoren einseitig akzentuiert werden:

„Hier läuft eine große Welle der ‚Gesundheitsaufklärung' mit der aufwendigsten Reklame. Warum dieses Mißverhältnis? ... Es wird ... mit medizinischen Argumenten unterstützt, was ohnehin keine fundamentalen Konflikte schafft, ... zumal diese Initiativen ja durchaus mit den Leitbildern der ... Leistungs-Ideologie zusammenfallen. Dagegen würde die Hervorhebung des psychischen Risikofaktors zu einer fundamentalen kritischen Auseinandersetzung mit den Organisationsprinzipien unserer Arbeitswelt und mit den dazu passenden ... Verhaltensvorschriften auffordern. Hier müßte die Medizin sich zum Beispiel mit aller Entschiedenheit einer Erziehung zu falscher ‚Männlichkeit' widersetzen. Sie müßte die Verabsolutierung der Werte von Überaktivität, Expansivität und Rivalitätsehrgeiz schlechthin als gesundheitsgefährdend entlarven, und sie müßte sich den Prinzipien einer ... Gesellschaft entgegenstellen, die ohnehin umzulernen hat und von der Medizin entsprechende Orientierungshilfen vorgesetzt bekommen müßte."

Es wird deutlich, daß vielfach trotz aller theoretischen Deklarationen die Praxis noch weitgehend auf ausschließlich somatisch ausgerichtete Behandlung orientiert ist. Damit aber bleiben potentiell bedeutsame Möglichkeiten zur therapeutischen Beeinflussung auf psychisch-verbaler Ebene ungenutzt, wodurch Chancen zu abgestufter indirekter psychophysischer Stimulation vergeben werden. Diese Unterlassung, sowie die ebenfalls aus derselben Umstellungsschwierigkeit resultierende Erhöhung iatrogener Schäden (Leder), beeinträchtigen die Gesundungsaussichten ebenso tiefgreifend wie etwa die umgekehrte Unterlassung, d. h. eine ungenügende Nutzung aller Möglichkeiten für eine wirkungsvolle somatische Therapie.

Die Entwicklung eines komplexen und ganzheitlichen psychotherapeutischen Herangehens, in dem der Patient Geborgenheit und systematische Stärkung seines Selbstbewußtseins erlebt, beruht auf der Forschungsarbeit und den Erfahrungen vieler psychotherapeutischer Kollektive und Forschungsgruppen im In- und Ausland. Trotz geringfügiger Varianten gibt es bezüglich der wesentlichen Gesichtspunkte weitgehende Übereinstimmung bei den leitenden psychotherapeutischen Einrichtungen der sozialistischen Länder. Dies erscheint uns als wichtige Errungenschaft unseres Fachgebietes, die eine Auseinandersetzung zwischen den einzelnen Schulen und methodischen Varianten in den Hintergrund rückt und einen wesentlichen Faktor in der Weiterentwicklung einer humanistischen, d. h. sozialistischen Medizin darstellt (Symposium, 1980).

3.3.6. Zur Wirksamkeit verschiedener individualtherapeutischer Vorgehensweisen bei schweren neurotischen Störungen

mit E. Sitte

Bei der Herausarbeitung des soziodynamischen Ansatzes kommt es darauf an, psychotherapeutische Vorgehensweisen der verschiedenen Schulen zu sichten und wirksame Methoden einzubeziehen, ohne notwendigerweise die ursprünglich zugrunde-liegenden theoretischen Ansichten der Autoren beizubehalten. Bei der Leonhard'schen „Individualtherapie" handelt es sich um eine auf der Grundlage der reichen klinischen Erfahrungen des Autors schon vor Jahrzehnten entwickelten und bewährten Vielfalt von Methoden zur spezifischen Behandlung unterschiedlicher neurotischer Grundformen (Zwangsneurosen, Situationsphobien, Nosophobien, Beschäftigungsneurosen, psychogene Tics, Stotterneurose, psychogene Impotenz, Anorexia nervosa u. a.). Leonhard und Mitarbeiter konnten z. B. eindrucksvolle Erfolgsstatistiken bei 400 stationär behandelten Patienten vorlegen. Die beachtliche Erfolgsbilanz von 93,6% aller nachuntersuchten Fälle (64,1% Heilungen und 29,5% wesentliche Besserungen) wurden in einer nach 4—5 Jahren durchgeführten neuerlichen Nachuntersuchung fast unverändert bestätigt. Diese hohe Erfolgsquote erhält zusätzliches Gewicht, wenn berücksichtigt wird, daß, im Unterschied zu vielen Psychotherapeuten, Leonhard grundsätzlich jeden Patienten mit Behandlungswunsch aufnahm und dementsprechend viele chronifizierte, mehrfach unbefriedigend vorbehandelte Neurosen zu seinen Fällen zählte.

Auf der Grundlage ihrer tiefen Überzeugung vom Wert der Leonhardschen Individualtherapie entwickelte Sitte, eine langjährige Mitarbeiterin Leonhards, auf der Individualtherapie basierende eigene Ansätze für eine ambulante Psychotherapie.

Ohne die Notwendigkeit stationärer Behandlung in bestimmten Fällen zu bestreiten, empfindet sie es als Verpflichtung des Therapeuten, besondere Anstrengungen zu machen und Methoden zu entwickeln, um soweit wie möglich den neurotischen Patienten bei seiner Arbeit zu belassen, d. h. ihn möglichst wenig arbeitsunfähig zu schreiben, vor allem aber dem Patienten entgegenzukommen, für den stationäre Psychotherapie eine besondere Härte bedeutet, wenn er z. B. Einzelverdiener in einer größeren Familie, alleinstehende Mutter mit mehreren Kindern ist, mitten in einer Qualifizierung steht oder aus anderen Gründen auf der Arbeit oder zu Hause dringend gebraucht wird. Um in solchen Fällen besser zu helfen, entwickelte sie **zwei Varianten ambulanter Psychotherapie,** deren Effektivität die Erwartungen übertraf. Sie schreibt dazu: Bei der **Variante I** handelt es sich um auslesefreie ambulante Behandlung von Patienten (19 Frauen und 5 Männer im Alter von 18 bis 54 Jahren), die sich im Zeitraum von Mai bis Dezember 1980 im Ambulatorium der Sektion

Psychologie der Humboldt-Universität mit Behandlungsbegehren wegen schwerer phobischer Symptomatik (verschiedenster Formen) meldeten. Vielfach waren nicht nur die Patienten selbst durch ihre unangemessenen, persistierenden und exzessiven Angstreaktionen bei der Erfüllung familiärer und beruflicher Aufgaben stark eingeschränkt, sondern auch Angehörige und Arbeitskollegen wurden durch das von den Kranken herbeigeführte neurotische Arrangement mitbetroffen. Die Symptomatik bestand durchschnittlich $7^1/_4$ Jahr, im Mindestfall ein Jahr, in zwei Fällen sogar 30 Jahre. Dementsprechend häufig wurden Vorbehandlungen und zusätzliche neurotische Störungen bei der umfangreichen Voruntersuchung angegeben.

Das therapeutische Vorgehen bei diesen Phobikern läßt sich als partnerschaftliche, die aktive Mitarbeit und Mitbestimmung des Patienten herausfordernde Desensibilisierung mit einer speziellen (wesentliche Anteile der Individualtherapie enthaltenden) Imaginationsmethode charakterisieren. Dabei wurden die Patienten in ausführlichen Vorstellungsinduktionen angeleitet, sich die angsterregenden Situationen lebhaft vorzustellen und auch ihre eigenen Angstempfindungen in der Sicherheit des Behandlungsraumes möglichst intensiv nachzuerleben, um dann nach und nach — zunächst in der Vorstellung — zu erleben, wie sie ihre Schwierigkeiten überwinden und die Ängste meistern können, wenn sie neue Bewältigungsmethoden anwenden. Anschließend wurden sie dann aufgefordert, das in der Vorstellung (in sensu) Geleistete schrittweise in der Realität (in vivo) zu verwirklichen und auf den folgenden therapeutischen Sitzungen darüber zu berichten.

Die Behandlungsergebnisse wurden dreifach beurteilt:

a) durch den Patienten vermittels der Beantwortung eines Angstfragebogens und nach dem Grad der bei Abschluß der Therapie empfundenen Angststärke für unterschiedliche angsterregende Konstellationen, die in einer vor Therapiebeginn aufgestellten Angsthierarchie angegeben und eingestuft worden waren,

b) nach dem von den Angehörigen und der Therapeutin beobachteten Verhalten des Patienten in vormals angstbesetzten Realsituationen und

c) durch neutrale psychologische Gutachter, die außer den Explorationsberichten auch noch Ergebnisse einer neuroserelevanten Testbatterie zur Beurteilung des Behandlungserfolges mit heranzogen.

Es ergab sich eine hohe Übereinstimmung bei den Einschätzungen der Therapieeffektivität für die einzelnen Patienten. Von den 24 Patienten mit Phobien, die in ihrer Lebensbewältigung stark beeinträchtigt waren, gaben 23 das besonders störende Meidungsverhalten auf. Bei Hinzunahme eines zweiten Kriteriums, nämlich wesentliche Angstminderung, war nur in drei Fällen das Ergebnis nicht voll befriedigend. Dieses Resultat, nämlich 95,8% Heilung oder Besserungen, übertrifft die allgemeinen Erwartungen, denn Cremerius konnte nach Durchsicht der Literatur der letzten 35 Jahre eine „internationale Konstante" von Heilungen oder Besserungen bei zwei Dritteln der psychotherapeutisch behandelten Patienten feststellen. Auch Strauss referiert Besserungsraten zwischen 55 und 70% bei Anwendung der Verhaltenstherapie, die nach Gelder, Marks und Wolf noch bessere Ergebnisse als die analytische Gruppentherapie und die analytisch orientierte Einzeltherapie bei phobischen Störungen brachte.

Eine **zweite Variante** ambulanter Psychotherapie mit wesentlichen Anteilen der Individualtherapie besteht in der etwa wöchentlichen Konsultation von Patienten, die verschiedenste Neuroseformen aufweisen (neben Phobien auch Beschäftigungs- und Erwartungsneurosen verschiedenster Art, hysterische Reaktionen u. a.). Die ersten Kontakte dienen der Differenzierung dieser Neuroseformen und der Herstellung einer vertrauensvollen Beziehung zwischen den an der Therapie beteiligten Personen. Das sind in erster Linie Patient und Therapeut, aber es können von beiden Seiten weitere Personen hinzugezogen werden, z. B. Angehörige und/oder Arbeitskollegen sowie Praktikanten/Hospitanten. In der Therapie ist das Gespräch, das auch bei der stationär applizierten Individualtherapie einen breiten Raum einnimmt, die vorherrschende Behandlungsweise. Es dient der Konfliktklärung und der Erkennung bestimmter aus der Persönlichkeitsstruktur abzuleitender individueller Reaktionsweisen. So wird auf die nach außen hin gleiche Verhaltensstörung (beispielsweise Unfähigkeit, auf die Straße zu gehen) unterschiedlich reagiert, je nachdem, ob es sich um eine von inneren Befürchtungen (wieder ohnmächtig zu werden, erneut zu fallen u. ä.) getragene oder um eine hysterische Reaktion (jemanden für sich einzuspannen, den Ehemann zu ständiger Anwesenheit zu zwingen) handelt. Spielt im ersten Fall bei der Desensibilisierung die beruhigende Feststellung eine wichtige Rolle, daß die ärztliche Untersuchung keinen krankhaften Befund ergeben habe und der Therapeut die Verantwortung trage, daß körperlich nichts Nachteiliges entstehe, so daß der Patient sich völlig sicher fühlen könne usw., so ist im zweiten Fall (bei der hysterischen Reaktion) die Darstellung der Erfolglosigkeit des Verhaltens sowie die Förderung der Bereitschaft zur schrittweisen Änderung angebracht.

Bei der ambulant angewandten Form der Individualtherapie ist die zusätzliche Bearbeitung von Problemen bedeutsam, die sich stationär erübrigt, weil der Therapeut auf der Station mehr Beobachtungsmöglichkeiten für das soziale Verhalten des Patienten hat und der Patient auch Rückmeldungen von seinen Mitpatienten erhält. Auch ist bei der stationären Form der Individualtherapie infolge des ausgefüllten Tagesablaufs für Ablenkung und unter therapeutischer Aufsicht zunehmende körperlich-geistige Belastung gesorgt. Deshalb ist bei der ambulanten Form mit relativ seltenen therapeutischen Begegnungen die genaue Besprechung der einzelnen Übungsschritte (zur Überwindung phobischer Reaktionen) bzw. Belastungsstufen (bei Hypochondern) von großer Bedeutung. Es hat sich bewährt, diese Schritte auch schriftlich zu fixieren, weil das die Selbstkontrolle des Patienten — die in ambulanter Behandlung besonders stark gefordert wird — erleichtert und bei der nächsten Konsultation Anhaltspunkte für die Berichterstattung bietet. Gerade daraus ergeben sich einerseits Gelegenheiten, den Patienten für seine Leistung zu loben und damit sein Selbstvertrauen zu stärken, andererseits auch Ansatzpunkte für das weitere Vorgehen.

Noch regelmäßiger als bei der stationären Individualtherapie müssen auch Angehörige über die Behandlungsvereinbarungen informiert werden, teils als Helfer bei Schwierigkeiten, insbesondere aber, um das von ihnen mitvollzogene neurotische Arrangement endgültig zu durchbrechen und neue soziale Verhaltensformen entwickeln zu helfen. Zum Beispiel basiert manche Ehe nur noch auf dem Kontakt, der sich zwangsläufig ergibt, wenn ein Partner aus phobischen Gründen nicht mehr allein die Wohnung verläßt, nicht allein mit Verkehrsmitteln fährt usw., so daß beim Abbau der Phobie eine neue, angemessene Kommunikationsbasis geschaffen werden muß.

Die Akzente der Fragen, die jeweils besprochen werden, wechseln je nach dem Stand der Therapie. Die ersten Nahziele sind, sich den Alltagsanforderungen zu stellen, sowohl bezüglich der häuslichen als auch der beruflichen Pflichten. Die rasche Wiedereingliederung in den Arbeitsprozeß ist nicht nur ein gesellschaftliches Anliegen, sondern stärkt auch das Selbstvertrauen und entzieht dem Patienten einen sekundären Krankheitsgewinn, der sich sonst aus der Behandlung ergeben könnte und die Motivation zur aktiven Mitgestaltung der Therapie einschränkt. Außerdem enthält ein mit Aufgaben ausgefüllter Tag auch mehr Momente der Ablenkung. Bei stationärer Individualtherapie sorgt dafür der volle Tagesplan. Die Ablenkung durch sinnvolle, der Persönlichkeit des Patienten entsprechende Tätigkeiten ist unerläßlich, um beispielsweise den Hypochonder von der ständigen Selbstbeobachtung körperlicher Vorgänge abzubringen und den Zwangsneurotiker an fruchtlosen Grübeleien sowie Zwangshandlungen zu hindern. Auch der Hysteriker findet so eher konstruktive Anlässe, um Aufmerksamkeit auf sich zu ziehen und Zuwendung zu erfahren, die er im Krankenstand nur zu leicht mit mitleidheischendem Gebaren fordert.

Das Gespräch über die Art und Weise, wie der Patient mit seinen Alltagsaufgaben zurechtkommt, ersetzt wenigstens teilweise die fehlenden Beobachtungsmöglichkeiten des ambulant wirkenden Therapeuten, der sich dabei der Gefahr einer subjektiv verfärbten Information bewußt sein muß. Es ist daher günstig, wenn er spätestens noch vor Therapieabschluß Angehörige des Patienten einlädt und ins Gespräch mit einbezieht.

Diese Variante ambulanter Individualtherapie, bei der gelegentlich auch noch die Vermittlung des Autogenen Trainings hinzukommt (therapeutischer Aufwand 3 bis 25 einstündige Konsultationen pro Patient), hat bei 36 von 38 Fällen befriedigenden Erfolg gebracht.

Die beiden Patientinnen mit nicht befriedigendem Therapieergebnis waren aber durch die ambulante Betreuung soweit aufgeschlossen, daß sie nun einer stationären Psychotherapie zustimmen konnten.

Die positiven Ergebnisse dieser Variante II sind bis jetzt — anderthalb bis drei Jahre nach Abschluß der Therapie — stabil. Die Informationen aus dem fortbestehenden lockeren Kontakt, der auch bei den referierten stationären Fällen von Leonhard als ambulante Nachbetreuung über einen Zeitraum von etwa zwei Jahren üblich war, berechtigen zu der Hoffnung, daß kaum Rückfälle vorkommen und auch kein Symptomwandel eintritt.

4. Rehabilitationspsychologie — Aufgaben und Probleme

Die Rehabilitationspsychologie, eines der jüngsten Spezialgebiete angewandter Psychologie im Gesundheitswesen, hat in relativ kurzer Zeit ein beachtliches Niveau erreicht. Das Bedürfnis der in der Rehabilitation tätigen Ärzte, die sich bei ihrer Arbeit mit körperlich und/oder geistig schwer und schwerst Geschädigten oft mit der Notwendigkeit konfrontiert sahen, die komplizierten Wechselbeziehungen zu berücksichtigen, die zwischen den primär im Blickfeld des Arztes liegenden biologisch-organischen Schädigungen und den mit diesen im Zusammenhang oder in der Folge auftretenden psychosozialen Veränderungen bestehen, führte im zweiten Jahrzehnt nach dem Krieg zu einer zunächst vorsichtigen, sich dann aber kontinuierlich erweiternden fruchtbaren Zusammenarbeit von Rehabilitationsärzten und Klinischen Psychologen.

Gegenwärtig erstreckt sich die Mitwirkung Klinischer Psychologen auf alle Phasen der Rehabilitation. Sie beginnt bereits in den ersten Tagen nach einem Unfall oder der Klinikeinweisung als Teil der medizinischen Rehabilitation, spielt eine wichtige Rolle bei der pädagogischen und beruflichen Rehabilitation und ist maßgeblich beteiligt bei der sozialen Rehabilitation. In der modernen Rehabilitationspraxis steht der Psychologe — wie kaum ein anderer Spezialist — in durchgehendem intensivem Kontakt mit dem Rehabilitanden, wodurch er eine besonders gute Kenntnis von dessen persönlichen Problemen und die Möglichkeit zu fachgerechter Unterstützung, Motivierung und zur indirekten Menschenführung, wo diese notwendig wird, erhält.

Im Rahmen der Rehabilitation wird psychologisches Fachwissen bei der Lösung so verschiedenartiger Probleme genutzt wie:

— Diagnostik von Einstellungen und Verhaltensstereotypien, beruflicher Eignung, verbliebener Leistungsfähigkeit, von Umfang und Art etwaiger hirnorganischer bzw. funktioneller Schädigung, besonderer Fähigkeiten und Qualifikationen, von Kontaktmöglichkeiten, sozialer Potenz usw.

— Klärung somatopsychologischer und psychodynamischer Wechselbeziehungen im Ergebnis intra- und interindividueller Auswirkungen und Verarbeitungen unterschiedlicher Schädigungen.

— Analyse der Wirkung unterschiedlicher Umweltfaktoren auf den Erfolg der Rehabilitationsbemühungen und Eröffnung von Wegen zur Behebung bzw. konstruktiver Veränderung auftretender Hemmnisse.

— Entwicklung von Bewältigungsstrategien, die dem Rehabilitanden eine konstruktive Lösung seiner inneren und äußeren Konflikte und eine optimale Persönlichkeitsentwicklung ermöglichen.

— Aufbau eines Vertrauensverhältnisses zwischen Psychologen und Rehabilitanden als Grundlage für Hilfe und Unterstützung bei auftauchenden subjektiven Schwierigkeiten (wie Selbstzweifel, Versagenserlebnis, Depression usw.).

Dieser einleitende Überblick vermittelt einen Begriff von der gegenwärtigen Einsatzbreite und Bedeutung der Rehabilitationspsychologie. Da dieses Arbeitsgebiet ein integraler Bestandteil des Gesamtkontextes der gesundheitlichen Betreuung der Bevölkerung ist, muß eine eingehendere Darstellung wesentliche Entwicklungstendenzen der Medizin als umfassende Einflußfaktoren mit berücksichtigen. Daher seien einige in dieser Hinsicht bedeutsame Konstellationen kurz skizziert:

1. Die naturwissenschaftlich orientierte Schulmedizin erzielte im 19. und 20. Jahrhundert große Fortschritte in der erfolgreichen Behandlung vieler Krankheiten und konnte damit ihre Überlegenheit gegenüber früheren spekulativ intellektualistischen bzw. religiös verbrämten Krankheitsauffassungen nachweisen. Andererseits bereitete es beträchtliche Schwierigkeiten, Rolle und Bedeutung psychischer Abläufe und funktioneller Störungen im Rahmen eines ausschließlich somatisch-naturwissenschaftlich orientierten Krankheitsmodells adäquat zu integrieren. Daher setzte auch die Hinzuziehung von Psychologen zur Mitarbeit im Gesundheitswesen — abgesehen von einigen Ausnahmen — erst während bzw. nach dem 2. Weltkrieg ein. Auch wird von den Vertretern der Medizin bis in die Gegenwart der psychosoziale Aspekt einer Erkrankung zumeist nur ungenügend berücksichtigt.

2. Die lange Reihe humanistischer Reformbestrebungen in der Medizin, die verknüpft waren mit Versuchen, die Bedeutung sozialer Umwelteinflüsse sowie subjektiv psychologischer Widerspiegelungs- und Verarbeitungsprozesse stärker in das Blickfeld des Arztes zu bringen, riefen insbesondere in den kapitalistischen Ländern immer wieder Gegenreaktionen biologistisch-konservativer Kreise hervor, die nicht selten auch ethnozentrisch-rassistische Standpunkte vertraten. Einen Einblick in diese Zusammenhänge vermitteln die Arbeiten von Späte u. a., Thom und Weise, Mecklinger u. a.

Gegenwärtig gelangen unter dem Druck vielfältiger gesellschaftlicher Einflüsse und ständig wachsender wissenschaftlicher Erkenntnisse die Umweltbeziehungen des Patienten und ihre psychische Verarbeitung immer stärker in das Blickfeld des Arztes. Als Ergebnis dieser graduellen Einstellungsänderung begnügt man sich in den niveaubestimmenden Leiteinrichtungen — auch in den kapitalistischen Ländern — nicht mehr damit, den körperlichen Schaden zu heilen bzw. zu kompensieren, sondern orientiert sich darüber hinaus auf umfassende Rehabilitation unter Berücksichtigung der Persönlichkeit, psychischer Potenzen und Nutzung aller Chancen für eine optimale gesellschaftliche Wiedereingliederung.

3. Die Existenz kapitalistischer und sozialistischer Gesellschaftsordnungen führt zur Kristallisierung unterschiedlicher ethischer Grundeinstellungen und darauf basierender Gesundheitsauffassungen:

In den fortgeschrittenen kapitalistischen Ländern trägt die Wiederherstellung der Gesundheit z. B. durchaus Warencharakter, d. h. sie kann in höchster Qualität und mit modernster apparativer Perfektion nur durch diejenigen erworben werden, die imstande und bereit sind, die immens wachsenden Preise dafür zu zahlen, während den Besitzlosen bestenfalls ein Minimum an Fürsorge wie ein Almosen zugeteilt wird, wobei selbst an dieser minimalen Versorgung gegenwärtig noch ständig weitere unverantwortliche Abstriche gemacht werden.

In den sozialistischen Ländern wird das humanistisch orientierte Gesundheitswesen kontinuierlich im Interesse aller Bürger weiterentwickelt, wobei sich die zunehmende Beachtung der Umweltbeziehungen und psychischer Einflüsse sowie eines darauf basierenden Krankheitsmodells immer deutlicher abzeichnet. Das kam u. a. auch in der großzügigen Konzeption zur Förderung der Rehabilitation in der Deutschen Demokratischen Republik, wie sie in den Beschlüssen des IX. und X. Parteitages der Sozialistischen Einheitspartei Deutschlands als notwendige Konsequenz der Verwirklichung der Hauptaufgabe formuliert wurden, zum Ausdruck.

Im Zusammenhang mit dieser gesamtmedizinischen progredienten Differenzierung zeichnen sich in der modernen Rehabilitationspraxis folgende Entwicklungstrends ab:

Aus einem ursprünglich eng begrenzten Spezialgebiet (der Orthopädie und Psychiatrie) wurde die Rehabilitation zur umfassenden Querschnittsdisziplin der Medizin. Zu Anfang ging es — vor allem in den kapitalistischen Ländern — darum, für Patienten, die nach Unfällen bzw. als Kriegsverletzte berentet werden mußten, etwaige Rentenverpflichtungen des Staates oder der Betriebe möglichst niedrig zu halten, indem zumindest ein Teil der Leistungsfähigkeit wieder zum Einsatz gebracht wurde. Zu diesem Zweck richteten insbesondere amerikanische Großbetriebe spezielle Werkstätten für Verunglückte ein. Aus diesen entwickelten sich dann später die sogenannten „Geschützten Werkstätten“ (sheltered workshops).

An der Wiederherstellung der durch Kriegsverletzungen hervorgerufenen Störungen psychischer Funktionen arbeiteten viele sowjetische Psychologen. Sie erreichten (Leontjew und Saporoshez) eine hohe Effektivität bei der Wiederherstellung von Bewegungen durch deren Einbettung in gegenständliche Handlungen. Die Arbeiten Lurias zur Wiederherstellung z. B. der inneren Sprechhandlung durch deren zeitweilige Exteriorisation waren nicht nur von großer praktisch-rehabilitativer, sondern auch theoretischer Bedeutung und bildeten einen der Ausgangspunkte der neueren Entwicklung der Neuropsychologie (Ananjew, Sankow, Gellerstein u. a.). Auch andere bekannte sowjetische Psychologen leisteten während des Krieges wichtige Beiträge in dieser Hinsicht.

Von anfänglicher Begrenzung auf ausschließlich medizinische Versorgung, die Domäne des Arztes, weitete sich die Rehabilitation auf die Befriedigung umfassenderer Bedürfnisse des Rehabilitanden aus. Nach und nach traten neben die medizinische Rehabilitation die pädagogische, die berufliche und die soziale Rehabilitation. Es zeigte sich, daß diese neu hinzugekommenen Komponenten oft einen wesentlichen Beitrag zum Leistungsaufbau und Wohlbefinden des Rehabilitanden erbringen. So versteht sich die Rehabilitation heute als Einsatzgebiet von Kollektiven verschiedenster Spezialisten — neben Ärzten unterschiedlicher Disziplinen Psychologen, Pädagogen, Ingenieure usw. Als neueste Entwicklung zeichnet sich schließlich die graduelle Verschiebung des Schwerpunktes vom einzelnen Patienten, um den sich bisher die gesamte Rehabilitation drehte, auf die Primärgruppen (Familie, Arbeitskollektiv usw.) des Rehabilitanden ab, hängen doch Erfolg oder Mißerfolg der Rehabilitation weitgehend von der Unterstützung durch die Primärgruppen ab. Außerdem aber werden Mitglieder der Familie vielfach durch die Schädigung ihres Angehörigen so stark in Mitleidenschaft gezogen und beeinträchtigt, daß sie selbst der Hilfe bedürfen.

Diese kurze Entwicklungsskizze zeigt, daß die Voraussetzungen für die Einbeziehung des Psychologen und seines Fachwissens in das Gesundheitswesen immer besser wurden. Im Zusammenhang damit wuchs allerdings auch die Mitverantwortung und die Notwendigkeit des persönlichen Einsatzes. Auf kaum einem Gebiet des Gesundheitswesens sind Psychologen in so vielen Leitungspositionen tätig wie gerade in der Rehabilitation.

Betrachten wir nun die verschiedenen Einsatzmöglichkeiten:

1. Psychodiagnostik in der Rehabilitation

Solange rehabilitative Bemühungen lediglich auf Behebung bzw. Kompensation somatischer Schädigungen gerichtet waren, kam es vorrangig darauf an, neben der physischen auch die psychische Leistungsfähigkeit bzw. deren Ausfälle zu bestimmen und dem Arzt die entsprechenden Daten zu liefern. Mit der Ausweitung des Rehabilitationsgedankens nach dem 2. Weltkrieg wurde jedoch deutlich, daß die so quantifizierbare Leistung nur ein Segment der tatsächlichen Leistungsfähigkeit des Rehabilitanden darstellt. Manche Rehabilitanden zeigten unter geschützten Bedingungen und in einem verständnisvollen Kollektiv Arbeitsleistungen, die weit über die psychologischen Prognosen hinausgingen, während andere, deren Leistungsfähigkeit den Untersuchungen zufolge wiederhergestellt war, sich als ungenügend rehabilitiert und manchmal sogar als arbeitsunfähig erwiesen. Andere wiederum entwickelten nach erfolgreicher Behandlung ihrer somatischen Störungen Depressionen oder andere psychische Veränderungen, die eine berufliche Eingliederung erschwerten oder sogar unmöglich machten. Notgedrungen wandte man sich in wachsendem Maße der Analyse von Persönlichkeitseigenschaften zu. Veränderungen des Selbstbewußtseins, der emotionalen Ausgeglichenheit, verbaler Intelligenz, psychomotorischer Koordinationsleistung, sozialer Kompetenz, Angst, Konzentrationsfähigkeit usw. wurden m Zusammenhang mit der Problematik der Schädigung relevant. Immer deutlicher wurde auch, daß es nicht genügt, den Rehabilitanden in der Isolation eines psychologischen Laboratoriums zu untersuchen. Die vielfältigen Schwierigkeiten der Umweltbeziehungen im täglichen Leben (architektonische Barrieren, Vorurteile der Mitmenschen, Verhaltensweisen der nächsten Bezugspersonen usw.) und die Verarbeitung dieser Einflüsse durch den Patienten üben oft einen maßgeblichen Einfluß auf seine Motivation und das Gelingen der Rehabilitation aus.

So ergab sich die Notwendigkeit, eine umfassendere Leistungsbeurteilung und Beratung für den beruflichen bzw. Arbeitseinsatz zu entwickeln. Das stellte eine für den Klinischen Psychologen neue Situation dar, weil es nicht nur darum ging, für Erwachsene, Jugendliche und Kinder Intelligenz-, Leistungs- und Verhaltensnormen unter verschiedenartigen beruflichen, zwischenmenschlichen und vor allem körperlichen Schädigungsbelastungen zu ermitteln und Prüfungsmöglichkeiten für individuelle Abweichungen und deren Auswirkungen zu finden. Vielmehr kommt es gegenwärtig zunehmend darauf an, etwaige spezifische, in der Informationsverarbeitung liegende, Ursachen für maladaptive Abweichungen sowie eventuelle Möglichkeiten ihrer Beeinflussung und Nutzbarmachung herauszufinden. Dieses Aufgabengebiet, unter dem Namen „Ergodiagnostik" bekannt geworden, hat in den letzten 10 Jahren eine verhältnismäßig kontinuierliche Entwicklung aufzuweisen. Eine derartige Leistungsmessung und -beurteilung (Ergodiagnostik) prüft neben Persönlichkeitsentwicklung, psychischer und physischer Leistungsfähigkeit, Fertigkeiten und Besonderheiten des Rehabilitanden, vor allem seine Integration in Familie und Arbeitsgruppe, Freundeskreis usw., sowie deren Einstellung zu ihm und die Rolle, die diese Gruppe im Rahmen der größeren sozialen Einheiten (Stadt, Betrieb, Bezirk usw.) spielen. Gerade der Kohäsion und funktionellen Leistungsfähigkeit der Primärgruppen (Familie, Schulklasse, Arbeitskollektiv usw.), der von ihnen vertretenen und sanktionierten Wertsysteme, ihrer Verwurzelung in der Gesellschaft kommt eine große Bedeutung zu. B. Wright gelangte 1974 auf der Grundlage zahlreicher Untersuchungen zu der Feststellung, daß eine adäquate berufliche Rehabilitation in vielen Fällen nur zu erreichen ist, wenn Leistungsstärken und -schwächen des Rehabilitanden in einer realistischen Arbeitssituation untersucht werden, wobei allerdings die Möglichkeit zur Bewährung in unterschiedlichen Arbeitsprozessen gewährleistet sein muß. Ähnliche Erwägungen veranlaßten U. P. Katzenstein und Strümper schon früher, in der Deutschen Demokratischen Republik eine ergodiagnostische Zentrale aufzubauen, in der diese Möglichkeiten gegeben sind und ständig weiter entwickelt werden. So wird der Rehabilitand im allgemeinen einen Monat untersucht. Dabei erhält er formal Arbeitstherapie, d. h. Krankengeld und Arbeitstherapie-Belohnung. So wird die rehabilitative Leistungsbeurteilung zunehmend nicht als ein einmaliger kurzfristiger Meßprozeß angesehen, sondern als ein sich über längere Zeit erstreckender Vorgang, in dem vom Rehabilitanden jeweils ein mit ihm gemeinsam erarbeitetes begrenztes Rehabilitationsziel anvisiert und unter Mithilfe seiner nächsten Bezugsperson realisiert wird. Dabei werden in steigendem Maße auch Familien und Arbeitskollektive in prophylaktischen, psychotherapeutischen bzw. rehabilitativen Familiengruppensitzungen und Einzelgesprächen auf die dabei entstehenden Probleme eingestimmt.

2. Somatopsychologie

Neben der Leistungsbeurteilung in der Rehabilitation entwickelte sich in den fünfziger Jahren unter maßgeblicher Initiative von Psychologen der Kansas-Universität (Barker, E. Wright, B. Wright, Meyerson u. a.) eine somatopsychologische Konzeption, die weitgehend mit Auffassungen übereinstimmte, die bereits in Leningrad am Bechterew-Institut (Mjassitschew, Kabanow u. a.) entstanden waren. Wie sich die Psychosomatik (oder zerebroviszerale

Medizin) mit Auswirkungen psychischer Störungen auf physiologische Abläufe befaßt, so behandelt umgekehrt die Somatopsychologie die auf Grund organischer Schädigungen auftretenden Störungen psychischer Abläufe und deren gezielte Beeinflussung. Einige Aspekte somatopsychischer Wechselbeziehungen erwiesen sich als besonders bedeutsam für den Rehabilitationsprozeß:

— die prämorbide Umweltbeziehung und Persönlichkeitsentwicklung des Rehabilitanden, Selbstbewußtsein, soziale Kompetenz, Leistungsfähigkeit, Frustrationstoleranz, seine Einbettung in Primärgruppen, Perspektiven usw.;
— die physischen Auswirkungen der durch den primären Krankheitsprozeß oder Unfall aufgetretenen Veränderungen (z. B. Unmöglichkeit der Überwindung bisher bewältigter Entfernungen, Treppen, Schwierigkeiten bei der Benutzung von Kommunikationsmitteln usw.);
— die physiologischen und psychischen Auswirkungen der Schädigung (z. B. sekundär veränderte Funktionsabläufe wie Bettlägerigkeit, Bewegungs- bzw. Kontakteinschränkung oder Reizverarmung, aber auch durch Schmerz gesteigerte zerebrale Erregung, Veränderung der Perspektiven usw.);
— Bewertungsmaßstäbe, Einstellungen des Rehabilitanden, seiner Bezugspersonen und der weiteren gesellschaftlichen Umwelt zur Schädigung und deren Folgen.

Bei der Verarbeitung und Bewertung der genannten Auswirkungen der Schädigung lassen sich zwei Einflußbereiche unterscheiden:

a) Allgemeine oder unspezifische Auswirkung körperlicher Schädigung

Jede durch einen Körperschaden hervorgerufene Bewegungseinschränkung führt, je nach Verarbeitungskapazität, Schwere und Dauer der Schädigung usw., zur Entwicklung psychischer Reaktionen, die praktisch bei jedem Krankheitsprozeß auftreten, von jedem mehr oder weniger bewußt erlebt und nach einer eventuellen Gesundung wieder überwunden werden: relative Einschränkung des geistigen Horizontes auf körpernahe, für das persönliche Leben unmittelbar relevante Probleme; verstärkte Zuwendung zu intra-organischen Abläufen, wie z. B. Nahrungsaufnahme, Verdauung, Sexualität usw.; Zunahme egozentrischer Tendenzen; Verschiebung des Gleichgewichtes Aktivität — Passivität und Unabhängigkeit — Abhängigkeit in Richtung auf Passivierung und größere Abhängigkeit; Verstärkung der Tendenz zur Isolierung und Vereinsamung; Senkung des Selbstbewußtseins, unrealistische Schwankungen des Anspruchsniveaus; Verringerung von Selbstbeherrschung und Frustrationstoleranz; Erhöhung von Angst und Unsicherheit; Nachlassen der Flexibilität der Anpassung; gradueller Abbau zuletzt erworbener (reifer) Reaktionstendenzen (Regression).

b) Spezifische Auswirkungen körperlicher Schädigung

Jede Schädigung bringt darüber hinaus ganz spezifische Probleme mit sich. Eine Verunstaltung des Gesichts z. B. hat gänzlich andere Wirkungen als eine nach außen nicht bemerkbare Notwendigkeit zur Bewegungseinschränkung (etwa nach Herzinfarkt), und diese wieder unterscheidet sich in ihren psychischen Auswirkungen von den Folgen einer Arm- und Beinamputation.

Die Verschiedenartigkeit der spezifischen Auswirkungen unterschiedlicher

Krankheitsbilder und somatischer Schädigungen und die daraus resultierende Notwendigkeit, jeweils unterschiedliche spezifische Rehabilitationsstrategien und Methoden einzusetzen, hat zu einer hochgradigen Differenzierung psychologischer Einsatzgebiete in der Rehabilitation geführt. Die Rehabilitationspsychologie differenziert sich nicht nur in die Gebiete der Rehabilitation von Kindern und Jugendlichen bzw. Erwachsenen bzw. alternden Menschen. Die Rehabilitation beim erwachsenen Polyarthritispatienten unterscheidet sich von der des Querschnittsgelähmten, des Arm- oder Beinamputierten oder gar des blinden Ohnhänders, die des chronisch Herzkranken von der des Diabetikers oder des schizophren Erkrankten. Gerade die Kenntnis und Berücksichtigung der krankheitsspezifischen Probleme ist ein wesentlicher Faktor, der die Wirksamkeit der Rehabilitation mitbestimmt und dem Patienten — abgesehen vom Einfühlungsvermögen des Therapeuten — das Gefühl gibt, daß er verstanden wird. Andererseits ist es jedoch gerade diese Vielfalt von spezifischen Arbeitsgebieten, die eine gewisse Interessenzersplitterung unter den Rehabilitationspsychologen unvermeidlich macht und möglicherweise die Herausbildung einer übergreifenden Rehabilitationspsychologie erschwert.

Es gibt jedoch auch auf dem Gebiet der spezifischen Auswirkungen unterschiedlicher Erkrankungen einige Gemeinsamkeiten. Ein Problem beispielsweise, das im Brennpunkt vieler somatopsychologischer Analysen steht, ist die Depression als Reaktion auf den mehr oder weniger permanenten Verlust von Funktionen oder Organen. Ähnlich wie DEMBO u. a. kam auch HARDING zur Differenzierung von 4 Phasen des Depressionsverlaufs;

- die „Phase der Verdrängung", in der die tatsächlichen Umstände der Schädigung und ihre vielfachen Auswirkungen nicht völlig erfaßt, ja teilweise direkt geleugnet werden — etwa durch den Gedanken, daß es sich um eine Fehldiagnose handeln könnte;
- die „euphorische Phase", in der trügerischer Optimismus vorherrscht und die Verdrängung weiter besteht;
- die „depressive Phase", in der Umfang und Konsequenzen der Schädigung in ihrer ganzen Tragweite erfaßt werden,
- die „Phase der gefaßten Akzeptierung", in der eine realistische Einschätzung der Schädigung und ihrer Auswirkungen einsetzt, die zur Entwicklung aktiver Umstellung und zum Problemlösungsbemühen führt.

Nun ist es keinesfalls so, daß alle Patienten diese 4 Phasen durchlaufen. Einige bleiben längere Zeit oder sogar permanent in der ersten, andere in der zweiten oder dritten Phase stecken. Eine sachgemäße Behandlung der Depression erfordert eine enge Zusammenarbeit des behandelnden Arztes (Chirurgen oder Orthopäden usw.) mit einem psychotherapeutisch qualifizierten Arzt oder Psychologen unter Einbeziehung des gesamten Rehabilitationskollektivs. Auf dem Gebiet der psychologischen Auswirkungen spezifischer körperlicher Schäden bestehen — ebenso wie für das Gesamtgebiet der Psychodynamik — zahlreiche z. T. in der Praxis entstandene Theorien und Hypothesen, denen es jedoch vielfach noch an Beweiskraft mangelt.

Neben der Einstellung zum Funktionsverlust spielt die Bewertung der verlorenen Funktion eine wichtige Rolle. Der Patient geht vielfach von der Auffassung aus, daß die Öffentlichkeit den Geschädigten trotz gegenteiliger Erklärungen als minderwertig, andersartig oder gefühlsmäßig gar als zu Recht bestraften Übeltäter ansieht, und manchmal macht er sich sogar selbst diese Auffassung zu eigen. Tatsächlich gibt es trotz aller Aufklärung auch in einem sozialistischen Land noch im Leben eines jeden Körpergeschädigten Eindrücke, die ihn in dieser Auffassung bestärken. Neben Gefühlsroheit mancher Zeitgenossen tragen u. U. auch übermäßige Rücksichtnahme und Mitgefühl dazu bei.

Auf Grund eines Zusammenwirkens der unspezifischen und der spezifischen Reaktionen auf eine chronische Schädigung entwickelt sich allzu häufig eine Art Teufelskreis, der die Rehabilitation sehr erschwert. Ein Beispiel einer solchen maladaptiven Abfolge sei hier dargestellt:

Der chronische Kranke, ebenso wie der funktionell geschädigte Patient, tendiert zu übermäßiger Beschäftigung mit den Vorgängen im eigenen Organismus, dabei kommt es zu verstärkter Konzentration und überhöhter Sensitivität für Schmerzen, Ängste, Schlaflosigkeit usw. Daraus resultieren ein erhöhtes Niveau emotioneller Erregung und damit im Zusammenhang stehende Beeinträchtigung der Fähigkeit für einsichtsvolles Lernen und bewußte Aufnahme relevanter neuer Erkenntnisse sowie je nach Krankheitsbild auf Grund der neurovegetativen Wirkung der Erregung eine verringerte Adaptation oder sogar Auftreten von Verschlechterungen bzw. Rezidiven.

Es gibt kaum ein Unglück, das so verheerend ist, daß nicht doch einige sekundäre Vorteile daraus erwüchsen. So sehr solche Vorteile, wie zärtliche Fürsorge der Angehörigen, Entlastung von unangenehmen Verpflichtungen usw., dem Geschädigten zu gönnen sind, so können sie doch dazu führen, insbesondere bei ungenügender Berücksichtigung spezifischer Schadensfolgen, die bereits erwähnten unspezifischen Regressionstendenzen zu verstärken. Obwohl diese Vorteile zunächst als angenehm empfunden werden, wirken sie auf die Dauer negativ, weil der Patient sich zumeist durchaus bewußt ist, daß er damit — im Interesse augenblicklicher Entlastung — eine Sonderstellung beansprucht und Möglichkeiten vergibt, seine Fähigkeiten zu entwickeln. So tragen diese sekundären Vorteile zur Vertiefung des inneren Konfliktes zwischen Abhängigkeits- und Unabhängigkeitsbedürfnis bei, führen unter Umständen zu beträchtlicher Stauung aggressiver Impulse und belasten die Beziehungen des Patienten zu seinen Mitmenschen zusätzlich. Erst auf Grund einer genauen Kenntnis des Zusammenwirkens dieser Einflußsphären läßt sich mit dem Rehabilitanden gemeinsam eine individuelle Rehabilitationsstrategie entwickeln. Dabei ist es besonders wichtig, soweit machbar, die Hilfe und Mitarbeit der Primärgruppen in Anspruch zu nehmen und auf bereits vorhandene Ressourcen der Persönlichkeit des Rehabilitanden aufzubauen.

3. Analyse relevanter Umwelteinflüsse

Gesellschaftliche Bedingungen beeinflussen in vielfältiger Weise den Rehabilitationsprozeß. Nicht nur, daß sie den Stand der Technik und medizinischen Betreuung sowie die Bereitstellung der notwendigen finanziellen Mittel mitbestimmen, sind sie auch maßgeblich beteiligt bei der Herausbildung von Einstellungen zur körperlichen und geistigen Schädigung allgemein und zur Wertung spezifischer Schäden. Von ihnen wird auch das Ausmaß etwaiger Kompensationsmöglichkeiten, Prothesen und Hilfen abhängen. Kurz: Gesellschaftliche Bedingungen bestimmen weitgehend Qualität und Quantität der Rehabilitationsmöglichkeiten. Allerdings wirkt sich eine Veränderung gesellschaftlicher Verhältnisse — wie sie etwa in der DDR vollzogen wurde — nicht unmittelbar, sondern mit einer mehr oder minder großen zeitlichen Verzögerung auf den Rehabilitationsprozeß aus. Althergebrachte bzw. eingefahrene Einstellungen und Gewohnheiten halten sich zäh. Trotz aller Bemühungen der in der Rehabilitation Tätigen und sonstiger Interessierter treffen Körpergeschädigte und in noch höherem Maße psychisch Geschädigte immer noch auf ablehnende Vorurteile und diskriminierende Bemerkungen, die besonders in labilen Phasen schwer zu verkraften sind. Hier Abhilfe zu schaffen, erfordert eine weitere Intensivierung gezielter und wissenschaftlich fundierter Öffentlichkeitsarbeit. Unsere Staatsorgane, wie z. B. das Ministerium für Gesundheitswesen, sind bereit und interessiert, die notwendigen Maßnahmen zu unterstützen. Hier kommt es nur darauf an, von seiten der wissenschaftlich-medizinischen Gesellschaften entsprechende Expertisen vorzulegen, wobei natürlich die realen Interessen und Notwendigkeiten dringender Anliegen der Gesamtgesellschaft berücksichtigt werden müssen. In dieser Hinsicht hat das Wirken der Gesellschaft für Rehabilitation und gewählter Volksvertreter in den verschiedensten Gremien schon viel erreicht — woran auch Rehabilitationspsychologen mit beteiligt waren. Natürlich wollen wir uns mit dem bereits Geleisteten nicht zufrieden geben. Immerhin stellt diese Arbeit einen wichtigen Beitrag zur Rehabilitationserleichterung dar.

4. Bewältigungsstrategien

Die Fortschritte bei der Leistungsbeurteilung oder Ergodiagnostik sowie der somatopsychologischen Analyse bildeten eine solide Grundlage, um die empirisch entstandenen Rehabilitationsmethoden zu systematisieren und wissenschaftlich gezielt einzusetzen. Dabei bilden entsprechend der marxistischen Auffassung von der Bedeutung der Arbeit für die Persönlichkeitsentwicklung nach wie vor 4 Stufen des gezielten Arbeitseinsatzes:

— Arbeitstherapie
— Arbeit an geschützten Einzelarbeitsplätzen,
— Arbeit in Rehabilitationswerkstätten (geschützten Werkstätten) und
— Arbeit in geschützten Abteilungen der Betriebe

den Kern der Rehabilitationsbemühungen und den Übergang zur normalen Arbeit im Optimalfall. Die vorangegangene medizinische und pädagogische Rehabilitation wird vielfach noch während der Arbeit im Rehabilitationszentrum fortgesetzt, wie auch die soziale Rehabilitation hier breiten Raum einnimmt. Probleme der Motivation des Patienten, der Integration in ein Arbeitskollektiv und Fragen der konstruktiven Akzeptierung verbleibender Schädigungen werden an den Psychologen ebenso herangetragen wie Probleme der organisatorischen Leitung größerer Bereiche und der Weiterbildung der in den Rehabilitationswerkstätten tätigen Mitarbeiter. Es fehlt jedoch gegenwärtig noch eine umfassende rehabilitationspsychologische Bewältigungsstrategie, die sowohl die Ausbildung als auch die tägliche Praxis des Rehabilitationspsychologen lenken könnte. In einer größeren Anzahl von Veröffentlichungen leitender Psychologen in Rehabilitationszentren (BURIAN, STRÜMPER, DILL) wurden dazu bereits Beiträge erbracht, ebenso von zahlreichen Kollegen, die in der Rehabilitation außerhalb von Rehabilitationswerkstätten tätig sind (FRÜHAUF, GEHLER, KURTH, NISSLER und KURTH, NOACK, STEPHAN, RATZENBERGER, GAEFKE und KRIEGEL, KRIEGEL und GAEFKE, SITTE, WEISE, KREYSSIG, EICHHORN u. v. a.). Im Einklang mit der marxistischen Persönlichkeitsauffassung und der darin hervorgehobenen führenden Rolle der Arbeitstätigkeit bei der Entwicklung und Gesunderhaltung des Menschen wurde in den Rehabilitationsbemühungen des Bechterew-Instituts (Leningrad) die psychologisch-soziale Readaptation in engstem Zusammenhang mit der produktiven Tätigkeit im Arbeitskollektiv gefördert, ähnlich wie das in der DDR u. a. von U. P. KATZENSTEIN in vielen Arbeiten gefordert und in den von ihr seinerzeit geleiteten Rehabilitationswerkstätten verwirklicht wurde.

Neben der Problematik der Rehabilitation nach somatopsychischen Störungen spielt selbstverständlich auch die Rehabilitation von psychischen und psychosomatischen Störungen eine wachsende Rolle. Wenn auch Konflikte, die im Gefolge körperlicher Schädigungen auftreten, oft anders strukturiert sind als z. B. typisch neurotische oder gar psychotische, so bestehen doch manche Ähnlichkeiten bei den daraus resultierenden Anpassungsschwierigkeiten.

Wenn beispielsweise ein Geschädigter im Konflikt ist, ob er seine Schädigung möglichst vertuschen soll, wobei er beträchtliche zusätzliche Belastung auf sich zu nehmen hat, oder sie betonen soll und damit Entgegenkommen, Rücksichtnahme und andere sekundäre Gewinne erreichen kann, wenn er zwischen dem Wunsch nach Passivität und Geborgenheit einerseits und der Notwendigkeit erhöhter Aktivität und Unabhängigkeitsbemühungen andererseits schwankt, so sind diese Probleme dem Neuroseforscher durchaus vertraut.

Eine ganze Reihe von Bewältigungsstrategien und Techniken, die zunächst in der Psychotherapie entwickelt und erprobt wurden, können deshalb auch in der weiteren Rehabilitation Anwendung finden. Dazu eignen sich besonders Selbstsicherheitstraining, Training zur Überwindung von Ängsten und Meidungsverhalten, Kontakt- oder Kommunikationstraining, autogenes Training, andere Entspannungsmethoden, Vorsatzbildung usw.

Weiterhin kommt es darauf an, die maladaptiven psychologischen Veränderungen, die im Gefolge der Schädigung auftreten (d. h. sowohl die unspezifischen als auch die spezifischen Auswirkungen), gezielt zu beeinflussen. Es empfiehlt sich, mit den Patienten und möglichst auch mit ihren Familien eine abgestimmte Rehabilitationsstrategie festzulegen, bei der es neben der Einbeziehung notwendiger Bewältigungstechniken vor allem darauf ankommt, eine systematische Aktivierung und Steigerung der Leistung vorzusehen, dabei jedoch dafür Sorge zu tragen, daß zu hohe Anforderungen und zu große Erwartungen vermieden werden, um so die Erfolgschancen erster kleiner Schritte zu sichern.

Auch auf diesem Gebiet haben Rehabilitationspsychologen viele Erfahrungen gesammelt und Erfolge erreicht. Es fehlt jedoch bisher ein Lehrbuch, das den vorhandenen Erfahrungsschatz den neu auf diesem Gebiet Tätigen systematisch vorstellt.

5. Psychologische Führung des Rehabilitanden

Die dargelegten Zusammenhänge der Herausbildung eines differenzierten komplexen Rehabilitationsansatzes, der vielfältige Einsatzgebiete für klinisch-psychologische Spezialisten ebenso wie für andere Fachwissenschaftler der Medizin bietet, lassen aber auch erkennen, daß in dem Zusammenwirken so vieler Spezialisten die nicht zu unterschätzende Gefahr besteht, daß ein Rehabilitand, der durch seinen Funktionsverlust emotionell mitgenommen und isoliert ist, sich nicht richtig verstanden fühlt und resigniert.

Da viele Rehabilitanden neben bzw. nach der medizinischen Rehabilitation auch einer pädagogischen, beruflichen und sozialen Rehabilitation bedürfen, kommen sie sukzessiv mit mehreren Rehabilitationskollektiven in Berührung. Um so wichtiger ist es, daß dem Rehabilitanden, der relativ isoliert unter derart schwierigen, oft durch akute Traumen entstandenen, Bedingungen wieder Selbstvertrauen entwickeln soll, die Möglichkeit geboten wird, dauerhafte Bindungen zu wenigstens einer Bezugsperson zu entwickeln.

Nun ist gerade der Psychologe in der Lage, den Rehabilitanden während des gesamten Rehabilitationsprogramms zu begleiten. Daher hat er die einzigartige Möglichkeit, indem er das Vertrauen des Rehabilitanden gewinnt, ihn über einen längeren Zeitraum bei seiner schwierigen Adaptation zu unterstützen, seine Gruppenbindungen genau kennenzulernen und sie durch den Einsatz seines Fachwissens zu fördern. Außerdem ist er in der Lage, auf Grund seiner Erfahrungen bei den vielen auftauchenden organisatorischen Problemen beratend und ermutigend einzugreifen. In diesem Zusammenhang erweist es sich auch als wichtig, den Mitgliedern der Rehabilitationskollektive psychologisches Wissen zu vermitteln und dazu beizutragen, etwaige auftretende Spannungen und Konflikte innerhalb des Rehabilitationskollektivs konstruktiv zu beheben, da gerade sie sich oft ähnlich störend auf Gesundung und Rehabilitation auswirken wie Familienzerwürfnisse auf die Persönlichkeitsentfaltung der Kinder.

Wie schwierig die psychologische Führung des Rehabilitanden vielfach ist und mit welchen Problemen der Psychologe konfrontiert wird, sei an einigen Beispielen aus der Fachliteratur gezeigt:

Was Harding am Beispiel der sexuellen Problematik von Dialyse- bzw. herzstimulierten Patienten illustriert, trifft in gleichem Maße für funktionell Erkrankte zu: „der Kranke zeigt (unter dem Eindruck der Problematik) Impotenzerscheinungen und fürchtet, daß sie endgültig seien. Der Arzt, befragt, gibt ausweichende Antworten, die seine Befürchtungen noch verstärken. Manche Patienten denken auch (fälschlich, wie Harding schreibt), daß die sexuelle Aktivität schädlich sein könnte. Rücksichtsvoll vermeidet der Ehepartner, das Problem anzuschneiden und ruft dadurch oft beim Rehabilitanden das Gefühl hervor, er habe aufgehört, sexuell begehrenswert zu sein. Als Folge kommt es vielfach zur Entfernung der Ehepartner voneinander gerade zu einem Zeitpunkt, wenn größere Nähe den Rehabilitationsprozeß fördern könnte". HUBER und RUDNITZKI, wie viele andere Autoren, unterstreichen die Notwendigkeit der Einbeziehung von Familie und Arbeitsgruppe. HUBER verweist auf die vielfach tief einschneidende Rollenänderung des traumatisch Querschnittsgelähmten im Familiensystem. Wenn z. B. ein aktiver Mann und Vater, der führend und schützend der Familie und auch einer etwas unselbständigen Frau gegenüber auftrat, nach einem Unfall auf dauernde Pflege angewiesen ist, so kommt es psychologisch nicht nur darauf an, ihm die Anpassung an sein gestörtes Körper- und Selbstbild zu erleichtern. Auch die Probleme der Frau, wie sie z. B. mit den veränderten Rollenerwartungen, den vielen zusätzlichen Aufgaben und Entscheidungen fertig wird, bilden einen wesentlichen Aspekt des Rehabilitationsprozesses. Die Ambivalenz des Mannes zwischen unrealistischer Verleugnung seiner Behinderung im Interesse der Unterstützung seiner Frau und der Akzeptierung seiner veränderten Position in der Familie stellt einen Konfliktherd dar, der sowohl zur Gefährdung der Rehabilitation als auch zur Dekompensation der Ehegattin führen kann, wenn nicht fachkundige Hilfe gewährt wird. Selbstverständlich sind die in diesem Fall am Beispiel männlicher Rehabilitanden angeführten Probleme analog bei weiblichen Rehabilitanden von Bedeutung.

Noch nicht erwähnt wurde das weite Gebiet der psychologischen Erforschung von Rehabilitationsproblemen. Es ist vielleicht charakteristisch, daß auf dem Gebiet der Rehabilitation eine besonders enge Verbindung von Praxis und Forschung besteht. Mitarbeiter eines Rehabilitationskollektivs sind unmittelbar mit den Sorgen und Nöten der Rehabilitanden konfrontiert und begreifen von daher ihre Forschungsaufgabe. Dabei umfassen die anfallenden Forschungsthemen praktisch die gesamte Skala klinisch-psychologischer Probleme. Leider fehlt es bei uns noch an einem koordinierten Herangehen. Voraussetzung dafür ist die Herstellung noch engerer Verbindungen zwischen den in der Praxis tätigen Rehabilitationspsychologen und den maßgeblichen psychologischen Forschungs- und Ausbildungseinrichtungen.

5. Persönliche Entwicklung, fachliche Erfahrungen, Konflikte und Perspektiven als Psychologe und Psychotherapeut

Während Kindheit und Jugend in der Sicherheit meines gutbürgerlichen, harmonischen Elternhauses weitgehend von den sich zuspitzenden sozialen und politischen Gegensätzen der 20er Jahre abgeschirmt, war ich zu Beginn der 30er Jahre beeindruckt von kulturellen Zeitströmungen, die meinem Leben Sinn und Richtung geben sollten. Insbesondere die bürgerliche (freideutsche) Jugendbewegung gewann Einfluß auf mein Denken. Der deutsch-jüdische Wanderbund „Kameraden", dem ich mit 14 Jahren beitrat, beruhte auf dem engen Gemeinschaftserleben junger Menschen, die gewillt waren, sich selbst und anderen gegenüber rückhaltlos ehrlich zu sein und sich dadurch bewußt von der als doppelzüngig empfundenen bürgerlichen Moral der älteren Generation lossagten. Im Bund wurde mein Blick geöffnet für weltanschauliche Fragen, aber auch für die Schönheiten der Natur, der Literatur und Malerei und nicht zuletzt für die eigenartig aufregenden Gefühle homoerotischer Bindungen und inniger Liebesbeziehungen zu ersten Freundinnen. In der vielgestaltigen, sinnesfreudigen Welt, die mein sich erweiternder Horizont mir eröffnete, gab es unsagbar beglückende intellektuelle Erlebnisse. Ich verehrte die Romantiker, bewunderte die deutschen Klassiker, las aber auch neben den großen realistischen Erzählern jener Zeit Autoren wie Spitteler, Stefan George, Weininger, Blüher und Wynnecken, Adler und Freud. Sigmund Freud begeisterte mich in seiner Sprache und den erstaunlichen Einsichten. Ich begann selbst, Buch zu führen über meine Träume und den dazu auftauchenden Assoziationen, um den Sinn des Geträumten zu begreifen.

Durch schulische Verpflichtungen und mehr noch durch außerschulische Aktivitäten und konfliktvolle Liebesbeziehungen war meine Zeit voll in Anspruch genommen. Doch blieben meine Bindungen relativ ichbezogen. Noch fehlte eine verpflichtende überpersönliche Zielstellung. So war ich trotz der Auflehnung gegen die Äußerlichkeiten der traditionellen, bürgerlich-merkantilen Moral im Grunde doch in einer bürgerlichen Einstellung verhaftet, wie sie Dürkheim als „Anomie" charakterisierte. Ich will auch nicht verhehlen, daß ich mehrmals den Wunsch verspürte, aus dem festgelegten, wohlanständigen Lebensrahmen „auszusteigen", vitales, pulsierendes Leben, frei von jeder Bindung, aufzuspüren.

Wiederholt forderten mich meine Freunde im Bund auf, doch auch die Schriften von Marx und Engels zu lesen. Ich lehnte zunächst mit der Begründung ab, das sei etwas für Arbeiter, die ihre Lebensumstände verbessern wollten, mir aber als Schüler des Realgymnasiums gehe es ja gut, weshalb solle ich mich da um Klassenkampf und dergleichen kümmern. Schließlich griff ich aber doch, wenn auch widerstrebend, zu einigen Broschüren, die wir auf den folgenden Gruppenabenden diskutieren wollten. Ich war fasziniert von dem völlig unerwarteten, großartigen Gedankengebäude und den tiefen Einsichten des historischen — und den neuartigen wissenschaftlichen Erkenntnissen des dialektischen Materialismus. Alles, was ich bisher vielfach losgelöst voneinander gelernt und erlebt hatte, wurde mir nun verständlich als Teil einer einzigartigen umfassenden Entwicklung, deren Gesetze zu begreifen intellektuell herausfordernd und zugleich abenteuerlich und gefährlich war. Konsequent suchte ich dann auch Kontakt zu Marxisten, besuchte den Bund der Freunde der SU, lernte Funktionäre der Roten Gewerkschaftsopposition, des Roten Studenten-Bundes und des kommunistischen Jugendverbandes kennen und begegnete so Menschen, deren Einsatzbereitschaft mich begeisterte und deren Vertrauen zu gewinnen mir wichtig wurde.

Dann kam die nationalsozialistische Machtergreifung, meine Verhaftung kurz nach meinem 18. Geburtstag, ich war Schüler der Abiturklasse. mit schrecklichen Ungewißheiten, Ängsten, Verhören und Drohungen, aber auch die mutige und beglückende Kameradschaft einiger Mithäftlinge. Dazwischen plagten mich damals im Gefängnis — wie auch oft noch später — nagende Zweifel an der Richtigkeit dessen, was ich getan hatte. Immer wieder stellte ich mir selber die von meinen Eltern vorwurfsvoll formulierte Frage: „Warum mußt gerade Du Dich mit Politik befassen, den Helden spielen und in die Patsche geraten, während alle anderen frei und ungestört ihr gewohntes Leben weiter führen?" Nun, so „frei" sollte auch deren Leben nicht bleiben, aber das wußte ich damals noch nicht. So wurde meine Verhaftung durch die Gestapo im Mai 1933 und die Konfrontation mit nationalsozialistischer Brutalität im Gefängnis in Düsseldorf das erste einer Reihe von Ereignissen, die mein Leben schlagartig veränderten und meine bis dahin enge Bindung zum Elternhaus lösten.

Meine Entlassung aus dem Gefängnis war an die Bedingung geknüpft, daß mich meine Eltern außer Landes bringen würden. So kam ich nach Frankreich. Bald fand ich auch hier Kontakt zu deutschen Kommunisten und arbeitete mit bei der Vorbereitung des Kongresses „Gegen Krieg und Faschismus" und des „Welt-Jugendkongresses", die im Frühherbst 1933 in Paris stattfanden. Im Februar 1934 wurde ich dort bei einer Demonstration verhaftet, mißhandelt und ausgewiesen. Es folgten drei schwere, aber auch aufregend schöne Jahre in Holland. Ich arbeitete als Klempnerlehrling, fand wieder großartige Kameraden, baute eine marxistische Jugendgruppe unter der Emigrantenjugend auf und erlebte neue intensive Freundschafts- und Liebesbeziehungen.

Der von Hitler und Mussolini unterstützte Aufstand der spanischen Generalität gegen die junge rechtmäßig gewählte spanische Regierung erregte mich tief. Ich meldete mich freiwillig zum Kampf in den Internationalen Brigaden. Nach Überwindung der bekannten Schwierigkeiten gelangten wir zu Fuß über die Pyrenäen nach Spanien. Nach 14tägiger Vorbereitung ging es an die Front. Wir hockten in brennender Hitze tagelang in Schützenlöchern, lagen wehrlos unter dem Bombenhagel der deutschen Junckers-Maschinen, die immer wieder ihre tödliche Last über uns abwarfen. Beim Angriff mußte ich dann erleben, wie einer der beiden Kameraden, mit denen ich vorwärts kroch, einen tödlichen Kopfschuß erhielt und dem anderen der Arm abgerissen wurde. Ich wurde zurückgewinkt, der Angriff war abgeschlagen. In tiefer Verwirrung und Depression sagte ich mir doch immer wieder, daß unsere Erkenntnisse richtig waren und konnte so den Stimmen der Demoralisation widerstehen. Nach der Offensive von Brunete und der Eroberung Teruels kamen die aufreibend angstvollen Wochen der Rückzugskämpfe. Wir mußten Teruel, Belchite und Quinto wieder räumen und verloren viele Kameraden. Unsere große Ebro-Offensive gab uns noch einmal neue Zuversicht. Aber unter den pausenlosen Angriffen der faschistischen Bomber, Jagdflugzeuge und Artillerie gab es viele Tote und Verwundete, und die Überlebenden wurden beim Rückzug bis zur Toleranzgrenze gefordert.

Nach weiteren Rückzugskämpfen kamen wir schließlich an die französische Grenze, wo wir entwaffnet und in Konzentrationslager getrieben wurden. Zweieinhalb Jahre verblieb ich in den Konzentrationslagern St. Cyprien, Gurs, Vernet und Les Milles. Zwar war die unmittelbare Gefahr, verwundet oder getötet zu werden, für die meisten von uns zunächst geringer, aber Kälte, Hunger, Durst, Ungeziefer, die Brutalität der Garde Mobile, die Frauenlosigkeit und Isolation lasteten schwer auf uns.

Doch die vertrauensvolle beglückende Gemeinschaft der Interbrigadisten, entstanden durch den bedingungslosen gemeinsamen Einsatz für das gleiche Ziel im Krieg und im Konzentrationslager, gab mir vielseitige geistige Anregungen, Verständnis und Festigkeit. Immer besser lernte ich, auch im Alltäglichen vorwärts treibende Widersprüche und Hauptentwicklungslinien zu erkennen, Wesentliches von Nebensächlichem zu unterscheiden.

Schließlich gelang es meinen Geschwistern, meine Einreise in die USA zu ermöglichen. Dadurch konnte ich dem Schicksal vieler anderer deutscher Spanienkämpfer entgehen, die die Nazis später in Konzentrationslager nach Deutschland verschleppten.

Im Oktober 1941 kam ich in New York an. Zwei Monate später erfolgte der japanische Überfall auf Pearl Harbour und der Eintritt der USA in den Krieg. Im folgenden Jahr erhielt ich den Einberufungsbefehl in die Armee der Vereinigten Staaten, wurde zunächst als Infanterist, dann als Aufklärer und für die Spionage-Abwehr ausgebildet. Vor meiner Einberufung hatte ich bei der politischen Arbeit in New York meine Frau kennengelernt und mich total verliebt. Dabei war das nur der Anfang der Hexerei gewesen, denn während meiner Infanterie-Ausbildung in Fort Meade kam unsere Tochter Kate zur Welt, und die hatte das Hexen schon in der Wiege gelernt und konnte mich einfach um ihr Fingerchen wickeln.

Aber dann wurde es Ernst. Mit der Queen Mary gelangte ich nach England, wurde von dort nach Frankreich eingeflogen und der Spionageabwehr-Abteilung der Neunten Infanterie-Division zugeteilt. Unsere Division fuhr unter dem unbeschreiblichen Jubel der belgischen Bevölkerung durch Belgien, durchbrach die Befestigungen der Siegfried-Linie, war während der faschistischen Ardennen-Offensive in Eupen eingekesselt, drang bis an den Rhein vor, überquerte die noch intakte Remagen-Brücke, war nach deren Bombardierung wieder vorübergehend abgeschnitten, rückte schließlich bis Nordhausen und Köthen vor, von wo wir auf Grund des Abkommens zwischen den

Oberkommandos der Sowjet-Armee und der Armee der USA nach Ingolstadt verlegt wurden.

In diesen Wochen und Monaten hatte ich Gelegenheit, den Faschismus in seiner Demoralisationsphase aus der Nähe kennenzulernen. Da begegnete ich vielen Menschen, die zu Beginn der Nazi-Herrschaft geglaubt hatten, wenn sie sich passiv verhielten, würde ihnen nichts geschehen. Sie hatten nun oft nicht nur Hab und Gut verloren und nächste Angehörige zu beklagen, sie hatten auch selber Furchtbares mitgemacht. Oft hatte ich aber auch Jugendliche zu verhören, die von Hitler noch immer begeistert waren. Einigen von ihnen konnte ich wohl auch helfen, sich in der veränderten Situation zurechtzufinden. Es gelang mir auch mit Hilfe deutscher Antifaschisten, feige Prominenz, wie den Kreisleiter von Ingolstadt, Schwerindustrielle von der Ruhr, hohe Offiziere und SS-Leiter aufzuspüren und zu enttarnen. Das Herrlichste aber war, Genossen zu begegnen und in einigen Fällen sogar Kameraden, die ich aus Spanien kannte. Ich war sehr glücklich in dieser Zeit, merkte ich doch, wie wirksam ich den Genossen in Deutschland bei der Arbeit für unser gemeinsames Ziel helfen konnte. Doch ich hatte auch große Sehnsucht nach Frau und Kind und war deshalb nicht traurig, als die Stunde meiner Abkommandierung und Rückkehr in die USA gekommen war. Die Genossen in Ingolstadt bereiteten mir einen bewegenden Abschied.

So gelangte ich nun als 30jähriger wieder nach New York. Fest entschlossen, weiter für den Aufbau des Sozialismus zu wirken. Aber wie?

Nach kameradschaftlicher Beratung mit unseren Freunden entschied ich mich für das Studium der Psychologie. Die Umstellung auf das Zivilleben fiel mir nicht leicht, aber das Studium an der New Yorker Universität vermittelte mir viele interessante Erkenntnisse, einen festen Freundeskreis Gleichgesinnter, neue Erfahrungen im politischen Einsatz und schöne erholsame Stunden. Kurze Zeit, nachdem ich das Diplom (B.S.) erhalten hatte, kam unsere Tochter Susie zur Welt und mußte gleich mit auf große Reise, hatte ich mich doch erfolgreich um eine Aspirantur an der Kansas Universität beworben, die mit postgradualer klinischer Psychologie-Ausbildung an der Menninger Foundation in Topeka verbunden war. Hier herrschte ein ungewöhnliches Klima reger geistiger Auseinandersetzung. Das psychologische Institut an der Kansas Universität war das Zentrum der amerikanischen Gestalt-Psychologie, das neben Martin Scheerer auch andere namhafte deutsche Gestalt-Psychologen, wie beispielsweise Fritz Heider, angezogen hatte. Die Menninger Foundation in Topeka dagegen war ein Mekka der orthodoxen Psychoanalyse und zählte damals einige persönliche Schüler und Mitarbeiter Freud's zum Lehrkörper. Die gemeinsamen monatlichen Kolloquien der beiden Fakultäten, an denen wir klinisch-psychologischen Aspiranten teilnehmen konnten, bildeten Höhepunkte intellektueller und emotionaler Auseinandersetzungen, bei denen selbst scheinbar abgeklärte prominente Lehranalytiker manchmal ihre Beherrschung verloren.

Doch auch die Arbeiten der experimentellen Psychologen interessierten mich sehr. Ich fand freundschaftliche Kontakte zu Lisa Wertheimer und Howard Perlmutter und schwankte kurze Zeit, ob ich nicht zur experimentellen Forschung, in der sie als Aspiranten tätig waren, überwechseln sollte.

Inzwischen hatte ich allerdings die Konzeption der klinisch-experimentellen Arbeit für meine Promotion entwickelt, in der ich die therapeutische Wirkung marxistischer Gruppenarbeit mit der dort maßgeblichen psychoanalytischen Einzel- und Gruppentherapie verglich. Davon wurde ich nun ganz in Anspruch genommen. Der Erfolg dieser Untersuchung (siehe Arbeiten 3.1.2. und 3.2.1.), sowohl die praktische Hilfe für die teilnehmenden schizophrenen Patienten, als auch die dabei erzielten theoretischen Erkenntnisse und Erfahrungen und die Anerkennung seitens der Lehrkörper beider Institute, gewann mich endgültig für den Einsatz in der klinischen Psychologie.

Auch in Kansas hatten wir relativ schnell wieder einen Freundeskreis gefunden, mit dem uns viel Gemeinsames verband. Neben Martin Scheerer gehörten dazu noch einige Aspiranten, die mit dem Marxismus sympathisierten. Außerdem hatten wir Anschluß an eine sich regelmäßig treffende Gruppe marxistischer Hochschullehrer gefunden.

Nach Abschluß meiner Promotion stand für uns fest, daß wir so bald wie möglich in die DDR gehen wollten. Martin Scheerer forderte mich zwar auf, als Hochschullehrer an der Fakultät zu bleiben, aber um möglichst schnell das Geld für unsere Überfahrt zusammen zu bekommen, akzeptierte ich eine besser bezahlte Stelle an einem psychiatrischen Krankenhaus für ehemalige Soldaten im Staat New York. Nach anderthalb Jahren hatten wir das Geld für die Reise beisammen. Da wir zu jener Zeit der Hexenjagd, die von dem unrühmlich bekannten Senator Mac Carthy inszeniert wurde, kein Visum für eine Reise in die DDR bekommen hätten, nahm ich zunächst eine Stelle in einem katholischen psychiatrischen Krankenhaus in Holland an. Von dort fuhren wir dann über Westberlin in die DDR, wo ich meine Arbeit im Bezirks-Krankenhaus Brandenburg-Görden aufnahm.

Da war ich nun endlich in dem Teil Deutschlands, in dem der Sozialismus aufgebaut wurde. Hatte erreicht, was ich so intensiv erstrebt hatte, aber nun war vieles doch ganz anders, als ich es mir in meinen Erwartungen ausgemalt hatte.

Zum ersten Mal hatte ich Schwierigkeiten, einen vertrauten Freundeskreis zu finden. Zwar begrüßte man uns freundlich als Mitarbeiter im Krankenhaus, blieb aber doch relativ distanziert. Nun erst wurde mir voll bewußt, wie wichtig es in der Vergangenheit für mich gewesen war, einen Kreis von guten Freunden und Genossen zu haben, denen wir vertrauen konnten und deren Handeln uns Vorbild war. Viele Jahre später erbrachten Siegrist und Mitarbeiter den wissenschaftlichen Nachweis, daß Verankertsein in einer Primärgruppe ein bedeutsamer gesundheitsfördernder Faktor ist, dessen Vorhandensein z. B. u. a. das Risiko des Herzinfarktes und funktioneller Erkrankungen deutlich verringert.

Vielleicht ist Ihnen aufgefallen, daß ich mehrfach schon von ich und dann wieder von wir gesprochen habe. Seit der Gründung unserer Familie hatten wir nämlich so viele Gemeinsamkeiten entwickelt, hatten gemeinsame enge Beziehungen zu Freunden und Kameraden und empfanden nun auch hier den Mangel an vertrauensvollen Freunden gleichermaßen, so daß wir, d. h. Uschi, meine Frau, unsere Kinder und ich uns als feste Einheit empfanden. Glücklicherweise war es nicht so, daß wir völlig isoliert gewesen wären. Wo immer ich Spanienkämpfer traf, bestand zwischen uns unverändert noch die alte vertraute Kameradschaft. Auch wenn wir Freunden aus der Emigration bzw. aus dem Konzentrationslager begegneten, war es so, als wären wir nicht einen Moment getrennt gewesen. Aber im Krankenhaus, bei der täglichen Arbeit, fehlte uns die gewohnte Wärme und Herzlichkeit, wie wir sie selbst in der relativ kurzen Zeit in Holland gespürt hatten. Allerdings trennte uns von den wenigen Ärzten, die es damals in dem 3000 Betten großen Krankenhaus gab und die mit Ausnahme der neu eingesetzten Direktorin, Genossin Dr. Eichler, längst überholte fachliche Auffassungen und politische Meinungen vertraten, unsere politische Einstellung, aus der wir keinen Hehl machten. Zu dem einzigen anderen Psychologen, der in der Kinderabteilung tätig war, bahnten sich zwar freundlich kollegiale Kontakte an, aber er wurde nach etwa einem Jahr republikflüchtig.

Unsere Situation war auch deshalb schwierig, weil der Psychologe in der traditionellen Rangordnung des Krankenhauses damals überhaupt keinen etablierten Platz hatte und so von manchen Ärzten und Schwestern als störender Eindringling empfunden wurde. Hinzu kam, daß unser Eintreten für die Rechte der Patienten, z. B. gegen die damals zwar nicht erlaubte, aber noch praktizierte physische Bestrafung wie das sogenannte Dümpeln, für sinnvolle Arbeitstherapie statt Nichtstun, manche Pfleger und Schwestern verwirrte und verärgerte. Damals hatte ich übrigens die m. W. erste psychiatrische Patientenzeitung in der DDR, den „Geistesblitz" im Krankenhaus Görden ins Leben gerufen, und es so der aus Patienten bestehenden Redaktion ermöglicht, den Interessen der Patienten mehr oder weniger diplomatisch Gehör zu verschaffen, da diese monatlich mit Zustimmung der ärztlichen Direktorin erscheinende Zeitschrift von Patienten und Pflegern gleichermaßen gelesen wurde. Besonders böses Blut machte es wohl auch, daß wir für eine festgelegte Belohnung der Arbeit eines jeden Patienten eintraten. Da sowohl das mittlere Pflegepersonal als auch die Ärzte jeder einen oder mehrere Patienten ohne Bezahlung in ihren Haushalten arbeiten ließen, sahen sie dieses Privileg durch unsere Vorschläge bedroht.

Die Rolle des Psychologen im Gesundheitswesen war jedoch nicht nur örtlich problematisch, sie war auch im Republik-Maßstab noch ungeklärt. Es gab damals nur wenige klinische Psychologen in der DDR — wenn ich mich recht erinnere, waren etwa 25 Kollegen zu der von Genn. Dr. Lammert (MfG) einberufenen ersten Zusammenkunft 1955 gekommen —.

Manche Ärzte, eigentlich natürliche Kooperationspartner des klinischen Psychologen, waren mißtrauisch und ablehnend. Viele klinische Psychologen sprachen damals in dem Bemühen, sich präzise auszudrücken, wie sie es an der Universität gelernt hatten, in unverständlichem Fachjargon und geschraubten Sätzen, die sich für den Nichtpsychologen wie Abra kadabra anhörten. Hinzu kam, daß, selbst wenn sie gar nichts sagten, ihre Gegenwart den Psychiater, der zu jener Zeit oft in Nosologie und Therapie gleichermaßen noch wenig festen Boden unter den Füßen hatte, beträchtlich verunsicherte. Außerdem war der klinische Psychologe der einzige nichtärztliche Wissenschaftler, der zum Patienten eine enge, auf Vertrauen beruhende Arbeitsbeziehung herstellte und daher vom Arzt leicht als Konkurrent oder Störenfried empfunden wurde.

Überdies wurde damals von vielen Ärzten — und keineswegs nur von solchen, die Gegner unseres Aufbaus waren oder abseits standen — eine biologistische

Auffassung vertreten. Danach kam es lediglich darauf an, eine Erkrankung als organische Störung zu begreifen und dementsprechend mit pharmakologischen evtl. noch mit physiotherapeutischen oder diätetischen Mitteln zu heilen. Dieser Krankheitsbegriff stellte zweifellos schon einen großen Fortschritt dar, weil er immerhin den menschlichen Organismus bereits als Ganzheit ansah. Aber indem er die gesellschaftliche Natur des Menschseins nicht berücksichtigte, entgingen dem Arzt wichtige Möglichkeiten umfassender Erkennung mancher Krankheitsursachen, wie beispielsweise bei neurotischen sowie bei funktionellen Störungen. Die Orientierung auf eine biologistische Medizin vernachlässigt die Persönlichkeit der Patienten und schmälert die Rolle gesellschaftlicher und zwischenmenschlicher Beziehungen und psychischer Verarbeitung.

Inzwischen sind bei uns fundierte Arbeiten über die Beeinträchtigung der Effektivität ärztlicher Therapie durch biologistische Einstellung erschienen und immer mehr Ärzte erkennen in ihrer täglichen Praxis, wie wesentlich für eine kausale Therapie die Berücksichtigung pathogener Umweltkonstellationen und daraus resultierender subjektiver Konflikte und deren Beeinflussung ist.

Ich erwähne diese Probleme, weil sie einerseits zeigen, mit welchen Schwierigkeiten ein marxistischer Psychologe damals in der DDR konfrontiert war, und weil andererseits dadurch deutlich wird, welche Fortschritte in dieser Beziehung inzwischen gemacht wurden. Denken wir nur an die staatliche Anerkennung des Fachpsychologen der Medizin oder an die kameradschaftliche Zusammenarbeit von Ärzten und Psychologen in der Gesellschaft für Psychotherapie.

Aber kehren wir zur damaligen Zeit zurück. Ich betrachte es als politische Aufgabe, mich gegen die Erscheinungsformen des Biologismus und für die Nutzung aller psychologischen Potenzen im Gesundheitswesen einzusetzen und gleichzeitig für eine marxistisch orientierte praxiswirksame klinische Psychologie zu wirken. Obwohl ich mit meinen diesbezüglichen Veröffentlichungen zunächst einige Zeit wartete, um mich sorgfältiger zu informieren, zeigten sie doch, — schon rein sprachlich — eine vielleicht aus meinem früheren Leben verständliche, aber wahrscheinlich in der DDR für einen Psychologen ungewohnte Schärfe. Das Echo meiner Arbeiten überraschte mich peinlich. Abgesehen von der freundlichen Zustimmung weniger Genossen, wurde ich von einem Kollegen (mit dem ich mich heute gut verstehe) in unserer Fachzeitschrift heftig attackiert, wobei der Versuch gemacht wurde, meine persönliche Integrität in Frage zu stellen. Ein damaliger Vertreter unserer Psychiatrie, zu dem ich vorher ein eher kameradschaftliches Verhältnis zu haben glaubte, sprach nicht mehr mit mir, als wir zufällig nebeneinander saßen. (Damals konnte ich ja nicht wissen, daß er Jahre später republikflüchtig werden würde und fühlte mich gekränkt und unglücklich.) Es war ein schwieriger und langwieriger Umstellungsprozeß, bis ich erkannte, daß im Interesse der Erhaltung des bereits Erreichten und der Gewinnung einer möglichst großen Zahl von Kollegen für die Realisierung unserer Ideen nicht intellektuelle Schärfe und Logik allein, sondern auch neue Formen des Eingehens auf die Meinung der Abseitsstehenden und der Gegner notwendig waren. Bewußt versuchte ich in der Folgezeit Sprache und Auftreten in Einklang mit diesen Erfordernissen zu bringen.

Auf Tagungen stellte ich fest, daß eine Reihe von Ärzten und Psychologen in der Grundversorgung sich ebenfalls konsequent für die Psychotherapie als wichtigen Bestandteil des sozialistischen Gesundheitswesens einsetzten. Wir begegneten uns häufiger bei Tagungsbesuchen, und ich lernte die Kollegen schätzen. Es gab zwar auch unter uns noch Meinungsverschiedenheiten, aber die Gemeinsamkeiten überwogen bei weitem.

Nachdem ich 1958 im jetzigen Zentralinstitut für Herzkreislaufforschung die Arbeit aufgenommen hatte, galt es, sich zunächst auf Patienten mit inneren Erkrankungen, insbesondere Herz-Kreislauf-Krankheiten, umzustellen. Ich hatte das Glück, nicht nur fleißige und tüchtige, sondern auch charmante und warmherzige Mitarbeiter für die Arbeitsgruppe zu finden. Wir stellten bald fest, daß wir es bei Hypertonikern mit Patienten zu tun hatten, bei denen sich der Erfolg der Therapie relativ direkt in Blutdruckwerten widerspiegelt, und wir dementsprechend ein objektives Erfolgskriterium anführen konnten. Abgesehen davon war es im Institut auch möglich, Veränderungen der Herztätigkeit sowie der Adrenalin- und Noradrenalinausschüttung unter psychischer Beeinflussung zu ermitteln. Die neueste diesbezügliche Entwicklung, die wir mit Interesse verfolgen, betrifft die Empfindlichkeit der Endorphinsynthese, z. B. Substanz P, für psychische Einflüsse. Wie Sie wissen, gelang es uns, einen komplexen psychotherapeutischen Ansatz für die Behandlung der Hypertoniker zu entwickeln, durch den wir, unter Berücksichtigung soziogenetischer und psychodynamischer Zusammenhänge, Patienten helfen, eine gesundheitsfördernde Einstellungsänderung vorzunehmen.

Wenn wir heute rückblickend die beruflichen Konflikte und Auseinandersetzungen über Rolle und Aufgaben des klinischen Psychologen betrachten, so können wir feststellen, daß viele unserer damaligen Probleme weitgehend geklärt sind. Dabei hat sich der Kreis derjenigen, die für eine dialektisch-umfassende Medizin, d. h. eine bio-psycho-soziologische Betrachtungsweise von Gesundheit und Krankheit eintreten, bedeutend erweitert. Erweitert hat sich jedoch nicht nur der Kreis der Ärzte und klinischen Psychologen, die aus eigener Erfahrung wissen, daß dieses Herangehen eine optimale Betreuung ihrer Patienten möglich macht; erweitert hat sich ebenfalls die Zahl der interessierten Bürger, die von ihrem sozialistischen Gesundheitswesen erwarten, daß auch ihre persönlichen Überlegungen, Sorgen und Ängste Berücksichtigung finden. Und erweitert hat sich schließlich auch der Handlungsspielraum unseres Gesundheitswesens, das sich in den ersten Nachkriegsjahrzehnten primär mit der Überwindung schlimmster Mangelkrankheiten, infektiöser und epidemischer Gesundheitsstörungen und anderer Kriegsfolgen, sowie mit der Schaffung der unumgänglichen Voraussetzungen für eine adäquate ärztliche Betreuung befassen mußte. Erst danach war es möglich, sich verstärkt der Vervollkommnung therapeutischer Methoden und multidisziplinärer Zusammenarbeit zuzuwenden. So ist es kein Zufall, wenn von seiten maßgeblicher Vertreter des Ministeriums für Gesundheitswesen in den letzten Jahren die komplexe physiologisch-psychosoziale Betrachtung und Behandlung der Krankheit verstärkt betont wird. Dabei kann man als allgemeinen Trend diesbezüglicher Forschungsergebnisse festhalten, daß das Krankheitsverständnis zunehmend von den zwar leichter verständlichen, aber in vielen Fällen inadäquaten monokausalen Entstehungsmechanismen zu den realen multikausalen Wechselbeziehungen fortschreitet. Dementsprechend werden auch in der Therapie systemtheoretische Gesichtspunkte, wie sie von ANOCHIN beispielhaft entwickelt wurden, zunehmend berücksichtigt. Daraus ergibt sich zwangsläufig die Erkenntnis, daß nur in echter, gleichberechtigter, multidisziplinärer Zusammenarbeit eine optimale gesundheitliche Betreuung der Bürger möglich wird.

Wenn wir uns nun fragen: „Wie werden die jungen klinischen Psychologen befähigt, die verantwortungsvollen und wachsenden Aufgaben, die ihnen im Rahmen interdisziplinärer Zusammenarbeit gestellt werden, zu erfüllen?“, so ist die Antwort nicht einfach. Da die klinische Psychologie ebenso wie die Psychotherapie durch viele Querverbindungen mit der jeweiligen Weltanschauung verknüpft ist, muß der klinische Psychologe diese Zusammenhänge nicht nur bewußt erkennen, sondern auch eine persönliche Stellung dazu beziehen. Es ist zur Genüge bekannt, daß es Berufe gibt, die weniger gesellschaftlich-weltanschaulich bezogen sind und solche, die stärker mit gesellschaftlich-weltanschaulichen Problemen verbunden sind. Der KFZ-Schlosser, der Chirurg und der Zahnarzt, um nur einige Berufsgruppen herauszugreifen, wird sich von seinem westlichen Kollegen, was die fachliche Qualifikation betrifft, kaum zu unterscheiden brauchen. Der Klinische Psychologe, der Psychotherapeut, der Richter, Finanzplaner und Pädagoge andererseits, gehen mit völlig anders gearteter Einstellung und teilweise auch anderen fachlichen Methoden an ihre Aufgabe heran, je nach dem, ob sie **primär** den Interessen einer kapitalistischen Oberschicht oder jedem Bürger gleichermaßen dienen. Hier geht es nicht nur um fachliche Qualifikation. Manches wurde bereits getan, damit sich unsere Kollegen mit den allgemeinen Grundlagen ihres Faches vertraut machen können, wie den Gesetzen der Psychodynamik, soweit sie sich als wissenschaftlich stichhaltig erwiesen, den Gesetzen der zwischenmenschlichen Kommunikation, der suggestiven Beeinflussung usw. Auch wurden Anstrengungen unternommen, um Klinische Psychologen und Psychotherapeuten zu befähigen, psychotherapeutische Trainingsmethoden dem einzelnen und der Gruppe adäquat zu vermitteln: Methoden, die mit Fachausdrücken wie Autogenes Training, Selbsthypnose, gezielte Vorsatzbildung, Paradoxe Intention, Reziproke Inhibition, Desensitisierung und Bekräftigung gesundheitsfördernder Verhaltensweisen gekennzeichnet werden und deren Effektivität einwandfrei bewiesen ist.

Andererseits wurde in sorgfältigen, vielfach replizierten Untersuchungen der Nachweis erbracht, daß neben der erwähnten therapeutischen Methodik sogenannte Therapeutenvariablen, wie Einstellung und Persönlichkeitseigenschaften des Therapeuten mindestens gleichermaßen zum Erfolg der Therapie beitragen. Meist wird dabei die Bedeutung solcher Variablen wie Empathie, Wärme und Echtheit hervorgehoben. Das sind ohne Zweifel sehr bedeutsame Faktoren. Aber gibt es nicht noch andere wesentliche Persönlichkeitsmerkmale, die den guten Therapeuten auszeichnen? Wie uns das Atmen in frischer Luft kaum bewußt wird, so bemerken wir kaum, wie selbstverständlich für uns Psychotherapeuten in der DDR die Freiheit ist, ungehindert eine humanistische Einstellung zu vertreten, uns für Schwache und Hilflose einzusetzen, die Gleichberechtigung jedes Menschen, von Mann und Frau, Menschen aller Rassen verwirklichen zu helfen, uns gegen Unterdrückung und für den Frieden einzusetzen. Wir Psychotherapeuten betrachten es doch wohl als eine unserer Aufgaben, vielfach unbewußt gewählte Linien des Verhaltens eines Patienten zu begreifen und verändern zu helfen, um sie den Umweltbedingungen besser anzupassen. Um das effektiv zu tun, brauchen wir jedoch auch Klarheit über eigene Motive und Einstellungen, nicht nur bezüglich unserer Beziehung zum Patienten (also der Übertragung und Gegenübertragung), obwohl auch die sehr wesentlich sind, sondern auch bezüglich unserer eigenen Einstellung zu unserer Gesellschaft und der Welt, in der wir leben. Können wir ehrlich versuchen, einen depressiven Patienten zur Aktivität zu motivieren, wenn wir selber glauben, in den großen Auseinandersetzungen der Gegenwart passiv bleiben zu können? Müssen wir nicht, wenn wir in unserem eigenen Leben Tendenzen erkennen, uns vor der Eingliederung in eine aktive kämpferische Gemeinschaft zu drücken, unsere Motive analysieren? Diese selbstkritische Einstellung und Engagiertheit sind wichtige Persönlichkeits-Variablen des Psychotherapeuten. Ist nicht persönliche Bewährung und Frustrationstoleranz eine Eigenschaft, die der Therapeut braucht, um seinem Patienten helfen zu können? Wie kann er dazu beitragen, daß jener Schwierigkeiten überwindet, wenn er selber dazu nicht imstande ist, wenn er nicht gelernt hat, dialektisch zu denken, komplexe Zusammenhänge zu erfassen und Hauptentwicklungslinien zu begreifen, und sich für deren Durchsetzung, unabhängig von unmittelbaren Eigeninteressen, einzusetzen? Eigene Erfahrung, wie die vieler Kollegen, läßt uns diese Persönlichkeitsvariablen als wichtige Wirkfaktoren im therapeutischen Prozeß erkennen.

Wenn es uns gelingt, unseren jungen Kollegen die Bedeutung dieser Persönlichkeitsvariablen aufzuzeigen, und wir die Erziehung zu sozialistischen Persönlichkeiten in unser Psychotherapie-Training einbauen, werden wir dazu beitragen können, den interdisziplinären Gesundheitsschutz zu der beispielhaften Höhe zu entwickeln, die nur in einem sozialistischen Land realisierbar ist.

6. Literaturangaben

In der Bibliographie sind einige wesentliche Literaturangaben angeführt worden. Die aus Platzgründen nicht aufgeführten Quellenangaben werden Interessenten auf Anfrage von den Herausgebern zugestellt.

ACH, N.: Über die Willenstätigkeit und das Denken. Verlag Vanderhoeck und Rupprecht, Göttingen, 1905

AIVAZYAN, T. A. et al.: The results of autogenic training in hypertensive patients. Kardiologia **4**, 1984

ALEXANDER, F.: Psychosomatische Medizin. Verlag De Gruyter, Berlin, 1951

ANDREWS, G. et al.: Hypertension; Comparison of Drug and Nondrug Treatment. Brit. Med. J. **284**, 1982

ANOCHIN, P. K.: Zu Problemen des emotionellen Stress und der arteriellen Hypertonie. Symp. d. Ges.wesens d. UdSSR, Moskau 1973

BACHMANN, D. H.: Psychoanalyse und Verhaltenstherapie. Fischer-Verlag, Frankfurt/Main, 1972

BANDURA, A.: Social Learning Theory. Prentice Hall, Englewood Cliffs, 1977

BARBER, T. X.: Concept of hypnosis. J. Psychology **45**, 1958

BASTIAANS, J.: Emotiogene Aspekte der essentiellen Hypertonie. Verh. dtsch. Ges. inn. Med. **69**, 1963

BAUMANN, R.: Theoretische und klinische Aspekte der zerebroviszeralen Regulationskrankheit arterielle essentielle Hypertonie. Dtsch. Ges.wesen. **29**, 1974

BAUMANN, R.: Stress-Sensibilität und Adaptation. Z. ges. Inn. Med. **30**, 1975

BAUST, W.: Zentralnervöse Mechanismen emotioneller Kreislaufbelastungen. In: THAUER, R. u. C. ALBUS: Soziosomatik der Kreislaufkrankheiten. Steinkopff-Verlag, Darmstadt, 1966

BENSON, H. et al.: The relaxation response. Psychiatry **37**, 1974

BERITASHWILI, J. S.: Memory, its Characteristics and Origin. Intern. Congr. of Psychology, Moskau, 1966

BERNE, E.: Games People Play. The Psychology of Human Relationships. Grove Press, New York City, 1964

BOHM, E.: Lehrbuch der Rorschach-Psychodiagnostik. Huber-Verlag, Stuttgart, 1957

BRÄUTIGAM, W.: Organwahl — Organsprache — Organspezifität. In: OVERBECK, G. u. A. (Hrsg.): Seelischer Konflikt — körperliches Leiden. Rowohlt-Verlag, Hamburg, 1978

BYKOW, K. M.: Großhirnrinde und innere Organe. Verlag Volk und Gesundheit, Berlin, 1953

CANNON, W. B.: Bodily Changes in Pain, Hunger, Fear and Rage. Appleton-Century-Crofts, New York, 1929

CATTELL, R. B.: Personality (a systematic, theoretical and factural study). McGraw Hill, New York, 1957

CRISTIAN, P. und U. SPOHR: Fortlaufende, simultane Kreislaufmessungen während biographischer Interviews mit telemetrischen Methoden. Ztsch. Psychosom. Med. u. Psychoanalyse 16, 1970

CRONBACH, L. J.: Essentials of Psychological Testing. Harper & Row, Ltd., London, 1964

DEMBO, T.: Utilization of psychological knowledge in rehabilitation. Welfare in Review, 8, 1970

DUNBAR, F. H.: Emotions and Bodily Changes. Columbia Univ. Press, New York, 1954

v. EIFF, A. W.: Essentielle Hypertonie, Klinik, Psychophysiologie und Psychopathologie. Thieme-Verlag, Stuttgart, 1967

ELDER, S. et al.: The role of systolic versus diastolic contingent feedback in blood pressure conditioning. Psychol. Record 24, 1974

ERICKSON, M. H. and E. L. ROSSI: Varieties of Double Bind. Amer. J. clin. Hypnosis 17, 1975

ERIKSON, E. H.: Childhood and Society. Norton & Co, New York, 1950

FOLKOW, B. and E. H. RUBINSTEIN: Cardiovascular Effects of Acute and Chronic Stimulations of the Hypothalamic Defense Area in the Rat. Acta Physiol. Scand. Vol. 68, 1966

FREUD, S.: Gesammelte Werke. Imago Publishing Co., London, 1940

FRIEDRICH, W. (Hrsg.): Kritik der Psychoanalyse und biologistischer Konzeptionen. Verlag der Wissenschaften, Berlin, 1977

FROMM, E.: Analytische Sozialpsychologie und Gesellschaftstheorie. Suhrkamp-Verlag, Frankfurt/Main, 1970

GARFIELD, Ch. A. (Ed.): Stress and Survival. C. V. Mosby Company, St. Louis, Toronto, London, 1979

GEYER, M. u. a.: Methodenkombiniertes psychoprophylaktisches Trainingsprogramm zur Prävention des Myocardinfarktes im Rahmen einer prospektiven epidemiologischen Studie. Dtsch. Ges.wesen 30, 1975

GOLDSTEIN, K. and M. SCHEERER: Abstract and Concrete Behavior, an Experimental Study with Special Tests. Am. Psychol. Ass. Psychol. Monographs 53, 1941

HAMBLING, J. H.: Essential Hypertension in Nature of Stress Disorder. Hutchinson, London 1958

HELM, J.: Gesprächspsychotherapie. Verlag der Wissenschaften, Berlin, 1978

HENRY, J. P. and J. C. CASSEL: Psychosocial Factors in Essential Hypertension. J. of Epidemiology 90, 1969

HÖCK, K. (Hrsg.): Gruppenpsychotherapie. Verlag der Wissenschaften, Berlin, 1976

HOLLITSCHER, W.: Kain oder Prometheus, zur Kritik des zeitgenössischen Biologismus. Akademie-Verlag, Berlin, 1972

HORNEY, K.: Our inner conflicts. Norton & Co, New York, 1945

HORSTMANN, H.: Reduktionismus — Alternative zur materialistischen Dialektik. Spektrum 4, 1973

HORVATH, M. and E. FRANTIK (Eds.): Psychophysiological Risk Factors of Cardiovascular Diseases (Psychosocial Stress, Personality and Occupational Specificity) Suppl. 3, Activ, Nerv. Sup. 24, 1982

HULL, C. L.: Quantitative methods of investigating hypnotic suggestion. J. of Abnormal and social Psychol. July, 1930

Hypertension: Biobehavioral and Epidemiological Aspects. Joint USA—UdSSR Sympos. 1981. Publ. Health Service, National Inst. of Health, Bethesda, Maryland, 1982

JASTREBZEWA, N. L. und L. V. SIMUTENKO: Der Einfluß eines langanhaltenden emotionellen Stress auf die Veränderungen des Blutlipidgehaltes und das Niveau des arteriellen Druckes. 24. Allunionskonferenz zu Problemen der höheren Nerventätigkeit Bd. I, Moskau, 1974

JONES, M. C.: The Elimination of Children's Fears. J. of exper. Psychology VII, 1924

KABANOW, M. M. (Hrsg.): Probleme einer System-Betrachtungsweise in der Psychiatrie (russ.). W. M. Bechterew-Institut Leningrad, Riga, 1977

KAGAN, A. and L. LEVI: Interfaces in the System Linking Psychosocial Stressors to Cardiovascular Disease. In: P. KIELHOLZ et al. (Eds.): Psychosomatic Cardiovascular Disorders — when and how to treat? Huber-Verlag, Bern, Stuttgart, Wien, 1981

KAMINSKY, S. W.: Die Rolle der zentralen Mechanismen in der Entwicklung der Hypertonie. In: K. WINTER (Hrsg.): Die Hypertonie. Fischer-Verlag, Jena, 1953

KANFER, F. H.: Verhaltenstherapie: Ein neues Theoriegerüst. Psychologie und Praxis 1, 1969

Keupp, H.: Psychische Störungen als abweichendes Verhalten — Zur Soziogenese psychischer Störungen. Urban & Schwarzenberg, München, 1972

KEUPP, H.: Verhaltensstörung und Sozialstruktur. Medizin und Sozialwissenschaften 1, 1974

KHRAMELASHVILI, V. O. and M. O. BURAKOVSKAYA: Personality Traits of Adolescents with Primary Hypertension. In: Hypertension: Biobehavioral and Epidemiological Aspects. Joint USA—UdSSR Sympos. 1981. Publ. Health Service, National Inst. of Health, Bethesda, Maryland, 1982

KIELHOLZ, P. u. a. (Ed.): Psychosomatic Cardiovascular Disorders — when and how to treat? H. Huber-Verlag, Bern 1981

KILIAN, H.: Kritische Theorie der Medizin. Das Argument, Z. Philosophie und Sozialwissenschaft 60, 1970

KLINE, M. V.: Clinical correlations of experimental hypnosis. Charles C. Thomas, Springfield Ill., 1963

KOHLER, Ch.: Der Einfluß des Menschenbildes auf die Neurosentheorie. Fischer-Verlag, Jena, 1968

KON, J. S.: Soziologie der Persönlichkeit. Akademie-Verlag, Berlin, 1971

KRECH, D. and R. S. CRUTCHFIELD: Theory and Problems of Social Psychology. McGraw Hill, New York, 1948

KRIEGEL, E. (Hrsg.): Stellung und Aufgaben der Psychotherapie im sozialistischen Gesundheitsschutz. Sympos. zum 65. Geburtstag von Prof. Dr. phil. habil. A. Katzenstein. ZI f. Herz-Kreislaufforschung der AdW der DDR u. Ges. f. ärztl. Psychotherapie, Berlin, 1980

LEDER, St.: Kompetenz oder Selbstverständnis des Psychotherapeuten. In: KRIEGEL, E. (Hrsg.): Stellung und Aufgaben der Psychotherapie im sozialistischen Gesundheitsschutz. Sympos. zum 65. Geburtstag von Prof. Dr. habil. phil. A. Katzenstein. ZI f. Herz-Kreislaufforschung der AdW der DDR u. Ges. für ärztl. Psychotherapie, Berlin, 1980

LEONHARD, K.: Individualtherapie der Neurosen, Klinik und Praxis. Fischer-Verlag, Jena, 1965

LEVI, L. (Ed.): Society, Stress and Disease. Oxford Univ. Press, London, New York, Toronto, 1971

LEWIN, K.: Principles of topological and vector psychology. McGraw Hill, New York, 1936

LINHART, N. K.: Psychotherapie und ihre differenzierte Anwendung bei der Heilung von Neurosen. Ostsee-Symposium, Warnemünde, 1974

LUTZ, R. und H.-J. WIEBERG: Effektivitätsuntersuchung verschiedener Entspannungstechniken. Klin. Psychol. 11, 1982

MARENINA, A. J.: Veränderung der Hirnpotentiale in verschiedenen Phasen der Hypnose beim Menschen. Trudy inst. fiziol. J. P. Pawlow 5, 1956

MENG, H. (Hrsg.): Psyche und Hormon. Huber-Verlag, Bern, Stuttgart, Wien, 1960

MICHEJEW, W. W.: Neurologische Aspekte der Hypertoniekrankheit. Symposium d. Ges.wesen d. UdSSR, Moskau, 1973

MJASNIKOW, A. L.: Hypertoniekrankheit. Verlag Volk und Gesundheit, Berlin, 1961

MURRAY, H. and A.: Explorations in Personality. McGraw Hill, New York, 1938

NITSCHKOFF, St. u. a.: Lärm als Störfaktor von Organismus-Umwelt-Beziehungen. In: K. Hecht (Hrsg.): Zentralnervale Regulationsdynamik im Adaptationsprozeß der Organismus-Umwelt-Beziehungen. Festschrift zum 60. Geburtstag von Prof. Dr. med. R. Baumann, ZI f. Herz-Kreislaufforschung der AdW der DDR, Berlin, 1971

OSTFELD, A. M. and R. B. SHEKELLE: Psychological Variables and Blood Pressure. In: J. STAMLER (Ed.): The Epidemiology of Hypertension. Grune & Stratton, New York, 1967

PAGE, I. H.: Die Mosaiktheorie der Hypertonie. In: K. P. BOCK und P. COTTIER (Hrsg.): Essentielle Hypertonie. Springer-Verlag, Berlin, Göttingen, Heidelberg, 1960

PAWLOW, I. P.: Sämtliche Werke. Bd. IV. Akademie-Verlag, Berlin, 1953

PFLANZ, M.: Psychosomatische Aspekte der arteriellen Hypertonie. In: R. HEINTZ und H. LOSSE (Hrsg.): Arterielle Hypertonie. Thieme-Verlag, Stuttgart, 1969.

PFLANZ, M. u. Th. v. UEXKÜLL: Psychosomatische Untersuchungen an Hochdruckkranken. Med. Klin. 57, 1962

PICKERING, G.: The Nature of Essential Hypertension. J. a. A. Churchill, London, 1960

PICKERING, G.: Hypertension, Causes, Consequences and Management. J. a. A. Churchill, London, 1970

PLATONOW, K. J.: Suggestion und Hypnose im Lichte der Lehre Pawlows. Verlag Volk und Gesundheit, Berlin, 1953

POLZIEN, P.: Über die Physiologie des hypnotischen Zustandes als eine exakte Grundlage für die Neurosenlehre. Biblioth. Psychiatrica et Neurologica Suppl. Fasc. 107, Basel, 1959

PRANGIŠVILI, A. S.: Der Begriff der Einstellung in Untersuchungen der Georgischen Schule. In: M. VORWERG (Hrsg.): Einstellungspsychologie. Verlag Volk und Wissen, Berlin, 1976

v. RAD, M.: Psychoanalytische Konzepte, psychosomatische Symptombildung. Nervenarzt 51, 1980

RAPAPORT, D.: Diagnostic Psychological Testing. Vol. I, II, The Year Book Publishers, Chicago, 1946

RAPAPORT, D.: Organisation and Pathology of Thought. Columbia University Press, New York, 1951

REIK, Th.: Listening with the Third Ear. Grove Press, New York, 1948

RICHTER, H. E.: Zur Psychodynamik der Herzneurose. In: G. u. A. OVERBECK (Hrsg.): Seelischer Konflikt — körperliches Leiden. Rowohlt-Verlag, Hamburg, 1978

ROGERS, C. R.: Client Centered Therapy. Houghton Mifflin Co., Boston, 1951

RORSCHACH, H.: Psychodiagnostik. Huber-Verlag, Bern, 1921

ROSHNOV, W. E.: Hypnose als eine Methode der Psychotherapie. In: A. KATZENSTEIN (Hrsg.): Hypnose. Aktuelle Probleme in Theorie, Experiment und Klinik, Fischer-Verlag, Jena, 1971

RUBINSTEIN, S. L.: Sein und Bewußtsein. Akademie-Verlag, Berlin, 1983

SARRE, H.: Die Pathogenese der Hochdruckkrankheiten. In: Die Blutdruckkrankheiten. Nauheimer Fortbildungslehrgänge Bd. 25, Steinkopff-Verlag, Darmstadt, 1960

SCHACHTER, M.: Der psychodiagnostische Test von Rorschach. In: E. STERN (Hrsg.): Die Tests in der klinischen Psychologie. Rascher, Zürich, 1955

SCHAEFER, H. und M. BLOHMKE: Herzkrank durch psychosozialen Stress. Medizin im Wandel, Hüthig, Heidelberg, 1977

SCHAFER, R.: The Clinical Application of Psychological Tests; Diagnostic Summaries and Case Studies. Intern. Univ. Press, New York, 1948

SCHULTZ, J. H.: Psychotherapie der Hypertonie. Dtsch. med. Journ. **13**, 1962

SCHWAZABAYA, I. K.: Psychosocial Factors and Essential Hypertension: Pathogenic and Medical Aspects. In: Hypertension: Biobehavioral and Epidemiological Aspects. Joint USA—UdSSR Sympos. 1981. Publ. Health Service, National Inst. of Health, Bethesda, Maryland, 1982

SELYE, H.: The Stress of Life. McGraw Hill, New York, 1956

SÈVE, L.: Marxismus und Theorie der Persönlichkeit. Dietz-Verlag, Berlin, 1972

SHAPIRO, D. and G. E. SCHWARTZ: Biofeedback and visceral Learning. Clinical Applications, Seminars in Psychiatry **4**, 1972

SIEGRIST, J. u. a.: Soziale Belastungen und Herzinfarkt. Enke-Verlag, Stuttgart, 1980

STEINER, E.: Politische Grundwerte von Psychotherapeuten und psychosozialen Beratern. Psychotherapie und med. Psychologie **28**, 1978

STOKVIS, B.: Hypnose in der ärztlichen Praxis. Karger, Basel, New York, 1955

STRELTSCHUK, J. W.: Erfahrungen mit der differenzierten Hypnosetherapie im Lichte der Lehre Pawlows von den 2 Signalsystemen. Pawlow. Ztschr. Höh. Nerventätigkeit **3**, 1953

STROTZKA, H. und I. GRUNMILLER: Krankheit als soziales Phänomen. Der Internist **13**, 1972

SUDAKOW, K. W.: Emotionelle Spannungen und ihre Rolle bei der Entstehung einer arteriellen Hypertonie. Sympos. d. Ges.wesens d. UdSSR, Moskau, 1973

SZEWCZYK, H.: Probleme der klinischen Psychologie in der DDR. DDR-Medizin-Report **6**, 1975

THOM, K. und K. WEISE: Medizin und Weltanschauung. Urania-Verlag, Leipzig, 1973

THOMAE, H.: Psychologie in der modernen Gesellschaft. Hoffmann und Campe-Verlag, Hamburg, 1977

THOMAS, C.: The Psychological Dimensions of Hypertension. Grune and Stratton, New York, 1967

UZNADZE, D. N.: Hauptthesen einer Theorie der Einstellung (russ.). Kongreßmaterial, Tbilissi, 1961

VAITL, D.: Biofeedback, Methoden und Möglichkeiten der klinischen Anwendung. Psychol. Rdsch. 23, 1972

WACHTEL, P.: Psychoanalyse und Verhaltenstherapie. Klett-Cotta-Verlag, Stuttgart, 1981

WATZLAWICK, P. A. u. a.: Lösungen. Hans Huber-Verlag, Bern, 1975

WERTHEIMER, E. S.: Person-environment Interaction: the Epigenesis of Autonomy and Competence. Brit. J. med. Psychol. 48, 1975

WHO-Chronicle: Society, Stress and Disease. 25. 4. 1971

WILLIAMS, R. B. and B. EICHELMAN: Social Setting: Influence on the Physiological Response to Electric Shock in the Rat. Science 74, 1971

WISDOM, J. O. and H. H. WOLFF: The Role of Psychosomatic Disorder in Adult Life. Pergamon Press, Oxford, 1965

WOLPE, J. and A. LAZARUS: Behaviour Therapy Techniques. University Press, Oxford, 1966

WRIGHT, B.: Physical Disability — A Psychological Approach. Harper Broth., New York, 1960

WYSS, P.: Psychosomatische Aspekte der juvenilen Hypertonie. Nerv.arzt. 26, 1955

ZAITSEV, V. P.: Autogenes Training bei Patienten nach Myokardinfarkt. In: KRIEGEL, E. (Hrsg.): Stellung und Aufgaben der Psychotherapie im sozialistischen Gesundheitsschutz. Sympos. zum 65. Geburtstag von Prof. Dr. phil. habil. A. KATZENSTEIN, ZI f. Herz-Kreislaufforschung der AdW der DDR u. Ges. f. ärztl. Psychotherapie, Berlin, 1980

ZAITSEV, V. P., et al.: Autogenes Training in Patients with Essential Hypertension. In: Hypertension: Biobehavioral and Epidemiological Aspects. Joint USA—UdSSR Sympos. 1981. Publ. Health Service, National Inst. of Health, Bethesda, Maryland, 1982

ZEPF, S.: Die Sozialisation des psychosomatisch Kranken. Campus-Verlag, Frankfurt/Main, New York, 1976

7. Verzeichnis der Arbeiten von Alfred Katzenstein

— An Experimental Approach to Preferences in Perception and Cognition.
Vortrag, Psychologisches Institut der Universität Kansas, 1950.
— Methodology for investigating three differing therapeutic methods.
Vortrag, Psychologisches Institut der Universität Kansas, 1951.
— Three Differing therapeutic methods investigated in a V. A. psychiatric hospital.
Vortrag, Kongreß der Midwestern Association of Clinical Psychologists, 1951.
— Diagnostic methods of investigating individual differences.
Vortrag, Psychologisches Institut der Universität Rochester/New York, 1952.
— Investigation of three psychotherapeutic methods with chronic schizophrenics.
Vortrag, Veterans Hospitals, Canandaigua, New York, 1952.
— An exploration into the short term effects of three therapeutic methods.
Doct. Diss. Univ. of Kansas and Library of Congress, Washington, 1952.
— Intelligence testing as a personality diagnostic procedure.
Vortrag, Psychologisches Institut der Universität Rochester/New York, 1953.
— Team Work between psychotherapist and occupational therapist, evaluation of a half year effort.
Vortrag, Veterans Hospitals, Canandaigua, New York, 1953.
— Neuere Methoden der Analyse von Untersuchungen mit dem Wechsler-Bellevue.
Vortrag, Arbeitstagung niederländischer Psychologen, Utrecht, 1953.
— Die Anwendung von Intelligenztests zur Ermittlung individueller Persönlichkeitsunterschiede.
Vortrag, Psychiatrische Einrichtung Heiloo/Holland, 1953.
— Die klinische Psychologie in Amerika.
Vortrag, Jahrestagung niederländischer Psychologen, Amsterdam, 1954.
— Die Möglichkeiten gezielter Kombination von Arbeits- und Psychotherapie im psychiatrischen Krankenhaus.
Vortrag, Psychiatrische Einrichtung Heiloo/Holland, 1954.
— An evaluation of three types of group psychotherapy with psychotic patients.
International Journal of Group Psychotherapy, Vol. IV, No. 4, Oct. 1954, S. 409–418.
— Zur Psychologie im heutigen Amerika.
Aufbau, 10. Jg., Okt. 1954, Heft 10, S. 859–865.
— Typologische Unterschiede in den zwischenmenschlichen Beziehungen.
Erste Arbeitstagung über zentrale Regulation der Funktionen des Organismus, Leipzig, Dez. 1955, S. 227–250 u. Vortrag.
— Neuere Entwicklung der Psychotherapie in den USA.

Vortrag, Kolloquium, Bezirkskrankenhaus für Psychiatrie, Brandenburg-Görden, 1955.

– Psychotherapie in Amerika und ihre theoretischen Grundlagen.
Psychiatrie, Neurologie und medizinische Psychologie, 7. Jg. (1955), Heft 1, S. 18–31.

– Zur Anwendung der Lehre Pawlows am Krankenbett.
Vortrag, Kolloquium, Bezirkskrankenhaus für Psychiatrie, Brandenburg, 1955.

– Psychologische Untersuchung in der Psychiatrischen Klinik.
Vortrag, Kolloquium, Bezirkskrankenhaus für Psychiatrie, Brandenburg-Görden, 1956.

– Psychologie und Gesundheit.
Vortrag, Kolloquium, Bezirkskrankenhaus für Psychiatrie, Brandenburg, 1956.

– Gestalt und klinische Psychologie.
Psychiatrie, Neurologie und medizinische Psychologie. 8. Jg. (1956), Heft 7, S. 211–217,
und Vortrag: Tagung der Medizinisch-Wissenschaftlichen Gesellschaft für Psychiatrie und Neurologie, Leipzig, 1956.

– Nicht persönliche Beschimpfung, sondern sachliche Diskussion.
Psychiatrie, Neurologie und medizinische Psychologie, 9. Jg. (1957), Heft 9, S. 284–288.

– Medizin und Psychologie.
Die Heilberufe, Jg. 8, Heft 6, S. 179–184.

– Alleinentscheidung oder Zusammenarbeit.
Dtsch. Ges.wesen, 12. Jg. (1957), Heft 15, S. 458–464.

– Über die Arbeit des Psychologen im Krankenhaus für Psychiatrie.
Psychiatrie, Neurologie und medizinische Psychologie, 9. Jg. (1957), Heft 6, S. 175–182.

– Einige Gedanken zur Erfassung des subjektiven Menschenbildes.
Probleme und Ergebnisse der Psychologie, Jg. 1 (1960), Heft 1, S. 65–74.

– Das Krankenhaus als Umwelt des Patienten.
Vortrag, Tagung, Gesellschaft für ärztliche Psychotherapie, Leipzig, 1961 und
Das Krankenhaus als Umwelt des Patienten, eine sozial-psychologische Betrachtung (abstr.).
Psychiatrie, Neurologie und medizinische Psychologie, 14. Jg. (1962), Heft 5.

– Probleme der psychologischen Diagnostik.
Vortrag, Fortbildungslehrgang für klinische Psychologen, Berlin-Lichtenberg, 1962.

– Nervale Beeinflussung des WPW-Syndroms.
Vortrag, Kolloquium, Institut för kortiko-viszerale Pathologie und Therapie der DAW zu Berlin, 1962.

– Sozialpsychologisch-klinische Milieu-Analyse als Beitrag zur Psychodiagnostik und Therapie.
In: Beiträge zur modernen Therapie, Bd. 4, herausgeg. von P. G. Hesse.
VEB Gustav-Fischer-Verlag, Jena 1962, S. 329–336.

– Zur Bedeutung zwischenmenschlicher Beziehungen bei zerebroviszeralen Erkrankungen.
Vortrag, Kolloquium, Institut für kortiko-viszerale Pathologie und Therapie der DAW zu Berlin, Berlin-Buch, 1962.

– Empirische Streuungszerlegung elektrophysiologischer Daten zur Ermittlung in-

dividueller Unterschiede im Hypnoseverlauf. Vortrag,11. Psychotherapiekurs für Ärzte, Jena, 1963.
— Neurosen.
Vortrag, Tagung der Sektion Berliner klin. Psychologen, Berlin, 1964.
— Erfahrungen mit der Aufzeichnung elektrobiologischer Daten zur Ermittlung individueller Unterschiede in der Hypnose.
Vortrag, 1. Kongreß der Gesellschaft für Psychologie in der DDR, Dresden, 1964, und in: Psychologie als gesellschaftliche Produktivkraft. VEB Deutscher Verlag der Wissenschaften, Berlin 1965, S. 475—482. Kongreßbericht und
Wiss. Zeitschr. der Friedrich-Schiller-Universität Jena, Jg. 13 (1964), S. 397—403 (als Manuskript gedruckt).
— Unterschiede in der Reaktionsweise von Patienten mit inneren Erkrankungen auf eine Hypnose-Induktion (Habilitationsschrift).
Friedrich-Schiller-Universität, Jena, 1964.
— Zur Problematik der Kortiko-viszeralen Tonusregulierung.
Zeitschrift für Psychologie, Bd. 170 (1964), Heft 3—5, S. 211—223.
— An Empirical Scatter Analysis of Electro-Biological Data in Hypnotized Patients.
The American Journal of Clinical Hypnosis, Vol. VII, No. 4, Apr. 1965, S. 320—324.
— Psychologische Diagnostik in einer inneren (kortiko-viszeralen) Klinik.
Vortrag, Akademie für ärztliche Fortbildung — Klin-Psychologen, Berlin 1965 und in: Schriftenreihe der ärztlichen Fortbildung. Bd. 34, Berlin, 1967. S. 275—284.
— International Exchange of Information and Communication.
Vortrag, XVIII. Internationaler Psychologie-Kongreß, Moskau, 1966.
— Prüfungsmethoden und ihre Bewertung bei der Beurteilung psychisch auffälliger Jugendlicher.
Vortrag, Akademie für ärztliche Fortbildung — Jugendärzte, Berlin, 1966.
— Psychologische Methoden zur Diagnostik oligophrener Kinder und Jugendlicher.
Vortrag, Akademie für ärztliche Fortbildung — Lehrstuhl für Sozialhygiene, Berlin, 1967.
— EEG-Untersuchungen unter der Hypnose.
Psychiat. Neurol. med. Psychol. (Lpz.) 19/11 (1967), S. 407—410.
— International Communication and Exchange of Information.
J. of Psychiat. Educat. and Ment. Health. Vol 5 (1967) Nr. 5, S. 484—489.
— Sozialadaptive Lernvorgänge in der psychotherapeutischen Begegnung.
Vortrag, II. Kongreß der Gesellschaft für Psychologie in der DDR, Berlin, 1968 und in: Probleme und Ergebnisse der Psychologie, H. 28/29 (1969), S. 127—131.
— Psychologische Analyse der Rorschachuntersuchungen im normalen und psychopathologischen Bereich.
Vortrag, Arbeitstagung zur Persönlichkeitsdiagnostik d. Ges. für Psychol. und d. Ges. für ärztl. Psychotherapie in der DDR, Kühlungsborn, 1969.
— Changes of Behavior patterns in the German Demokratic Republic in Specific Roles of Man and Woman in a changing world.
ed. Williamson, R. C. and G. H. Seward, Random House, New York, 1970, S. 240—256.
— Hypnose, Aktuelle Probleme in Theorie, Experiment und Klinik.
(Hrsg.) VEB Gustav-Fischer-Verlag, Jena, 1970.

— Kontroversen und Methoden der neueren Hypnoseforschung.
In: Hypnose, Aktuelle Probleme in Theorie, Experiment und Klinik. (Hrsg.: A. Katzenstein). Jena, 1970, S. 75—94.

— Forschungsmethoden in der Psychotherapie.
Vortrag, 8. Internationaler Kongreß für Psychotherapie, Mailand/Italien, August 1970.

— Zur Beurteilung psychotherapeutischer Beziehungen und ihrer Wirkung.
Vortrag, Arbeitstagung über Psychotherapie der Gesellschaft für Psychologie und der Gesellschaft für ärztliche Psychotherapie in der DDR, Kühlungsborn 8.—10. 10. 1970.

— Psychotherapie in der Rehabilitation.
Vortrag, Akademie für ärztliche Fortbildung und Gesellschaft für Rehabilitation, Berlin, 1971 — Weiterbildung — und in: Mitteilungsblatt der Gesellschaft für Rehabilitation der DDR, 1. Sonderheft (1971), S. 32—33.

— Neue Ergebnisse der Hypnoseforschung.
Vortrag, Symposium der Gesellschaft für ärztliche Psychotherapie, Sektion AT und Hypnose, Leipzig, 1971.

— Die aktive Rolle psychonervaler Regulationen bei der Optimierung der Umweltgestaltung.
Vortrag, Festkolloquium, Berlin, 18. 8. 1971. und
in: Zentralnervale Regulationsdynamik im Adaptationsprozeß der Organismus-Umwelt-Beziehungen.
Festschrift zum 60. Geburtstag von AM Prof. Dr. R. Baumann, Berlin, 1971, S. 49—55.

— Fortschritte im Relaxationstraining.
Vortrag, 4. Arbeitstagung der Gesellschaft für ärztliche Psychotherapie, Sektion AT und Hypnose, Gera, 1972.

— Zum internationalen Stand der Hypnose-Therapie.
Vortrag, 4. Arbeitstagung der Gesellschaft für ärztliche Psychotherapie, Sektion AT und Hypnose, Gera, 1972.

— Autogenes Training.
Vortrag, Akademie für ärztliche Fortbildung, Karl-Marx-Stadt, 1973 — Weiterbildung —.

— Psychophysische Einflüsse bei Entstehung und Verlauf der essentiellen Hypertonie.
Vortrag, Kolloquium, Zentralinstitut f. Herz-Kreislauf-Regulations-Forschung, Berlin, 1974.

— Kurze Psychotherapie.
Vortrag, 1. Symposium Psychotherapeuticum, Prag, 1973 und
in: Psychotherapie in soz. Ländern (Hrsg.: Höck, K.) Thieme-Verlag, Leipzig, 1975, S. 203—206.

— Probleme der Durchsetzung einer ausgewogenen sozialpsychologischen und biologischen Auffassung im sozialistischen Gesundheitswesen.
Vortrag, 1. Symposium Psychotherapeuticum, Prag, 1973 und
in: Psychotherapie in soz. Ländern (Hrsg.: Höck, K.) Thieme Verlag, Leipzig, 1975, S. 33—38.

— Psychologische Ansätze in der Rehabilitation.

Vortrag, Akademie für ärztliche Fortbildung — Weiterbildung — Berlin, 1973 und in: Mitteilungsblatt der Gesellschaft für Rehabilitation, H. 4, 1974, S. 280—290.

— Zu einigen Entwicklungstendenzen in Forschung und Praxis der Psychotherapie. Vortrag, 7. Kongreß der Gesellschaft für ärztl. Psychotherapie der DDR, Erfurt, 1973 und
in: Psychotherapie und Gesellschaft (Hrsg.: Höck/Seidel)
Verlag der Wissenschaften, Berlin, 1976, S. 173—194.

— Zur Bedeutung sozialpsychologischer Einflüsse in der Psychotherapie. Vortrag, 9. Internationaler Psychotherapie-Kongreß, Oslo, 1973.

— Psychologische Fragen in der Rehabilitation. Vortrag, Akademie für ärztliche Fortbildung — Weiterbildung — Berlin, 1973.

— Aggressionen im menschlichen Zusammenleben. Vortrag, Kulturbund, Berlin, 1974.

— Aktuelle Fragen der Hypnotherapie. Vortrag, Arbeitstagung: Hypnotherapie in Forschung und Praxis, Reinhardsbrunn, 1974.

— Brennpunkt: Veränderung der Bewußtheit. Vortrag, Arbeitstagung: Hypnotherapie in Forschung und Praxis, Reinhardsbrunn, 1974.

— Therapeutische Hypnose auf der Basis einer psychotherapeutischen Grundeinstellung, Indikationen und Gefahren. Vortrag, Fortbildungskurs: Hypnotherapie, Bernburg, 1974.

— Arbeitsmöglichkeiten und Probleme des klinischen Psychologen in verschiedenen Bereichen der Rehabilitation (Hrsg.)
Mitteilungsblatt der Gesellschaft für Rehabilitation der DDR, H. 4, 1974.

— Zwischenmenschliche Beziehungen. In: Im Mittelpunkt der Mensch. Umweltgestaltung, Umweltschutz. (Hrsg.: Lohs, K.-H. und S. Döring), Akademie-Verlag, Berlin, 1975, S. 23—30 und
in: Wissenschaft und Forschung 12 (1974), S. 533—539.

— Psychotherapie in der Rehabilitation. Vortrag, Akademie für ärztliche Fortbildung — Weiterbildung — Berlin, 1974.

— Zur Psychologie des Behinderten. Vortrag, Akademie für ärztliche Fortbildung, Berlin, 1975.

— Psychohygiene und Psychotherapie — Einführung —. Vortrag, Akademie für ärztliche Fortbildung, Berlin, 1975.

— Techniken zur Vertiefung der Hypnose. Vortrag, Fortbildungskurs Hypnotherapie, Dessau, 1975.

— Experimentelle Hypnoseforschung. Vortrag, Arbeitstagung Hypnose und Autogenes Training, Dessau, 1975.

— Zur Anwendung der Psychologie in der Rehabilitation. Mitteilungsblatt der Gesellschaft für Rehabilitation der DDR, H. 6, 1976, S. 752.

— Soziogenetische Erwägungen zur Diagnostik neurotischer und zerebro-viszeraler Störungen.
Vortrag, VIII. Kongreß der Gesellschaft für ärztliche Psychotherapie, Dresden, 1976
in: Psychiat. Neurol. med. Psychol. 30 (1978) 6, S. 342—349.

— Spezielle Probleme der Hypnotherapie.

Vortrag, Akademie für ärztliche Fortbildung, Abschlußlehrgang über Psychotherapie für Ärzte aller Fachgebiete, Leipzig, 1976.

— Tendenzen in der internationalen Entwicklung der Rehabilitationspsychologie.
Vortrag, Akademie für ärztliche Fortbildung, Berlin, 1977.

— Zur Entwicklung der Rehabilitationspsychologie in der DDR.
Vortrag, Lehrgang Akademie für ärztliche Fortbildung, Berlin, 1977.

— Neuere Entwicklungen der Hypnosetherapie.
Vortrag, Symposium mit internationaler Beteiligung der Gesellschaft für ärztliche Psychotherapie, Sektion AT und Hypnose, Rostock, 1977.

— Zum psychoanalytischen Therapie-Konzept — Wege zur soziodynamischen Psychotherapie.
Vortrag, 5. Kühlungsborner Arbeitstagung der Sektion klinische Psychologie der Gesellschaft für Psychologie und der Gesellschaft für ärztliche Psychotherapie 1977 in: Klinische Psychologie (Helm, Rösler, Szewczyk, Hrsg.) Verlag d. Wissenschaften, Berlin (1979), S. 61—73.

— Development of hypnotherapy in the German Democratic Republic.
Vortrag und in: 1st European Congress of Hypnosis in Psychotherapy and Psychosomatic Medicine, Malmö, 1978, Abstracts.

— Use of hypnotherapeutic methods in hypertension.
Vortrag, 1. European Congress of Hypnosis, Malmö, 1978.

— Effectivity of psychotherapeutic methods in the treatment of hypertension.
Vortrag, Department of Psychology, University of Stockholm, 1978.

— Suggestion und Hypnose in der psychotherapeutischen Praxis (Hrsg.).
VEB Gustav-Fischer-Verlag, Jena, 1978.

— Zum Stand der Hypnotherapie.
In: A. Katzenstein (Hrsg.) Suggestion und Hypnose in der psychotherapeutischen Praxis.
Fischer, Jena, 1978, S. 43—57.

— Gedanken zur Durchführung einer therapeutischen Hypnose.
In: A. Katzenstein (Hrsg.) Suggestion und Hypnose in der psychotherapeutischen Praxis.
Fischer, Jena, 1978, S. 89—96.

— Antwort auf Leseranfragen zur Biofeedback-Problematik.
Psychiat. Neurol., med. Psychol. 30 (1978) 11, S. 689—690.

— Praktische Psychotherapie (Hrsg.).
Kongreßmaterialien zum Symposium der Gesellschaft f. Ärztl. Psychotherapie, Friedrichroda, 1978

— Zu einigen Problemen der Methodenkombination.
Vortrag und in: Praktische Psychotherapie. Symposium der Gesellschaft f. Ärztl. Psychotherapie, 14.—16. 11. 1978 in Friedrichroda.

— Zum Verhältnis des Patienten zum Psychotherapeuten.
Vortrag, II. Hypnosekurs der Gesellschaft für ärztliche Psychotherapie der DDR, Eisenach, 1978.

— Hypnose als psychophysisches Phänomen.
Vortrag, II. Hypnosekurs der Gesellschaft für ärztliche Psychotherapie der DDR, Eisenach, 1978.

— Ungewöhnliche psychotherapeutische Techniken von ERICKSON (Suggestiv-Therapie).
Vortrag, Regionale Arbeitsgemeinschaft der Gesellschaft für ärztliche Psychotherapie der DDR, Berlin, 1978.
— Spezifische psychotherapeutische Konzepte und Methoden, temporäre und langfristige Entwicklungslinien.
Vortrag IX. Jahreskongreß d. Ges. für Ärztl. Psychotherapie d. DDR, Leipzig, 1979 und in: Psychotherapie in der Entwicklung. (Hrsg. A. Katzenstein, Wendt, Höck Lpz. (1979).
— Einige Gedanken zur Rolle des Stress bei Herz- und Kreislaufkrankheiten. (gekürzt) in „Deine Gesundheit", Juli 1979, S. 202ff.
— For an Integration of Contradictory Views on Unconscious Processes.
Vortrag, Internationales Symposium über das Problem der unbewußten psychischen Aktivität, Tbilissi, 1979.
— Leistungsbeurteilung in der Rehabilitation.
Vortrag, Jahreskongreß der Gesellschaft für Rehabilitation, Dresden, 1979.
— On Functioning and Dynamics of Unconscious Central Nervous Processes.
In: The Unconscious Nature, Function, Methods of Study, (Eds.: A. S. Prangishvili, A. E. Sherczia, F. V. Bassin) Metsnierba Publ. House, Tbilissi, 1979, S. 220—224.
— Psychologische Aspekte der Rehabilitation.
Vortrag, 6. Jahrestagung der Gesellschaft f. Rheumatologie Eisenach, 1979.
— Rehabilitationsprobleme bei chronischen Erkrankungen des Herz-Kreislaufsystems.
Vortrag, Arbeitstagung der AG Rehabilitationspsychologie der Ges. f. Psychologie und der Ges. f. Rehabilitation der DDR, Berlin, 1979.
— Seismograph Herz. Deine Gesundheit, Berlin 1979, (Juli) S. 201—204.
— Soziodynamische und systemtheoretische Erwägungen zu psychosomatischen (zerebro-viszeralen) Störungen der Herz- und Kreislaufregulation am Beispiel des essentiellen arteriellen Bluthochdrucks.
Vortrag und in: Kongreßmaterial: 3. Internationales Symposium der sozialistischen Länder für Psychotherapie. Leningrad, 1979.
— Suggestion in der Therapeut-Patient-Beziehung.
Vortrag, Akademie für Ärztliche Fortbildung der DDR, Leipzig 1979.
— Versuch einer Stellungnahme zu einigen Fragen der Theorie und Methodik der Psychoanalyse aus der Sicht heutiger Erkenntnisse.
In: Ausgewählte theoretische Aspekte psychotherapeutischen Erkennens und Handelns, VEB Gustav-Fischer-Verlag, Jena 1981.
— Bericht über den Kongreß „Das Unbewußte" in Tbilissi (1979) und Thesen zur Problematik des Unbewußten.
Vortrag, Lehrgang der Akademie für Ärztliche Fortbildung der DDR für Weiterbildung auf dem Gebiet der Psychotherapie, Bad Saarow, 1980.
— Das Biofeedback in der Psychotherapie.
Vortrag, Tagung über theoretische und praktische Probleme des Biofeedback in der Psychotherapie, Berlin, 1980.
— Psychophysiologische Grundlagen des biologischen Feedback.
Vortrag, Tagung über theoretische und praktische Probleme des Biofeedback in der Psychotherapie, Berlin, 1980.

– Gesundheitspolitische Aspekte der Psychotherapie im sozialistischen Gesundheitswesen.
In: Kriegel, E. (Hrsg.): Stellung und Aufgaben der Psychotherapie im sozialistischen Gesundheitsschutz, Berlin, 1980, 153–160.
– Leistungsbeurteilung in der Rehabilitation.
Mitteilungen über Praxis und Probleme der Rehabilitation, 1 (1980), 4–10.
– Rehabilitationspsychologische Beiträge.
Arbeitsgemeinschaft für Rehabilitationspsychologie, Berlin, 1980.
– Rehabilitationspsychologische Entwicklung in der DDR.
In: Katzenstein, A., (Hrsg.): Rehabilitationspsychologische Beiträge, Berlin, 1980, 1–2.
– The Differential Use of Suggestive Methods in the Treatment of Cardiovascular Diseases.
Vortrag, 2nd European Congress of Hypnosis in Psychotherapy and Psychosomatic Medicine, Dubrovnik, 1980.
– Zwischenmenschliche Beziehungen und Gesundheit.
Vortrag, URANIA-Vortrag in VEB Berlin-Chemie, Berlin, 1980.
– Entwicklungstendenzen psychotherapeutischer Konzepte und Methoden. Psychiat., Neurol., med. Psychol., 33 (1981) 2, 112–117.
– Neuere Entwicklung der Hypnosetherapie im englisch-amerikanischen Sprachbereich.
In: Hypnosetherapie. Hrsg. G. Klumbies. Leipzig: Hirzel 1981. S. 34–40.
– Perspektiven und Entwicklung der Rehabilitationspsychologie.
Vortrag, Lehrgang für klinische Psychologie an der Akademie für Ärztliche Fortbildung der DDR, Kühlungsborn, 1981.
– Spezielle Probleme der Weiterbildung der nichtmedizinischen Hochschulkader, insbesondere der klinischen Psychologen.
Vortrag, Koordinierungsrat der medizinisch-wissenschaftlichen Gesellschaften und des Ministeriums für Gesundheitswesen, Reinhardsbrunn, 1981.
– Suggestion in der ärztlichen Praxis.
Vortrag, Kongreß für Allgemeinmedizin, Leipzig, 1981.
– Versuch einer Stellungnahme zu einigen Fragen der Theorie und Methodik der Psychoanalyse aus der Sicht heutiger Erkenntnisse.
In: Theoretische Aspekte psychotherapeutischen Erkennens und Handelns. Hrsg. A. Katzenstein und A. Thom, Jena: Fischer 1981, S. 180–201.
– Entwicklung und Perspektiven der Psychotherapie und klinischen Psychologie in der DDR.
Vortrag: X. Psychotherapiekongress d. Gesellschaft f. Ärztliche Psychotherapie d. DDR, Erfurt, 1982.
– Entwicklungstrends und Methoden der Rehabilitationspsychologie.
Vortrag, Lehrgang für Klinische Psychologie d. Akademie f. Ärztl. Fortbildung d. DDR, Heiligendamm, 1982.
– O dalnejschem raswitii psichoterapii i klinitscheskoi psichologii w GDR.
In: Wostanowitelnaja terepija i reabilitazija bolnych, Leningradski nautschno-issledowatelski psichonewralogitscheski institut im. W. M. Bechterew, Leningrad 1982, 271–278.
– Psychologische Brennpunkte der Rehabilitation.

Vortrag, Arbeitstagung der AG Rehabilitationspsychologie d. Ges. f. Psychologie d. DDR und der Ges. f. Rehabilitation d. DDR, Greifswald, 1982.

— Überblick über die Arbeit der Gesellschaft für Ärztliche Psychotherapie in den Jahren von 1979—1982.
Vortrag, X. Psychotherapiekongreß d. Gesellschaft für Ärztliche Psychotherapie d. DDR, Erfurt, 1982.

— Zu einigen unbewußten Einstellungen von Psychotherapeuten.
Vortrag, IV. Internationales Symposium der Psychotherapeuten sozialistischer Länder, Potsdam, 1982.

— Zur Entwicklung von Persönlichkeitsauffassungen in der Psychotherapie.
Vortrag, Internationales Symposium der Psychotherapeuten sozialistischer Länder, Potsdam, 1982, S. 108—120. Kongreßband

— Zur Strategie des psychologischen Einsatzes bei der Rehabilitation psychiatrischer Patienten.
Vortrag, Festliche Wissenschaftskonferenz zum 125. Geburtstag W. M. Bechterews und zum 75. Geburtstag des Bechterew-Instituts, Leningrad, UdSSR, 1982.

— Aktuelle Probleme der Rehabilitationspsychologie.
Vortrag, Arbeitstagung der RAG-Psychologie im Bezirk Frankfurt/Oder Schwedt, 1983.

— Aufgaben der Psychotherapie und Soziotherapie in der Rehabilitation.
Vortrag, Weiterbildungslehrgang an der Akademie für Ärztliche Fortbildung der DDR, (Ges. f. Rehabilitation d. DDR), Berlin, 1983.

— Perspektiven und Entwicklung der Rehabilitationspsychologie.
Vortrag, Weiterbildung an der Akademie für Ärztliche Fortbildung der DDR (postgraduales Studium der Fachrichtung Klinische Psychologie), Kühlungsborn, 1983.

— Zum gegenwärtigen Stand der Rehabilitationspsychologie.
Vortrag, 7. Kühlungsborner Arbeitstagung der Sektion „Klinische Psychologie" der Ges. f. Psychologie d. DDR, Kühlungsborn, 1983.

— Zur Entwicklung und gesundheitspolitischen Bedeutung der Rehabilitationspsychologie.
Vortrag, 6. Kongreß der Ges. f. Psychologie, Leipzig, 1983.

— Ausführungen zu 120 Stichworten des Fachgebietes „Psychotherapie".
In: Wörterbuch der Medizin / 2 Bd. (Hrsg.: H. David). Volk und Gesundheit, Berlin, 1984. 12. überarb. Aufl.

— Probleme der Konfliktbewältigung bei psychologisch interessierten Ärzten und Psychotherapeuten.
Vortrag, Symposium „Medizinische Psychologie" der Ges. f. Ärztliche Psychotherapie, Erfurt, 1984.

— Psychologie am Krankenbett.
Vortrag, Ärztliche Weiterbildung Berlin, 1984.

— Psychologie im Rahmen der Ganzheitsmedizin.
Vortrag, Ärztliche Weiterbildung, Berlin, 1984.

— Contribution of Unconscious Processes and Altered States of Consciousness to Successful Psychotherapy.
Vortrag, 5. Symposium der Psychotherapeuten sozialistischer Länder. Budapest, VR Ungarn, 1985.

— Psychologische Aspekte der medizinischen Rehabilitation.
In: Grundlagen der Rehabilitation (Hrsg.: K. Renker u. U. Renker). Berlin, 1985, S. 169—173.
— Rehabilitationspsychologie — Aufgaben und Probleme.
Psychologie für die Praxis. Berlin 1 (1985), S. 41—52.

Gemeinschaftsarbeiten von A. Katzenstein mit:

R. Baumann

— The Significance of Attitudinal Set in Heart and Circulation Changes.
Experimental-Clinical Findings and Therepeutic Applications.
Vortrag, Symposium: Emotions and Visceral Functions. Baku, 1974.

I. Gaefke u. E. Kriegel

— Zur Vielfalt der Wechselbeziehungen psychischer Einflüsse bei Entstehung und Verlauf des Hypertonus.
Vortrag, 5. Symposium über Probleme nervaler Regulationen, Berlin, 1966 und in: Verh. Dtsch. Ges. exp. Med. 20 (1967), S. 79—86.
— Unterschiedliche Informationsverarbeitung von Reizkomplexen verschiedenartiger biosozialer Bedeutsamkeit bei Hypertonikern und Normotonikern.
Vortrag, 6. Arbeitstagung über Probleme nervaler Regulationen, Berlin, 1969 und in: Dtsch. Ges.wesen 25 (1970), S. 1479ff.
— Zur Rolle psychosozialer Reizkonstellationen bei der Genese und Therapie der essentiellen (arteriellen) Hypertonie.
Vortrag, DSF-Symposium über Probleme der kardio-vaskulären Regulation, Berlin 1973 und
in: Abhdl. AdW 1975, S. 239—243.
— Reflection of Organism-Environment-Interaction in Cerebro-Visceral Processes and its Modification by Means of Complex Psychotherapy. Activitas nerv. sup. 19, Suppl. 2, 1977, S. 387—389.
— Psychologische Probleme bei Patienten mit Herz-Kreislauferkrankungen.
Vortrag, Arbeitstagung der Sektion medizinische Psychologie der Gesellschaft für Psychiatrie/Neurologie und der Sektionen klinische Psychologie der Gesellschaften für ärztliche Psychotherapie und für Psychologie, Ahrenshoop, 1978.
— Psychotherapeutische Beeinflussung pathogener Einstellungen bei essentiellen Hypertonikern.
Posterausstellung zum 20jährigen Bestehen des ZHKR, Berlin, 1978.
— Therapeutische Beeinflussung belastender Umweltbeziehungen bei Herz-Kreislauferkrankungen.
Poster, Kongreß der Gesellschaft für Kardiologie/Angiologie, Karl-Marx-Stadt, 1978.
— The role of psychological set in psychosocial stress, (Poster) International Symposium „Psychophysiological Risk Factors of Cardiovascular Diseases", Karlovy Vary, 1981 und
in: Psychophysiological Risk Factors of Cardiovascular Diseases: Psychosocial Stress, Personality, and Occupational Specifity. (Eds. M. Horvath, E. Frantik). Suppl. 3 Activ. nerv. sup., Praha, 1982, S. 457—461.

— Kognitive Komponenten der Stressbewältigung als Ausgangspunkt einer neurotischen Entwicklung.
Vortrag, 9. Symposium „Intermosg", Berlin, 1984.
— Aktuelle Fragen der antihypertensiven Psychotherapieforschung.
Vortrag, 14. Rostocker Gespräch über Fragen der Hypertonietherapie, Ahrenshoop, 1985.

u. U. P. Katzenstein

— Einblicke in die Welt des Behinderten.
In: Sozialistischer Humanismus und Betreuung Geschädigter.
(Hrsg.: Winter, Keck, Löther, Spaar.) Medizin und Gesellschaft 14, Jena: Fischer, 1981, S. 55–69.

A. Kriegel, H. Starke u. A. Thom

— Überlegungen zur Stellung und Funktion der Psychotherapie in der Medizin der entwickelten sozialistischen Gesellschaft.
In: Theoretische Aspekte psychotherapeutischen Erkennens und Handelns (Hrsg. Katzenstein u. Thom). VEB Gustav-Fischer-Verlag, Jena, 1981, S. 13–34.

u. E. Kriegel

— Über die Auswirkungen einseitiger organischer Schädigung auf das autogene Training.
Probleme und Ergebnisse der Psychologie, 18 (1966), S. 83–85.
— Methodische Kontroversen bezüglich der Beeinflussung maladaptiver Verhaltensschablonen bei Hypertonikern.
Vortrag, 6. Jahrestagung der Gesellschaft für ärztliche Psychotherapie der DDR, Magdeburg, 1971.
— Zum gegenwärtigen Stand der psychophysiologischen Beeinflussung maladaptiver Verhaltensschablonen bei Hypertonikern.
Dtsch. Ges.wes. 26 (1971), S. 1517–1521.

u. E. Kriegel u. I. Gaefke

— Positive Umkonditionierung.
Vortrag, 7. Kongreß der Gesellschaft für ärztliche Psychotherapie der DDR, Erfurt, 1973.
u. in: Kongreßmaterialien: 7. Kongreß der Gesellschaft für ärztl. Psychotherapie der DDR, Beiträge zur Psychotherapie, Teil 2, 1973.
— Zur Effektivität einer komplexen Psychotherapie bei essentiellen Hypertonikern.
Vortrag, Psychotherapie-Symposium, Reinhardsbrunn, 1974.
— Erfolgsuntersuchung bei einer komplexen Psychotherapie essentieller Hypertoniker.
Psychiat. Neurol. med. Psychol. 26 (1974), S. 732–737.
— Zur Anwendung psychischer Konditionierungsmethoden in der Frühphase der Hypertonie-Erkrankung.
In: Weltstandsanalyse zum Stand der HKRF sowie Prävention, Diagnostik u. Therapie der Herz-Kreislauf-Krankheiten, Akademie-Verlag, Berlin 1975, S. 657–668.

- Widerspiegelung der Organismus-Umwelt-Interaktion in zerebroviszeralen Abläufen und ihre Modifikation durch komplexe Psychotherapie (engl.).
  Vortrag, 2. Internat. Congress of C.I.A.N.S., Prag, 1975 u. in: C.I.A.N.S. Kongreßmaterialien, Prag, 1975, S. 330ff.
- Mensch-Umweltbeziehung und Hypertonieentwicklung.
  Poster, VIII. Kongreß der Gesellschaft für Kardiologie und Angiologie der DDR, Berlin, 1976
  u. in: Kongreßmaterialien — Kurzreferate, S. 54.
- Widerspiegelung früherer Umweltbedingungen in Erleben und Symptomatik des Neurotikers.
  Vortrag, 1. Intermosg-Symposium über Probleme der experimentellen Neurose, Berlin, 1975 u. in: Stress, Neurose und Herz-Kreislauf (Hrsg. Baumann, R. u. K. Hecht). VEB Deutscher Verlag der Wissenschaften, Berlin 1977, S. 228–233.
- Psychotherapie der arteriellen Hypertonie.
  In: Die arterielle Hypertonie (Hrsg. R. Baumann, H. Dutz, St. Nitschkoff) Akademie-Verlag, Berlin 1981, S. 1160–1177.
- Sociopsychophysiological stress and hypertension.
  Vortrag, International Symposium „Psychophysiological Risk Factors of Cardiovascular Diseases", Karlovy Vary, 1981.
  u. in: Psychophysiological Risk Factors of Cardiovascular Diseases: Psychosocial Stress, Personality, and Occupational Specifity. (Eds. M. Horvath, E. Frantik). Suppl. 3 Activ. nerv. sup. Praha, 1982, S. 457–461.
- Psychosoziale Belastung vor und während des Auftretens der essentiellen arteriellen Hypertonie als Ansatz gezielter Psychotherapie, in: Medizin-Report, Berlin, 12 (1983), S. 971–985.

u. E. Kriegel u. I. Musche-Gaefke

- Vergleichende Untersuchungen psychischer Faktoren beim Diabetes mellitus.
  Vortrag, Symposium mit internationaler Beteiligung über Probleme nervaler Regulationen, Berlin, 1965
  u. in: Verhandlungen der Deutschen Gesellschaft für experimentelle Medizin, 15 (1966), S. 108–115.

u. E. Kriegel u. U. Zeise

- Probleme gezielter psycho-physischer Umerziehung zur Änderung pathologischer Verhaltensmuster bei Hypertonikern.
  Vortrag, 2. Arbeitstagung über experimentelle und klinische Hypertonieforschung in der DDR, Berlin 1.–2. 2. 1971
  u. in: Dtsch. Ges.wesen 26 (1971), S. 997ff.

u. St. Nitschkoff

- Über suggestive Beeinflussung des partiellen AV-Blocks (Wenckebachsche Periodik). Das Deutsche Gesundheitswesen, 16. (1961), H. 30, S. 1380ff.
- Suggestive Beeinflussung kardio-vaskulärer Krankheitsbilder.
  Vortrag, Internationales Symposium über kortiko-viszerale Physiologie und Pathologie, Berlin, 1964.

u. in: Abhandlungen der Deutschen Akademie der Wissenschaften zu Berlin, Klasse für Medizin 2 (1966), S. 323–326.

u. W. Presber

— Aufgaben des Psychologen in der Rehabilitation (Eine Empfehlung).
Zschr. ärztl. Fortbild. 69 (1975), H. 24.

u. K. Seidel u. K. Höck (Hrsg.)

— Kongreßmaterialien zum 7. Kongreß der Gesellschaft für ärztliche Psychotherapie der DDR.
Beiträge zur Psychotherapie, Teil 1, 2 und 3, 1973.

u. Sitte, E.

— Spezific Treatment of Paralyzing Phobic Anxiety (A study of focussed psychotherapeutic intervention in emotional desorganization of behavior).
Vortrag, International Pavlovian Conference in Memoriam P.K. Anokhins, Moskau, UdSSR, 1984.

u. H. F. Späte, u. A. Thom (Hrsg.)

— Die historische Stellung und die gegenwärtige Funktion der von Siegmund Freud begründeten Psychoanalyse im Prozeß der Formierung einer wissenschaftlich fundierten Psychotherapie. BKH Psychiatrie und Neurologie, Bernburg, 1981.

u. H. F. Späte u. A. Thom

— Sigmund Freud: Probleme im Umgang mit seiner historischen Leistung.
In: A. Katzenstein, H. F. Späte, A. Thom (Hrsg.): Die historische Stellung und die gegenwärtige Funktion der von Sigmund Freud begründeten Psychoanalyse im Prozeß der Formierung einer wissenschaftlich fundierten Psychotherapie. BKH Psychiatrie und Neurologie Bernburg 1981, S. 9–13.

u. H. Szewczyk

— Der VIII. Kongreß der Gesellschaft für ärztliche Psychotherapie: Schlußfolgerungen.
Bericht: Akademie für ärztliche Fortbildung, Berlin, 1976.

u. A. Thom

— Die historische Leistung und die Grenzen des Werkes von Siegmund Freud — Versuch einer Bilanz bisheriger Wertungen.
In: A. Katzenstein, H. F. Späte, Achim Thom (Hrsg.)
— Die historische Stellung und die gegenwärtige Funktion der von Siegmund Freud begründeten Psychoanalyse im Prozeß der Formierung einer wissenschaftlich fundierten Psychotherapie. Bezirkskrankenhaus für Psychatrie und Neurologie Bernburg 1981, S. 15–40.

u. A. Thom (Hrsg.)

— Ausgewählte theoretische Aspekte psychotherapeutischen Erkennens und Handelns.
Gustav-Fischer-Verlag, Jena, 1981.

u. H. Wendt u. K. Höck (Hrsg.)

— Psychotherapie in der Entwicklung.
IX. Jahreskongreß der Gesellschaft für Ärztliche Psychotherapie der DDR mit internationaler Beteiligung.
Leipzig, 1979, Kongreßmaterialien.

Gaefke, I., R. Gerlach, E. Kriegel u. A. Katzenstein

— Psychotherapeutic Approach to Inducing Attitudinal Changes in Patients with Essential Hypertension.
Vortrag, International Symposium on Psychiatric and Psychological Aspects of Cardiovascular Pathology, Moskau, 1985.

Gaefke, I., J. Enderlein, E. Kriegel, H. Mitschke u. A. Katzenstein

— Different Rheoencephalographic Reactions (REG) during Suggestive Relaxation.
Poster, 2. Symposium des Interdisziplinären Neurowissenschaftlichen Zentrums, Leipzig, 1983.

Gaefke, I., A. Katzenstein u. E. Kriegel

— Gezielte psychische Stimulation bei Hypertonikern und gesunden Versuchspersonen.
Vortrag u. Kongreßband des II. Kongresses der Gesellschaft für Psychologie in der DDR.
VEB Verlag der Wissenschaften, 1969.

— Die psychotherapeutische Beziehung des Herz-Kreislauf-Patienten, Abbild seiner Umweltproblematik.
Vortrag, IX. Jahreskongreß d. Gesellschaft f. Ärztliche Psychotherapie der DDR, Leipzig, 1979.
In: Psychotherapie in der Entwicklung. Sammelband der Kurzreferate des Kongresses (Hrsg. A. Katzenstein u. a.), 1979, S. 57.

Graff, Ch. u. A. Katzenstein

— Zu ätiopathogenetischen und therapeutischen Aspekten der arteriellen (essentiellen) Hypertoniekrankheit.
Zschr. f. ges. Inn. Med. 24, 1 (1969), S. 21–24.

Graff, Ch., R. Baumann, St. Nitschkoff, A. Katzenstein, H. Mitschke u. E. Richter-Heinrich

— Kortiko-viszerale Aspekte bei der Therapie der arteriellen Hypertoniekrankheit.
Abhandlungen der Deutschen Akademie der Wissenschaften zu Berlin. Klasse für Medizin 2 (1966), S. 283–290.

Kohler, C. u. A. Katzenstein

— Philosophisch-methodologische Erwägungen.
In: Hypnose. Aktuelle Probleme in Theorie, Experiment und Klinik. (Hrsg. A. Katzenstein)
Fischer Verlag, Jena, 1970, S. 31–42.

Kriegel, E., I. Gaefke u. A. Katzenstein

— Complex Changes Due to Autogenic Relaxation (as Part of Sociodynamic Psychotherapy) Seen within the Framework of a System Approach.
Vortrag, International Pavlovian Conference in Memoriam P. K. Anokhin, Moskau, 1984.

— Physiological Changes during Relaxation Therapy and Concomitant Emotional Reactions as Part of Antihypertensive Treatment.
Vortrag, 5. Symposium der Psychotherapeuten sozialistischer Länder, Budapest, 1985.

Kriegel, E., I. Gaefke, A. Katzenstein u. K. Buhlig

Soziomotorisches Training.
Vortrag, Symposium Praktische Psychotherapie der Gesellschaft für ärztl. Psychotherapie, Friedrichroda, 1978,
u. in: Kongreßmaterialien, 1978, S. 22.

— Indikation, Wirkungsweise und Ergebnisse der Psychotherapie bei arterieller Hypertonie mit Berücksichtigung des Einsatzes von Fachphysiotherapeuten.
Vortrag, 2. Weiterbildungslehrgang für Physiotherapeuten im Indikationsgebiet Herz-Kreislauferkrankungen, Bad Elster, 1981.

8. Register

Bei Fragen zur Produktsicherheit wenden Sie sich bitte an:
If you have any questions regarding product safety,
please contact:

Walter de Gruyter GmbH
Genthiner Straße 13
10785 Berlin
productsafety@degruyterbrill.com